现代传播学精品教材 

新闻传播学概论

XINWEN CHUANBOXUE GAILUN

陈 霖 著

第4版

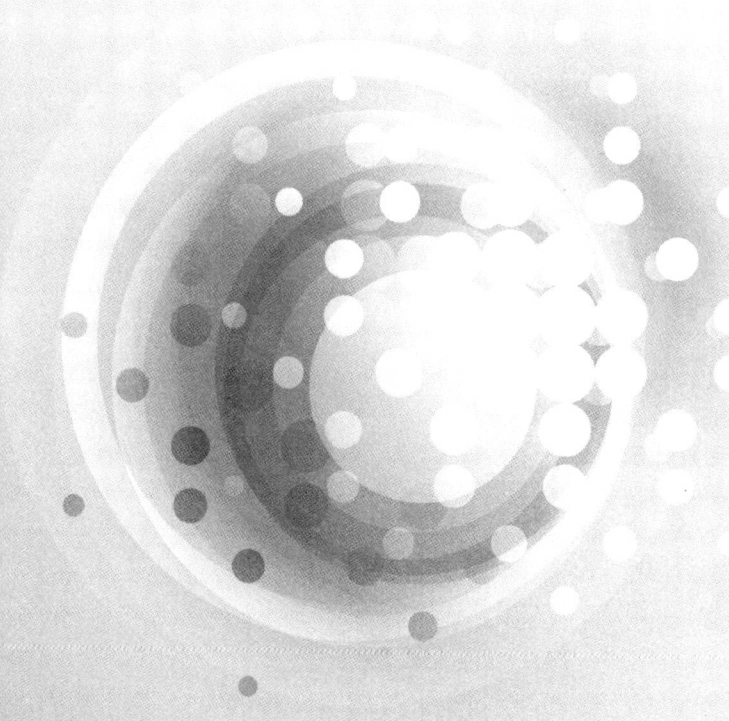

苏州大学出版社
Soochow University Press

图书在版编目(CIP)数据

新闻传播学概论 / 陈霖著. —4 版. —苏州：苏州大学出版社，2013.5(2021.4 重印)
现代传播学精品教材
ISBN 978-7-5672-0461-4

Ⅰ. ①新… Ⅱ. ①陈… Ⅲ. ①新闻学－传播学－高等学校－教材 Ⅳ. ①G210

中国版本图书馆 CIP 数据核字(2013)第 091434 号

现代传播学精品教材

新闻传播学概论 第4版

著　　者 陈　霖
责任编辑 朱绍昌　盛　莉
装帧设计 刘　俊
出版发行 苏州大学出版社
地　　址 苏州市十梓街 1 号
邮　　编 215006
电　　话 0512-67481020　67258815(传真)
网　　址 http://www.sudapress.com
印　　刷 宜兴市盛世文化印刷有限公司
开　　本 787 mm×960 mm　1/16　印张 18.5　字数 340 千
版　　次 2013 年 5 月第 4 版
2021 年 4 月第 4 次印刷
书　　号 ISBN 978-7-5672-0461-4
定　　价 52.00 元

前　言

16 年前，苏州大学中文系（新闻传播系）为了教学的需要，组织编写了《现代新闻学与传播学丛书》。考虑到教材多层次的适用性，我们一方面根据全日制普通高等学校新闻传播专业教学大纲的要求进行编写，另一方面有条理、清晰地编排知识点，尽量让读者“无师自通”，从而方便自学者使用。教材出版后，不仅在江苏省普通高校全日制专业和自考专业中使用，而且得到了江苏省以外的许多高等学校的认可，国内一些高校甚至将它指定为新闻传播学专业考研的参考书。这套教材受到了普遍好评，16 年来除增补的两种外已修订重版三次。

新闻传播学是与社会的发展紧密相连且实用性很强的学科。随着中国新闻传播事业的快速发展、改革开放力度的不断加大以及新媒体技术的突飞猛进，新闻传播学的知识在不断更新，学科也在不断完善。为了避免教材内容的“老化”和理论建设与社会发展相脱离的现象，我们决定再一次对丛书进行大规模的修订，并重新命名为《现代传播学精品教材》。本次修订主要根据以下原则进行：

- 尽量吸收国内外新闻传播学的新成果，结合新媒体技术的发展，引领学生了解学科发展的最新动态。
- 保持原教材便于自学的特点，厘清概念，指出知识点。
- 进一步强调教材的系统性，做到内容充实，资料丰富。
- 根据实际需要和本学科的发展，对内容和结构适当加以增删。

现代传播学精品教材

在初版教材的前言中我们曾说:“学科的发展是无止境的,教材的编写也只是阶段性成果,我们希望听到各方面的意见,在以后的修改中使之更加完善。”在新版丛书出版之时,我们仍坚持这样的愿望,让我们的教材在逐步完善的过程中更具有时代的特性和社会的适应性。

本丛书适用于全日制普通高校新闻传播学专业学生、新闻传播学专业自考学员以及新闻传播系统从业人员。

伴随着科学技术的高速发展,创新是这一学科永恒的主题,因此,关注这一学科理论与实践的发展将是我们长期的课题。同时,我们也期待着专家和同行的批评指正,以便我们在再次修订时补正。

《现代传播学精品教材》编委会

2013 年 4 月

目 录

Contents

绪　论

从世界上最早的印刷报纸——1609年诞生于荷兰的《新闻报》算起,现代意义上的新闻传播走过了近400年的历史。400年里,从印刷报纸到摄影、电报、电话和电影,再到广播和电视,直至互联网的兴起,人类的信息传递的技术能力不断地创造着一个又一个奇迹。尤其是在以互联网、手机、通信卫星构筑交流空间的当下,高度发达的媒介技术已经让我们几乎在任何时候任何地方都可以处于信息传递和接收的活动之中,新闻的传播也因此而形成最广泛的覆盖面。

作为社会信息系统的神经中枢,新闻每日为我们记录着世界的万千变化。我们不妨尝试一下,列举出最近1/4个世纪里,我们生活于其间的世界发生了哪些重要的事件:邓小平访美、"渤海二号"事件、大兴安岭火灾、"挑战者号"坠毁、切尔诺贝利核事故、东欧剧变、苏维埃的旗帜从克里姆林宫缓缓降下、第一次海湾战争、邓小平南方谈话、科索沃战争、"拉链门"事件、克林顿访华、"9·11"事件、哥伦比亚航天飞机失事、伊拉克战争、"神舟五号"实现飞天梦想、莫斯科人质事件、印尼海啸、伦敦大爆炸、本·拉登被击毙……似乎可以这样无穷尽地列举下去。可是,停下追溯的思绪,冷静一想,我们会惊讶地发现,这些事件都不是我们中的绝大多数所亲历的,是新闻传播机构将它们植入了我们的记忆——我们的集体记忆。这就是新闻传播的力量!新闻被传播给一个个分散的个体,又将这些分散的个体联结起来,让他们感受着"环球同此凉热"。由于新闻的迅速传播和无往弗届的覆盖,我们在与文字、声音、图像构成的各种新闻的接触中,无数次地来到此生也许永远也不会真正抵达的地方,无数次地感受不是源于自己却对我们的身心产生强烈冲击的事件。新闻使我们在意识里完成了地球村的构筑,并徜徉其中。

我们这个在改革开放中谋求发展和强盛的国家更需要新闻传播之伟力的释放。在这方面,对南丹矿难的报道具有标志性意义。2001年7月17日,广西南丹发生特大矿难,但是被隐瞒了半个多月。《人民日报》驻桂林记者克服难以想象的困难,完成采访,发回系列报道,向世人揭露了真相。与事实真相的披露同样引人注目的是那篇题为《假如媒体缺席》的评论,它让我们听到了这样的声音:

假如媒体缺席,上级领导机关处理事故的方针、政策可能在某些人手里走样,人民群众的利益可能得不到足够的保护。受害者默默地深埋于荒山,家属拿到一点微薄的赔偿,事故原因和责任或许不再深究。更可怕的是,产生事故的隐患并没有排除,玩忽职守、藐视法律的肇事者可能再次肇事,不称职的官员还有可能进一步高升,拥有更大的权力。

相反，正是媒体的作用，使事故的真相大白于天下。该吸取的教训认真吸取，该完善的制度认真完善，该追究的责任严肃追究。事故隐患因此减少，党和政府的威信因此提高，人民群众对党和政府的信任程度因此增强。

……距出事地点千里之外的人们能感知到这个事故，很大程度上是因为有了一种让媒体公正介入的秩序，一种让公众了解社会真相的秩序。这个秩序让社会具有更完善的自我修复机制，表明公民的知情权已受到重视，这无疑意味着社会进步。[1]

1949年新中国建立至改革开放的新时期到来的30年里，在高度一体化的政治、经济和文化格局之下，报纸和其他媒体一直因袭在战争年代的新闻传播模式，并在计划经济体制下更为鲜明地呈现出其特征：新闻事业的国家化，新闻报道的宣传化，舆论表达的一元化，角色扮演的"喉舌性"，运作指向的非市场化。[2]20世纪80年代，随着新闻体制改革的推进，新闻传播的意识形态性质与产业性质并重的格局在我国初步确立，新闻以传播信息为第一要义成为新闻业界的基本共识，原来作为功能单一的政治宣传工具的新闻逐渐开始显现商业性、娱乐性等特征，新闻成为文化消费的一种形式。这一趋势在20世纪90年代以来表现得尤为明显，这是因为20世纪90年代我国的大众传播业随着市场经济体制的确立而大为拓展。

现代大众传播是指职业化的传播机构利用机械化、电子化的手段向不特定多数人传送信息的行为或过程。[3]在这个过程中，"职业传播者利用机械媒介广泛、迅速、连续不断地发出讯息，目的是使人数众多成分复杂的受众分享传播者要表达的含义，并试图以各种方式影响他们"[4]。包括新闻传播在内的大众传播的高度发达显然不是一个孤立的事情。报纸、书籍、杂志这三种传播媒介的出现并不必然带来大众传播的时代，甚至现代电子传播媒介（如电视、广播、互联网）的出现也不一定意味着大众传播时代的到来，这不仅仅是因为要看这些大众传播媒介是否真正实现了对大众的覆盖，更主要的原因是需要考察大众传播媒介的发展与社会现代化之间的互动局面是否形成。从世界范围来看，大众传播是现代工业社会形成和发展的产物，同时又是现代工业社会形成和发展的推动因素。国际上首次系统地探讨现代化的问题是在1960年在日本举行的"现

〔1〕 裴智勇．假如媒体缺席．人民日报，2001-08-27(4)．

〔2〕 喻国明．九十年代以来中国新闻学研究的发展与特点．新闻学研究，1997(55)．

〔3〕 张国良．现代大众传播学．成都：四川人民出版社，1998：21．

〔4〕 梅尔文·德弗勒，埃弗雷特·丹尼斯．大众传播通论．颜建军，等，译．北京：华夏出版社，1989：12．

代日本”的国际性学术会议上。这次会议为“现代化”确立了8条标准,其中第6条就是“一个延展和渗透的大众传播系统”。我国学者陈崇山、孙五三在《媒介人现代化》[1]中指出,有了发达的大众传播体系是不是就一定能建设现代化国家或社会,这是一个有争议的问题,但是,没有发达的大众传播媒介体系便不能建设现代化的国家和社会,因此发达的大众传播系统是国家或社会现代化的必要条件。在20世纪90年代的中国,传媒系统的形成和发展除了得力于技术提供的条件,还跟社会整体所给予的条件支持分不开。这些条件具体表现为经济活动的市场化程度、政治生活的民主化程度、社会空间的城市化程度和国民教育的普及化程度。进入20世纪90年代之后,中国社会正是在这样几个方面的发展令世人瞩目。经济的市场化进程日益加剧,加入世界贸易组织是这一进程最大的成果,也是其突出的标志。在经济改革推动下的政治改革,其基本方向便是民主化。政府机构精简,公务员制度,宪政,舆论监督,公民权利,等等,成为民主化政治进程中响亮的声音。就城市化进程看,据2012年10月31日发布的《2012中国新型城市化报告》,2011年中国内地城市化率首次突破50%,达到了51.3%,中国城镇人口首次超过农村人口。就教育水平而言,我国已经普及九年制义务教育,发达省份开始推进十二年制义务教育。2011年发布的《2010年中国社会形势分析与预测》称,2009年,中国高等教育的毛入学率达到24%左右。

社会和大众传播格局的形成,构成了我国当代新闻传播最切近的背景。在这一背景下,新闻传播领域从观念到技术、从内容到形式、从传播方式到接收方式的种种变革都令人振奋,新闻传播活动对我国建立民主法治与和谐社会的参与程度更是鼓舞人心,而在这样的过程中新闻传播领域出现的种种问题也让人忧心忡忡。我们看到了以《焦点访谈》为代表的中国新闻在实施新闻舆论监督方面发挥着重要的作用,我们也见证了2003年SARS肆虐时期中国新闻前后不同的表现,我们从《新闻调查》栏目感受到电视对事件的叙述形成的巨大冲击力,我们从一次次重大事件的直播报道中体验着“零距离”、“零时差”的魅力,我们还切身感受到互联网的迅速普及以及社交媒体的兴起给新闻传播带来的新的挑战和新的可能……另一方面,我们也耳闻目睹了有偿新闻、有偿不闻对我国新闻业的侵蚀和危害,我们也看到《新闻记者》杂志对“十大假新闻”的评选每年都不缺乏材料,我们还知道“新闻官司”中新闻媒体败诉居多,我们还有很多的记者为了公众知情的采访受到种种阻挠,有的甚至遭遇人身攻击,乃至付出生命的代价……当新闻传播领域矛盾错综复杂、令人眼花缭乱的现象占据着我们的视

[1] 陈崇山,孙五三.媒介·人·现代化.北京:中国社会科学出版社,1997.

野的时候,我们尤其需要冷静地思考,这些现象究竟意味着什么?它们对哪些传统的新闻传播观念构成了挑战?在无数的变化之中,是不是存在着内在的逻辑?要对这些问题作出明智的回答,首先需要基础性的理论支持,以系统地把握新闻传播的基础知识和基本规律。这就是本书的任务,它要告诉从未专门思考过新闻现象的人们:新闻的本质是什么,新闻与事实的关系是怎样的,新闻传播活动的基本环节由哪些构成,为什么新闻追求真实却并不容易,新闻如何才能够客观、公正,新闻传播者和接收者的关系如何,新闻传播媒介仅仅是传播新闻信息的载体吗,新闻自由是否只是一个乌托邦式的概念,新闻为什么需要自律,新闻为什么必然受到各种力量的控制,等等。对这些问题的回答构成了新闻传播之为一门学问的"基础设施"。这些问题看起来如此之老,但是,随着语境的变化,随着新闻传播实践的变化,这些老问题总会有新的答案。

围绕着上述基本问题,本书进行阐述的框架力求简洁明了。第一章既是对新闻的界定,也可看作全书的总纲。在对新闻界定时,本书指出,新闻是高度组织化的新闻传播者向社会公众报道事实新近变动状态的信息。围绕新闻这一定义的阐述,使传播主体、接收主体、事实、信息、符号化活动及其相互关系得到初步的揭示。其中,新闻价值作为新闻传播专业的一个概念,反映了新闻传播过程将事实变成新闻的内在机制。第二章着眼于传播主体——传播者,从其角色功能、意识构成和素质要求等方面加以论述,并专门谈及作为组织的新闻传播者——新闻传播机构。这一章与第六章"新闻受众与新闻传播效果"遥相呼应。新闻传播者与新闻接收者作为传播活动的两端,作为主体的实践构成了新闻传播关系的实质性内容,因此关于这两个主体的观念,最能反映新闻传播的状况。第三章对新闻传播活动的基本环节——新闻的采、写、编——进行了阐述。实际上,这些基本环节是新闻与事实的关系在新闻实际操作层面上的展开,也是由事实到新闻的符号化过程的具体体现。第四章阐述新闻传播的基本原则,本书认为这些基本原则的确立是新闻传播的专业化的保证,同时,这些原则就像人类在其他领域里的原则一样,并非绝对的,有其特定的限制和边界。在某种意义上,对这些原则的限制和边界的认识,更有助于理解这些原则。本书第五章对新闻传播媒介的阐述,力求明晰地勾勒出新闻传播媒介的发展脉络,并努力反映新闻传播媒介技术的最新情况。这是基于这样的想法:只有了解过去,才能理解现在,才能展望未来,新闻传播媒介技术与新闻传播观念密切相关。我们并不赞同技术决定论的观点,但是,显然不能因此而忽略新闻传播媒介的发展给新闻传播活动带来的最直观和最生动的图景。第七章的话题,可以说是超越于此前所有章节而又渗透于所有章节的问题,阐述的是对新闻学来说最为复杂的新闻自由及其限制的问题。如果说,这一章里以较多的篇幅梳理出新闻自由观念的发展脉络,主要在于明晰知识,辨识概念,那么,新闻自律和他律的问题则更侧重于实践层面,这一层面同样也是新闻自由的实践问题,因为,自律和他律实质上针对的都主要是新闻自由。

本书如此构架和阐述,意在对新闻传播的阐述既凸现最基本的原理而又覆盖所有主要方面,这也是"概论"一词的应有之义,其最直接的定位是服务于新闻传播大类的基础课程。与此同时,这本书也与它产生的现实语境密切相关。面对几乎以追新求异为天性的新闻传播,无论是局中人还是局外人,若要在不断的"新"的刺激中保持清醒而不盲从,拥有明智的判断而不坠入神话的深渊,坚持创造而不因循守旧,那么尤其需要不断回到基本问题的层面,作出积极的思考和探索。本书希望能够为此提供有益的帮助,为意欲理解新闻传播这个颇为庞杂而又高度专业的领域的人们提供一些参考。

第一章 1

新闻的界定和类型

要点提示:

"新闻"一词的词源表明它始终具有"新鲜"、"新奇"等含义。许多新闻学者和新闻工作者试图对它作出界定,从不同角度揭示新闻的本质。我们这里所取的定义是:新闻是高度组织化的传播者向社会公众报道事实新近变动状态的信息。新闻从本质上说是一种信息,但信息不都是新闻。新闻要对每日每时每分每秒发生的新的事实作出选择,选择的基本依据是新闻价值。新闻的类型丰富多样,新闻对社会生活的反映广泛、迅速且灵活多变。

第一节　新闻是一种信息

一、什么是新闻

“新闻就是新鲜新奇的一些事儿”,这是许多人对新闻的朴素理解和通俗表述。具体地说来,现在人们对“新闻”这个词的使用,大体有下面几种情况:

(1) ——最近公司里有什么新闻没有?——老李新买的车丢了。

(2) 这天,几乎所有的媒体都有莫言获得诺贝尔文学奖的新闻。

(3) 这条新闻没说爆炸事件的伤亡情况。

(4) 他这个人缺少搞新闻的素质。

(5) 这事绝对是个大新闻,应该赶快叫报社派记者来。

第一种是指我们日常生活中的变动,虽然“老李新买的车丢了”多半不会见诸报端或听闻于广播、电视或微博,但不妨碍一定范围内的人们把它叫作新闻。第二种情况是指媒体的一类报道,它被统一于一个主题下,统称为新闻是一种大略的说法,准确地说是新闻的主题。第三种情况是指具体的一则新闻,即以特定介质(文字的或音像的)为我们所感知的新闻作品或文本。第四种情况是指新闻传播工作,大体包括采写、编辑、传播等方面的活动。第五种情况则涉及对一个事件包含的新闻性质的判断:它值得作为新闻,或者说它应该被新闻机构关注并传播。我们看到,这五种情况都用到“新闻”一词,但是含义不尽相同。

我们再看同一天同为日报的《人民日报》和《中国青年报》的头版:

人民日报
RENMIN RIBAO

社会管理：和谐发展的中国格局
——十六大以来重大战略述评之六

科学发展 成就辉煌
十年回眸·重大战略

南京 倾力扶持软件产业

阜阳 实干重塑崭新形象

以实际行动迎接党的十八大

鸿雁传情 喜迎盛会

十八大新闻中心11月1日起对外接待服务

中央"三农"投入十年超6万亿元

内资企业数量五年增长近五成

四川藏区牧民定居建设超额完成

河南各地志愿服务接地气

科学发展 成就辉煌

中国青年报
WWW.CYOL.NET

招商银行出国金融

两千张照片见证十年辉煌历程

漳州两万公务员结"穷亲戚"

路桥打包收费走到十字路口？

第17座钱学森铜像武汉落成

加拿大西海岸发生7.7级地震

别等极端事件发生后才故作震惊

两份报纸这一天的头版上刊登的新闻，稍稍比较就会发现两者之间很不相同。

那么，我们能否从这些不同的情况中抽象出一些共同的特性来，而使我们对"新闻"这个概念的界定大体能够覆盖和包含所有这些和其他我们称为"新闻"的东西呢？

新闻学自创始以来，也正是以作为文本（载体、产品）的新闻为对象，来对新闻概念进行界定和解说的，并且众说纷纭，据说有200多种，我们无法也没有必要在这里一一列举，而只就其具有代表性的表述从历史上进行讨论。

汉语里的"新闻"一词最早出现在唐代。唐朝尉迟枢写过一本叫作《南楚新闻》的书，现已缺佚，但宋朝《太平广记》辑录过其中的故事。《太平广记》是一本专辑历代奇闻异事的杂记，由此推断，《南楚新闻》是记述当时南方新奇风俗、奇闻异事的书。因此，"新闻"一词中，新奇、新异、新鲜之事是其应有之义，这与国外"新闻"一词的词源意义很是相像。譬如，德语中"新闻"（Zeitung）一词，源于德国北部俗语"报道"（Tidewade），意指商旅传播的趣闻轶事，后演化为"时间上绝对新颖的事物"。英文里"新闻"（News）一词也是由New（新）引申发展而来的，后来有了"新鲜报道"的意思，18世纪以后，开始作为现代意义的词汇运用。英文里表示"新闻"的另一个词Journal，其本义是"航海日志、日记"，也包含对新鲜事情的记录之义。

美国《纽约太阳报》19世纪70年代的编辑部主任约翰·博加特说过，狗咬人不是新闻,人咬狗才是新闻。这一说法因其形象生动、简练概括而风行西方百余年,传遍新闻界,俨然成了新闻的定义。这种经验性的表述,突出了新闻事实的新奇性这一特点,有一定的道理,但绝非科学的概括。这里面包含着西方新闻传播在自由主义阶段的趣味观,其影响甚为深远,类似的表述还有"坏消息就是好新闻"、"常人+不寻常的成就或冒险=新闻"、"灾难是记者的节日",等等。美国《纽约先驱论坛报》前采编主任斯坦利·瓦利克就认为,新闻是建立在三个W的基础上的,即Woman(女人)、Wampum(金钱)、Wrongdoings(犯罪)。曾任美国堪萨斯州《阿契生市环球报》主笔的爱德华指出,能让女人喊一声"哎呀,我的天呀"的东西,就是新闻。值得注意的是,如果据此将新奇、刺激、反常的趣味无限制地加以强化和突出,就会形成片面的新闻观,使新闻传播活动偏离正当的轨道,完全将新闻作为一种感官刺激物,以此来从事新闻传播活动,必将无助于人类的生存与发展,而只会将新闻传播引向有害于人类的歧途。

除了对新闻的含义所作的经验性表述外,中外许多新闻学专家学者也试图给新闻以定义。由于所处时代的不同、文化背景的不同、学术渊源的不同,学者们对新闻进行思考和界定时,关注的侧重点就不尽相同,因而给出的定义也不尽相同。

有的将新闻定性为某种"事实",如:

新闻是新近发生的一种引人兴味的事实。(美国,布莱尔)

新闻是广大群众欲知、应知而未知的重要事实。(中国,范长江)

新闻是一种新鲜、重要的事实。(中国,胡乔木)

同是落脚于"事实",但对"事实"的规定又有所不同,有的强调新闻的功用,如:

新闻是报道或评述最新的重要事实以影响舆论的特殊手段。(中国,甘惜分)

有的则强调新闻传播的活动特征,如:

新闻就是把最新的现实的现象在最短的时间距离内,连续介绍给最广泛的受众。(德国,E.多维法特)

有的则将新闻看作一种"报道",如:

所谓新闻,就是为了向大多数人传播知识和趣味,把最新的或者与现在有关的所有旧事物的存在变化、兴衰、发展等情况印刷出来的报道。(日本,关一雄)

新闻是经过记者选择以后及时的事实报道。(美国,乔治·穆勒)

新闻的定义，就是新近发生的事实的报道。（中国，陆定一）

还有的将新闻归于“信息”。美国哥伦比亚大学教授梅尔文·门彻在其《新闻报道与写作》中提出：

新闻是事件正常发生过程中出现的突变信息。

以上列举的这些说法，从特定的角度去看都有一定的道理，都在某一个或几个方面概括了新闻的本质特征。

有的学者试图将多方面的因素概括进新闻的定义中，对新闻进行完备、全面、深入的描述。20 世纪 80 年代初，美国的埃弗雷特·丹尼斯和梅尔文·L. 德弗勒将新闻定义为：

新闻是就某个具体问题、事件或进程提出现实看法的报道。它通常监测对于个人或社会来说都很重要的变化，并将这一变化置于共同的或独特的背景中。它成形于将使受众感兴趣的共识，并受制于机构内外的压力。它是新闻机构内部每天进行权衡斟酌的结果，这类机构要在一个特定时间内挑选出令人瞩目的社会事件并制造出极易变质的产品。新闻是在压力下作出仓促决策的不完美成果。[1]

这个不像定义的定义，或许是目前关于新闻的定义中最长的定义，它将新闻的基本属性、形成机制、社会功能等方面的特性尽括其中。

对新闻有这么多的定义，都试图“一言以蔽之”地界定新闻是什么，而实际上又难以用其中的任何一个定义来“一锤定音”。这说明新闻这个简单的词其实具有很复杂的意义，也表明，新闻的定义随着历史的发展不断地被给出，因为新闻传播活动是与时俱进的，人们对它的认识和理解也必然不会一成不变。

二、新闻是一种信息

进入 20 世纪 80 年代以后，我国新闻学界引入了“信息”这个概念，一些专家和学者开始以信息重新定义新闻。具体到新闻学研究，学者们为了打破此前将新闻看作阶级斗争和政治宣传的工具的观念，拓展新闻报道领域、关注新闻传播本身规律。宁树藩教授在 1984 年《新闻大学》发表《论新闻的特性》一文，率先提出“新闻是向公众传播新近事实的讯息”，后又进一步表述为“新闻是经报道（或传播）的新近事实的信息”，自此，“信息”作为属概念，被广泛运用于新闻的

〔1〕 转引自徐耀魁. 西方新闻理论评析. 北京：新华出版社，1998：135.

定义之中。我们看到,1978年出版的《辞海》关于新闻的解释是"新闻是新近变动的事实和传播",而1989年《辞海》修订版的解释则是"新闻是公开传播新近变动事实的信息"。其间的变化表明,新闻是一种信息的观念得到确立。2000年新版的《辞海》,基本沿用了1989年版的解释,指出新闻是"新近发生或变动的事实的信息。一般需经传播者选择,并借助语言、文字、图像等符号载体及时传播"。在20世纪90年代出版的主要新闻理论著作中,学者们也都用信息作为定义新闻的属概念,这里列举如下。

成美、童兵在1993年出版的《新闻理论教程》中提出:

新闻是新近发生的事实变动的信息。

李良荣在1995年出版的《新闻学概论》中提出:

新闻是一种信息,是传达事物变动最新状态的信息。

胡正荣在1995年出版的《新闻理论教程》中提出:

新闻是新近发生的事实的报道的信息。

黄旦在1995年出版的《新闻传播学》中提出:

新闻是被及时、公开传播的、新近发生的重要的事实信息。

综上所述,将新闻界定为信息,在我国新闻学界已经是一种基本的共识。当然,在具体的限定上,各种表述之间不尽相同,主要有以下两个方面差异。

其一,有的强调事实的"变动",有的只是指出"发生"。"变动"更为贴近新闻传播的实际状况。在时间的延伸中,每后一点相对于前面都是新的,每后一点上出现的情况都是新近发生的,但是有些事情虽是新近发生的,却没有带来新的内容,只是简单重复出现,或是极少变异,缺乏新意,因此不会为新闻传播者和新闻接收者所青睐,只有那些包含了变动的事物才引起他们的兴趣,而"变动"必然是实际"发生"的,因此,用"变动"一词更为准确。

其二,关于新闻的定义中有的用"传达",有的用"传播",有的用"报道"来指新闻活动对信息的传递。"传达"通常是指在更广泛的范围内信息从一端到另一端的活动,如传达指示、传达会议精神等;而且现代汉语里"传达"的使用隐含着由上而下的意味,即把信息从地位高的一端传递到地位低的一端,我们一般不会说"某某向总经理传达了工人们在小组会上提出的意见"。因此我们说,"传达"一词不能很准确地体现新闻采、写、编、传诸环节的特征。"传播"一词在普通的意义上与"传布"意义相同,而在学术意义上,传播被解释为"社会信息的传

递或社会信息系统的运行”[1]，不管是上述哪种情况，自然都可以包含新闻活动，但是同样也显得过于笼统，而不能突出新闻自身的特点。而“报道”一词，不管是在使用习惯上还是实质意义上，都更加贴近新闻工作本身的情况，因为它就是指采访、写作（制作）、编辑和传布的过程。

除了上述主要的不同点外，这些定义还有两点共同的缺憾。

第一，它们都忽视了新闻传播主体的存在。高度组织化的传播者正是现代新闻活动的重要特征。这样的传播者不单是作为个体的新闻职业工作者，更是聚集了这些个体的新闻传播机构——报社、杂志社、电台、电视台、新闻网站等。在现代社会中，这样的传播者的存在是新闻合法性的保证，也是新闻得以影响社会公众的前提条件，它形成新闻产生的机制，在很大程度上直接关系到新闻的面目和品质。因此，我们认为，在对新闻的界定中，给出主体的位置才能更为全面准确地揭示新闻是什么。有论者在对新闻的定义中注意到了这一点，如杰克·富勒指出：“所谓新闻，就是新闻机构新近获悉的关于具有某种意义的，或者令该新闻机构所服务的共同体发生兴趣的事务或事件的东西。”[2]当然，在“自媒体”（We-media）高速发展的今天，非组织构架下的个体，也能够发布消息，进行新闻传播活动。这样的情形已经对高度组织化的媒介机构形成广泛而深刻的影响，但是并不足以取代高度组织化的媒介机构作为新闻传播者的地位。

第二，上述定义没有涉及新闻的接收者，即杰克·富勒所谓的“新闻机构所服务的共同体”。作为一个完整的传播过程，接收者是不可或缺的。现代新闻的传播实践，越来越重视新闻受众的情况。自20世纪80年代开始，我国新闻学界和业界开始重视受众研究，专门的学术机构（如中国人民大学舆论研究所）、新闻院校、营利机构（如央视—索福瑞媒介研究公司）以及媒介自身都积极开展了受众调查活动。对接收者的重视在新闻实践活动中最突出的体现，就是从过去的以传播者为中心转向以接收者为中心，这一转变不仅导源于市场经济的逐步确立、媒介产业化程度的加深，而且也与对新闻传播的本质、功能的进一步认识密切相关。由此而来的是，新闻接收者对新闻本身的品质和面貌的形成所产生的影响得以凸显，因此，在界定新闻时如果忽略了这一因素，势必不能完整地揭示新闻的本质。

综上所述，我们这里再给出新闻的一个定义：

新闻是高度组织化的传播者向社会公众报道事实新近变动状态的信息。

---

[1] 郭庆光. 传播学教程. 北京：中国人民大学出版社，1999：5.

[2] 杰克·富勒. 信息时代的新闻价值观. 展江，译. 北京：新华出版社，1999：7.

这个定义由五个要件构成:新闻传播主体——高度组织化的传播者,新闻传播的活动方式——报道,新闻传播的对象和内容——事实新近变动状态,新闻传播的结果及其性质——信息,新闻传播的目的和指向——社会公众。

这个界定沿用了信息作为属概念的方式,它表明新闻传播活动的本质在于它是整个社会中信息交流网络中的重要组成部分。新闻传播以担负这一角色功能来反映客观存在的事实,是人类认识活动在对客观世界进行把握中所特有的一种方式。这种方式不是对现实存在的简单复制,而是伴随着人的主观能动性的参与,即对事实进行选择、加工、整理、编码、传送的复杂精神活动。某一事件发生后,新闻传播者不是(也不可能)将这个事件原封不动地带给新闻受众,而是运用语言、文字、声音、图像来指称这个事件;相应地,新闻受众从新闻传播者那里获得的不是某一事实本身,而是指代这个事实的语言、文字、声音、图像等符号,通过这些符号及其构成物来获知相应事实的情况,建立与实在的世界的联系。所以说,虽然新闻来源于事实,但是,新闻并不等同于事实,而是关于事实的表述。正因为如此,我们将新闻归为一种信息,因为信息在其最广泛的意义上,指的正是事物的表征和表述。关于新闻与信息的关系,后面将作进一步阐述。

这个界定表明,新近变动的事实是新闻传播工作所特有的活动内容和对象,因此,新闻是以新近产生变动的事实作为依据和来源的,事实对新闻传播活动具有前提性和决定性作用:先有新近变动的事实,后有新闻传播;没有新近变动的事实,就没有新闻传播。新闻需要一切从事实出发,新闻传播活动的目的也是让人们了解事实。这有别于文学艺术,文学艺术可以从事实获得原型或启发,但是文学艺术活动不必拘泥于事实,它需要借助想象,可以进行虚构,目的在于审美,让接收者获得审美的愉悦。新闻对事实的传播是从事实出发,最后也落脚于事实,即它处理事实的目的是告知和引导人们了解事实。在这一点上,新闻有别于哲学和其他科学对事实的处理方式和最终目的。哲学和其他科学也重视对事实经验的搜集和整理,但其目的是通过对事实的高度抽象和概括来获得一般的规律性的知识或真理。可以作为新闻来传播的事实,其性状在于"新近变动",如此才能给人以新的信息。我们特别强调"变动"这一点,是因为新闻传播对"变动"特别敏感,及时地捕捉事实变动的情况是新闻传播最显著的职业特征。它着眼于"新近变动"的事实,这是它有别于历史之所在。在必须忠实于事实存在这一点上,对新闻的要求与对历史的要求一样;两者之间的不同正在于事实的时间纬度,通常所谓"今天的新闻就是明天的历史",也就是这个意思。"变动"意味着未知领域和经验的出现,意味着人所面临的不确定性,而人类正是在不确定性的挑战中克服困难、丰富经验、谋求生存和发展的更大空间,走向未来。在这

个过程中，新闻传播的意义就在于以其敏感及时反映、提示了最初的讯号，唤起人类的应对。

这个定义表明，新闻传播在活动方式上的特点在于报道。如前所说，报道是指采访、写作（制作）、编辑和传布这一系列活动，当人们从媒体上看到或听到“某某某记者报道”的表述时，这已经意味着上述过程的完成。因此，我们不能将报道这个词表示的动作仅仅理解为具体从事新闻采集和写作的记者所为，而应该看到它标明了整个新闻传播的流程。报道还意味着“公开传播”，如果传播者采集、制作的信息，其发布范围有明确的限定，那就不是报道。秘密情报、内参、机构集团的内部刊物或其他媒体采集和制作的信息就不能被称作报道。

这个定义明确提示了高度组织化的传播者主体的位置。如前所说，高度组织化的传播者正是现代新闻活动的重要特征。所谓高度组织化，具体表现在如下三个方面：一是政府确立和实施对新闻传播活动的监管。虽然不同的国家和政府在监管的具体方式、内容和程度上不尽相同，但都通过相关的新闻政策和法规，来规范和控制新闻传播者的活动。这在很大程度上决定了新闻传播的空间和这一空间中新闻的面目。二是作为组织传播者的新闻机构，首先要遵照国家政府的有关规定来组织传播，才能取得合法的地位；其次，它要按照一定的流程和分工来安排新闻采集、制作、编辑和传播的工作；再次，它还要通过一系列的规章制度来管理本机构的工作人员。三是新闻传播者作为个体，不仅需要通过程度不同的职业训练和资格认证来获得身份，而且其必须依存于新闻机构，将自身的价值实现纳入集体作业的完成之中。在这种意义上，我们可以说，任何一条新闻都不是单个的传播者所完成的。正是如此高度组织化的传播者，在连续不断地向社会公众提供新闻。

这个定义还标明了新闻的目的和指向是社会公众。这意味着新闻不是为少数人服务的，而是社会之公器，在构筑社会公共空间中扮演着重要的角色，它不仅反映着变动的事实，也反映着社会舆论、社会力量的变化，而且能够以其报道参与、影响、激发和引导这些变化。新闻的这一性质使之成为现代民主政治建设的重要力量。由于新闻是向社会公众传播的，新闻传播者就必须考虑：社会公众需要什么样的新闻？对这一问题的回答将对新闻传播者选择、制作和传播新闻的过程产生影响，并最终要在新闻的面貌和特质上体现出来。与此同时，从传播者的角度看，新闻传播过程中始终存在着的一个问题是：社会公众应该接收什么样的新闻？对这两个问题的畸轻畸重，都可能带来新闻传播的消极后果。理想的情形是，新闻传播者的传播意图与社会公众的接收期待两相吻合，而实际中两者之间每每有龃龉和冲突,解决这一矛盾需要传受双方增进了解、互相沟通、达成共识。这就意味着,从宏观上来看,新闻是新闻传播者与新闻接收者之间互动与共谋的结果。

三、如何看待新闻这种信息

以上我们将新闻界定为一种信息。那么,什么是信息?信息与新闻的关系究竟是怎样的呢?

在我国古代,信息和消息、讯息等被视为同一概念。它还不是现代科学意义上的"信息"。

最早对信息作出全面的科学研究的人,是美国贝尔电话研究所数学研究员克劳德·香农。1948年他在《贝尔系统技术杂志》上发表《通讯的数学理论》(又译为《信息的统计理论》),创立了"信息论"。香农给信息下的定义是:"信息是在一种情况下能减少不确定性的任何事物。"香农在这里指的是在通信过程中,某一明确的信号的传递和接收便会消除此前的不明信号(如各种杂音)的不确定性。如果我们将这一概念推广开去,那么所谓不确定性,就是人们对于世界、对于周围环境的变化及其可能性的种种悬揣。今天要出门远去,天气怎样?中国在公海区域近台岛地区进行军事演习,台湾当局及美国反应如何?今年夏季流行什么款式的女性服装?……当你获得相关信息时,这些不确定性就得到消除,你心中的悬念就没有了。但是,要注意的是,在香农这里,信息指的是特定环境中的刺激或信号的数量表示,是一个量化的概念,而不是指意义。人们接受刺激信号后再通过解码,才赋予它意义。

为了理解这一点,我们可以从热力学的一个相关概念"熵"开始。熵即无规则,或者说情境中秩序的缺乏。正是存在于环境中的熵引起某种不确定性,熵越多,不确定性就越大,消除这不确定性的信息需求就越多,也就意味着提供越多的信号刺激。[1]在人们的社会生活中,突发性事件、突如其来的灾害,都是富含熵的情境。灾害何时发生,具体范围或地点是哪里,过程怎样,为何发生,死伤情况怎样,哪些人遇难,如何应对,等等,都构成不确定性。这些不确定性,正是新闻采写的信息点,一则这样的新闻包含的信息量就非常之大。事实上,除了突发性事件、突如其来的灾害,任何新的变动都会带来程度不等、范围不同的无规则状态或秩序缺乏的情境。新闻通过文字、图像或声音等方式,来反映和

〔1〕 斯蒂文·小约翰.传播理论.陈德民,叶晓辉,译.北京:中国社会科学出版社,1999:87-88.

报道这些事件，就必然要提供足够的信号刺激，香农所谓的信息就是在这里体现出来。

人们在接收这些信息时，首先接收到的是或文字、或声音、或图像方式的信号刺激——它们可以被标识为多少字、多少帧图像、多少幅图片等，这便是信息科学在通信技术和计量的层面所谓的信息。从计量的层面考虑信息，对新闻传播也具有意义，它提示我们，通常所谓新闻的信息量大小，应该从其对应情境的不确定性多少和相应提供的信号刺激多少来计算，而不是笼统地统计新闻条目的多少。

在接收了信号刺激之后，接下来需要对这些文字、声音、图像进行解码，才能获得意义，这便是我们通常所谓的信息，也就是说，我们是在“意义”——信息的功用这个层面使用“信息”一词的，说新闻是一种信息时，也主要是在这一层面。在现代英语中 Information 这个词就包含着“通知、报告、消息、情报、知识、见闻、资料、信息”这样一些释义。实际上，新闻传播就是这样一种活动，它将人从所处的混沌不明的境地引向有序把握的轨道，消除特定情境中所包含的不确定性，从而使人们更好地协调行动，生存发展。

在功用的层面使用信息来界定新闻，并不意味着我们可以忽略产生和获得意义的过程。这一过程在通信技术的描述中得到揭示，而新闻传播的过程实质上也正是信息传递的过程。这一点我们从信息传递的简化模型（如下图所示）中可以看到。

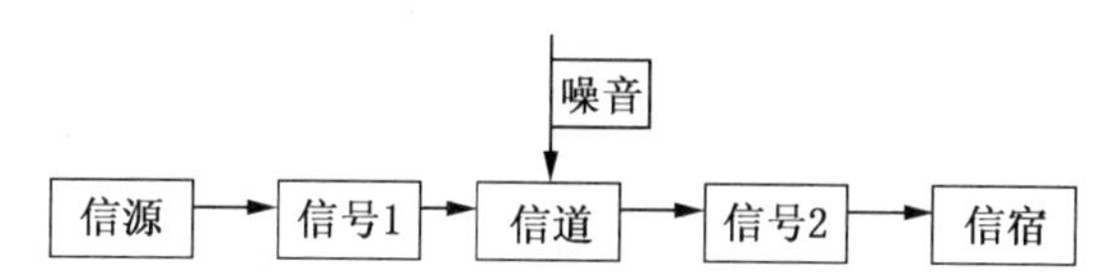

这个模型告诉我们，从信源产生的信息，经过转换后生成信号 1，在信道中传输，并受到噪音的干扰，成为信号 2。信号 2 与信号 1 有联系又有区别，联系的程度和区别的大小取决于噪音影响的情况。为了使信号 2 与信号 1 尽可能一致，需要对信号 2 进行还原，尽量消除噪音的干扰。经过还原后，信息来到信宿这里。[1] 新闻传播者传播的新闻，也正经历了这样的过程。新近变动的事实是信源，其发出的信息被新闻传播者选择、采集、制作，转换成新闻制品，该新闻制品可以被看作由各种符号（文字的、图像的、声音的）构成的信号 1，经由特定的媒介（报纸、广播、电视、互联网）构成的信道传输出去。在这个过程中它也会受

〔1〕 钟义信. 信息学原理. 北京：北京邮电大学出版社，1996：122.

到噪音的干扰,这些噪音有技术方面的,也有社会环境方面的,还有文化心理方面的。新闻经过这样传输后,已经不同于最初的新闻制品,而相当于信号2。对这时的作为信号2的新闻,需要进行解读,完成还原工作,最后为作为信宿的接收者所获悉。

在对信息这一概念的理解中,还应该注意的是,信息是多层次的概念,并且从不同角度可以划分出不同的层次。譬如,以上我们谈到的量化的层面和功用的层面。我们指出,新闻作为信息主要是指其功用的层面,但不意味着与量化层面无关。又如,信息还可以区分为自然信息和社会信息。所谓自然信息,是一种本源性的信息,它在作为主体的人之外存在,未经人为加工和处理。所谓社会信息,是指作为主体的人,经过采集、加工处理而成的信息。新闻自然属于一种社会信息,它经由职业的传播者选择、制作而成,在整个社会信息系统中扮演着重要的角色。显然,社会信息与自然信息有着密切的联系,自然信息是社会信息的来源和基础,社会信息是自然信息的提炼和凸显。

需要特别强调的是,在信息的不同层面中,最为基本的两个层次是本体论层次和认识论层次。在本体论层次上,信息是"事物运动的状态和(状态改变的方式)";在认识论层次上,信息是"主体所感知的或该主体所表述的相应事物的运动状态及其变化方式,包括状态及其变化方式的形式、含义和效用"[1]。由此可知,我们说新闻是一种信息,是就认识论层次而言的,其实质便是传播者主体面对客观世界中事物的变动状态,对其作出反映和描述。

在现代信息学观念中,信息与物质、能量是构成客观世界的最高级的类概念,也就是说它无所不在,包括一切,新闻只是其中的一种;信息传播的方式无穷无尽,新闻传播只是其中的一种。对新闻这种信息的特质以及对它的传播活动的规律进行考察和研究,构成了新闻学的重要内容和根本任务之一。毋庸置疑的是,从原始社会到现代社会,社会越是发达,越是开放,人与人之间的关系越是密切,交往越是频繁,人们所需要的信息也就越多。因此,现代新闻事业机构都在千方百计地追求尽可能多的新闻信息量,追求尽可能快地传递新闻信息,追求将最新的信息传递给最广大的受众。

---

〔1〕 钟义信.信息学原理.北京:北京邮电大学出版社,1996:38.

第二节　新闻与事实

一、同样的事实，不同的新闻

在相当大的程度上，新闻传播者的全部工作是以"事实"为中心的：选择事实，记述事实，再现事实，让社会公众了解事实。因此，新闻与事实的关系成为新闻学研究的重要方面，它不仅是理论的探讨研究，更应是对新闻传播实际工作中的突出问题的思考和应对。

我们先来看两则新闻。

杨致远辞去雅虎董事会职务

《华尔街日报》中文版　杨致远（Jerry Yang）已经辞去在雅虎（Yahoo Inc.）董事会的职务，正式结束了与这家曾经雄心勃勃、他17年前参与创立的互联网公司的联系。

杨致远在声明中说，到了我该追求雅虎以外其他兴趣的时候了。他还说，他同时将辞去在雅虎日本（Yahoo Japan Corp.）董事会和阿里巴巴集团（Alibaba Group Holding Ltd.）董事会担任的职务。雅虎在阿里巴巴集团持有大量股权。

就在杨致远辞职前不久，雅虎刚刚聘用了新的首席执行长汤普森（Scott Thompson）。汤普森曾任eBay Inc.旗下子公司贝宝（PayPal）总裁。据知情人士透露，雅虎还在继续权衡自己的各项战略选择。多年来，面对谷歌（Google Inc.）和Facebook Inc.等竞争对手，该公司一直难以实现增长。

受杨致远宣布辞职的消息提振，雅虎股票在盘后交易时段上涨逾3%，至每股15.95美元。

雅虎发言人说，她不清楚是否会有人接替杨致远的职务。据一位知情人士透露，在雅虎周二宣布杨致远辞职的消息前，他并没有告知全部董事。上述人士还说，在最近举行的董事会电话会议上，杨致远也没有暗示自己马上会辞职。

不过，杨致远的辞职并不出人意料。上述知情人士说，投资者一直非常不满，他受到了很多的批评，这或许是正确的选择，投资者一直对他纠缠不休。

上述人士表示，杨致远或许认为他辞职的时间也合适，因为雅虎现在有了一位新首席执行长。两周前汤普森受聘担任新的首席执行长；约4个月前，雅虎董事会解除了巴尔茨（Carol Bartz）的职务，在那之后，首席执行长一职一直空缺。

除任雅虎董事以外,43岁的杨致远还是“雅虎酋长”(Chief Yahoo),虽然这个头衔到底有何意义一直都没有明确界定。截至去年11月,他持有雅虎3.8%的股份,而他以前一直表露出希望保持雅虎独立的强烈意愿。

最近,杨致远和雅虎董事长博斯托克(Roy Bostock)受到股东指责,后者对雅虎处理公司战略审查的方式感到不满。雅虎最大股东之一、对冲基金公司Third Point LLC首席执行长勒布(Daniel Loeb)去年11月曾要求杨致远辞去董事会职务,并威胁称要发动代理权争夺战。

杨致远与费罗(David Filo)1995年共同创立了雅虎。从那一年3月起,杨致远便担任雅虎董事,并在2007年6月至2009年1月期间任雅虎首席执行长。

虽然雅虎仍拥有一些包括主页Yahoo. com、体育、新闻和娱乐等网上人气最旺的站点,但却很难跟上Facebook以及ESPN. com等其他内容网站的步伐。

据研究公司eMarketer统计,2011年美国图形和视频广告支出总计123亿美元,其中雅虎占13.1%,低于2010年14.4%的份额。过去几年来,雅虎年度总营收一直都在60亿美元左右。

相比当年的光辉岁月,现在的雅虎可谓一落千丈。杨致远和费罗1994年在斯坦福大学(Stanford University)上研究生时创立了雅虎。二人当中,杨致远抛头露面的机会更多,他迅速成为了硅谷上世纪90年代末互联网繁荣期的典范人物。

据雅虎早期员工吴炯(John Jiong Wu)表示,雅虎早期也经历了漫长的艰苦创业阶段,那时公司要力求跟上快速成长的客户的步伐。杨致远是个举止优雅的联合创始人,参与公司关键的经营决策,而费罗则是一个安静的工程师,每每在桌前一待就是几天。

吴炯在回忆费罗时开玩笑说,他的小房间里有一股臭味,而杨致远更像一个正常人。

杨致远亲自与广告商面谈,运用自己的个人魅力帮雅虎拉来急需的广告。雅虎前高管科尔曼(Greg Coleman)说,对大广告商来说,杨致远就是他们要找的人;作为雅虎的创始人,他有着偶像级摇滚明星般的影响力,而且他也知道如何利用这一点创造奇迹。

本世纪头10年中叶,杨致远与中国互联网公司阿里巴巴集团(Alibaba Group)首席执行官马云成了朋友。他们之间的关系催生了一个对雅虎而言最重要的战略举动。

2005年,雅虎选择将公司的中国业务交给阿里巴巴,同时斥资10亿美元购

买了阿里巴巴 40% 的股权。这部分股权最近的估值为 140 亿美元，是雅虎最有价值的资产之一。

2007 年中期至 2009 年初，杨致远担任雅虎 CEO。也是在这段时间，他曾纠结于是否接受微软公司(Microsoft Corp.)2008 年以超过 450 亿美元收购雅虎的提议。最终杨致远回绝了，此举引发了接二连三的一大堆批评。2008 年出席旧金山一个会议时，他在台上接受了采访，似乎暗示自己对雅虎的感情影响了他的决策。

杨致远说，我知道自己将永远贴着这个标签了。

知情人士表示，2009 年巴尔茨成为雅虎 CEO 后，杨致远退居幕后，直到最近在有关雅虎命运的讨论中才变得较为活跃。

互联网先锋杨致远谢幕　阿里巴巴回购或更难

历经雅虎起与落

人民网北京 1 月 18 日电（记者　魏倩）　“杨致远，达到了互联网第一个顶峰，开启了一个新的时代！放下雅虎的包袱，也许会有不一样的灿烂。”二度创业的小米手机创始人雷军今日在微博上评论。

这是今日全球互联网业的重磅消息。雅虎(Yahoo!)周二宣布，公司联合创始人杨致远辞去公司董事及所有职位，未来不会以任何形式参与公司事务。同时，杨致远还将辞去雅虎日本董事会董事、阿里巴巴集团董事会董事职位，辞职立即生效。

在雅虎发表的辞职声明中，雅虎董事长罗伊·博斯托克说：“杨致远是一位愿景家，是一位先锋，他在雅虎期间为雅虎做出巨大贡献。”

戴着旧式眼镜、年逾 40 岁的杨致远选择在 2012 年告别了其一手创办的公司，意味着曾经的“雅虎酋长”(Chief Yahoo!)时代已远去。多数媒体引用了杨致远辞职信的一句话暗示其辞职理由：“现在是我追求雅虎以外的其他兴趣的时候。”但具体原因并未透露。

资料显示，生于台北市的杨致远 1995 年与大卫·费罗(David Filo)在斯坦福大学读研究生时创建了雅虎，杨自 1995 年 3 月一直担任公司董事会成员，在 2007 年 6 月至 2009 年 1 月间担任公司首席执行官。美国《商业周刊》1998 年 12 月 18 日的数据认为，雅虎是 1998 年股票增值最快的公司，股值增长率达 455%，居第二名。

杨致远也很快成为硅谷 20 世纪 90 年代末涌现的互联网热潮中的风云人物，同时经历了雅虎的辉煌与没落。

时至2008年辉煌一时的雅虎遭遇不少挫折,不仅市值缩水16.5%,还成了并购目标,当时微软(Microsoft)给出了一个446亿美元的收购提案,但遭到时任雅虎CEO杨致远的拒绝,随后将部分付费搜索业务外包给谷歌。《财富》引用雅虎一位老资格的中层员工的话说:“我觉得他不适合这个位子。他刚上任的时候我对他满怀期待,但是他拒绝微软的收购,这让我失望,让很多员工愤怒。”

尽管杨致远保持了雅虎的独立性,这一决定也使“他自己饱受股东批评”。雅虎的股价后来也没有回到当时微软开出的33美元/股,当时溢价75%。如今的突然辞职,有消息称是“杨致远遭到内外厌烦,主动选择离职”。

雅虎公司更是在过去5年里经历了5次CEO更换,目前外媒称雅虎在讨论是否出售亚洲资产。对于阿里巴巴而言,互联网实验室董事长方兴东认为,随着杨致远的离开,阿里巴巴回购雅虎所持股份或许会变得更难。

这是两篇有关于2012年1月18日杨致远辞去雅虎董事会职务的新闻。它们源于同一事实,这一事实的基本方面在两篇新闻中都得到体现。但这依然是两篇不同的报道,我们稍加比较就可以看到大体有以下不同:《华尔街日报》的标题直截了当;人民网则用了主题+肩题的复式结构,点出了杨致远辞职对国内网站阿里巴巴的影响。主题内容方面,《华尔街日报》将杨致远辞职前后雅虎的人事和股价变动等信息都涵盖在内;而中国的人民网添加了对中国网站阿里巴巴回购案未来走势的预期。导语中,《华尔街日报》直接写出杨致远辞职的消息,并点出他是雅虎网站创始人的事实;人民网的报道是引用第三者微博中对杨致远的评价和期望。《华尔街日报》在杨致远的成功与失败方面的笔墨大体相等,并有美国式的幽默表述;而人民网着重于叙述杨致远2012年的失败及其详细的原因。

对同一事件的报道为什么会有这样的差异?出现这些差异意味着什么呢?这便是我们在对新闻与事实的关系考察中需要回答的问题。

在人们的言语活动中,“事实”是一个使用频率极高,而人们又未必知道其确切含义的概念。在各种关于事实的解释中,我们倾向于这种说法:所谓事实,“就是人的实践和认识活动对象的客观存在状态”[1]。这种客观存在的状态包含着多方面的和无穷尽的联系,人们正是在对这些联系的连续不断地认识中来把握事实的。但是,个人穷其所能往往也无法在完全的意义上把握和反映包含

〔1〕 孙伟平.事实与价值.北京:中国社会科学出版社,2000:83.

在事实之中并构成事实状态的全部联系。正因为如此，就新闻传播活动而言，一个事件发生了，单个的新闻传播者和单独的报道要对构成这一事件的事实情况作全面反映是不可能的。正如马克思指出的："只要报刊生气勃勃地采取行动，全部事实就会被揭示出来。"[1]新闻媒体通过连续报道，追溯事件的起因，追踪事件的去向，才有可能揭示事件的全貌。因此，一个负责任的新闻传播者，总是竭尽所能去接近事件本身，揭示事件的事实联系，并对此保持谨慎的态度，而不盲从和轻信。

事实客观存在并包含无穷联系这一性质提示我们，在新闻传播实践中，应该强化调查研究的意识，以扎实的工作作风深入了解事件。1971年美国纽约州的阿提卡监狱发生了一次严重的暴乱，在州警察作了最后的突击之后，州政府的感化部有一位官员宣称，服刑犯人将他们扣留的人质的喉管割断了。当时在现场采访的记者们，几乎都一致深信这个声明的真实性，就在既未说明消息来源，也没有作进一步采访的情况下给自己服务的新闻媒体发回了报道。结果是，第二天，《罗彻斯特时报联盟》的两位记者从法医那里获得尸检报告，发现真相为人质是被警察开枪打死的。在这个例子中，当时在现场采访的记者就犯了轻信的错误。

对事实的深入调查，不仅意味着不盲目轻信，还意味着不是停留于事物的表面来就事论事，而是竭力挖掘和发现事实中包含的广泛联系。1972年6月17日深夜，在美国华盛顿的民主党总部所在地水门大厦，警察捕获了5名盗窃犯。事发当天上午，《华盛顿邮报》的记者伍得沃德即去采访，发现两名盗窃犯的地址本有"亨利，白宫"的字样，感到这不是一般的盗窃案，由此追踪开去，终于揭开了水门事件的政治丑闻。如果当时《华盛顿邮报》只是把这个事件当作一个盗窃事件报道，新闻史上就会少了水门事件的精彩篇章。

当然，如果要求每一篇新闻都如水门事件的报道那般，显然不切实际。但是其间的职业精神和对待事实的态度，则是不管从事哪种类型报道的人们都要学习的。新闻学研究已经注意到，由于事实的上述性质，不同新闻有不同的对事实的接近和处理方式。美国哥伦比亚大学新闻学院在新闻报道与写作教程中就提到，报道可以分为三个层次：第一层是对事实的直截了当的报道，第二层是发掘表象背后实质的调查性报道，第三层是在事实性和调查性报道的基础上所作的解释性和分析性报道。三个层次实际上就是三种处理事实信息的方式，选择哪

[1] 马克思.摩泽尔记者的辩护//中共中央马克思恩格斯列宁斯大林著作编译局.马克思恩格斯全集：第1卷.北京：人民出版社，1995：358.

种方式首先取决于事件本身的性质,其次也受限于传播者自身的定位和能力。这后一个方面的情况之所以会发生,是因为既然事实是人的实践和认识活动对象的客观存在状态,那么,人的主体性因素会对哪些对象能成为主体所选择、把握和认定的事实产生影响。所以,不同的人对同一事件包含的事实的把握,不可能完全一致,不同的新闻传播者在对同一事件的报道中所呈现的事实也就会不尽相同。

以上我们看到,由于事实包含着多方面的联系,由于传播者主体性因素的作用,对同一事件进行报道时,不同的新闻传播者会给出不同的新闻。就事实的认知层面而言,报道接近事件的实际状态的程度高低,决定了新闻作品的品质优劣。因此,不同的新闻传播者在“同题大战”中可以各显身手,制作出不同的新闻来。这方面,我们通过观察和比较重大事件、热点事件发生后各媒体的报道情况就可以理解。像我们在本节开头列举的两则新闻,一则详细描写杨致远如何成功以及之后错失良好收购机会,另一则将重点放在杨致远的失败上,都是对事件的事实信息的传达,但二者所选取的事实的信息点显然不尽相同。

上述分析表明,新闻来源于事实,但是不等同于事实。这不仅由事实本身的特性所决定,而且与传播者主体对事实的把握有关,说到底,新闻是作为主体的人的实践活动的产物。

二、新闻是对现实世界的建构

一个事件发生了,新闻传播者用特定的符号手段把事件转化为符号(编码),将这些符号传递到公众那里,公众通过对这些符号的解读(解码)来获知事件的情况。新闻正是通过一系列活动而形成的关于事实的符号集合体。那么在由事实到新闻的过程中,发生了些什么?这些如何影响了新闻的质地,从而决定了公众对事件的获知?我们先将这一过程简化为下列图示,然后再具体分析。

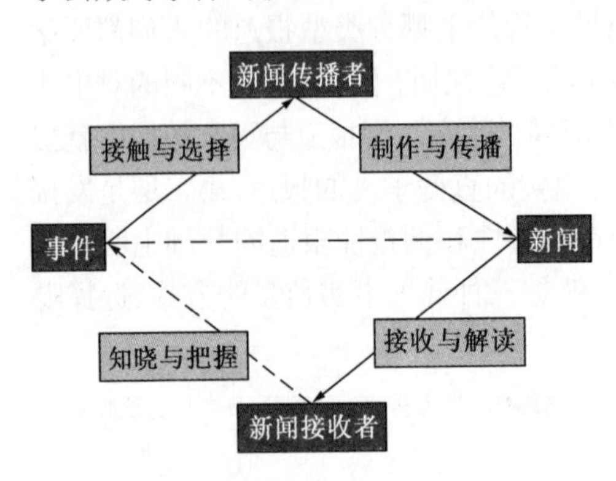

这个图示中实线表示直接的联系,虚线表示非直接的联系。也就是说,事件(它包含构成这一事件的全部事实)并非直接地成为新闻,新闻接收者也不是直接地接触到事件。事件成为新闻的过程,是新闻传播者介入的结果,新闻传播者直接关联事件与新闻。公众通过与新闻发生直接的接

触,并根据自身的条件对之解读,从而知晓和把握事件及其所包含的事实。

新闻传播者接触事件的过程是新闻得以产生的基础和前提。这一过程大体说来有三种情况:亲历事件、调查事件和接收事件的相关报告。第一种和第二种情况很好理解,它是新闻工作的最基础的环节。第三种情况需要解释。在现代新闻传播的实际工作中,有大量并非来自亲历和调查的消息,它们往往直接来自机关、企业、专业的公关公司的公关材料,经过新闻传播者的编辑把关,出现于新闻媒体刊播的新闻之中。这三种情况表明,新闻传播者对事件的直接接触的程度也是相对的,所谓直接接触,是相对于对事件处于未知状态的新闻接收者而言的。无论哪种接触情况,新闻传播者在考虑制作新闻时,并非有闻必录,而是必然加以选择。如何选择,选择的依据是什么,选择是否恰当,这些是新闻传播中极为重要和复杂的问题,本书在后面将详加阐述。

在对事件进行接触和选择之后,新闻传播者需要进行新闻的制作和传播。新闻的制作实质上是一个符号化的过程。符号的传统意义是用一物来代指另一物以完成传播和交流,譬如一个男孩送给一个女孩一束玫瑰,那是他在向她表白爱意,玫瑰在这里就是代指爱意的符号。瑞士语言学家索绪尔将符号的构成分为能指(Signifiant)和所指(Signifié)这两部分,能指是指符号的形式、外观,所指是指符号的内容、意义。所谓符号化,就是指运用各种符号来编码(Encoding),以指示不在场的事件,赋予事件的事实信息以可识别和传递的形式。英语里表示信息的 Information 一词的词源和构成可以帮助我们更好地理解这一过程。来自拉丁文的词根 form,表示形式、框架,前缀 in 表示加入、设置,词尾则是表示名词形式的后缀。因此,所谓信息,就是为事物提供可供把握的形式、框架而形成的东西。在这种意义上,新闻传播出的信息不是别的什么,而是赋予事件以形式、框架的符号集合。但是,这一符号化的结果必然地指向新闻传播者意欲让公众了解的事件,使公众在不在场的情况下获知事件的事实信息。如果我们片面强调符号的能指层面,而忽略其所指,就会沦入形式主义的泥沼,将新闻带入空洞无物的死胡同。那些以僵硬的空话、套话构筑的新闻,那些外表光鲜、内里空虚的新闻,从两个极端犯了同样的错误,那就是,它们只有空洞的能指。

应该看到,由于不同的传播者传播目的、传播媒介、传播手段、运用符号的能力、文化背景等方面的不同,其最终形成的对事件的符号再现,对事件的事实信息的传递,在形式和内容上都会出现差异。我们在本节前面的论述中列举的两组新闻,其两者之间有如此大的不同,很大一部分原因就发生在对事件的符号化再现这里。客观世界里发生的事件,包含着无可穷尽的事实联系,就此而言,新

美国《达拉斯晨报》列森和迪亚兹的《告别战友》获2004年普利策突发新闻摄影奖。

闻传播者对事件的报道,永远是在以有限的手段表现无限的世界,以富有形式感的框架来捕捉和固化流动不息、千头万绪的事件。因此,传播者只有努力掌握相应的传播手段,提高文化素养和表达能力,才能制作出高质量的新闻来。像《告别战友》这一对突发事件进行报道的新闻摄影作品,其所具有的感动人心的震撼力,在于摄影记者从独特的角度,以高超的技巧,将战争中一次伤亡事件的瞬间所包含的惨烈程度和人性内容,生动地再现出来。

制作后的新闻的传播,需要经过特定的媒介运作才能实现。媒介是传播赖以实现的中介,是传递信息的物理形式,包括物质实体和物理功能。物质实体指文字印刷品、通信工具、电波、光波、声波等。新闻的传播需要这些媒介在物理性质和性能上提供顺利传播的保障;不仅如此,这些媒介性质和性能对传播者制作新闻也产生影响。有些事件适合电视传播却不适合报纸传播,反之亦然。在报纸时代,你无法想象声音形式的新闻如何传播。各种媒介都有其自身的特性,譬如电视新闻的特性就在于,它可以综合运用画面、现场同期声、解说词、动画、特技、图表、字幕、音乐等诸多符号化方式,来再现传播者选择报道的事实,让新闻传递得更快,信息量更大,现场感更强。新的媒介不仅提供了传播的渠道,而且拓展了传播的内容。正是在这个意义上,加拿大传播学者麦克卢汉说:“媒介即信息。”因此,新闻传播者应该充分了解媒介的特性,把握媒介在技术上的要求,才能更好地制作新闻,并使之得到更有效的传播。

综上所述,新闻传播者传播的新闻,来源于现实世界客观变动的事实,但是,对特定事件的传播过程,并不是也不可能是将这一特定事件本身传递给新闻的接收者,而是通过一系列的符号化活动,新闻传播者制作出新闻。因此,新闻报道的事实信息,实质上是对事件及其关联的现实世界的建构。新闻传播的目的固然是通过这一建构来帮助和引导人们认识客观世界,而我们强调新闻报道的事件与客观发生的事件之间的不等同关系,则是为了更深入地理解新闻传播活动及其结果,更好地从事新闻传播活动。

三、新闻、受众与事实

在传播者将新闻制作和传播出去之后，传播过程并没有结束，只有在新闻到达接收者那里时，传播才算完成。传播学将新闻接收者称为新闻受众。所谓受众，原指演讲的听众，后用以指报刊、书籍的读者，广播的听众，电影电视的观众；实际上，随着新的媒介方式的采用，受众指涉的对象更为广阔。从前面的图式中我们可以看到，新闻受众通过对新闻的接收和理解来获知事实的信息。这一接收和理解的过程，关联新闻与事实，是新闻与事实的关系在传播过程中的进一步延伸。我们已经阐明，新闻传播的过程实质上是新闻传播者通过对事实的符号化再现而对现实世界进行建构的过程。那么，这一建构到了新闻受众那里，是否继续保持原有的面貌和特质？回答这个问题，需要分析新闻受众的接收过程。

在这一过程中，接收这个环节所发生的情况，其实质是受众对新闻的选择性注意。首先，我们要注意的是，新闻并不是单个地、一条一条地出现的，而总是以复数的形式出现的，大量的新闻被新闻机构编排在版面、栏目之中，按照一定的秩序传播出去。在新闻经过媒介传播出去之后，不是所有的新闻都能够引起同等的关注。影响受众选择的因素，一方面来自新闻本身，如所报道的事件是否新鲜、奇异、反常，标题和图片是否醒目，位置和顺序是否优先，等等；另一方面则源于受众自身的特点，这些特点包括在社会中所处的地位和阶层，受教育的程度，专业或职业背景，兴趣爱好，等等，这些方面的不同会导致选择的不同，这种选择的不同会改变媒介组织通过新闻的编排在总体上对现实世界的建构。比如说，一家日报关于足球的报道，总是放在第8版体育版里，一个足球迷看这家报纸的话，可能首先甚至只看足球版，这样，这家报纸前面版面和其他版面的新闻报道就可能被他忽略。这种选择的情况，不仅涉及对新闻总体的建构的改变，还可以逐级推论到更具体的、更细致的内容和表达层面。

完成对新闻的选择之后，受众对新闻进行解读。相对应于传播者的“编码”，解读便是“解码”，即对新闻传播者在新闻中的符号体系进行识别、分析和理解。显而易见的是，新闻受众需要拥有与新闻传播者相应的符号体系，否则无法完成解读，也就不能从新闻中获知关于事实的信息。极而言之，一个文盲面对报纸上的新闻会一无所获，一个色盲对电视新闻中的色彩所起的作用会无动于衷。这也就意味着，在解读新闻的过程中，受众总是根据自身的情况进行的。进一步看，受众对新闻的解读，取决于自身的心理期待、知识储备、政治倾向、文化价值观，等等。这些方面的差异，会使不同的受众对同一条新闻作出的理解不尽相同,甚至迥异其趣。现在,互联网上刊播新闻后往往有“发表评论”的链接,打开这些链接,我们就会发现,在不同的人眼里,一条新闻呈现出怎样的不同。例如,2011年1月一段来源于天津卫视职场节目《非你莫属》的视频“海归女对掐主持人”在网络上爆红。“80后”海归女孩刘俐俐跟主持人张绍刚以及现场Boss团针锋相对,被张绍刚及现场众Boss贴上了“狂浪”、“攻击性”、“眼神写满蔑视和恨”、“太假太可怕”等标签,失败离场的新闻引起大家的关注。虽然求职失败,但在新浪微博刘俐俐却意外受到了很多网友的围观和热议。

@洪晃ilook:第三遍转这个,一帮中年脑残在一个白痴主持带领下,在电视上公开侮辱、贬低一个无辜的24岁求职姑娘,这是我们的文明吗?就这样对一个年轻人,那个所谓评论还用自己在国外待了15年去压人家待了3年的经历,我早就说过,把驴拉到美国哈佛待15年,回来它还是驴,连马都不是。

@孙小欣cbd:支持张绍刚!人家哪不对啦?有些人会点洋文、出了两天国就不知道北啦!看着就烦!张绍刚看着她们反感,我也反感!

@李开复:没有管理经验的主持人,凭什么做主面试官?

@王小山:这些都是什么人啊?从主持人到各位“大佬”,都这么欺负人的吗?我怎么没看到这姑娘的任何攻击性呢?莫非我天生善良?

@suercity:看了刘俐俐跟张绍刚对掐的视频,我觉得小姑娘确实情绪化,承受力差了点,但是作为一个有影响力的电视节目的主持人,张主持你有必要说一个24岁的小女孩什么目露凶光、眼神狠什么的?没品!

如何看待上述新闻传播后引发的这些反应呢?英国文化研究学派学者斯图亚特·霍尔的观点具有启发性。霍尔将受众视为阶级的产物,认为西方社会有着三个主要“意义体系”:主流控制的价值体系,臣服的价值体系,冲突而急进的价值体系,不同社会阶级的成员分别拥有不同的“意义体系”,根据受众的阶级变项可以推导出其对新闻的解码方式,譬如,由于传媒往往是为主流意识形态服务的,这样处于统治地位的阶级一般对文本进行倾向式解读,而处于被统治地位的工人阶级往往会因为利益受损而进行反抗式解读。

经过选择和解读的环节,受众知晓了新闻报道的事实信息。这个时候的新闻已经具有了受众参与的因素,也就是说,受众将新闻再现和建构的事实,转化为自身对事实的建构,并据此把握事实。理想的情况是,受众的建构与传播者的建构完全一致,但实际的情况,正如我们上面分析的,往往并非一致,甚至包含冲突。因此,我们可以进一步得出的结论是,新闻来自事实,但不等于事实;这首先体现在新闻传播者制作和传播新闻的过程中,其次体现于新闻接收者接收和理解新闻的过程中。这一过程的全部复杂性形成新闻学研究中的重要方面，我们在后面的章节中会不断地涉及。

第三节 新闻价值

一、新闻价值概念的由来

新闻传播者以对新近变动事实的传播为己任，但是，每分每秒都有新近变动的事实，新闻传播者面对无穷无尽的事实，不可能也没有必要全部将它们制作成新闻，传播给社会公众。因此，新闻传播者对事实进行选择是势所必然，是新闻传播活动的内在要求。对新闻传播者来说，一件事情发生了，它是否值得报道？许多事件发生了，它们当中哪个或哪些更值得报道？这些事件，哪些作突出的、详细的报道，哪些作简单的报道？对这类问题作出判断，便涉及新闻价值概念。与这一概念所对应的新闻选择活动贯穿于整个传播活动，可以说，新闻价值构成了新闻评价体系的基础和核心，而新闻价值理论也就是在这样的新闻实践中形成的理论。

这一概念及相关理论是伴随着近现代新闻事业的形成和发展而提出的。据有关介绍，1690 年，德国人托比亚斯·朴瑟在他提交的新闻史上第一份关于报纸的论文中就指出，为了在数不胜数的事件中作出选择，应该把那些值得记忆和知晓的事件挑选出来，公开传播。托比亚斯·朴瑟认为值得记忆和知晓的事件有"新奇的征兆，怪异的事物，精彩非凡的自然产品或艺术作品，洪水和风暴，地震，神奇天象，新发明或新发现，这些都是本世界所屡见不鲜的。其次是各种政体的变化，政府的更替和改变，战争与和平的行动，战争根源和战争意图，战役，战败，军事领导人的计划，新法，判决，公仆，名流，王子的生死，王储的加冕，官员的任职仪式，或者名人的走红、变化、贬谪以及死亡，还有邪恶势力的末日，等等。最后，教会与学术事件，如这种或那种宗教的起源，其创始人，其发展，其新教区的设立，其教义的确定，宗教仪式，教派分裂，宗教迫害，宗教会议及其各种决定，学者的重要著述，科学争议，文化人的新作，企业，突发事件和死亡等成千上万与自然、公民、教会和学术史有关的事情"。在这种罗列中，实际上包含了新闻选择的抽象标准，诸如重要性、奇异性、显著性等。不仅如此，托比亚斯·朴瑟还列出了他认为不值得报道的事情，主要有"人们的日常生活，四季的变化以及常见的雷电风雨”,还有“贵族的私生活,如打猎,宴客,看戏……处决犯人,猜测国事……”另外,“有损于良好道德风尚和真正宗教信仰的,如诲淫诲盗,以残暴手段犯罪和邪恶用语等”也不适合报道。这是世界新闻史上最早提出的新闻选择的标准,也是最早的有关新闻价值观念的表述。德国学者卡斯柏·斯蒂勒在1695年还明确提出了新闻价值的新鲜性、接近性、显要性及消极性等,这就更为抽象,更富理论色彩。[1]可以说,德国学者的这些论述确立了新闻价值理论研究的最初形态。但是,“新闻价值”这一概念以及新闻价值理论的真正形成,是在19世纪30年代的美国。随着政党报纸的衰落,随着报纸的商品化、大众化格局的形成,激烈的新闻竞争和迅速扩张的报业亟需理论的支持和指导,新闻价值概念和理论的研究因此而进一步自觉和深入。

1833年,本杰明·戴创办了《纽约太阳报》,“报道的内容主要是当地发生的事件及暴力新闻,取材大多是无足轻重的琐事,但读来却饶有趣味。而最重要的一点是该报售价低廉,在短短6个月里,《太阳报》的销售量便达到了8000份左右,几乎是两倍于其最接近的竞争者之发行量”[2]。于是许多报纸如法炮制,竞相开办,他们将新闻看作一种具有价值的商品。根据这一时期报刊的现实,资产阶级新闻学家提出了“新闻价值”这一概念,其本义是对追求新闻的商业效益的一种概括。1903年出版的美国新闻学专著《实用新闻学》,提出“新闻必是以动全体之兴趣者,当注意新闻价值”。到20世纪20年代,美国和日本的新闻学者对新闻价值已经有较完整的论述。他们认为,新闻价值的构成因素包括及时性、接近性、显著性、重要性、趣味性等。其中,他们最看中的是趣味性,在他们看来,趣味是吸引读者的良方,是新闻的第一因素,是新闻的试金石。如卡斯柏·约斯特说:“在选择新闻时,第一个基本原则就是估量它的公共兴趣。我们在出版新闻时,须以趣味为大部分新闻的主体,理由是:惟有有趣味,才能使报纸有吸引力,因而很容易卖出去。”[3]20世纪50—60年代,西方新闻学和传播学研究在这个问题上有了进一步的研究,其中盖尔顿与鲁奇的“选择性守门模式”对新闻价值的研究颇为突出,能够给我们以很大启发。我们在本书关于新闻传播者的守门人角色的论述中将提及。盖尔顿与鲁奇的这个模式将新闻传播过程描述为由日常事件经过媒介感受到媒介图像的过程,而在从媒介感受到媒介图像的

〔1〕徐耀魁.西方新闻理论评析.北京:新华出版社,1998:130.
〔2〕迈克尔·埃默里,埃德温·埃默里.美国新闻史:大众传播媒介解释史.展江,殷文,主译.北京:新华出版社,2001:117.
〔3〕转引自童兵.中西新闻比较论纲.北京:新华出版社,1999:339.

形成过程中，多种新闻因素决定了传播者的选择。这些因素包括时间跨度、强度或限度价值、明晰/不模棱两可、文化接近或相关、一致性、出乎意料、连续性、构成、社会文化价值观念等九个方面。[1]西方学者的这些研究可以为我们对新闻价值的理解和研究所借鉴。

二、新闻价值的性质

依据上述我们对新闻价值概念的理解，新闻价值的以下四个方面的性质值得我们注意：

1. 新闻价值具有客观性

新闻价值是新近变动的事实对新闻传播主体需要的满足。新近变动的事实是一种客观存在，主体的需要并不能改变客观存在的事件、事物，主体也不能夸大事实能够满足主体需要的程度，更不能人为地创造出适合自身需要的事件与事物再去报道它，而只能在新闻传播实践中去寻找它、发现它、提取它、传达它。客观存在的事实就好比包含了一定量的黄金的原矿，其所含的黄金量是一定的，无法创造。但是，只有技术高手可以将它尽量不流失地开掘出来，满足人们的需要；而如果判断失误、处理不当，就会造成价值损失甚至无价值的状况。这是新闻价值的客观性的一方面体现。新闻价值的客观性的另一方面表现是，新闻传播者作为主体的人，是“物质的、自然的、社会的、历史的现实存在”，具有“不依赖于一切人主观意志的存在、本质、本性、能力、条件和活动方式等等社会的客观规定性”，“包括人、主体的需要、活动和实践体验等一切非由人主观随意决定的表现”。[2]新闻传播者传播新的信息的需要也是客观的，它源于传播者置身其中的现实环境，由这个环境的各种因素所促成。因此我们说，新闻客体的客观性和新闻主体的客观性决定了新闻价值的客观性。

强调新闻价值的客观性并非否认新闻传播者主体的创造性在新闻传播活动过程中的作用。其创造性首先体现在丰富自身，不断完善内在的尺度，才能形成更富内涵、更为宽广的需要，才能以之遇合与考量新近变动事实的新闻价值属性，并予以更深入、更充分的开掘与呈示，从而更好地满足传播新的事实信息的需要。

2. 新闻价值具有社会性

进一步考虑新闻传播者传播新的信息的需要，我们便会看到，对这种需要的

---

〔1〕 丹尼斯·麦奎尔，斯文·温德尔．大众传播模式论．祝建华，武伟，译．上海：上海译文出版社，1997：135.

〔2〕 李德顺．价值论：一种主体性的研究．北京：中国人民大学出版社，1987：131.

满足和其他价值形态(如经济价值、科学价值、文化价值等)一样,其所表现出的新闻客体对新闻主体的效应,在根本上产生于特定的社会环境和社会实践,“价值的演变是社会演变的集中反映”[1],因而新闻价值具有社会性。在不同的社会形态下,在同一社会的不同时期,在同一时期的不同阶段,人们所处的社会环境和所从事的社会实践会激发、促生不同的需要,新闻传播者传播新的信息的需要也是这样,它与新闻传播者所处的社会时空和所浸淫其中的社会心理、价值观念息息相关。新闻价值具有社会性的一个突出表现是,它表示的效应关系是事实满足新闻传播者为新闻接收者传播新的信息之需要,在新闻传播活动中,新闻传播者传播新闻的目标和目的都指向新闻接收者。虽然我们说,新闻接收者不能取代新闻传播者而直接地决定新闻事实的取舍,但是,新闻接收者的需求通过对新闻的接触和反馈而作用于新闻传播者,并被后者内化和整合到事实选择中的新闻价值判断之中,正如埃弗雷特·丹尼斯和梅尔文·L. 德弗勒所指出的那样,新闻“成形于将使受众感兴趣的共识”。而我们知道,新闻接收者联系着社会的方方面面,其对新的事实信息的需求必然关联广泛的社会现实,具有广阔的社会心理基础,包含着各种社会价值取向,这些必然加强新闻价值的这一社会性,新闻传播者只有站在时代的前列,敏锐地感知社会情状,才能作出适当的新闻价值判断。

3. 新闻价值具有功利和理想的双重性

客观发生变动的事件、事物是客体,新闻传播者是主体,传播新的信息是主体的需要,对这一需要的满足是新闻价值的核心所在。与其他的精神价值有所不同的是,新闻价值具有极强的现实功利性。新近发生变动的事件、事物不可能都拿来制作成新闻,其中有一些之所以被新闻传播者选中,制作成新闻,传播给受众,就是因为它们能够满足传播新的信息这一主体的需要,也就是说它们具有新闻价值。而被舍弃的就是因为不能满足新闻传播者的需要,也即没有新闻价值。新闻传播者面对变动不居、层出不穷的新的事实,必须作出选择,新闻价值因此被纳入整个新闻传播活动的组织策略和运作机制之中,唯有如此,新闻传播者才能赢得作为新闻接收者的社会公众对其传播的新闻的接受,从而维系自身的生存,巩固自身的地位。

但是应该注意的是,一方面,完全符合新闻价值的新闻选择活动,实际上只是一种理想,这一理想的局面建基于新闻传播者对新闻接收者获知信息的需求的意识明确,取决于新闻传播者对事实是否具有相应效应的判断适当。而在现

[1] 王宏维. 社会价值:统摄与驱动. 北京:人民出版社,1995:25.

实的新闻传播过程中，经常有可能置有新闻价值的事实于不顾，而将没有新闻价值或新闻价值极小的事实采制成新闻并予以刊播。也正因为如此，新闻传播者应该强化新闻价值意识，应该将新闻价值的理性判断贯穿于新闻传播的经验活动之中。另一方面，我们说新闻价值具有理想性，它作为新闻传播的组织策略和运作机制的有机构成，在新闻传播的实践中会遭遇其他价值的冲突，纯粹和绝对地依据新闻价值来选择事实、制作新闻根本不可能。但这不意味着我们应该以价值虚无的态度对待新闻价值，恰恰相反，新闻价值理念标示着、联系着新闻传播者的独立地位、自主原则和专业精神。

4. 新闻价值具有相对性

这种相对性首先表现在时间和空间上。因为作为新闻客体的事实，总是随着时间和空间的变动而变动，在此时此地具有新闻价值的事实报道，到了彼时彼地新闻价值可能就没有了或者削弱了。这就好像地震，在地震发生的时候，在震源所在地，人们能够感受到的震撼力是最为强大的。随着时间的推移，震撼力逐渐减弱；随着冲击波的辐射圈的扩大，震撼力也逐渐减弱。

新闻价值的相对性更突出地表现在新闻主体的价值诉求并非一致，特别是新闻传播者的新闻价值观存在着差异，使得新闻传播者传播新闻信息的需要不尽相同，同一件事所包含的新闻价值对不同的新闻传播者来说就不尽相同。美国哥伦比亚广播公司电视新闻主持人沃尔特·克朗凯特说："一切新闻操作的经验法则是根据一则消息在多大程度上影响到绝大多数读者或观众或引起他们的兴趣这一基础来评判这则消息的重要性。根据报纸和广播的不同性质而言，'影响'和'感兴趣'之间的平衡是很不同的。《纽约时报》这样有责任感的报纸的第一条标准就是当天他们的读者需要了解什么——这些事件或许以不同的方式影响到他们的健康、财政状况，影响到他们自己以及儿女们的将来。而小报的第一条标准是什么能使读者'感兴趣'——闲言、性、丑闻。"〔1〕克朗凯特的这番话实际上就道出了新闻传播者之间在"我认为什么是最重要的"或者"这事对我来说新闻价值有多大"这样的问题上，因为新闻价值观的不同，回答不可能一致。因此，在新闻传播活动中，除了新闻传播者的职业水平和新闻敏感度的因素外，新闻价值观的差异值得我们注意。尤其是对同一事件的不同报道，往往反映了新闻价值观的差异，同时也反映出新闻价值与其他价值的关联。

2003年2月25日，北京大学、清华大学两校在中午午餐时间分别发生了食堂爆炸事件，此事当然极具新闻价值。但通过比较新华社和《纽约时报》对此事

〔1〕 沃尔特·克朗凯特. 记者生涯：目击世界60年. 胡凝，刘昕，译. 南京：江苏人民出版社，1999：405.

的报道,可以发现两者在"什么是最重要的"这一问题上的答案差异明显。新华社的新闻标题是"清华、北大在爆炸发生后校园基本保持平静";《纽约时报》的新闻标题为"北京2高校炸弹爆炸致伤9人"(*Bomb Blasts Wound* 9 *at* 2 *Beijing Universities*)。前者的导语是:25日几乎同时发生爆炸的中国最著名的两所高校——清华大学和北京大学,在事件发生后的几个小时内,迅速恢复正常秩序,校园基本保持平静态势。《纽约时报》的导语是:今天中午午餐时间,在中国两所著名高校的食堂,发生了自制炸弹爆炸事件,中国官员和学生说。至少九人受伤。(Explosions apparently caused by homemade bombs ripped through cafeterias at two of China's most prominent universities around lunchtime today, Chinese official and students said. At least nine people were wounded.)我们看到,新华社报道强调的是爆炸发生后的"平静",后者认为最重要的是"爆炸,伤9人"。而"爆炸致伤9人"这一信息在新华社新闻中的第4段才交代。这里面显然存在着新闻价值观的差异,反映出新闻价值与新闻工作者的意识形态立场密切相关。

2004年9月1日,俄罗斯北奥塞梯发生人质事件,9月5日俄政府军实施了解救措施。关于这件事的报道,美联社的标题是"俄军突袭学校:7人被杀"(*Russian Forces Storm School*: 7 *Killed*),突出了句子末尾的信息"7人被杀",而且和前面的施事者相连;新华社的新闻标题则是"俄军解救人质和消灭绑匪行动结束",这里强调了句末信息"行动结束"。前者未指出行动的结果(成功或者失败,或者是否仍在进行),后者没有描述行动的代价,而且两者的忽略之处却是对方强调的重点。前者的"7人被杀"是行动导致的后果,包含一种"行动失败"的暗示;后者的"行动结束"则相反,暗示人质危机已经过去,包含"任务完成"意味。这些差异表明,"新闻价值通过媒体反映了社会话语再制作中的经济、政治和意识形态的价值观"〔1〕。

三、新闻价值的构成因素和影响因素

如前所述,信息的最基本的功能在于消除不确定性,因此,新近发生变动的事件、事物中所包含的新的信息的分量越多,对新闻传播者来说,该事件、事物的新闻价值就越大。那么,新的信息的分量又是由什么决定的呢?新闻传播对天天如此的事情肯定不会去报道,尽管在时间上每后一点发生的事情相对于前一

〔1〕 托伊恩·A.梵·迪克.作为话语的新闻.曾庆香,译.北京:华夏出版社,2003:125.

点来说都是新的，但是它在预料之中，不含有不确定性，也就意味着不需要信息来消除不确定性；而偶尔出现的变动、突发性的事件、越出常态的情况，就有了不确定性，就容易为新闻传播者所关注；而这样的变动、事情、情况如果涉及非常多的人们，或者可能为极为广泛的人群所欲知晓，那么，它就肯定要被新闻传播者报道。这当中，普遍兴趣（又称共同兴趣）的因素显然是最重要的。尽管新闻媒介总是归属于一定的阶级、政党或其他利益集团，不同的阶级、政党、集团在各自掌握的媒介上表现不同的倾向、不同的目的，但并不妨碍其中的新闻成为多方乃至对立的双方所共同感兴趣的东西。另一方面，新闻传播者在经营理念上的一个重要策略是，努力使其传播的新闻吸引尽可能多的人的注意。普利策在主持《世界报》期间，反复告诫手下记者，去采集"与众不同的、有特色的、戏剧性的、浪漫的、动人心魄的、独一无二的、奇妙的、幽默的、别出心裁的"[1]，实际上强调的也就是共同兴趣。埃弗雷特・丹尼斯和梅尔文・L. 德弗勒所指出的新闻"成形于将使受众感兴趣的共识"，也是在强调这一点。《申报》从1872年创刊的第一天起，就开宗明义地提出它所刊载的内容是"国家之政治、风俗之变迁，中外交涉之要务，商贾贸易之利弊以及一切可惊可喜之事"[2]。这些主张都不同程度地道出了对新闻价值的构成的认识，即重视集新事实、新信息和普遍兴趣于一体。因此我们说，事实的新闻价值属性的构成要素在于新的事件、事物，新的信息和普遍兴趣，正是包含着这些要素的存在满足了新闻传播者传播新闻信息的需求。

应该看到，在事实的新闻价值属性的构成要素中，新的事件、事物和新的信息是比较恒定的因素，而普遍兴趣则是不确定的，充满了可变性和相对性。因此，我们有必要进一步探讨是什么在影响和决定着普遍兴趣。实际上，中外许多新闻学者提出的衡量新闻价值大小的标准，在我们看来，正是影响普遍兴趣大小和程度的因素。

1. 越重要的事情新闻价值越大

事关人们的生命安全、生活质量的重要事件是决定普遍兴趣的一个重要因素。像自然灾害、战争、就业、治安、与生活直接相关的政策颁布等，有关这方面的最新情况和最近变动，都会对人们的生活产生直接的影响，因此为人普遍关注。显然，影响的人越多，影响越直接、越迅速、越持久的事件、事物，就越具有影

〔1〕 转引自中国大百科全书编辑部. 中国大百科全书：新闻出版. 北京：中国大百科全书出版社，1990：403.

〔2〕《申报》影印组.《申报》介绍. 上海：上海书局，1983：16.

响力,也就越能够激起普遍兴趣,因而也越有新闻价值。

有学者等将重要性的考量概括为这样几个方面:现状的变动程度(强度)、受事件影响的人数(广度)、事件的接近程度、事件的新近程度、事件结果涉及的范围(影响和意义)、事件中包含的价值多样性。〔1〕也就是说事情越大,影响范围越广,影响人数越多,包含的价值越多,重要性程度就越高。如2009年,获得中国新闻奖特等奖的《甘肃14婴同患肾病　疑因喝“三鹿”奶粉所致》(作者为《东方早报》简光洲,编辑为宁希巍),是作者经过严密求证后认真采写的报道,经报社审核后发表。报道被国内外各大媒体转载,掀开了乳品行业“三聚氰胺”黑幕,在社会上引起强烈的反响。《洛杉矶时报》2004年以揭露一医院里的医学问题以及种族歧视现象而获得2005年的普利策奖公共服务类奖项;《纽约时报》记者沃尔特报道了一铁路交叉口事故频发,并揭露出一家公司掩盖其在该事件中的责任,因此而获得2005年的普利策国内新闻报道奖。这些报道都同样体现了对民众生存利益的关注,它们无疑极具重要性。可以说,重大(有些是突发)的事件到来的时候,就是产生优秀新闻作品的大好时机。2001年的“9·11”事件报道成为2002年度美国普利策新闻奖的重头戏;2003年中国SARS流行,因此2004年度中国新闻奖中有关抗击SARS的报道也占据了相当大的比例,其中31篇一等奖作品中与SARS有关的就有7篇。

一般来讲,国际新闻对国际上事件的报道都是跨越国界的,在这一点上无疑最具优势;那些影响到不同阶层、不同地位、不同职业的事件,肯定也极具新闻价值,像中国加入世界贸易组织这样的事件,对全体中国人来说,都会产生深刻的影响。同时,这件事的冲击力有多大,即其影响的强度如何,也会影响新闻价值的大小。有些事件是划时代的,像“9·11”恐怖袭击、伊拉克战争爆发、北京奥运会、香港和澳门回归祖国,这样的事件肯定具有很高的新闻价值。涉及的人越多,影响越直接、越持久的事件、事物,也就越能够激起普遍兴趣,因而也越有新闻价值。

2. 事件越具有显著性则越有新闻价值

经验告诉我们,在新闻传播中,两个名人之间的争吵比两个普通人的争吵更能引起人们的兴趣,一个影视巨星的桃色新闻比一个普通百姓的丧子之痛似乎更容易吸引新闻传播者惠顾,正如俗话说的“名人出新闻”。在社会生活的各个方面都声名显赫、成就卓著的人,这本身就引人注目。不仅如此,他们往往具有普通公众所没有的东西,他们在很大程度上成为普通公众关于生活的想象的标

〔1〕 朱利安·哈瑞斯,等.全能记者必备.陆小华,等,译.北京:中国新闻出版社,1988:49.

尺和参照。更有甚者,他们可能成为一部分人心目中的偶像。于是他们的一举一动,发生在他们生活中的任何事情,都成为普通公众关心的对象。社会名流、显要人物的活动为人所关注,还因为他们的一举一动往往牵涉社会生活的多个方面,当然这是指他们的社会活动。如2012年春节期间,方舟子质疑韩寒拥有代写团队而引发的笔战,引起了多数微博用户的讨论和关注。也有的是因为作恶闻名,他们臭名昭著,也同样被人们关注,像恐怖分子本·拉登同样也是公众普遍关注的人物。这是因为在这类人的身上往往有着人们极力排斥的东西,它威胁着人们的安全感,人们对之关注是一种警戒。像人们关注南京暴力抢劫案嫌疑犯曾开贵,关注厦门特大走私案的主谋赖昌星,也是这种情形。

应该注意的是,在具体的事件中,显著性不是孤立的,它与重要性、趣味性和接近性密切相关。如果只是看重名人效应,不管名人的什么事情都拿来报道,而不能给人们增添情趣和带来启示,反而将肉麻当有趣,将无聊作谈资,那么,就谈不上什么新闻价值,顶多只是吸引一下人们的眼球罢了。近年来,媒体在名人效应的争夺中,流于低俗的情况不胜枚举,值得我们警惕。

我们还要看到,显著性除了表现于人,还表现于特定的地理空间、特定的事件、特定的生活领域等方面。在一个时期里,某些地域成为不断产生新闻的资源所在,像中东地区的巴勒斯坦和以色列,美军占领期间的伊拉克,我国近年来频频发生矿难的山西,艾滋病泛滥的河南,商人跑路的温州,葛洲坝水利工程中的三峡地区,等等。因此,新闻传播者在考虑意欲报道的事件的显著性时,应该考虑到该事件发生的空间本身包含的新闻价值因素。还有一些重大的事件发生后,其余波和相关现象总是令人瞩目,因而也成为新闻报道的重要内容。从新闻传播者对这些事件的余波和相关现象的发现与开掘,同样可以看出他的新闻敏感度,看出他对新闻价值的判断是否恰当。

3. 事件发生的概率越小则新闻价值越大

经常发生在日常生活中的事情通常不会具有新闻价值,也难得引起读者的兴趣。比如巧合、意外、从未发生过的事件,因为事件本身发生概率的微小具有了更大的魅力。这个好奇点是一切事件探究进行下去的基础。但一味追新、追异从而制造假新闻,则会让读者反感,从而伤害媒体的公信力。2007年6月"纸馅包子"的新闻在北京电视台生活频道播出。闻所未闻的恶劣事件引起了社会的广泛关注,然而北京市工商、食品安全部门对早点市场彻查后,却发现这是一则人为编造的假新闻。一味追求新闻价值而胡编乱造的临时工记者訾北佳因犯损害商品声誉罪,被一审判处有期徒刑1年,并处罚金1000元。

4．事件发生具有更大的接近性则有更大的新闻价值

在地理空间上接近的事情容易引起普遍兴趣，这是因为身边的事情可能更直接地影响受众，更容易使受众受到感染，更具有亲切感，并且受众往往有更多亲身参与其间的机会。因为这一点，地方新闻媒体总是要着力于本地新闻的采写与传播。在新闻业高度发达的美国，从地域上讲，其报纸绝大部分为地方报纸，全国性报纸寥寥无几，像《今日美国》报这样的全国性报纸在版面安排上也特别注意各个州的新闻。美国有记者甚至提出了一个公式：事件中死亡人数的多少与事件发生的距离的远近（以当地为中心）成定比。例如：某个遥远国家因洪水死亡上千人的新闻价值相当于美国边远地区淹死上百人的新闻价值，又相当于本州内淹死10人的新闻价值。[1]

上面这个公式也表明，地理上的接近还意味着心理上的接近。除了空间产生的心理效应外，接近性还应该包括直接的心理上的贴近，对那些有着明确的目标受众的新闻传播来说尤其如此。一个专门办给老年人看的报纸，如果是有关就业择业、有关影视歌星方面的事情，显然就无法让目标受众感兴趣，而有关养生健康、有关社会老年化等方面的事情自然会引起他们的兴趣。随着大众传播日趋“小众化”或“分众化”，新闻传播者对其服务的特定人群的心理把握和贴近越来越重要。

5．事件越具有冲突则新闻价值越大

日常生活中平和的事件，往往没有新闻价值，但小概率事件又不易碰到，这时冲突性新闻就成了记者可以选择的材料之一。冲突性事件的范围很广，如竞技、司法审判、学术论战、商业竞争、外交斡旋、政坛风波、战争爆发等。在新闻媒体上对司法审判的讨论成为近几年的热点。从药家鑫肇事捅死伤者案到吴英涉嫌非法吸收公众存款案，都成为各大媒体报道的焦点，引起了全社会对案件的关注。

6．具有人情味、戏剧性、奇异性的事件、事物容易让人产生兴趣

人情味意味着对人的关注、同情，对人性因素的凸显。生老病死、悲欢离合、社会弱者、妇女儿童、动物世界，这些方面的事件、事物总是让人产生同情心；现实中发生的富有冲突和悬念的事件，往往超出了小说或者戏剧的情节构想，比虚构的文学更为令人激动、兴奋、紧张；轶闻趣事、幽默搞笑之类的事件、事物，显然也是公众喜闻乐见的东西。所有这些因为容易唤起普遍兴趣，而都成为影响新闻价值的因素。这类事件通常可以分为两个方面。所谓积极的方面，是指唤起

---

〔1〕 徐耀魁.西方新闻理论评析.北京：新华出版社，1998：140.

人们肯定的、欣赏的、同情的反应。生老病死、悲欢离合、社会弱者、妇女儿童、动物世界，这些方面的事件、事物总是让人产生同情心和对人的基本价值的肯定。像美联社记者奥尼尔的特写《伊娃的礼物》〔1〕，报道82岁高龄的伊娃接受复明手术前后的生活，就非常感人。伟大人物的趣闻轶事，平凡百姓的奇特遭遇，都能够引起人们的强烈兴趣。所谓消极的方面，是指能够唤起人们惊悚、恐惧之感，满足人们猎奇、窥探之欲。像暴力、犯罪、性方面的事件，往往容易引起这方面的兴趣。如1931年的普利策奖获得者麦克唐纳的《这个案子中也许还有一个女人》〔2〕，读来如一篇侦探小说。

值得一提的是，这里我们使用的“积极”和“消极”是中立的、描述性的，不管是积极的还是消极的趣味，在优秀的新闻作品中，我们都可以看到新闻传播者努力使之与对人的关注紧密关联，因而凸显事件中的人性因素，即充满了人情味。相反，在粗劣之作中，这两种类型的趣味都有可能得不到合适的表达而使趣味性丧失；其中最常见的就是流于低级趣味，它有可能抢夺耳目于一时，但终将被唾弃。

以上几个方面，我们将其看作对普遍兴趣从而对事实的新闻价值属性产生影响的因素，而不将它们看作构成要素。这是因为，一方面，事件、事物是否具有这些因素，这些因素的质和量的衡量，都并无绝对的标准，而只是在相比较而言中呈现。譬如，就重要性而言，假定某种极其重要的事件没有发生，或者即使发生了也无法获知，在这种情况下，新闻传播者依然得考虑在头版头条放上对最重要的事件的报道，实际上这个“最重要”已经相对化了。其他因素也是如此。另一方面，一件事情或一种事物如果同时具备了所有这些因素，当然能够促成最大最优的新闻价值形态，但这种情形只能是一种理想的状态，实际上，只要其中的某个因素比较突出，新闻传播者就会毫不犹豫地将它作为值得制作成新闻的依据。而且我们看到，这几种因素之间既有相互关联的地方，也有相互不“兼容”的情况，但新闻传播不能以此克彼，而是力求兼容并包。就如杰克·富勒所说的：“无论有兴趣阅读关于限制核武器会谈的报道的人是如何之少，这些谈判对于地球的未来具有无比的重要性，因而新闻价值极大。而无论迈克尔·乔丹在小联盟棒球队中的表现对于美国历史是多么无足轻重，然而由于公众有强烈的兴趣，进行广泛报道是无可厚非的。”〔3〕

〔1〕 奥尼尔.伊娃的礼物//杰里·施瓦茨.如何成为顶级记者：美联社新闻报导手册.北京：中央编译出版社，2003.

〔2〕 麦克唐纳.这个案子中也许还有一个女人//沃尔特·李普曼，詹姆斯·赖斯顿，等.新闻与正义：普利策新闻奖获奖作品集.展江，主译评.海口：海南出版社，1998.

〔3〕 杰克·富勒.信息时代的新闻价值观.展江，译.北京：新华出版社，1999：7－8.

第四节　新闻的类型

一、新闻的分类

在现代社会,新闻媒体每天刊播的新闻多得数不胜数,而且涉及人类生活的全部内容,覆盖我们所能想到的所有领域,从联合国会议到乡村村民选举,从两国间的战争到两个人的吵架,从自然界的各种变化到科学研究的最新进展,从声名显赫的公众人物到默默无闻的草野小民,从生到死,从天到地,从快乐到悲伤……无不可以出现于新闻之中,新闻对人类社会生活的反映无限宽广,对生活中瞬息万变的现象的反映无比迅速而灵活。可以说,现实的世界有多大,新闻的世界就有多大,在一定意义上,现代人类就生活在一个由新闻报道构筑的世界之中。如果我们要更好地接收、分析、理解、把握这个偌大的新闻世界,乃至加入其中去建设它、经营它,那就有必要对它进行分类。

我们先来看看,在实际的新闻工作中,新闻机构如何将它们的新闻分门别类的。

中国最大的通讯社新华社在其网站新华网上将新闻分为:要闻、时政、国际、人事任免、财经、金融、房产、汽车、华人、台湾、港澳、法治、军事、视频、直播、访谈、社会、体育、娱乐、专题等。

中国第一大报《人民日报》所在的人民网将新闻分为:滚动、观点、地方、国际、财经、汽车、房产、央企、教育、体育。

中国最大的电视台中央电视台在其网站的新闻页面上,是这样分类的:新闻、体育、综艺、科教、经济、产经、社区、商城、旅游、游戏。

中国最大的门户网站新浪网则将新闻分为:新闻、财经、科技、体育、娱乐、汽车、博客、视频、房产、读书、女性、乐库、空间、论坛、游戏、城市、生活、短信。

中国第一家综合性新闻网站千龙网的分类是:新闻、文化、社区、北京社区、北京、视频、论坛、证券、体育、军事、娱乐、滚动新闻、购物、科技、健康、排行、女性、房产、生活、旅游、汽车、工商视点、航空。

作为中国新锐报纸之一的《新京报》则将它的新闻分为:即时、滚动、视频、专题、新写客、评论、深度、北京、中国、国际、文娱、体育、财经、3C 周刊、汽车、房产、书评、地球周刊、旅游、摩登、人才、健康、城市生活、天气、优惠券、外卖、团购、找团购。

美国《纽约时报》在其网站上的新闻分类显示为:国际、国内、政治、纽约、商业、DEALBOOK、技术、体育、科学、健康、观点、艺术、风格、旅行。

以上列举让我们看到,各个新闻机构对新闻的分类大致相近,而其间的差异所在往往意味着这家媒体不同于别家媒体的特色所在,如千龙网将“女性”、“音乐”单列成类,《新京报》有“团购”这一块,等等。这些分类大体是按照新闻所涉及的内容来进行的,这样既便于新闻机构来组织和安排不同的新闻,也方便新闻受众根据自己的兴趣和需要来选择和浏览。但是,这些分类并没有严格的逻辑,新闻报道的事件的性质(如重点、焦点),新闻报道的事件的空间范围(如国际、国内、港澳台),新闻报道涉及领域(如科技、军事),新闻报道的形式(如滚动、图片),等等,列于一个层次上,更具体的,如科技与 IT 并列在一起,显然有悖于分类逻辑。对新闻业界来说,这样虽不合逻辑,但便于操作。而对我们理解新闻来说,则有必要以更为明晰的分类标准来看待新闻的不同类型。

我们可以从不同的角度,将新闻分出多种类型。

按事实发生的状态分,有突发性新闻、持续性新闻、周期性新闻。

按事实发生与报道的时间差距分,有事件性新闻与非事件性新闻。

按事实发生的地区与影响范围分,有国际新闻、全国新闻、地方新闻。

按事实的材料组合分,有典型新闻、综合新闻、系列新闻。

按传播渠道与信息载体分,有文字新闻、图片新闻、电声新闻、音像新闻。

按反映社会生活的内容分,有政治新闻、经济新闻、法制新闻、军事新闻、科技新闻、文教新闻、体育新闻、社会新闻、娱乐新闻。

按照新闻事件的性质及其影响分,有正面新闻、负面新闻和中性新闻。

以上的划分,着眼点在新闻内容方面,体现了新闻与各种不同的事实的对应关系。那么,从形式的角度看,新闻又有哪些种类呢?新闻的形式是随着新闻实践的丰富而丰富起来的,19 世纪末的早期报纸上,我国新闻报道的形式只有两种:电报和记事文,也就是消息和通讯。大约到 20 世纪 20 年代后,才逐渐形成我们现在见到的多种新闻形式。

从报纸来看,有简讯——最简要地报道事实,可以简到一句话,所谓“一句话新闻”;消息——准确扼要地叙述新近发生的事实;通讯——比较详尽、生动地报道事件发生和发展的过程;新闻特写——集中突出地描绘新闻事件发生的现场或过程中的一个片断,富有较强的形象性和感染力;调查报告——就某一个新闻事件或社会问题进行专题调查研究的报道;记者评述——对国内外重大新闻事件一面进行报道,一面加以评论,从全局的高度分析形势,提出问题,揭示趋向,有很强的政策性;记者来信或采访札记——介乎通讯和述评之间的一种形式,记者根据自己的直接见闻,反映现实生活中的新情况、新问题、新经验,提出见解或建议;答记者问——用问答形式原原本本披露记者访问当事人的谈话内容,对社会关注的重大新闻事件或政策问题作出反映和说明;新闻公报——由政府、政党授权或委托国家通讯社宣布某项新闻事实或就某个重大事件发表声明。

广播和电视新闻也都有新闻稿,因此简讯、消息及其他形式也会在这两个媒介上体现出来。但对广播、电视来说,即使这些报纸上的形式出现,也打上了它们自身特点的烙印。

广播新闻常见的形式有:消息报道——这是电台节目的重心,安排在“黄金时间”播出;专题性新闻——围绕一个专题,采用消息、通讯、特写等多种体裁组成一组节目;大(小)板块综合式节目——我国目前的广播节目设置大多是将新闻、文艺、服务等内容分开、割裂的“小板块并合式”的结构,而当今国际上许多电台流行“大板块综合性节目”,它通过节目主持人,将多种内容混合编排,以提高听众兴趣,加强与听众的感情交流。

电视新闻常见的形式有:动态新闻——又称简明新闻,传播国内外最新消息,包括有活动图像加解说的新闻录像、新闻片、记者出镜头的现场报道等;口播新闻——播音员出图像口头播报的新闻;现场实况直播——指与新闻事件的发生发展同步进行的电视传真报道;新闻分析——对新闻事件的背景、前因后果等所作的客观解说,让观众了解新闻事件的来龙去脉,它主要是向观众充分展现新闻事实的全貌,而将主观的看法缝合在材料的剪辑和取舍之中;新闻人物专访——围绕某一新闻事件、新闻主题或对某一新闻人物所进行的一问一答的采访报道;新闻专题——对于一个新闻事件或当前一种社会现象所进行的电视报道、现场报道、连续报道;主持人节目——由节目主持人组织编排、主持播出的电视节目,主持人的气质、形象与节目的性质融为一体,并且自己出镜头向观众讲述报道的内容;新闻杂志型节目——以不断报道新闻事实、传播最新信息为宗旨,在一档节目中可容纳多项新闻专题,内容丰富,报道面比较开阔。

应该看到,对新闻无论如何进行分类,无论从什么角度,都无法将各种各样的新闻尽括其中。随着社会生活的变迁以及对这些变迁的观察和反映角度的变化,随着新闻传播的手段和形式的变化,新的新闻种类会应运而生。譬如,近年来,在我国新闻业界,还有这样一些新闻:体验式新闻——强调采写新闻的记者深入甚至是融入采写对象之中,体验其生活世界和内心世界,然后据以写出新闻;民生新闻——从百姓的立场,采取平视的视角,反映社会底层普通百姓的生存状态、生活问题的新闻;在经济新闻中分化出政经新闻、财经新闻、产经新闻,以及更细致的IT新闻、房产新闻等。

接下来,我们要着重介绍的是另外两个角度的分类。其一,按新闻的效应分,有硬新闻、软新闻;其二,从新闻传播者处理事实的方式来看,有客观性新闻、调查性新闻、解释性新闻、精确新闻。下面我们就这两个角度的分类着重加以介绍。

二、硬新闻与软新闻

硬新闻也被称为纯新闻,英语里相对应的有Hard News,Spot News,Straight News这三种不同的表达法,它是指“对已发生的或24小时内被发现的当前公众关注的事件的报道”[1],尤其是对直接关系到人的生存利益、题材重大、影响深远的事件的及时报道,其特点是时效性强、制作严谨规范。我们来看一下新华网2012年1月19日这一天要闻栏目里的新闻:

温家宝多哈答中外记者问　启程回国
地方领导向新华网友拜年
中央有关部门等新闻发言人名单及电话发布
柯达公司宣布已申请破产保护
广铁余票信息 直击高峰期首日的北京西站

这些新闻涉及内政外交、经济和文化上的变化,事件大部分都发生在最近的时间里。它们在相当长时间里和相当大程度上都会对人们的生活产生影响,因此它们在新闻接收者这里产生的是“延缓报酬”效应,即社会公众在接收这些新闻后,会持续地感受到其影响。

与硬新闻不同的是,软新闻(Soft News)是指那些时效性不强而人情味浓厚、容易激发阅读视听的兴趣的新闻。我们来看看新浪网2011年1月19日在娱乐·社会栏目里的新闻:

娱乐
赵本山退出2012年央视春节联欢晚会
奥斯卡外语片入围大名单　十三钗出局
41岁杨钰莹谈复出路　回应湖南春晚假唱
麦田就质疑“人造韩寒”风波微博致歉

---

〔1〕 凯瑟琳·霍尔·贾米森,卡林·科洛斯·坎贝尔.影响力的互动:新闻、广告、政治与大众媒介.洪丽,等,译.北京:北京广播学院出版社,2004:42.

刘涛微博晒一对可爱儿女(图)　正独家视频直播中歌榜
布兰妮遭前保镖爆料放浪私生活　小S怀胎6月销魂搞怪
图集:比伯热吻缠绵　高圆圆秀玉背　赵子琪路金波婚纱照
甜姐杨钰莹复出与毛宁合唱　男模裤裙滑落当众全裸
热点:十三钗　大魔术师　逆战　央视春晚　悬崖　我的娜塔莎
专栏:2012年开年大吉的明星　明星接拍裸戏后的不同遭遇
明星"范二"自拍照　新旧还珠20大演员勾起的青春

社会

重庆千余只获救小狗口粮仅能维持两天
13岁艾滋病毒携带者连遭学校亲人抛弃
讨薪者遭殴　中建七局项目部称钱给工头
内地父亲称被香港医院歧视大打出手
女子嫌母亲窝囊将其打死　餐厅开5瓶红酒收1000元开瓶费
劳模村主任酒后拳打副镇长被撤　小区多只狗疑遭投毒
男子记录北京周边400余垃圾场　图文:猩猩瞄女饲养员领口
城管砸花农10万盆花　法院判决其违法但不用赔偿(图)
打工者回家发现独居老父去世　病童找到配型骨髓无钱治
全国最大发卡招嫖案宣判　市民收到生产期为明日牛奶

我们看到,娱乐新闻多为娱乐界的事件与轶闻,明星占据突出的位置,社会新闻则为千奇百怪、耸人听闻的轶事。这些新闻在写法上比较轻松活泼,容易满足人们的明星崇拜、猎奇、娱乐、放松以及对事件的细节好奇等方面的心理需要,并且在客观上也反映出一个时期里的社会风气、生活时尚以及流行观念,但对公众的实际生活的影响不会强烈而持久,因此,它们在新闻接收者这里产生的是"即时报酬"效应。

对以上两类新闻进行比较,除了在题材性质上的差异以外,一个重要的差异是时效。硬新闻强调时效,软新闻相对不注重时效。因此有论者指出:"硬新闻即动态新闻。除动态新闻以外的新闻都可以划入软新闻……区分硬、软新闻的关键依据在于时间性和重要性。"[1]20世纪80年代初,我国新闻界针对长期以来新闻媒体的千人一面、官腔十足和生硬刻板的现象,开始呼吁和操作软新闻,周末类报纸以"软些,软些,再软些"为口号,在文化、娱乐、体育和社会生活报道

〔1〕 张威.比较新闻学:方法与考证.广州:南方日报出版社,2003:330.

方面，努力提供富有人情味和容易引起人们兴趣的新闻。这在拓展新闻报道领域、满足人们精神生活需求和完善新闻报道的总体结构、改进报道方式等方面，都产生了积极影响。像中央电视台《新闻30分》在即时报道时事的新闻中经常穿插一些软性的新闻，对整个节目的节奏和气氛起到了调节作用，更便于人们观看。尤其值得注意的是，一些媒体倡导"将硬新闻写软些"，努力使用饶有情趣、富有人情味的细节，来表现重大题材，使硬新闻也容易为人所接受，在广播电视和互联网对新闻时效性大大加强的情况下，这一趋势更加明显。这表明，硬新闻和软新闻本身有着相对性。这不仅是指表现的手段，而且也是指事件内容的性质。譬如，体育界和娱乐界的爆炸性事件，完全可能是硬新闻的题材。同样，一则重大的新闻也可以写成软新闻。

但是，应该看到，一味追求新闻的软化，势必矫枉过正。进入20世纪90年代以后，随着市场经济秩序的逐步建立和新闻传播媒介的市场化运作程度逐步提高，我国新闻业界也出现了过分追求软化的趋势，以致新闻的低俗化和娱乐化成为一个突出的问题。一些媒体以为，软性的新闻更能争夺受众。事实上，随着改革的深入，社会矛盾也愈益突出，人们的心理压力日趋增大，轻松绵软的东西固然能解脱人于一时，却无法从根本上缓解人们的心理压力。近年来，最初凭借软新闻赢得市场的新型报纸，如《南方都市报》《华西都市报》等，提出了"新闻硬化"的主张，喊出"二次创业"的口号，就是最好的证明。

三、深度报道

在我们的现实生活中，越是重大的事件，其所包含的事实的联系越丰富、越复杂，及时迅捷的消息会使我们知道发生了什么，但是，难以让人很快深入了解它为什么发生，发生的具体过程是怎样的，怎么看待它与更广阔的背景、更深远的历史产生的联系，如何判断它可能释放出的意义和产生的影响。为了解答这些问题，便产生了通常不受截稿时间限制、篇幅更大、采写时间更长的深度报道。常见的深度报道包括以下三种类型。

1. 调查性新闻

调查性新闻的先声是20世纪初的黑幕揭发运动（Muckraking Movement，又称"扒粪运动"），当时的美国正处于从农业社会到工业社会的转型期，各种社会问题层出不穷，诸如政府官员贪污受贿、经济权力集中、贫民窟、对黑人移民的偏见和歧视、国家资源被浪费等。一些有志于社会改革和社会正义的作家和新闻工作者——黑幕揭发者，利用期刊这种当时已经大众化的媒体，深刻地报道、犀利地抨击这些现象。调查性新闻在美国于20世纪60年代中期和70年代初期获得了极高的声誉和地位,具有标志性的新闻事件是水门事件的报道。从此以后,调查性新闻在西方新闻界名声大振,许多报刊和广播电视台纷纷安排一些记者专门从事调查性新闻报道,1976年在美国成立了“调查性报道记者与编辑协会”(简称IRE)。该协会是由美国具有丰富调查性报道经验的知名记者和编辑组成的,它协调成员行动,组织大规模的复杂的完整的调查性新闻报道。

调查性新闻往往聚焦于不义、丑闻或违法活动,常常以政治腐败、税收浪费、有组织犯罪为对象,并且对权力一方有意隐瞒的问题进行独自采访、深入揭露,调查对象包括腐化的政治家、政治组织、公司企业、慈善机构和外交机构以及经济领域中的欺骗活动,披露被某些人或组织故意掩盖的新闻。近年来,我国的新闻媒体在缉毒、打击走私、整顿社会治安、拯救被拐卖妇女儿童以及其他种种不公正的事件等方面,都经常采用调查性新闻的方式予以报道,起到了新闻舆论监督的重要作用。

调查性新闻是“更为详尽、更带有分析性、更要花费时间的报道,因而它有别于大多数日常性报道”[1]。与此相关的是,调查性新闻往往以连续报道、追踪报道的方式出现在媒体上。在这样的新闻采访中,一方面,对获得的大量材料的甄别整理,没有扎实的分析能力便无法完成;另一方面,这类报道往往涉及重大而复杂的问题,它必然地要对事件进行高屋建瓴的分析,准确把握和揭示事件的性质。例如,2003年《南方都市报》发表的《被收容者孙志刚之死》、2010年《中国经济时报》发表的《山西疫苗乱象调查》。

调查性新闻还具有自主性和风险性,这使得从事调查性报道的记者在人们心目中有着“孤胆英雄”和“私家侦探”的形象。由于调查性报道多涉及社会不公现象,矛头指向握有权力的邪恶势力,因此,为了避开权力一方或相关当事人对新闻消息源的控制,记者往往采取独立采访的方式逼近事实的真相,因而也就承担着较大的风险。

由于以上特点,调查性新闻对记者提出了更高的要求。它需要记者必须有强烈的社会责任感,有足够的勇气和献身的精神,敢于冒险,善于分析,勇敢无畏,并认真对待证据。由于这类报道多涉及复杂的事件,牵涉的知识面比一般报道要广阔,因而尤其需要记者有足够的知识储备,以便驾驭材料,分析材料,形成准确的报道。不仅如此,在具体实施过程中,常常采用隐性采访的方式,且涉及采访对象个人的隐私权利,这就需要记者明确自身行为的法律界限,力求目的高

[1] 布莱恩·布鲁克斯,等.新闻写作教程.褚高德,译.北京:新华出版社,1986:384.

尚与手段合法的统一。

我们也应该看到,并不是每一条调查性新闻,“都是为了将渎职的官员送进监狱或是解决犯罪案件的。很多这种报道旨在为大众作温和而有益的服务”[1]。如果一味地“揭丑”,调查性新闻的活动空间将受到很大限制。实际上,许多新闻事件、新闻人物和新闻话题具有正面的、积极的、健康的新闻价值,而且同样需要进行深入调查和发掘;即便是有些丑恶或不良的现象,对之予以揭露并不是最终目的,更主要的目的是通过尽可能深入全面的调查,触及社会深层问题。

2. 解释性新闻

一般认为,解释性新闻导源于20世纪的第一次世界大战,最初是在美国新闻界兴起,后来为各国新闻界所采用。第一次世界大战中,新闻媒介,如美联社这样的通讯社,只满足于提供事实,并不探求原因,也不进行分析,以致战争逼近、危机爆发时,世人毫无思想准备。第一次世界大战以后,新闻界吸取了这一教训,到了20世纪20—30年代,各世界性通讯社都改派国际问题专家常驻各大新闻中心,既致力于报道重大的事件,也注重分析和解释这些事件。[2]被世界新闻界尊为“解释性报道的先驱”的是《时代》周刊,它由美国人亨利·卢斯在1923年3月创办。《时代》周刊创办伊始就表示要简明扼要地、使人常常感兴趣地、幽默地提供一周的新闻,并通过对一周新闻进行加工整理,综合分析,补充背景,使之比一般报道更有条理,更具深度。1932年美国资深报人、新闻学者科蒂斯·麦克道格尔出版了《新闻报道入门》,从理论上阐述了解释性报道,该书1938年直接改名为《解释性报道》,使解释性新闻的采写得到理论化、系统化。

解释性新闻的特点首先在于“解释”,它将新闻六要素中的“为什么”放在报道的突出位置上,揭示“新闻背后的新闻”,也包括对事件发展趋势的展望,其报道对象多为重大的社会、文化、经济、政治、科学技术或国际问题。解释性报道的这一特点使它不仅能够交代事件的来龙去脉,而且能够揭示事件的多方面联系和多方面的影响。也因此,解释性报道对事实的处理更为系统化、条理化、纵深化,人们从解释性报道中获得更多的信息的同时,能够获得更为完整的信息。

其次,解释性新闻通过提供背景性事实来解释新闻事件,这是它不同于单纯的新闻报道(如倒金字塔式新闻)的又一个特点。美国社论作家杰克·海敦认为,“解释性报道是一种作解释或者作分析的报道……它是一种加背景给新闻

[1] 贺亨柏.新闻实务与原则.香港:今日世界出版社,1977:521.
[2] 刘明华.西方新闻采访与写作.北京:中国人民大学出版社,1993:85.

揭示更深一层意义的报道"[1]。这些背景性事实可能是历史,也可能是环境或数据,还可能是各种相关专家或权威人士的意见和评论,等等,新闻通过这些背景性事实呈现出事件的意义,传达出新闻传播者的意见和观点。在解释性新闻中,新闻传播者在报道新闻事实的同时,可以适当地夹叙夹议,进行一些必要的分析、评说。但是,正如杰克·海敦说的,"解释性报道不能作为发议论的借口"[2],传播者依然应该严格区分议论和事实,尽可能少发议论,将意见寓于背景的交代之中,让事实说话,让读者通过阅读自己得出结论,看出新闻事件所隐含的意义、性质和发展趋向。

再次,解释性新闻往往意在笔先,用明确的观点来统帅事实的报道,毫不掩饰传播者的意图。这使解释性报道带有明显的指导性,能够积极有效地发挥新闻媒体的舆论引导作用。在一些重大事件发生后,其对公众的影响是多方面的,这些影响对公众来说最初也是不甚明了的,这时候解释性报道就显得尤为重要。

解释性新闻与一般纯粹的消息相比,采写的难度要大得多。首先,它需要记者具有思想家的深刻性,善于从众多复杂的材料中分析出正确的结论,然后,以其作为报道的指导思想或主题,精心选择材料、组织材料,形成解释性新闻。其次,还要求记者在具有开阔的视野的同时,拥有相关领域的丰富的知识,甚至要达到专业的水准。最后,解释性新闻的写作也鼓励记者运用灵活生动的文笔,将即使是专业性很强的题材也表达得深入浅出、有趣易读。

3. 精确新闻

"精确新闻报道是一种运用民意测验方法进行新闻素材的收集、整理、分析和报道的新闻报道样式。与传统的新闻报道手法不同,它是一种对于社会情况和公众意见的严谨、科学的系统采集,它给予受众的不是个别的、片断的、局部的和割裂的现象描述及基于这种描述的分析,而是一种客观的、全面的、结构化的现象和意见的描述与分析。"[3]这种报道方式最初也兴起于美国。1967年,美国底特律市发生了黑人抗议风暴,《底特律自由报》的记者菲力普·梅耶和两位社会科学家合作,采用随机抽样法在冲突地区选取了437位黑人进行个别访问,向每位对象提出相同的40来个问题,将访问对象的回答记录下来,然后输入计算机,用统计分析的方法找出黑人走向街头抗议的原因。他们把研究的结果写成报告,在《底特律自由报》发表了一组系列文章。这些文章以确切的数据揭示

[1] 杰克·海敦.怎样当好新闻记者.伍任,译.北京:新华出版社,1980:211.
[2] 杰克·海敦.怎样当好新闻记者.伍任,译.北京:新华出版社,1980:212.
[3] 喻国明.解构民意:一个舆论学者的实证研究.北京:华夏出版社,2001:38.

了黑人抗议的深层社会原因,引起社会各界的关注,并以此获得了普利策新闻奖。梅耶的报道方式也因此而引起世界新闻界的重视,后来这类报道被称为精确新闻。

精确新闻报道的渊源可以追溯得更远。20世纪初,美国各大城市的报纸开始将大众的意见纳入例行的报道之中,尤其是有关选举活动的报道,这是精确新闻报道的雏形。20世纪30年代,科学抽样的方法开始运用于总统选举中的民意调查,为后来的精确新闻报道提供了调查方法上的借鉴。而精确新闻报道的确立,也与美国20世纪70年代的新闻教育逐渐脱离人文及技术训练,转而重视社会科学及理论的方向有关。最后,电脑技术的运用,为精确新闻报道提供了极为重要的利器。[1]

在我国,20世纪90年代新闻改革的深入,推动了精确新闻报道的发展。1994年1月6日,《北京青年报》的公众调查版第一期与读者见面,其编辑人语为"用科学的方法观察社会",以每周一期的高频率向社会推出。1996年1月3日《北京青年报》将其公众调查专版冠以"精确新闻"之名,拉开了我国媒体科学、规范的精确新闻报道的序幕。

精确新闻报道与前述几种报道方式的最大不同在于,它利用社会科学研究方法来采集、加工和报道事实,主要包括现场试验、内容分析和民意测验(有时也称社会调查)。调查的结果形成了一系列的数据,比起其他报道中的事实来,显得更为客观,更能令人信服。这种报道方式由于倚重民意调查,因而能更广泛地反映民众的意见。由于这一点,精确新闻特别适合用来报道各种社会问题。

显然,精确新闻报道需要新闻传播者对社会状况、社会问题有很高的敏感度,以确立有广泛社会意义的新闻选题。而其实施的关键在于调查这个环节上,它决定了新闻的科学性与可信度。因此,在实施精确新闻报道方式时,媒体所委托的执行机构、问卷的设计、样本量、访问方式、抽样方法、抽样误差、样本结构等方面是否可靠,是否科学,就显得非常重要。也因此,精确新闻对新闻传播者的素质提出了全新的要求,社会科学的眼光、数理统计的技能成为新闻传播者知识结构的重要构成部分。从发展的眼光看,新闻传播者运用社会科学理论和统计理论进行社会调查,是一个趋势,但在我国,目前新闻传播者自己运用社会科学研究方法所做的精确新闻还很少见,主要是利用他人所收集的社会科学研究数

〔1〕 李良荣.西方新闻事业概论.上海:复旦大学出版社,1997.
罗文辉.精确新闻报道与民主社会//朱立,陈韬文.传播与社会发展.香港:香港中文大学新闻与传播学系,1992.

据形成精确新闻,而自己不需亲自去做这类调查。当然,有些新闻数据只能从专家或调查机构获取。

综上所述,深度报道是运用深入调查、翔实呈现事实、解释事实、分析和预测事实的方法,系统反映重大新闻事件和社会问题,深入挖掘和阐明事件的因果关系,以揭示其实质和意义,追踪和探索其发展趋势的报道方式。

本章推荐阅读书目

塞缪尔·G.弗里德曼.媒体的真相.梁岩,王星桥,译.北京:中信出版社,2007.

杰里·施瓦茨.如何成为顶级记者:美联社新闻报导手册.曹俊,王蕊,译.北京:中央编译出版社,2003.

丹尼斯·麦奎尔.麦奎尔大众传播理论.4版.崔保国,李琨,译.北京:清华大学出版社,2006.

盖伊·塔奇曼.做新闻.刘笑盈,徐扬,译.北京:华夏出版社,2008.

赫伯特·甘斯.什么在决定新闻:对CBS晚间新闻、NBC夜间新闻、《新闻周刊》及《时代》周刊的研究.石琳,李红涛,译.北京:北京大学出版社,2009.

第二章 2

新闻传播者

要点提示：

新闻传播者是指专门从事新闻传播活动的组织机构及其从业人员。新闻传播者的角色主要包括新闻信息的守门人、生存环境的监测者、社会交往的中介者、民众生活的服务者等。新闻传播机构是现代新闻业高度组织化传播的突出表征，其在实际运作中具有意识形态和产业的双重性。新闻传播者的素养构成主要包括了政治素养、道德素养和业务素养。

第一节　新闻传播者的角色定位

新闻传播者拥有一些别称和美誉,其中最著名的当数“无冕之王”,此外还有“第四等级”、“守门人”、“舆论领袖”、“耳目喉舌”、“环境监测者”、“社会活动家”等。这些都表明新闻传播者有着非常突出的社会地位,在人们的社会生活中起着非常重要的作用。正因为如此,对新闻传播者在现代社会中所扮演的角色及其功能加以考察,是理解整个新闻传播活动的关键所在。

一、新闻信息的守门人

“守门人”一词,在学理的意义上,来自美国社会心理学家、传播学奠基人之一的库尔特·卢因,他在1947年撰写的《群体生活的传播管道》(这是一篇关于如何决定家庭食物购买的文章)中指出,信息总是沿着包含有“门区”的某些管道流动,此时此地,或者根据公正无私的规定,或者根据守门人的个人意见,决定信息或商品是否允许进入管道或继续在管道里流动。1950年,传播学者怀特将社会学中的这个概念引入新闻传播的研究,发现在新闻报道中,新闻机构组织成为实际中的守门人,他们对新闻信息进行取舍,决定了哪些内容最后与受众见面。他在研究美国一家非都市报纸的电讯编辑时发现,这位编辑舍弃许多新闻的决定就是很典型的守门行为。他将这一模式用下列简单的示意图表示出来:

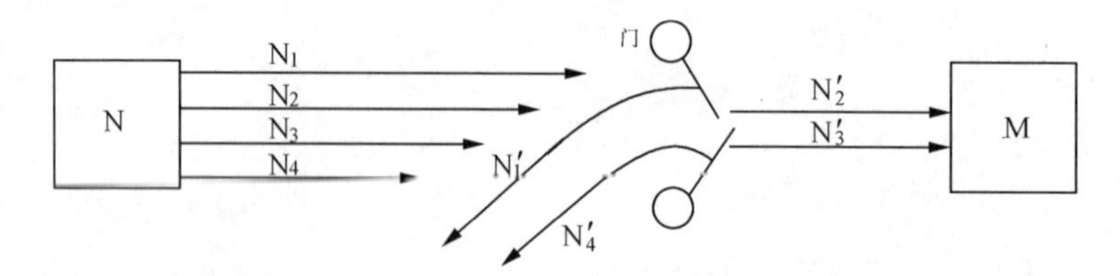

这一模式为新闻机构的新闻稿选择过程的研究提供了基础,但它由于过于简单而遭到批评,并且它“给人们以一个印象是,仿佛不断地和自由地流动着范

围广阔的新闻,这些新闻只得用适合某些报纸的方法加以选用"[1]。也就是说,这个模式只考虑已经成型的新闻稿件的取舍,而没有考察事件在成为新闻的过程中所必须经过的选择。尽管如此,这一模式对"守门人"概念的运用,还是产生了深远的影响。

怀特之后,麦克内利于1959年提出的新闻流动模式,如下图所示:

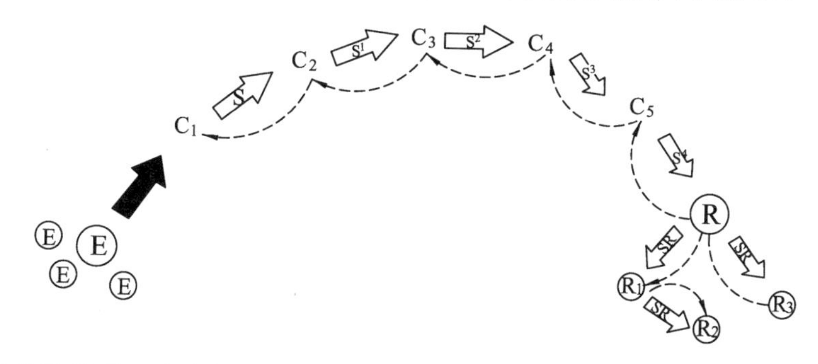

这个模式显然进一步发挥和完善了"守门人"概念,考虑到了在新闻传播过程中守门人情况的复杂性,譬如多级守门人,又如守门人与接收者的角色互换,守门人的任务不限于选择或拒绝,还包括反馈的因素。这一模式对新闻传播活动过程的分析更为细致,因而丰富和拓展了"守门人"概念。但是,这个模式将"有新闻价值"看作是理所当然的,同怀特的模式一样,新闻传播者对事实本身最初的选择不在其考虑之中,于是通讯社的记者被当作了主要的信源,这显然不能描述新闻传播过程的全貌。[2]

1965年,盖尔顿、鲁奇在上述研究之外,另辟蹊径,分析了社会事件具有怎样的特点和因素才有可能被守门人选中并送入传播媒介与受众见面。他们注意到,日常事件成为媒介图像(新闻)的过程中,守门人会以一定的标准决定取舍,这个标准并非主观和随意的,而是具有客观依据和系统性,他们指出了九个方面的因素(如下图)。[3]

〔1〕 丹尼斯·麦奎尔,斯文·温德尔.大众传播模式论.祝建华,武伟,译.上海:上海译文出版社,1997:135.

〔2〕 丹尼斯·麦奎尔,斯文·温德尔.大众传播模式论.祝建华,武伟,译.上海:上海译文出版社,1997:137-138.

〔3〕 丹尼斯·麦奎尔,斯文·温德尔.大众传播模式论.祝建华,武伟,译.上海:上海译文出版社,1997:135.

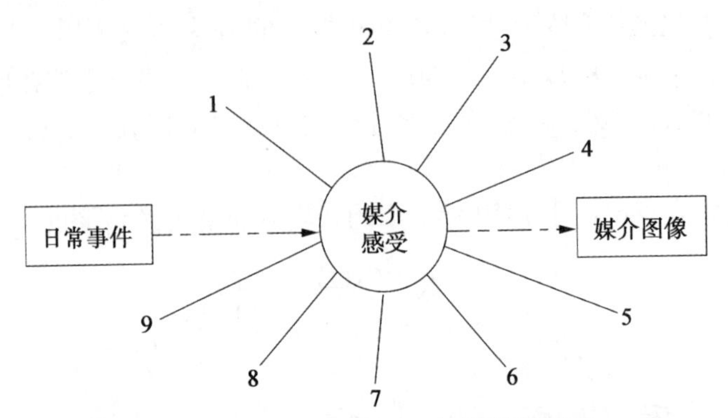

这个模式对前面的模式存在的缺憾是一个很好的补充,即它注意到守门人的选择行为的复杂性,因此给新闻价值的研究带来启发。但是,这个模式对守门人的其他方面并未涉及。

另一个对"守门人"理论做出贡献的是巴斯,他于1969年提出了新闻流动的"双重行动模式",将新闻传播分为新闻采集与新闻加工两个阶段,注意到了守门人的差异(如下图)。

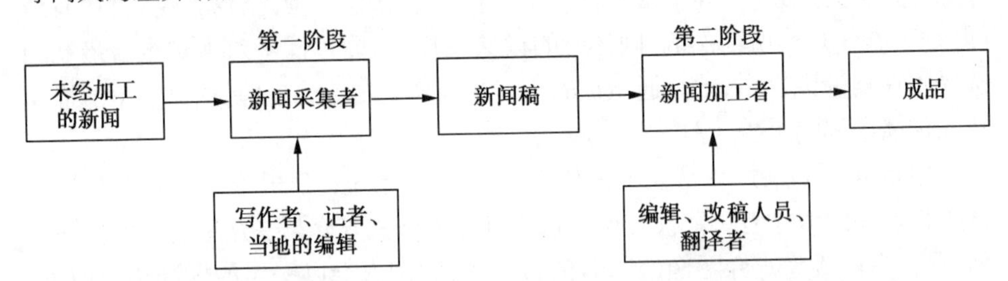

新闻采集者首次守门,将"未经加工的新闻"——这个表述未尽恰当,也就是客观发生的事件,制作(写作、摄录)成新闻作品,即形成新闻稿,这是第一阶段。新闻加工者(编辑、翻译等)再次守门,对第一阶段形成的新闻作品进行修改,并将它们合并为"成品"——这就是一份报纸或一档广播电视节目中的新闻,传送给公众,这是第二阶段。正如丹尼斯·麦奎尔、斯文·温德尔所评价的,这个图示对研究新闻记者的活动非常有用,"两个阶段的划分有助于将两部分人分开:一部分是最接近信源和最倾向于信源的人,另一部分是那些就守门行为的意义来说,更为实事求是地工作,对流入的新闻内容进行挑选修改和剔除的人"〔1〕。

以上关于守门人模式的研究表明，新闻传播者在传播新闻过程中要完成选择和放弃、修改与加工的一系列环节，正是这些环节决定了什么样的新闻可以传播到社会公众的面前。新闻传播者的这一角色功能，意味着它对整个社会的信息环境所担负的责任。如果新闻传播者的守门人角色失范，各种有害信息充斥新闻传播的空间，那么，社会公众的精神和物质生活将会受到严重的损害。新闻传播者是新闻信息的守门人，其活动的依据应该是新闻信息是否符合国家、社会、民族和人民的利益，是否有利于人民群众的物质生活和精神生活，是否符合新闻传播自身的规律并有利于新闻媒体自身的健康良性的运作。近年来，我国新闻传播活动中，出现了黄色、低俗、虚假新闻信息泛滥的现象，说明新闻传播者作为守门人的角色，没有很好地发挥其作用，应该对此审视和反思。

上述对守门人的研究也表明，守门人的角色功能的行使具有系统性，即它总是在高度控制的组织之中执行和完成，在每一个环节必须服从守门的指令，才能确保特定形式和内容的信息传播到受众那里。守门与新闻传播的整套程序的密切关联，凸现了现代新闻传播者的高度组织化特征。

应该看到，对新闻传播者的守门人角色的把握和理解，有必要限制在新闻传播活动内部。这是因为，一方面，如果不限制在这一范围内，进一步着眼于新闻传播者活动的社会联系，那么守门人的概念便会泛化。正如有学者指出的："如果可以将驻外记者、新闻采集者看作媒介的守门人，那么消息提供者、事件目击者、发射设备操作者等又何尝不可以作为守门人看待，这似乎有将守门行为无限延伸和日益复杂化的趋势，应该引起注意。"〔2〕另一方面，新闻传播者的守门行为并不一定在任何时候都是自身作出的，它受制于新闻传播之外的其他条件。譬如，2003年，我国新闻界关于SARS以及SARS引发的社会问题的报道，以4月20日为界（这一天卫生部部长张文康和北京市市长孟学农因为未将SARS疫情及时、真实地报告和妥善处理而被撤职），呈现出完全不同的状态。此后的报道一改此前的信息不透明、不均衡状态，这除了得益于新闻界的努力，更源于政府态度的改变和相应的保障性制度的建立，譬如政府部门新闻发言人制度的建立。也就是说，在新闻传播者这个守门人背后还有更大的守门人，这属于对新闻传播的社会控制范畴，它已经超出了新闻传播活动的范围。

〔1〕丹尼斯·麦奎尔，斯文·温德尔．大众传播模式论．祝建华，武伟，译．上海：上海译文出版社，1997：139.

〔2〕邵培仁．传播学导论．杭州：浙江大学出版社，1997：153.

二、生存环境的监测者

人类的新闻传播活动在人类原始社会就开始了。人类最初的生活方式最显著的特点就是集群而居,自然环境的恶劣、生产工具的简陋决定了人无法单个地生存,人在采集、狩猎和战争这样的生产劳动和社会性活动中,必然需要随时了解并交流外部信息,以便协调行动、趋利避害,更好地生存和发展。新闻传播活动由此而形成。因此可以说,新闻传播者最初就行使着环境监测者的角色功能,而随着人类社会的发展和变化,这一角色功能的作用越来越突出。拉斯韦尔在讲述动物社会里新闻报道的情况时说过:"在动物社会里,社会成员扮演着专业分工的角色。有的从事环境的监视,负责担当'哨兵'的成员,在距离动物群较远的地方活动,警戒着周围环境。一旦发现威胁,就立刻大声吼叫起来。运动着的动物群,一听到'哨兵'的吼叫声、啼鸣声、尖叫声,便会应变而迅速地行动。"〔1〕在人类社会中,扮演上述"哨兵"角色的是新闻传播者。我国现代新闻事业的发轫者之一邵飘萍就指出:"外交记者(访员)所处之地位,为社会、国家、世界之耳目。人类各种新事实之表现,皆难逃耳目之监察,其取作材料,载诸报纸,发为批评,则犹之耳目以所闻见者转达于脑府。无耳目,则脑府顿失其功用,于此可以知外交记者所负之任务及其地位如何矣。"〔2〕这一角色功能具体表现在下述三个方面。

1. 对影响人类生活的各种灾难及时地记录和报告

新闻传播者总是对世界各种灾难保持高度敏感。当战争爆发的时候,当地震发生的时候,当恐怖分子袭击发生的时候,当台风到来的时候……各个新闻机构总是尽可能派遣自己的记者赶赴事件现场,了解事实情况,关注事件进展,及时发回报道。只要打开电视,翻开报纸,或进入互联网浏览,我们就可以看到新闻传播者们在报道世界各地的灾难。2001年9月11日,美国发生恐怖分子袭击事件,我国新华社驻美国记者于11日21:31、11日22:22、11日23:10、11日23:26、11日23:57、12日00:43连续报道,在尽可能短的时间里向我们传递了事态变化的情况,使我们获知最新的信息。

在2008年汶川地震报道中,中央电视台的反应是同质媒体中最快的。5月12日下午3时——汶川地震发生32分钟后,中央电视台新闻频道在整点新闻

〔1〕 转引自和田洋一. 新闻学概论. 吴文莉,译. 北京:中国新闻出版社,1985:5-6.

〔2〕 邵飘萍. 实际应用新闻学//松本君平,等. 新闻文存. 余家宏,等,编注. 北京:中国新闻出版社,1987:387.

头条报道了地震消息。此后，央视新闻频道打破频道常规编排，于52分钟后推出直播特别节目《关注汶川地震》，并于当晚10时，与综合频道并机直播特别节目《抗震救灾，众志成城》，实现了同一主题无间断播出，成为亿万观众瞩目的焦点。另外，在地震发生后的两个半小时，中央电视台派出第一批记者跟随温家宝总理赶赴灾区，随后，第二批、第三批报道分队分别赶往汶川、都江堰、北川、绵竹、德阳等重灾区，分别在陆地、空中、水上进行采访。透过镜头，观众了解了发生在抗震救灾第一线的最新情况，如同身临一线一般。同时，国内的一些电视台也派出自己的采访团队亲赴灾区进行实地采访。

图为卢宇光在现场采访，图片来源：凤凰网2004年9月9日。

2. 对可能到来的危机进行预警

2011年8月6日和10月3日，强台风“梅花”和“尼格”袭击中国大陆东部沿海地区，各新闻媒体配合气象部门，及时预报台风将至的消息，包括台风的行程、危害程度、抵御措施等。如《东方早报》2011年8月6日报道：“今年第9号强台风‘梅花’正携狂风暴雨逼近浙江沿海，将在今天夜里至明天全天给本市带来严重风雨影响，为了迎战自2005年‘麦莎’台风以来最严重的强台风，上海中心气象台已于昨天中午11时拉响上海市台风警报，预计今天还将继续升级为上海市台风紧急警报，中央气象台在昨天10时将台风黄色预警升级为橙色预警。”中国新闻网2011年10月3日报道：“今年第19号强热带风暴‘尼格’逐渐逼近，中国国家防总3日宣布，启动国家防汛防台风Ⅳ级应急响应，紧急派出三个工作组分赴海南、广东、广西协助指导地方做好防御工作。”新闻传播者对社会的预警不仅限于自然灾害，也涉及社会危机，方式也不仅限于新闻报道，还可运用新闻评论。譬如，2011年6月17日《东方早报》资深媒体人士笑蜀发表题为《新塘镇之乱是未来社会危机的预警》的评论员文章，指出外来民工与城市土著居民的冲突，对于我国经济高度发展的同时，社会矛盾和冲突日益凸显，要予以高度重视和警惕，要真正由表及里，对症下药，从根源上解决问题。

3. 实施新闻舆论监督

所谓舆论,是指社会生活中政治经济地位、利益关系和文化观念相同或相近的人们或社会集团,对其所关注的某一现实问题的共同意见。在我国古代即有所谓"舆人之论",如《左传·僖公二十八年》有"晋侯患之,听舆人之诵",《晋书·王沈传》有"自古贤圣,乐闻诽谤之言,听舆人之论"。"舆"的本义是车厢或轿子,"舆人"则是造车或轿子的人,或赶车抬轿子的人,引申为底层老百姓,"舆人之论"也就是身处社会底层的普通老百姓的议论。"舆论"作为一个词最早出现于《三国志·魏·王朗传》:"设其傲狠,殊无入志,惧彼舆论之未畅者,并怀伊邑。"其后见于《梁书·五帝记》:"行能臧否,或素定怀抱,或得之舆论。"在欧洲,正式使用"舆论"(Public Opinion)一词是在18世纪。伏尔泰称舆论是世界之王,卢梭则认为在全世界一切民族中,决定人民爱憎取舍的绝不是天性而是舆论。从这个词语的西方来源上看,其现代意义是与西方近现代社会中的民主政治思想联系在一起的,它关系着公众表达意见的权利。我们现在也正是在这个意义上使用这个概念,我国的宪法规定公民有言论出版的自由,也就为舆论产生的健康环境提供了法律保证。

新闻舆论监督是指新闻传播者通过新闻媒体的报道、评论,针对国家、政党、社会团体、公职人员的公务行为以及社会上一切有悖于法律和道德的行为进行曝光,揭露、批评、抨击时弊,抑恶扬善。在一个努力践行民主政治的国家里,由于舆论监督具有公开透明、快速及时、影响广泛、揭露深刻等特性和优势,因此,它虽没有强制力,却在政治、经济和社会生活中极具影响力。

在我国,"舆论监督"作为一个正式的概念,最早出现在1987年中国共产党的十三大报告中,报告谈道:"要通过各种现代化的新闻和宣传工具,增加对政务和党务活动的报道,发挥舆论监督的作用,支持群众批评工作中的缺点错误,反对官僚主义,同各种不正之风作斗争。"1992年党的十四大报告、1996年党的《关于加强社会主义精神文明建设若干问题的决议》、1997年党的十五大报告、2007年党的十七大报告,党的全国代表大会报告连续5次均出现"舆论监督"的概念。1990年后,"舆论监督"的概念被写入中国的法规,例如《报纸管理暂行规定》第七条;1993年后,这个概念被写入中国的法律,例如,《中华人民共和国消费者权益保护法》第六条、《中华人民共和国价格法》第三十八条。2003年12月颁布的《中国共产党党内监督条例》第八节就是"舆论监督"。2005年4月中共中央办公厅下发《关于进一步加强和改进舆论监督工作的意见》,中宣部随后制定《加强和改进舆论工作的实施办法》,对该项工作作进一步部署。

20世纪90年代中期以来,新闻舆论监督为我国的民主政治建设、为推进改革开放做出了巨大的贡献。其表现在下列方面：揭露政府官员和国家工作人员的腐败行径、曝光经济活动中的违法活动和欺诈行为、维护人民群众的合法利益、为弱势群体申冤鸣屈、抨击以金钱为轴心的腐朽堕落的生活方式，等等。1994 年 4 月 3 日，开播两天后的《焦点访谈》就播出了第一个舆论监督节目《北京郊区：耕地上修建起一座坟茔》，此后又播出了《"罚"要依法》《"粮食满仓"的真相》《想要通知书先拿十万来》等，这些节目确立了《焦点访谈》在我国的新闻舆论监督中的突出地位。其后的山西 309 国道乱收费，郑州张金柱事件，河南邓州公安局破案收补偿费，湖北荆门法院收执行费，等等，无不让我们看到了舆论监督的威力。作为舆论监督的一面旗帜，《焦点访谈》的批评报道在 1997 年曾经一度占 70% 以上。《南方周末》一度正是以它的头版报道，对损害公正和正义的种种行为进行大胆披露和深入报道，赢得了广大读者的青睐：《千里追踪希望工程假信》《被收容者孙志刚之死》《甘肃舟曲泥石流防治因缺钱未完工　森林砍伐过度》等，都直接将锋芒指向我们这个社会存在的种种弊端；《中国青年报》对 2011 年食品监管涉罪的报道，《财经》杂志对基金黑幕的报道，中央电视台的《新闻调查》栏目的《从市长到囚犯》《大官村选村官》《透视运城渗灌工程》，中央人民广播电台《新闻纵横》节目播出的《上访者为何成了精神病?》《张斌之死》《被垄断的"120"》以及在 2004 年 2 月 16—19 日连续播出的《调查东方大学城黑洞》等，无不以对权力失范、公正缺位、腐败堕落等社会弊端的揭露而引发公众舆论并促成社会改良。所有这些都显示出新闻传播者通过新闻的传播实施舆论监督的力量，并且表明新闻的舆论监督在我国已经成为新闻传播者活动的重要内容，成为激发公众关注和监督社会权力的重要途径。

应该看到，新闻的舆论监督威力并不是来自新闻传播者本身，而是来自新闻传播者所表达的民意，来自使这一民意得以表达的民主制度保障。现代民主政治对权力运作的约束，要求公共权力具有公开性和透明度，人民以其知情权和言论自由权参与国家政治活动，并监督公共权力的运作。正是在这一框架内，新闻舆论监督才得以实施，新闻传播者的监督功能才能发挥作用。

三、社会交往的中介者

人是社会性的动物，社会交往是人的社会性的突出表现和存在方式。马克思在《〈政治经济学批判〉导言》中指出，"人是最名副其实的政治动物，不仅是一种合群的动物，而且是只有在社会中才能独立的动物。孤立的个人在社会之外进行生产——这是罕见的事"，而像 18 世纪的鲁滨逊故事则是"缺乏想象力的虚构”。[1]所谓社会交往就是指人与人的相互作用,包括个人之间的相互作用,社会集团之间的相互作用,国家与民族之间的相互作用;它作为人类特有的存在方式和活动方式,连接起人与人之间的社会关系,形成以物质交往为基础的全部经济、政治、思想文化的交往。在现代社会的整个社会交往活动中,新闻传播者的作用在于,通过新闻信息的选择、加工和传播,犹如“血液流经人的心血管系统一样流过社会系统,为整个有机体服务,根据需要,有时集中在这一部分,有时集中在另一部分,保持接触和平衡以及健康”[2]。这一功能使新闻传播者成为社会交往的中介者。在英文里“媒介”(Media)一词本来就具有中介、协调、调和的意思,作为新闻媒介的执掌者,新闻传播者的中介角色和功能当是题中应有之义。

新闻传播者是社会交往的中介者,首先体现于新闻传播者通过对社会各个系统、各个阶层的信息资源进行搜集,加工制作成新闻和传播新闻,使社会各系统之间得以沟通和联系。现代社会分工越来越细,同时关联也越来越密切,任何一个领域里的变化,都会对其他各个部门产生影响,因此各系统和部门需要及时了解其他系统和部门的情况,以便更好地协调、合作和应对新情况,确保整个社会系统均衡、良性地运作。而各系统不可能完全地独自地担当搜集其他系统的信息的重任,这一重任便落在了新闻传播者的身上。这种中介性提醒我们,新闻来自不同的新闻源,新闻传播者自身并不创造新闻,它只是起着桥梁和纽带的作用,促进社会沟通和联系。一方面,由于这种中介性,新闻传播者须依赖和运用社会系统中的新闻资源,才得以维持自身的存在;可以想象,社会各部门若都对新闻传播者关起大门,新闻传播者将面临巧妇难为无米之炊的局面。另一方面,这种中介性意味着新闻传播者总是被视为于己有利的工具,成为各个社会系统和社会力量的主要公关对象。

在新闻传播者与社会各系统间如此依赖和被利用的双重关系中,经济和政治上的社会强势集团,总是在控制和利用新闻传播者的活动,新闻传播者也总是在经济上或者政治上归属于某一阶级或集团。这就使新闻传播者难以保持客观和中立,但也恰恰因为如此,新闻传播者又必须保持相对独立,才能更好地发挥其中介者的作用。如果新闻传播者仅仅是为少数人和强势集团的利益而运作的

[1] 马克思.《政治经济学批判》导言//中共中央马克思恩格斯列宁斯大林著作编译局.马克思恩格斯选集:第2卷.北京:人民出版社,1995:1,2.

[2] 威尔伯·施拉姆,威廉·波特.传播学概论.陈亮,周立方,李启,译.北京:新华出版社,1984:20-21.

话，它所从事的就不再是现代意义上的新闻传播活动，而沦为专权的传声筒。所谓“报纸乃天下公器”，强调的也正是新闻传播者作为社会交往中介者的作用，其活动的实质是构建社会交往的公共空间。这不仅是指不同系统和阶层的信息在这里汇聚、传播和交换，而且是指社会公众的舆论在此形成，并向所有公民开放。在我国，新闻被称为党和人民群众的耳目喉舌，新闻传播者在传播新闻中要“吃透两头”，这也是其作为社会交往的中介者的体现。如果新闻传播者眼睛只是向着上头看，只是对社会上层负责而忽视底层的声音，显然不能很好地履行中介者的角色功能。

现代社会充满了各种阶层、各种利益集团的冲突性意见，新闻传播者应该为这些意见提供展示的空间，经过公开的讨论，取得意见的一致，至少是意见的平衡，这样才能维系社会交往的正常进行。2010 年 10 月 20 日深夜，西安音乐学院大三学生药家鑫驾车撞人后又将伤者刺了八刀，致其死亡，犯故意杀人罪，被判处死刑。《新闻 1 +1》2011 年 6 月 7 日节目标题为“从撞人到杀人”，邀请专家分析这一事件，李玫瑾用“弹钢琴”来形容药家鑫的杀人动作，辩护律师认为药家鑫属于“激情杀人”。新华社评论栏目《新华时评》发表《药家鑫被执行死刑彰显社会公平正义》，指出“药家鑫案的判决保障公民权益，维护司法公正”。《新京报》采访了药家鑫的父亲，发表了《药家鑫父亲不解儿为何杀人　后悔未和儿好好谈谈》《药家鑫案：鼓励法官独立判案》，评论指出：“药家鑫留给家庭教育、校园教育和社会教育的疼痛，值得我们花更长时间去反思。”《东方早报》发表《从药家鑫案谈死刑存废》，分析道：“如果没有公正执法的机制，废了死刑又如何！”《中国青年报》发表评论《药家鑫案，“善的目的”无法为“不择手段”担保》，认为“所有的宏大叙事都不是遮蔽个人权利的理由，对于个体来说是这样，公权力的行使更应如此”。我们看到，新闻媒体对这件事情的关注、报道和评论，使各种不同的声音出现在公众的面前，凸现了社会问题，同时也会促使人们思考这些问题，促进制度的完善。由此可见，新闻传播是现代社会中能够影响舆论形成全过程的强大力量。社会舆论如果只是在街谈巷议中存在，各种分散的、局限于一时一地的舆论，其力量是有限的，只有经过新闻传播工具的广泛传播，唤起人们对某一社会问题的注意，才能把舆论凝聚起来，影响人们的思想和行动。在现代社会，人们越来越倚重新闻传播机构提供的新闻，把它作为走向外部世界的通道。新闻传播机构总是以最快的速度将最新发生的事件报道给社会，人们了解到事实的真相后，就会对其作出评判、发表意见。新闻媒介选定一个事实传播出去，就意味着将一个舆论的触媒投入公众之中，随时可以引发舆论。相反，如果一个极有可能引发舆论声势的事件，没有在媒体上传播出去，相应的舆论就可能淡化乃至消失。

应该看到,新闻传播者在作为社会交往的中介者时,面临的另一个需要解决的矛盾是,媒体对事件的报道总是从无数事件中选择了少数,这少数的事件在得以报道的同时,无疑也得到了放大。这种放大会引起社会的关注,但也会挑战新闻传播者的中立与客观的准则。本来选择就意味着不够客观,如果对此缺少自觉的意识,而不注意平衡的话,那么新闻传播者的中介者角色势必模糊。上述关于药家鑫的报道和评论中,《新京报》的社论关注的正是这个问题。近年来,我国新闻界和司法界都讨论过"媒体审判"的问题,这一问题的实质就在于新闻传播者在对有些事件的报道中,越出了中介者的身份底线,这不仅不利于新闻传播机制的正常和健康运作,也无助于社会问题的公正解决。

还应该看到,新闻传播者要很好地发挥社会交往的中介者的作用,就必须保持良好的信誉。我们知道,只有在如实地、准确地沟通信息的前提下,中介活动才能正常展开。因此,新闻传播者不管是有意还是无意地传播虚假信息,都会造成公信力的降低。近些年来,失实报道和虚假新闻不断出现,严重损毁了新闻传播者的形象,阻碍了新闻传播者作为社会交往中介者的角色功能的发挥,新闻业界为此付出了可谓沉重的代价。

四、民众生活的服务者

新闻传播者不管是作为守门人,作为监察者,还是作为中介者,实际上都是在为人民服务。党的十六大以来,党中央提出一项"三贴近"的重要要求。遵循这一要求,宣传思想战线把"三贴近"作为改进和加强自身工作的一条重要指导原则。"三贴近"就是指贴近实际、贴近生活、贴近群众。"三贴近"是作为党和人民喉舌的新闻媒体从事新闻报道过程中必须遵循的原则之一,也是使新闻报道为人民群众所喜闻乐见,从而以正确的舆论引导人,以高尚的精神塑造人,以优秀的作品鼓舞人,并牢固占领舆论阵地的法宝。从这个意义上讲,"三贴近"不是空洞的政治口号,而是贯彻和落实以马克思主义新闻观为其内核的科学的方法论。

因此,我国新闻工作者职业道德准则强调,新闻工作的根本宗旨是为人民服务。为人民服务,除了体现于上述各个角色功能外,还突出体现于新闻传播者对民众生活的直接服务,它具体表现为如下三个方面。

1. 提供生活信息

新闻传播者对关系民众生活的方方面面的信息,都有责任和义务及时报道,从而为民众生活提供便利。像天气、空气质量、物价、汇率、工资、水电气供应、医疗卫生、教育、就业等，将这些方面出现的变动及时告知民众，使他们在工作和生活上作出相应的调整，构成了新闻传播活动的不可或缺的内容。在我国，近些年来，许多新闻媒体加大了这方面的报道，力求更加贴近民众生活。应该看到，提供生活信息不仅包括上述实用性的信息，还包括对民众生活的各个方面的反映，对民众生活中的困境、麻烦的报道，让社会上困难群体的声音能够从我们的媒体发出。20 世纪 90 年代以来，湖南都市频道《都市 1 时间》、北京电视台《第七日》、江苏城市频道《南京零距离》、安徽经济频道《第一时间》、江西卫视《都市现场》等节目相继推出，这些节目用更多的时间和画面关注百姓生活、反映百姓生活，引起较大的社会反响。一时间，电视界出现了“民生新闻热”，这股热潮由此波及整个新闻业界和新闻学界，许多报纸辟出了“民生新闻”板块，“民生新闻”这一概念，得到热切关注和热烈讨论。

2. 提供知识信息

新闻传播者在报道各个领域的最新事件和最新变化的同时，会提供有关这些领域的知识。新闻传播者往往通过专家访谈、背景资料、专题讨论等方式，传播最新的知识信息，使民众得到知识的更新，同时更好地理解新闻事件。这些知识包括方针政策、法律法规、科技新成果以及涉及现代生活的方方面面的知识等。2003 年 10 月 16 日，中国成功发射载人航天飞船“神舟五号”，各家新闻媒体除了报道事件的过程外，还通过各种途径让受众了解有关的知识。例如，千龙新闻网刊出对中国载人航天工程副总指挥张庆伟的访谈，介绍了“神舟五号”的技术进步点。2011 年 10 月底美国驻北京大使馆与北京市环保局的空气污染数据之争，引起大家对 PM2.5 的关注，中央电视台《新闻 1＋1》节目 2011 年 12 月 5 日播出《这天气：像雾？像雨？又像霾？》，解读 PM2.5 的科学含义以及颗粒污染物的危害。

《南京零距离》在街头采访，倾听百姓心声。

在提供知识信息上，有两个方面值得注意。一方面，新闻传播者不可能具备所有领域的专业知识，除了自身努力提高知识水平外，更主要的是依赖丰富的专家消息源，还有就是要具备检索相关领域知识的能力。另一方面，科学领域本身或某行业的又专又深的专业知识报道，会导致受众难以理解和接受，新闻传播者须努力做好“转化”，使知识性信息易于接受。譬如，2011 年 12 月 10 日迎 10 年最好月全食,《浙江在线》发表了《12 月 10 日晚可观月全食　为 10 年来观测条件最好一次》,介绍了月全食长 51 分钟,过程可分为 5 个阶段:初亏(月球刚接触地球本影,标志月食开始),20:45:42 开始;食既(月球的西边缘与地球本影的西边缘内切,月球刚好全部进入地球本影内),22:06:16 开始;食甚(月球的中心与地球本影的中心最近),22:31:48 开始;生光(月球东边缘与地球本影东边缘相内切,这时全食阶段结束),22:57:24 开始;复圆(月球的西边缘与地球本影东边缘相外切,这时月食全过程结束),00:17:58 开始。这样的说明一下子将问题解释得清楚易懂,使读者获得相关的知识而又不失严谨。

3. 提供娱乐信息

文化娱乐是人类生活中不可缺少的部分。随着物质生活的不断丰富,人们对精神生活的需要和要求也越来越高,兴趣越来越浓。在现代新闻传播中,传播

电影"教父"回到小成本

东方早报娱乐版,图片来源:东方早报网。

者总是凭借各自的特点，在为受众提供娱乐方面大显神通。譬如纸介媒体，它利用自己文字表达和易于保存的优势，通过副刊和文娱、体育专版、专栏去满足读者在文体娱乐方面的需要，像《足球报》《体坛周报》等都曾创造了新闻业的奇迹。进入20世纪90年代，许多报纸增版扩版，都加大了娱乐方面的容量，像《南方周末》、南京的《周末》。

新世纪创刊的一些报纸和杂志，同样十分重视文体娱乐新闻。如《东方早报》《新京报》等在文体娱乐新闻的报道上，都形成了自己的特色。广播电视对体育比赛、文娱晚会、明星生活的报道更具魅力。对NBA、意甲、德甲、欧洲杯、世界杯等体育赛事的报道，成为新闻传播机构的常规内容。不仅在我国如此，世界各国的新闻传播都十分重视提供娱乐信息，尤其是体育报道。例如，阿尔及利亚，它的各种报刊都非常重视体育报道，各报都有1~2版的体育专版。经济发达的资本主义国家，更是把体育报道视为宠儿，像日本的《读者新闻》，编辑部内设体育部，每天都有2个版左右的体育新闻。

娱乐信息在整个新闻传播的结构中无疑占有一席之地，但是应该注意的是，新闻传播者对娱乐信息的提供，同样要遵循新闻报道的一般准则，并控制其在新闻整体中的比例。新闻传播者提供娱乐信息，不能等同于新闻的娱乐化。近些年来，受到市场竞争的压力，以及由于某些新闻媒体的社会责任感淡薄，我国出现了新闻娱乐化乃至庸俗化、低俗化的情况。有学者把中国新闻业界的低俗之风归纳为七个方面：一是一些社会新闻和娱乐报道细致描写淫秽情节；二是一些事故报道过于直接，场面过分血腥；三是一些媒体热衷于明星的隐私生活和其他花边新闻；四是炒作；五是虚假；六是媚俗；七是美女经济。[1]针对这一情况，2004年底，有关部门开展了“抵制媒体低俗之风”的活动，一起矫正不正之风，使新闻传播者能够健康地、负责任地提供娱乐信息，更好地满足民众文化娱乐生活的需要。2007年5月，中宣部会同有关部门联合召开中央主要新闻单位开展“三项学习教育活动”座谈会，要求中央新闻单位率先开展“三项学习教育活动”。

值得注意的是，新闻传播者的上述角色功能的发挥需要相应的社会条件的支持，最重要的社会条件是民主与法治。只有在民主的政治制度下，新闻传播者才能担当上述角色，也只有在民主的政治制度下，新闻传播者的角色才能发挥其功能作用。新闻传播者要正确适当和充分有效地行使自己的角色功能，离不开法治。一方面，法律规定了新闻传播者的合法性地位，规定了其活动的合法性边

〔1〕 高建新，杜斌. 中国传媒界的低俗之风受到猛烈抨击.(2004-12-10)[2012-12-03]. http://news.xinhuanet.com/newscenter/2004-12/10/content_2317996.htm.

界;另一方面,法律为新闻传播者的权利提供保障。近年来,我们的新闻传播活动中,出现了记者采访受阻、记者被打甚至被害的现象,记者的采访权、传播权如果得不到保护,新闻传播者的角色功能就无法发挥。

第二节 新闻传播者的素质要求

人的素质是其生理特点、心理特点、知识积累、实践经验和智能锻炼的综合表现。作为职业新闻传播者,其必须具备生理、心理、知识、能力等各方面的综合素质。新闻传播者应该具备哪些素质?这个问题一方面可以从多层次、多侧面进行分析;另一方面,随着历史时代和新闻事业的发展,还会不断提出新的要求。而且,不同国家、不同性质的新闻事业,其要求也不尽相同。因而,对这个问题要作出一成不变的界定是很困难的。我们这里结合我国的情况,分析新闻传播者的素质构成的三个主要方面。

一、政治素养

新闻传播者的政治态度和立场、政治思想和信念,在很大程度上决定了传播活动的性质和方向,对我国的新闻传播者来说,它体现在对党的方针政策的理解和贯彻,对现实政治气候的准确把握和正确判断上。1992年初,邓小平来到深圳视察,《深圳特区报》记者陈锡添做了大量采访,但是,邓小平离开深圳时,陈锡添被告知:暂时不报道。然而,强烈的政治敏感告诉他,这只是早晚的问题。果然,两个月后,《南方日报》发表了《小平同志在先科人中间》,看到此文,他意识到,邓小平视察南方的报道开绿灯了!当夜,他便铺开了稿纸,写下了那个具有时代意义的标题:东方风来满眼春……1月23日那天,邓小平要离开深圳去珠海,送别的时候,已经走向码头的邓小平突然又转了回来,对深圳市委书记李灏说了一句:"你们要搞快一点!"陈锡添记下了这句话,而且悟出了这句话的分量,把它写进了长篇通讯。[1]如果没有强烈的政治敏感,就不可能有这篇划时代的新闻《东方风来满眼春》。

新闻传播者的政治素养还应包括群众观点。范长江指出:"报纸要面向群

[1] 周克冰.中外经典采访个案解读.北京:北京广播学院出版社,2003:110.

众,记者当然也要面向人民群众。我认为,一个记者的最基本的锻炼就是群众观点的锻炼。一个记者好坏不是编辑部批准了就算数的,首先要由群众批准。正如一个作家,不是谁封的,而是由群众公认的。记者应该活动在群众中,他是人民群众中间的一个活动家,了解广大群众的动态、思想感情,熟悉群众的生活和问题,知道什么是群众懂的,什么是不懂的。懂得群众的心思,在写稿的时候,哪些地方该详该略,该用什么材料,就有根据了。"〔1〕范长江在这里极其中肯地指出了新闻传播者与广大人民群众的密切联系,对我们的新闻传播者来说,全心全意地为人民服务是其最高宗旨。这一宗旨符合马克思主义的历史唯物主义的群众观点,即人民群众是真正的英雄,是创造历史的动力。有了群众观点,急群众之所急,想群众之所想,倾听群众的呼声,体察群众的实情,才能增强传播的有效性,才能真正起到"桥梁"、"纽带"的作用,做到上情下达,下情上达,从而正确地引导舆论,有效地避免新闻失实等顽症,树立起新闻传播的威信和信誉。许多优秀的记者、编辑能成为群众的知心朋友,成为群众悲欢忧喜的诉说对象。

政治素养对新闻传播者来说,是一个基本的也是首位的要求,而且提高政治素养是一个永无止境的过程。尤其是在发展社会主义市场经济的今天,在经济大潮之中,新闻传播者如果不加强马列主义理论的学习,不站稳政治立场,势必会犯方向性错误。这样的倾向已是客观的存在。例如,有人把新闻传播的社会效益与经济效益对立起来,并将经济效益放在首位,致使新闻失实、有偿新闻等现象时有发生。正是针对这种现象,2008 年 6 月时任总书记的胡锦涛在人民日报社考察工作时指出,必须坚持党性原则,牢牢把握正确舆论导向;必须坚持以人为本,增强新闻报道的亲和力、吸引力、感染力;必须不断改革创新,增强舆论引导的针对性和实效性;必须加强主流媒体建设和新兴媒体建设,形成舆论引导新格局;必须切实抓好队伍建设,增强凝聚力和战斗力。

新闻与政治有着天然的联系,在新闻活动中,没有政治素养或者政治素养欠缺,都会给新闻工作带来损害。综观我国近现代新闻史上的著名报人、记者,哪一个不是在政治战场上经受锤炼,臻于成熟?从一定意义上讲,进步新闻事业的成长就是一代报人和记者不惜生命的过程。早一点的邹容,稍后的林白水、邵飘萍,再后来的范长江、邹韬奋,还有恽代英、瞿秋白,等等,既是报人,又是政治家、革命家;一些资产阶级民主人士,在民族救亡的形势下,也表现出鲜明的政治立场,像史量才在"九一八"之后对《申报》的改革,陈铭德、邓季惺夫妇为《新民报》的斗争,无不表明,新闻传播者须具有政治素养。

〔1〕 蓝鸿文,展亮,等.中外记者经验谈.北京:中国人民大学出版社,1983:39.

政治素养体现在新闻活动中,还表现为高度的政治敏感,在新闻中表现出政治的洞察力和预见性。曾经写下《西行漫记》(又名《红星照耀中国》)的美国记者埃德加·斯诺,在第二次世界大战前后的新闻报道中,对中国共产党领导的革命必将取得胜利的预见,对苏德战争希特勒必败的预见,对苏联要向日本开战的预见,对国际共产主义运动发展趋势的预见,都被历史证明是正确的,足见其政治眼光之敏锐,思想之深刻。具备了政治素养才能搞好新闻工作,同时要看到,也正是在新闻工作中,政治素养培育起来。诺贝尔文学奖得主加西亚·马尔克斯声称自己既是一个作家,更是一个新闻工作者,新闻工作使他具有了政治觉悟。他说:"我最美好的东西是来自我对新闻工作的爱好、我作为新闻工作者的修养和我作为新闻工作者的经验。这为我培养了对现实的感受力。当然,我最美好的东西即政治觉悟,也来自新闻工作。而政治觉悟,众所周知,是对现实的感受力的最高表现。"〔1〕

二、道德素养

道德素养是新闻传播者的素质构成的又一个重要方面。道德素养应包括一般社会道德素养和职业道德素养。这两者之间有着密切的联系,一个不能遵守公共道德准则的人,也很难有真正的职业道德意识。在现代社会里,新闻被视为天下之公器,新闻的传播直接关系到社会公众的利益,这必然要求新闻传播者具有极高的道德水平。

关于职业道德,本书将在第六章有关新闻自律的论述中详加讨论,这里仅就新闻传播者的一般道德素养的内涵加以分析。

在我国新闻事业开始阶段和发展过程中,有许多有识之士意识到对新闻工作者在道德素养上的要求。中国人自办的最早的报纸之一《循环日报》的创办者王韬曾经在文章中写道:"顾秉笔之人,不可不慎加遴选。其间或非通才,未免识小而遗大,然犹其细焉者也;至其挟私讦人,自快其愤,则品其计下矣,士君子当摈之而不齿。"〔2〕梁启超强调传播者应该讲究真诚、公心、直道、节制,主张新闻舆论"以国家利益为鹄,而不以私人利害为鹄",认为"若夫怀挟私计,而欲构煽舆论,利用之以供少数人之刍狗,则未能久者也"。〔3〕邵飘萍在其《实际应

〔1〕 加西亚·马尔克斯.两百年的孤独:加西亚·马尔克斯谈创作.朱景东,等,译.昆明:云南人民出版社,1997:126.

〔2〕 转引自雷捷跃.新闻理论.北京:北京广播学院出版社,1997:200.

〔3〕 转引自徐培汀,裘正义.中国新闻传播学说史.重庆:重庆出版社,1994:175.

用新闻学》第二章中论述外交记者的资格与准备时，首举品性，认为“品性为第一要素”，而“所谓品性者，乃包含人格、操守、侠义、勇敢、诚实、勤勉、忍耐及种种新闻记者应守之道德……泰山崩于前，麋鹿兴于左而志不乱……”〔1〕邹韬奋先生在办《生活》周刊时声明：“我们办这个周刊不是替任何机关培植势力，是要借此机会尽我们的心力为社会服务。求有裨于社会上的一般人，尤其注意的是要从种种方面引起服务社会的心愿，服务所应具的精神和德性。”〔2〕曾任《大公报》主编的王芸生，1936 年 5 月在燕京大学新闻学系演讲时，谈到新闻记者要在道德上严于自律，才能不愧为无冕之王而不至做无魂之鬼，他提出新闻记者必须具备的三个条件：第一，要以“不矜奇，不立异，老老实实，平平常常”的态度来培养健康的舆论环境；第二，要以做好人的勇气来洗刷新闻界的耻辱，改变老百姓的看法；第三，要以国家的利益为重，用“威武不能屈，富贵不能淫”的精神做好本职工作。

以上新闻业界前辈们的诤语良言，依然适用于当代从事新闻传播实践的人们，新闻传播者的道德水平也在各种复杂的形势下受到考验。在推行社会主义市场经济的今天，我们的新闻传播者面临的最突出的一个道德考验就是义利之辨。有的新闻传播者无法抵御金钱的诱惑，置新闻职业的公共性于不顾，而直接将之作为一种资源拿来进行交换以获私利，于是有偿新闻出现了，有偿不闻也出现了。2002 年 6 月 22 日下午 2 时 30 分，山西省繁峙县义兴寨金矿工作人员由于违规在井下存放炸药引起爆炸，造成 38 名矿工死亡。事故发生后，遇难矿工的尸体被运走、掩埋甚至被焚毁。然而，矿主却编造出 2 死 4 伤的谎言，企图掩盖事故真相。在这个过程中，有 11 名记者收受现金、金元宝，其中有 4 名新华社山西分社的记者。但是，应该看到，在繁峙矿难中，还有很多记者不但没有受贿，而且在十分危险的情况下，勇敢地揭开了惊天的黑幕。如《中国青年报》记者刘畅，中央电视台《新闻调查》记者长江等，都在第一时间以最快速度赶到矿难现场，并立即展开深入缜密的采访调查，并且，因为这些记者的工作，遇难矿工家属得到了保护和赔偿。上述两种在金钱面前截然不同的表现，说明了我们今天的新闻传播者，其道德水平并非整齐划一，我们欣慰于那些将国家和人民的利益，将自己的职守放在第一位的记者们的行为。同时，我们不能不警惕那 11 名见利忘义的记者们的存在，应该看到，在当代新闻传播活动中，少数新闻传播者为了

〔1〕邵飘萍. 实际应用新闻学//松本君平，等. 新闻文存. 余家宏，等，编注. 北京：中国新闻出版社，1987：388.

〔2〕郑兴东，陈仁风. 中外报纸编辑参考资料. 北京：中国人民大学出版社，1987：51.

个人目的,迎合权势或要人的需要,为他们鼓吹呐喊,报道中充斥着大款、富豪们的身影,而鲜有弱者的声音,因为这样可以得到票子、车子和房子等,这些虽然是少数人的行为,却已经给整个新闻事业蒙上了阴影。唯有花大气力提高新闻传播者个人道德修养,才能改变这种局面。

那些面对利益的诱惑不为所动,面对危险处境没有望而却步的新闻传播者们,是将人民的利益放在了第一位,真正践行了“全心全意为人民服务”这一新闻工作者的最高宗旨。其最为突出的表现是为民请命的责任感。被称为“中国的林肯·史蒂芬斯[1]”的王克勤,曾经冒着生命危险,发表了《北京出租车业垄断黑幕》《兰州证券黑市狂洗“股民”》《公选“劣迹人”引曝黑幕》《甘肃回收市场黑幕》等一系列揭黑性深度调查性报道,在公众中树立了一个“揭黑记者”的勇

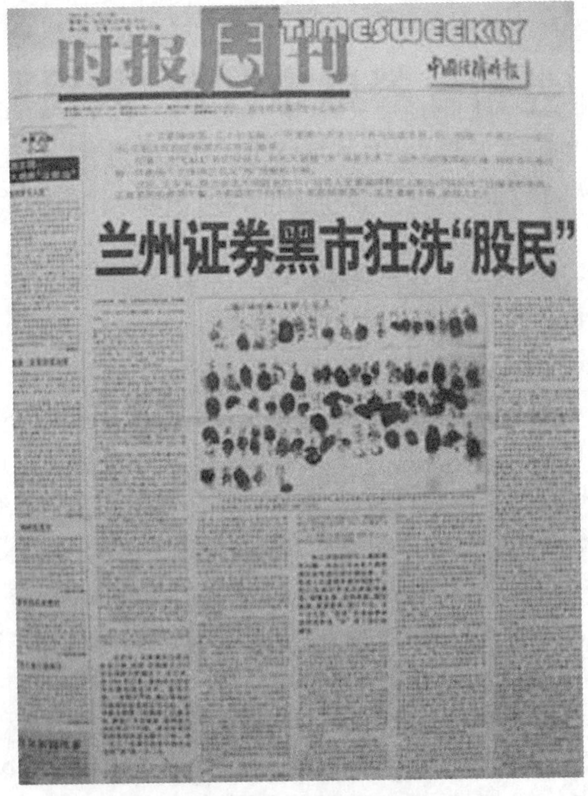
时报周刊 TIMESWEEKLY

兰州证券黑市狂洗“股民”

刊发《兰州证券黑市狂洗“股民”》的样报。

[1] 林肯·史蒂芬斯是美国记者,19世纪末20世纪初,以他为首的“扒粪者”进行了美国新闻史上著名的“扒粪运动”,对危害公共利益的各种腐败、犯罪行为进行深入调查,并予以公开报道,有力地制止了腐败的蔓延滋生,促进了美国社会的改良。

士形象,仅2001年,由于他的揭发而被送进监狱的黑恶分子即达160多人。他因此经历了许多生死劫难,有黑恶集团悬赏500万元要他的人头。但是,身价如此之高的王克勤,有时候却连手机费也交不起;他在为揭黑幕而经常遭遇恐吓的时候,却仍然无力将妻儿留在较为安全的北京。在他报道兰州证券黑市的时候,有好心的股民曾担心地对王克勤说:"这事的后果很严重,随时都会威胁到你的生命。"王坚定地说:"证券诈骗无处不在,无时不在,只要证券黑市存在,中国大地上每天都会发生家破人亡的惨剧,为了让更多的人能平安、幸福地活下去,我王克勤的生命能换回千千万万个老百姓的平安,就算是死,也值!"

正是这样的高度责任感,赋予新闻传播者们寻求真相的意志和勇气。2003年4月中上旬,我国的SARS疫情异常严重,人心惶惶。为了揭露事实真相,稳定人心,中央电视台记者王志率领《面对面》摄制组赶赴当时疫情最为严重的广州。为了记录下珍贵的第一手资料,王志成为第一个进入SARS病人重症监护病房(ICU)的记者。当时钟南山院士善意地劝王志到普遍病房拍一下就可以了,但王志坚持要求进入隔离区。而为了充分展现医务工作者在抗击SARS斗争中面临的危险和表现出的高尚情操,王志带领摄制组,又进入了最核心最危险的抢救室和消毒室,在这里能清晰地听到病人的呼吸,真正零距离地报道这场没有硝烟的"战争"。曾经有人问王志,万一被感染了会不会后悔,王志当即答道:"我想在我的字典里面没有后悔这两个字,而且后悔也没有用,要后悔就不要做。"

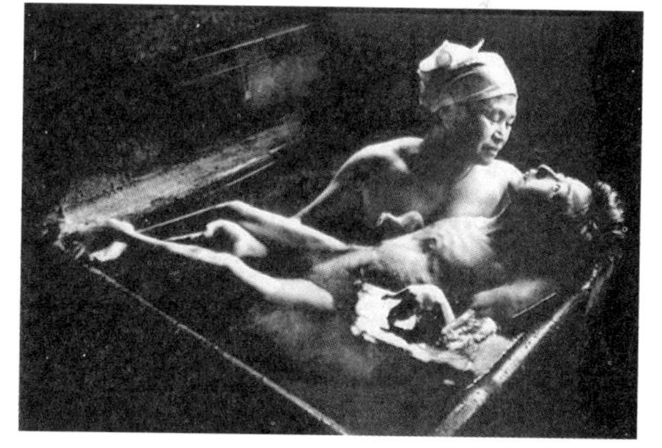

《智子入浴》,这是尤金·史密斯拍摄的水俣系列照片中流传最广的一幅照片。照片向我们展示出,深重的灾难没有阻止得了母亲盈盈的爱意。

没有这样英勇无畏的精神和崇高的道德情操,许多真相就不可能被揭露出来,公诸世人。残酷的战争,深重的灾难,复杂的政治背景,险恶的自然环境,突发的各种变故,人为的蓄意报复,等等,都可能把记者置于极其危险的境地,甚至使记者付出生命的代价。然而,无数的事实表明,真正重大的新闻常常就蕴藏在这些"危险"之中。美国《生活》周刊的摄影记者尤金·史密斯就是这样一位富有牺牲精神的记者。他曾经作为战地记者在战场上拍摄,1945年在他报道一场战争时,一片日本炮弹碎片击中了他的脸部,他的双颊及舌头都受了很重的伤,牙齿也被敲掉好多个,但是他坚持着完成了他的摄影报道。20世纪70年代初期,他与日籍妻子到日本熊本县的一个小渔村度假时,发现水俣村的附近有一家工厂排出的废水中含有水银并污染了水源,当地许多居民因为饮用了被废水污染的水而中毒。患病者先是耳聋眼瞎,手脚麻木,继而肢体弯曲,全身瘫痪,最后精神失常,常常惨叫而死。为了拍摄这个专题,他几次遭受工厂里派来的人毒打,一只眼睛几乎被打瞎,差点丧生。但这并没有动摇他将事件真相公之于世的决心,经过他的努力,20世纪最大的公害事件终于被曝光,并且在他的帮助下,受害者打赢了官司。[1]

综上所述,重义轻利,责任心和使命感,寻求真相的意志,英勇无畏的精神,这些优秀的道德品质,成就了新闻传播者的职业荣耀,也确立了新闻传播的社会地位,保证了新闻传播者的角色功能的正常发挥,因此,它们应该成为每一个新闻传播者对自身的道德要求。

三、业务素养

除了政治素养和道德素养外,我们还应该看到,新闻传播是专业性很强的工作,新闻传播者必须具备相应的业务素养。自从新闻传播成为一项职业性活动以来,许多新闻学学者和新闻工作者都从不同的角度,对新闻传播者的业务素养提出了各自的看法,而随着社会的变化和科技的发展,对新闻传播者的业务素养的要求也越来越高、越来越具有新的因素。

在任何时候,新闻传播者要胜任自己的工作,必须知识丰富、善于思考、具备学识。所谓具备学识,就是不仅要有知识而且要有见识,即洞察力。新闻工作者所关注的是社会生活的各个领域,因此他必须对各个领域的情况有尽可能透彻的了解,必须掌握各个领域的相关知识——古今中外、天文地理、自然科学、人文科学以至风土人情、民俗俚趣。对新闻传播者来说,知识掌握得越多越好,为他涉猎任何一个领域做好知识储备。解放战争时期,毛泽东写下了《中原我军占领南阳》(新华社1948年11月5日电)的新闻稿[2]。这则新闻稿运用了具体生动的历史背景资料,阐明了解放南阳的意义,没有丰富的历史知识是难以达到这样的效果的。

新闻工作者若孤陋寡闻,对报道所涉及的领域所知甚少,就有可能产生错误

[1] 周克冰.中外经典采访个案解读.北京:北京广播学院出版社,2003:41.

[2] 毛泽东.中原我军占领南阳//中央文献研究室.毛泽东文集:第5卷.北京:人民出版社,1996:185-187.

乃至闹出笑话来。现在的行业分工越来越细,各行业的专业要求也越来越高,新闻工作者若专门从事某一行业的报道,对这一行业的知识必须了解得更加深厚宽广。体育、卫生、金融、经济、文化、教育、科技、军事、法律、文学、艺术等方面的新闻报道中的优秀之作,必出于对这些方面了解甚深的人。现在的很多传媒机构选择记者的时候,在新闻专业出身和其他专业出身之间,往往倾向于后者,看中的就是其专业知识背景更适合于相应领域的报道。因此,对新闻传播者来说,除了掌握新闻学的理论知识以外,应该努力拓展自己的知识视野,做到知识广博与精深的统一,并在此基础上形成活跃而深刻的思想。现代新闻教育普遍重视新闻传播专业技能的培养,无疑能为新闻职业提供足够的人才,但是,在应对现代社会生活变化的广度和深度上,在适应不同专业领域的学识要求上,新闻教育往往显得捉襟见肘,对此新闻教育本身应该反思并作出调整,而新闻专业的学生更应该有意识地在本专业学习之外,涉足更多学科领域,积累相关知识并培养思考的习惯和能力。

前苏联《共青团真理报》的科技记者和科学评论员戈洛瓦诺夫在谈到科技评论和报道的时候说,"如果事先我不去熟悉一下我要采访的问题的话,我是不会到实验室或者去找学者谈话的","科学评论员应该了解他所研究的问题。为了不落后,我力争阅读几乎所有与宇宙飞行直接有关的科学和技术方面的读物"。〔1〕对新闻传播者来说,知识的学习和积累应当伴随其整个从业过程。正如范长江说的,"知识的修养是没有边的。重要的在于不间断地多方面刻苦学习。对于一个记者,凡是需要的都应该不断地学","一个会在工作中学习的记者,提高得非常快","学问没有边,要不断地学,也只能不断地学,不可能一蹴而就。从实际工作和实际需要出发,慢慢积累,知识自然多起来,也专了,也博了"。〔2〕还应该看到,知识丰富并不一定意味着学识丰厚。所谓学识丰厚,应该是在掌握知识的同时学会思考,学会运用知识。并且,学识并不只是来自书本的知识,还来自实践。前面提到的王克勤,就曾经从事过市委机关的文秘宣传、外贸进出口公司的商贸业务员和国有企业的副厂长等多种职业,对社会上方方面面的实际情况了然于心,并进行思考,这样保证了他在新闻报道时做到判断正确和阐发真知灼见,使他能写出不仅揭示事实,而且发人深省、有益于社会进步的

〔1〕 格·萨加尔. 苏联名记者写作经验谈. 徐耀魁,段心强,于宁,译. 北京:新华出版社,1983:26－27.
〔2〕 蓝鸿文,展亮,等. 中外记者经验谈. 北京:中国人民大学出版社,1983:42.

文章来。[1]

新闻传播者的学识直接体现在新闻采访之中,而采访实际上就是调查研究。无论是对新闻传播者个体来说,还是对作为机构的新闻传播者来说,调查研究都是最基本的能力,也是最基本的工作环节。成功的新闻作品,总是建立在扎实的调查研究的基础上的。王克勤曾经强调,他的采访经验是,只有更多地获取资料,才能揭示深层次的问题,而要想做出有力量有深度的报道,必须舍得在采访中知难而进,下苦功夫。他在对甘肃回收市场黑幕作报道时,最后写成的新闻稿仅1000余字,但是为此所做的调查花费了3个月时间。王克勤在实践中形成了一套卓有成效的采访调查方法,包括:① 自下而上进行深入挖掘。即深入到村子或者居民区等基层群众之中,潜入老百姓中,与百姓吃住在一起,进行访谈,了解事件的全貌与核心,然后再一级一级地向上采访,这样就不会得到虚假的资料。② 扩大广度,尽量做到扩大采访面。他的代表作品《北京出租车业垄断黑幕》就历尽艰辛,花费了半年时间,采访了北京市100多位出租车司机、众多出租车公司经理和相关政府部门官员及专家学者,从而使报道具有前所未有的深度、广度和力度。③ 问卷调查。即精心设计包括诸多调查问题的问卷进行调查,在调查甘肃证券黑幕的时候,王克勤就制作了一份内容周详的表格式问卷,印了几千份下发到受害股民手中。④ 座谈会。他认为这是一种发动群众、了解真实情况的快速有效的采访途径。⑤ 按手印。王克勤走到哪里都背着印泥,在采访结束时,他请采访对象对记录的内容进行核实,并在材料上按上手印,这样可以防止出现误差和被人诬告。[2]王克勤的调查方法,是他完成一系列揭黑报道的重要保证,其作为具体的操作手段,未必适用于任何报道,但是其中表现出的调查研究的意识和态度以及为调查付出的努力,则是从事任何类型的新闻报道所应该具备的。

新闻传播者通过调查研究获得大量的情况,经过梳理分析后要报道出来,就必须借助一定的物质材料、文字、声音或图像,将传播者企图表达的东西完满地表达出来,建构事实,再现真相,这就需要驾驭语言的基本功。在新闻制作的过程中,不同媒介有着不同的要求:对报刊的记者和编辑来说,要磨炼写作技巧;对以声音传播新闻的播音者来说,要懂得声音的表情、情绪和心理内涵的把握;对

〔1〕 杜永利. 中国身价最高的记者王克勤的精神世界. (2003-12-09)[2012-09-12]. http://medianet.qianlong.com/7692/2003/12/09/33@1754155.htm.

〔2〕 杜永利. 中国身价最高的记者王克勤的精神世界. (2003-12-09)[2012-09-12]. http://medianet.qianlong.com/7692/2003/12/09/33@1754155.htm.

以图像作物质材料的传播者来说，要有镜头感、画面感，要懂得摄影的时机捕捉，摄像的蒙太奇手法的合理运用，等等。但是，在这些活动中，语言文字是最基本的，因为即使是广播、电视对新闻信息的传播，也都离不开语言文字。因此，驾驭语言文字的能力是最重要的基本功。杰克·富勒说："没有哪个职业比新闻界更讲究修辞了。"[1]澳大利亚新闻学学者指出："语言是记者谋生的工具，每一个词都要小心翼翼地加以挑选。首先一条是用词要准。一个见习记者应该在接受正规的学校教育时就懂得'影响'和'效果'这两个词的区别。"[2]这些都是在强调新闻传播者的语言基本功。

准确对新闻语言来说是最基本也是最高的要求，因为新闻是要通过语言符号来指示事实存在的状况，传递事实的信息。语言文字的训练实质上也是思维的训练。思维紊乱，必然语无伦次；文字佶屈聱牙，思想的表达也必然暧昧不明。从这个意义上说，语言文字基本功的训练与上面谈到的要善于分析研究、理清思路有着密切关系。

除了调查研究和驾驭文字能力这两个最基本的方面，对现代职业新闻传播者来说，学会使用互联网至关重要。互联网的普及、发达是人类社会发展的必然趋势，在互联网时代，网络成为普通人联系交流的最重要纽带，几乎一切信息都将实现通过网络的传播，互联网必然成为世界上最大的新闻信息集散地，这也就必然对新闻传播者的活动产生巨大影响。

据介绍，在美国，互联网改变了采集新闻的方式。80%以上的美国记者至少每周一次从网上跟读其他媒体的新闻，获得背景信息，寻找或接收发布的新闻。并且通过网络或数据库核实新闻事实。一半新闻从业者至少每周一次通过网站或网上的讨论目录寻找新闻线索。1/3的新闻从业者会从数据库中下载资料。[3]新闻记者必须学会如何迅速有效地从中获得有用信息。互联网以其高效、快捷的传递速度，大容量、多种类的传递方式，更为适合当今快节奏的社会生活，必将逐步取代部分现有的传统传播方式(如普通邮件、电报、传真等)，并且在新闻信息传播中发挥越来越大的作用。新闻传播者运用互联网的能力具体包括以下六个方面。

第一，掌握最基本的网络生存手段。如信息材料的输入(打字、扫描)和输出(打印)，信息的传递(电子邮件、实时通讯、音频和视频对话)，信息的检索(搜索引擎、数据库、网络论坛)。

---

〔1〕 杰克·富勒.信息时代的新闻价值观.展江，译.北京：新华出版社，1999：111.
〔2〕 林赛·雷维尔，等.新闻实践指南.王非，等，译.北京：中国新闻出版社，1987：77.
〔3〕 陈昌凤.三十年来美国记者群体变化.中国记者，2003(6).

第二,掌握更高级的计算机网络技术。熟练驾驭文字处理(OFFICE、WPS),制图(PHOTOSHOP、MAYA),网页编辑(DREAMWEAVER、FLASH),以及音频和视频采集、编辑等各类软件,并能够独立使用这些软件。因为现场发布、网络直播等场合,往往需要这些高级技术的协作,才能够完成任务。

第三,学会借助网络技术优化新闻业务操作。比如借助电子邮件采访,不但比使用普通邮件采访快捷许多,也避免了用电话采访还需要另行整理文字稿的麻烦。掌握非线性编辑技术,其执行效率要远远高于原始的线性编辑。

第四,炼就在互联网中寻找有用新闻的火眼金睛。互联网是一个信息观点自由碰撞的大市场,这里既有从普通管道难以获悉的珍贵新闻,也有因为缺失把关人而大量泛滥的虚假、垃圾信息。如何去粗取精、去伪存真,是新闻记者在互联网时代必须掌握的本领。

第五,建立自己的个人网站(网页)。美联社负责为客户提供多媒体服务的编辑露丝·乔茜在招聘记者的时候,面对蜂拥而来的大批应聘者,常常跳过一大叠推介材料不看,而直接上网查看他们的个人主页。她说:“在网络时代,我需要掌握传统和现代技能的复合型人才,这类人才能够将文本、照片、图表、音频和视频材料结合起来处理,而这正是发展多媒体的要求。”《芝加哥论坛报》在线编辑也认为拥有个人主页的应聘者略胜一筹,因为这能表明他们的好奇心和实际能力,就像以前的应聘者要引人注目,得通过为能接纳他们的出版物写作一样。[1]

第六,熟悉国家对互联网的法律法规。互联网是一个新鲜事物,我们国家从2000年开始大批量地制定规范互联网活动的法律法规。时至今日,已经实现多角度、多层次、全方位规范互联网操作运行的目标。这些法律法规不仅是新闻记者通过网络进行新闻传播活动时必须遵循的规范,而且往往也是具有新闻价值的背景和资源。

丰厚的学识,调查研究的能力,驾驭语言文字的能力,运用互联网的能力,这些都是当代新闻传播者应该具备的基本功,它们既是进入职业新闻传播活动的基本前提,也是新闻传播活动中每日必修的功课。如果不具备这些方面的基本功,不有意识地加强这些方面的训练,那么也就不能很好地胜任新闻传播工作。

除了上述这些能力外,新闻传播者还应该具有很强的社会活动能力。将记者称作“社会活动家”一点也不过分。记者这个处于新闻传播活动的最前沿的职业,需要跟形形色色的人打交道,需要介入各种意想不到的事件中去,需要先

[1] 陈洁.网络时代的新型记者.新闻实践,1999(5).

于他人感应和捕捉新的变化、新的信息……凡此种种都需要记者有出色的社会活动能力,比如说广结朋友、拓展信息源等。如果是一个寡言少语、害怕见人、生性懒散、足不出户的人,那么他显然与新闻传播这个职业无缘。说到底,新闻传播者是与人打交道的,因此要具有很强的人际交往的能力。譬如新闻传播工作中最基础性的环节——采访,就是与人打交道的活动,它需要记者具有毅力、勇气、耐心和同情心,需要言语举止得体和善解人意,不仅要能说会道,而且要学会倾听和沉默,不仅要遵循一般的社交准则,而且要有相当的社交智慧,一个眼神、一个坐姿、一次握手,甚至记者的穿着打扮都会影响到采访工作。

与社会活动能力相适应的是,新闻传播者必须具有充沛的体力和旺盛的精力,做到随时能整装待发;必须有敏捷的思维能力和敏锐的观察力,从而能够面对变化着的客观世界洞察秋毫并迅速作出判断;必须能随机应变,捕捉时机,以胜任对不同的对象进行的采访、在不同的场合进行的采访、为不同的目标和主题进行的采访。而贯穿所有这些方面的另一项必不可少的素质是,永远保持活跃而强烈的好奇心,时刻准备着被好奇心带到新闻事实的核心地带。

新闻传播者应具备的业务素养是多方面的,难以一一详述,而且体现这些素养的能力,总是因各种需要而有所变化。应该说明的是,新闻传播者并非都是生来就适合做新闻的,专业素养的获得和提高,一方面来自新闻实践过程中的不断积累,另一方面则得益于系统的专业训练,这两个方面应该是伴随新闻传播者职业生涯之始终的。美国《堪萨斯明星报》的记者麦克唐纳在 72 岁的高龄,完成了《这个案子中也许还有一个女人》的报道,并获普利策奖。他在新闻报道中所表现出的生命活力,最好地阐释了一个优秀的新闻传播者所应具备的专业素质。

第三节　新闻传播机构

一、新闻传播机构的组成

新闻传播机构是作为组织的新闻传播者,是现代新闻传播高度系统化和组织化的突出标志。记者们将在不同区域里采集的新闻发回各自所属的新闻机构,新闻再从这里传播出去;新闻传播机构就像供电供水系统一样,连续不断地提供新闻以及相关信息,成为现代生活中不可缺少的一个构成部分。新闻传播机构又被称作新闻媒介,但是,这里的“媒介”,不同于作为新闻信息的物质载体的媒介,关于后者我们在本书第五章将详加探讨。

一般来说,我们可以根据所使用的媒介来区分不同的新闻传播机构。它大体包括报社、广播电台、电视台、新闻网站、新闻期刊社、新闻电影制片厂,以及以采集和发布电讯为主的通讯社等专门机构。它们的组织方式、运作机制和活动规则,直接影响了新闻的特征和面目。近代新闻事业之初,新闻机构构成简单,规模类似家庭作坊,报社通常由老板加记者、编辑和排字印刷工人组成,老板兼任经理并参与采编活动。随着报业的发展,以英国《泰晤士报》为代表,报社开始实行总编辑制度,编辑的分工越来越细。到19世纪末,又发展出“三驾马车”制度,即老板为报社的法人,总编辑负责编务,总经理负责经营。[1]进入20世纪以后,现代新闻机构在内部构成上更为复杂,分工日益细化,组织日趋庞大。以我国最大的报社人民日报社、最大的通讯社新华社、最大的电视台中央电视台和美国最大的报纸《纽约时报》为例,我们可以看到新闻机构的一般构成状况。

人民日报社在国内设有38个记者站,国外设有32个记者站,拥有下属企事业单位100多家,其内部机构包括办公厅、总编室、新闻协调部、地方部、经济社会部、政治文化部、国际部、文艺部、评论部、理论部、内参部、体育部、人事局、计划财务部、管理保障局、技术部、对外交流合作部、发行出版部、广告部、报刊管理部、机关党委、离退休干部局、海外版编辑部。

与其他新闻机构相比,通讯社有自身的特殊性。通讯社是以采集和发布新闻为主要职能,以报刊、广播电台、电视台和刊载新闻的网站为主要发稿对象的新闻传播机构,其显著特点是发稿量大,内容广泛,且连续发稿、迅速及时。通讯社具有中介性,即不同受众直接见面,而是通过报纸、广播、电视同受众发生关系,也因此被称为辅助性新闻传播媒介。由于这些特点,通讯社往往都有更为庞大的机构构成。我国的新华社内部机构设有办公厅、国内新闻编辑部、对外新闻编辑部、参考新闻编辑部、总经理室、人事局、计划财务管理局、机关事务管理局、监察局、总编辑室、国际新闻编辑部、新闻摄影编辑部、体育新闻编辑部、新闻信息中心、网络中心、通信技术局、外事局、离退休干部工作局、机关党委等;有12家直属事业单位、10家直属企业,还有派驻机构中纪委驻新华社纪检组。在国内除台湾省以外的各省、自治区、直辖市和香港特别行政区、澳门特别行政区设有33个分社,在50多个大中城市设有支社或记者站,在海外的100多个国家和地区设有分社。同时,分别在香港、墨西哥城、内罗毕、开罗、巴黎设有亚太、拉美、非洲、中东及法语地区5个可以直接向国外发稿的总分社。

---

〔1〕 吴文虎.新闻事业经营管理.北京:高等教育出版社,1999.

中央电视台内设16个副局级中心(室),包括办公室、总编室、人事办公室、财经办公室、机关党委、新闻节目中心、海外节目中心、社教节目中心、文艺节目中心、广告经济信息中心、体育节目中心、青少节目中心、技术管理办公室、技术制作中心、网络传播中心;有3个直属处级单位,包括监察室、审计处、中国电视报社等;拥有中国电视剧制作中心等7个直属企业和事业单位。〔1〕

美国《纽约时报》拥有5000名员工,其中编辑、记者约1100人,设有图书信息中心、新闻办公室、社论版、评论版、国内新闻部、国际部、大都市新闻部、版面设计部、经济部、文化部、科学与健康部、社会事务部、特别报道部、体育部、副刊部、摄影部、网络公司、星期天刊部、11个国内各地分社或记者站、24个国外分社或记者站。〔2〕

在规模上,很多新闻机构与人民日报社、新华社、中央电视台、《纽约时报》相比,难以望其项背,但是在组织和结构方式上,却是基本一致的:它们大部分都是以传播流程为结构方式的组织,即按照新闻的采集、制作、传送这一过程来设置机构、调配人力、确定责任、建立制度,因此,新闻传播机构都会具有最基本的三个部门——编辑部、技术部、经营部。编辑部是负责新闻采编业务的综合性部门,是整个新闻机构的核心和中心,因为它直接决定了新闻产品的质量。技术部负责新闻信息的制作与传送。经营部负责整个组织经营管理方面的事务,包括发行、财务、广告等。对任何一个新闻机构来说,这三个部门都是缺一不可的,正是它们的协调运作,确保了新闻传播活动的正常进行。

现代新闻机构的构成及其运作,集中体现了传播者的高度组织化的特征。我们以上海的《东方早报》每日运作流程为例,可以更清楚地看到这一点。

该报日常共计36版,分四叠。A叠16版,其中前3版为要闻,另有2版为评论版,剩下的11版为时事新闻版;B叠8版,为财经新闻叠;C叠8版,为文体新闻叠。在此基础上,报社以“中心”为主要架构,共设要闻评论中心、时事新闻中心、财经新闻中心、文体新闻中心、视觉中心五大中心,每中心下设符合自己实际情况的各个部门。中心负责人均为副主编,下设的部门主任对其副主编负责。共5位副主编分管上述五大中心,负责报纸日常运作。

第一块(要闻评论中心):直接负责每天的头版A1及A2、A3两块要闻版,另外负责A14、A15两块评论版。该中心下设要闻编辑部、评论部。第二块(A叠时事新闻中心):负责上海本地新闻、其他国内新闻、国际新闻的采编。共设版

〔1〕 资料来源:人民网,新华网,央视国际网络。

〔2〕 辜晓进.走进美国大报.广州:南方日报出版社,2002.

面A4—A8大都会新闻、A9—A12国际新闻、A13中国新闻、A16长三角新闻。该中心下设大都会新闻部、中国新闻特稿部、国际新闻部。第三块(B叠财经新闻中心):负责当日国际国内财经新闻采编。共设版面B1—B8。该中心下设产业新闻部、金融新闻部、财经新闻编辑部。第四块(C叠文体新闻中心):负责当日文化、娱乐、体育新闻采编。共设版面C1—C8。该中心下设人文新闻部、艺术新闻部、娱乐新闻部、体育新闻部。第五块(视觉中心):负责报纸的整体视觉及包装呈现。具体负责图片摄影、图片编辑、后期制作、版式设计。下设图片采集部、图片编辑部、后期制作部、视觉设计部(美编)。

每天下午5点30分的大编前会是报纸日常运作的基础,它决定着当日报纸的夜间编排和次日重要新闻的看点策划。大编前会主要由主编主持,出席对象为中层以上干部,包括副主编、各部门主任,要闻编辑部三位编辑列席会议。会议的第一项议程是评报,主要是在与当日同城其他媒体比较的基础上,对本报进行采写和编排总结。例如,头版头条的选用,头版主图的选用,要闻版重要新闻看点的编排,当然,还可以是同一条新闻的看点提炼和标题制作或者图片搭配。评报实行各中心轮流,评报意见由专门的记录人记录,会议结束后,张贴于各中心的公示栏供记者、编辑参考。会议的第二项议程是报题,各部门主任向主编汇报当日记者采集回来的新闻事件,包括图片采集情况,最后由主编决定头版新闻编排,以及另外两个要闻版的选题。也就是通常说的,确定头条、主图、倒头条等。会议的第三项议程是策划,各中心报出第二天的主要新闻动向,由主编决定是否有必要进行做大做强,或者如何做。

与大编前会相对应的是2个小时后即每晚7点30分的小编前会。小编前会由分管要闻的副主编主持,参加会议的对象为要闻部编辑以及各中心负责编辑工作的部门主任,规模相对较小。该会议主要是把前三版所确定的新闻落实到具体操作层面,除此以外,还包括对大编前会的修正和及时调整。

会议结束后,所有版面基本确定。各部门自行把稿件通过系统发给编辑。需要提供给要闻版的稿件,由各部门编辑部稍微梳理后发送给要闻编辑。编辑处理稿件并及时与图片编辑沟通,确定配图。编辑工作结束后,编辑将稿件提交给相应的版面,与美编一起构思版面视觉安排。

采访方面分为条线新闻采访、突发新闻采访、策划新闻采访。以大都会新闻部(本地新闻部)为例,每日上午条线记者首先报题,报告去向,交由负责采访的各部门副主任;突发新闻也由副主任负责调配;而在重大突发新闻需多个部门配合时,则由当日负责白班策划的主编助理联合调动,例如《文汇》报前总编马达病逝的消息,《东方早报》决定用8个版来呈现,这就需调动文化部、娱乐部、本

地新闻部、摄影部。白班的良好策划是要闻版有高质量选题内容的基础。它直接决定着本报的看点。下午 4 点 30 分至 5 点左右，大都会白班主任将和夜班主任进行交接，夜班主任对此进行梳理，准备 5 点 30 分大编前会的报题单。而对于国内其他新闻的策划，则主要交由中国新闻特稿部，特稿记者随时待命国内其他突发新闻事件。

正是在这样分工细致、组织周密、协调合作的运作之下，新闻被制作出来、传播出去。新闻的面目特征，新闻的信息内涵，新闻出现的秩序及其作用于读者的方式，都是在这一系列的流程中被确定下来。

二、新闻传播机构的性质和管理

新闻传播机构运用已经形成一定规模和系统的媒介有组织地采集、报道、评述和传播新闻，以影响舆论、服务社会的经常性活动构成了现代新闻事业，因此，所谓新闻事业，正是“新闻机构及其各项业务的总称”〔1〕。

马克思指出：“人们在自己生活的社会生产中发生一定的、必然的、不以他们的意志为转移的关系，即同他们的物质生产力的一定发展阶段相适合的生产关系。这些生产关系的总和构成社会的经济结构，即有法律和政治的上层建筑竖立其上并有一定的社会意识形式与之相适应的现实基础。物质生活的生产方式制约着整个社会生活、政治生活和精神生活的过程。不是人们的意识决定人们的存在，相反，是人们的社会存在决定人们的意识。”因此，研究一切观念形态的东西，“既不能从它们本身来理解，也不能从所谓人类精神的一般发展来理解，相反，它们根源于物质的生活关系”。〔2〕

新闻传播活动在本质上是一种精神活动，是人对客观世界的反映，因此，新闻传播机构在整个社会系统中属于一定的上层建筑范畴，为它的经济基础服务，具有突出的意识形态性质。所谓主流媒体，便是那些集中代表和体现国家、政府利益并传播其价值取向的新闻传播机构。在有的国家，在有些时期，政府会以不同的方式赋予这样的新闻传播机构以权威性，使它们担负着维护占统治地位的意识形态的重任，通过新闻报道引导舆论，传播思想，强化国家意志。譬如，2001 年“9·11”事件发生后，美国媒体几乎是一边倒地全力支持军事打击塔利班。据《华盛顿邮报》的报道说，美国有线新闻广播公司（CNN）的主编依萨克森在给

〔1〕 中国大百科全书编辑部. 中国大百科全书：新闻出版. 北京：中国大百科全书出版社，1990：408.

〔2〕 马克思.《政治经济学批判》序言//中共中央马克思恩格斯列宁斯大林著作编译局. 马克思恩格斯文集：第 2 卷. 北京：人民出版社，2009：591.

国际新闻记者的备忘录中,要求他们尽量避免被塔利班利用,在报道中要强调塔利班如何利用平民,如何窝藏那些造成数千人死亡的恐怖分子。他还要求那些报道平民伤亡的记者不要忘记:"对目前阿富汗局势负责的应该是这个国家的领导人。"这等于是明确地要求记者把在阿富汗发生的一切都算在塔利班的身上,而不要让美军来承担责任。美国其他电视台也采取了与CNN相仿的报道方针。它们往往在播放了对坎大哈的轰炸之后,镜头便会立即转向世贸中心的废墟,以提醒观众不要忘记"9·11"恐怖袭击。[1] CNN主编依萨克森等对自己的媒体发出的指令,看起来是新闻机构自身的行为,但实际上与白宫的价值取向完全贴合。美国也用同样的手段运用媒体发动美伊战争。

但是,新闻传播机构的活动没有立法、司法、行政机构那样的强制性,它是以传播新闻信息为主要活动内容,以满足人们获取新闻信息的社会需要为主要目的的活动形式。任何一家新闻机构都不能强迫人们接收和接受它所传播的内容,特定的新闻信息传播出去,是否为人们所接收和接受,只能取决于人们的意愿。任何一家新闻机构,不管其拥有者和控制者有着什么样的政治目标和宣传思想,它总要将自己的政治目标和宣传思想寓于新闻信息的传播之中,通过新闻信息传播形成社会舆论,影响社会舆论,并最终将社会舆论引向自己既定的政治目标。如果不是这样,那么尽管它的政治目标很宏伟,宣传思想很明确,也不可能收到预期的宣传效果。因此,强调新闻机构的意识形态性质,并不等同于将新闻机构看作意识形态的宣传机关,它对意识形态的传播是渗透在新闻信息的传播活动中的。

在现代新闻传播中,新闻传播机构不仅具有意识形态性质,而且具有产业性质。

从经营管理看,新闻事业是一个按特殊经济规律运行的精神产品的生产组织。一般的企业是从产品利润中获取维持再生产和扩大再生产的经济来源;新闻事业投入生产的费用与其新闻产品销售后所得的收入,要做到相抵是不容易的,更不用说由此取得巨大的额外利润。在某一特定情况下,新闻媒介为获得重大新闻,甚至是不计成本的。据统计,就报刊而言,订费一般来说只占生产与发行报刊的总经费的1/3弱,广播、电视的新闻,大都是免费播放。但是新闻事业并没有因此而关闭,反而大多能谋高利。它的运行显然是由特殊的经济来源支撑的。首要的经济源泉是广告收入,另一个经济来源就是国家的各种形式的资助和一些团体的捐赠。无论是广告还是资助,抑或兼而有之,都证明新闻事业的

[1] 丁刚.反恐怖战争报道中美国媒体为谁服务?.环球时报,2001-12-11(2).

经营管理,走的不是一般企业的路子——通过出售产品获取利润支持再生产,而是或通过出售传播新闻的空间和时间换取广告收入,或以各种方式得到各种经济资助,这就是所谓"按特殊经济规律运行"。

新闻传播机构的意识形态性质决定了新闻传播机构总是将自己的政治立场自觉地贯彻在新闻传播活动之中,并对占统治地位的意识形态起着维护、强化和支持的作用,在政治斗争和阶级斗争趋于激烈的情况下,新闻传播机构往往成为对立双方的思想观念的战场,成为意识形态领域斗争的前沿阵地,其对新闻及其他信息的传播活动成为思想观念形态变革的助推器和晴雨表。在我国,五四新文化运动时期的四大副刊,抗日战争时期解放区的《解放日报》改版,新时期《光明日报》发表社论《实践是检验真理的唯一标准》,等等,无不说明了这一点。

在我国,党和政府十分重视新闻传播机构的意识形态性质,党委宣传部在管理新闻传播机构的构成和运作上起着突出的作用。从新闻传播机构的创立到重要报道内容的取舍再到重大新闻的审读,从重大事件的报道方针确立到新闻传播职业队伍的建设,乃至新闻传播机构领导层的确立,都在宣传部的管辖范围之内。宣传部会针对新闻传播中出现的不良现象进行及时应对,并提出纠正措施。譬如,2002 年 1 月,中共中央宣传部在全国宣传工作会议召开后不久,通报批评中国新闻传播媒介在工作中的失误,包括十个方面:① 把关不严。有些报道出现严重错误,例如有报纸鼓动起诉党委。② 公开报道内部消息,引起社会混乱。例如 2001 年公务员加薪 30%、中央领导有关国有股减持的内部讲话等。③ 对重大突发事件任意炒作。④ 公开报道重大疫情,影响社会稳定,例如艾滋病的报道等。⑤ 民族宗教问题报道不当,伤害民族感情。⑥ 追求猎奇,刊登不实新闻,例如江西九江再次崩岸,对灾情有夸大之处。⑦ 刊登格调低下、庸俗的文章。⑧ 泄密。⑨ 随意从互联网上下载新闻刊登。⑩ 推崇和宣扬西方的新闻观、价值观。对新闻传播机构及其运作的如此管理,是为了确保新闻导向保持在党和政府规定的方向上。2011 年 10 月 25 日《中共中央关于深化文化体制改革、推动社会主义文化大发展大繁荣若干重大问题的决定》(以下简称《决定》)指出,提高社会主义先进文化辐射力和影响力,必须加快构建技术先进、传输快捷、覆盖广泛的现代传播体系。这是党中央根据世情、国情、党情深刻变化,对宣传文化工作作出的重要战略部署。中宣部有关负责人表示,贯彻落实《决定》部署,加快构建现代传播体系,努力形成与我国经济社会发展水平和国际地位相称的国内国际传播能力,已经成为宣传文化工作面临的一项十分重要而紧迫的战略任务。

另一方面,进入 20 世纪 90 年代以后,我国大众传播的产业化方向更加突出,新闻传播机构的市场运作也突飞猛进地发展起来。1997年,在中共十五大之后开展的国家机构改革中,原来的广播电影电视部撤销,并被纳入信息产业部,大众传播的产业性质进一步明确。1999年,传媒业界开始通过与资本的合作开辟市场空间。1999年3月下旬,我国第一支媒体股湖南“电广实业”在深圳交易所上市,通过发行股票募集到4亿多元的资金。5月初,湖南投资宣布出资1500万元与湖南电视台共同组建一个有限责任公司,合作创办湖南卫视财经节目中心,湖南电视台以其卫视频道的广告资源占股51%。6月初,湖南投资又与湖南株洲电视塔有限公司正式签署协议,以5100万元取得株洲广播电视塔有限公司51%的股权,并将其改造为有线无线综合信息产业网。7月,友好集团出资2000万元与乌鲁木齐有线电视台等联合成立乌鲁木齐有线广播电视有限责任公司。随后不久,《成都商报》间接控股“四川电器”,成为我国证券市场由报业收购一家上市公司的第一例。2000年初,《中国娱乐报导》的出现,意味着制播分离的媒体运作方式迈开了第一步。而2000年4月1日起,中央电视台5频道和8频道正式开始制作与播出分离,明确透露了这样的信息:媒体的产业机制将走得更远。2008年12月2日,中央人民广播电台《音乐之声》开办6周年。同日,由中央人民广播电台控股的央广智库广告有限公司挂牌成立。《音乐之声》实行制播分离,成为中央台制播分离的最早实践者。

中国加入世界贸易组织对大众传播的产业化起到推动作用。加入世界贸易组织时中国对报刊业方面的承诺主要集中于分销服务:入世1年内,开放图书、报纸和杂志的零售;3年内,开放以上产品的批发服务。中国已于2002年如期对外国投资者开放了图书、报纸、期刊零售市场。目前已批准核验59家外商投资的出版物零售企业、157家网上书店。境外资本开始合法地进入中国大众传媒的经营。2002年,香港泛华集团与人民日报社旗下大地发行中心成立大华媒体公司,从事国内报刊与图书的批发与零售;2004年7月5日,TOM集团获准正式与《计算机报》合资。被誉为内地传媒第一股的“北青传媒”,2004年12月22日在中国香港交易所挂牌上市,标志着中国新闻传播机构的资本运作和产业化经营进入新的阶段。

值得注意的是,在新闻传播的产业化进程中,我国新闻媒体的所有制性质并没有改变。早在1999年10月21日《新闻出版报》在头版头条位置报道,国家机关事物管理局、财政部和新闻出版署在给中国社会科学院《关于〈中国经营报〉和〈精品购物指南〉报社的产权界定的批复》中明确指出:中国媒体是国家的特殊行业,不同于一般的企事业单位,因此不适用“谁投资谁所有”的企业资产认定的原则,一律算作国有资产。这在很大程度上能够避免新闻传播屈从资本利益而忽视公众利益和社会效益的倾向。但是,新闻传播的意识形态性质和产业性质之间,有时不免产生矛盾和冲突。在我国近年来的新闻传播事业发展中,也有片面追求经济效益的倾向,以致出现低俗化和庸俗化新闻泛滥成灾的局面。对此,党和政府高度重视,如2009年初组织开展“整治互联网低俗之风”专项行动,2010年召开新闻界抵制“三俗”(庸俗、低俗、媚俗)座谈会等。应该看到,除了这些举措之外,要从根本上解决问题,还需要改变传统的主要依靠行政命令管理新闻传播事业的做法,代之以依靠更为健全的法律,依靠整个社会系统的协调运作,为新闻传播提供健康的生态环境。

本章推荐阅读书目

南方周末编辑部.后台:第1辑.广州:南方日报出版社,2006.

迈克尔·舒德森.为什么民主需要不可爱的新闻界.贺文发,译.北京:华夏出版社,2010.

张欣.深喉.沈阳:春风文艺出版社,2004.

利昂·纳尔逊·弗林特.报纸的良知:新闻事业的原则和问题案例讲义.萧严,译.北京:中国人民大学出版社,2004.

辜晓进.走进美国大报.广州:南方日报出版社,2002.

3

第三章

新闻的采访、写作与编辑

要点提示:

新闻传播者通过新闻采访、写作、编辑三个步骤将事实变成新闻作品,再借由新闻媒介传递给广大的受众。新闻采访是在纷繁复杂的世界中根据新闻价值的判断,选择相关的事件跟进、深入,采集资料,“还原”事件;新闻写作是根据采访得来的资料,以新闻传播特有的语言符号方式、结构方式加以组织和表达,形成新闻稿件;新闻编辑是新闻传播机构的编辑部门和编辑人员运用专业知识,策划、组织和协调新闻采写活动,选择新闻稿件、制作标题、设计版面,从而吸引受众、引导受众的收视阅听。

第一节　新闻采访

新闻采访是新闻传播过程的起点,新闻传播者需要在纷繁复杂的世界中根据新闻价值的判断,选择相关的信息跟进、深入,试图还原事件,这一切靠的是采访。

一、新闻采访的条件——消息源

新闻消息源是指新闻所报道的事实(包括援引的观点、相关背景)材料的来源出处,即从什么渠道、由何人提供了这些材料。消息源是新闻传播活动的第一个环节,许多报道是由六七个甚至更多的消息组成的,消息源构成并还原了新闻事实的片断与层次。

1. 判断消息源是否可靠

国家和各级政府有关部门、国外或国内媒体(尤其是通讯社)、权威人士、专家、新闻事件的当事人、目击者等都可能成为新闻的消息源。这些消息源的获得途径之一是外界的主动爆料。随着网络的兴起,新媒介的发展大大提高了普通大众与媒体的粘合度,一方面,有一些人会借助于贴吧、微博、论坛这样的平台来向新闻界爆料或是想引起媒体的关注,或是将提供新闻线索当作某种职业;另一方面,为了应对激烈的新闻竞争,媒体逐渐建立起了商业化的运作体系,在此过程中,很多媒体推行了"有奖征集新闻线索"的方式,倚仗"草根记者"的爆料来发掘新闻。

《经济观察报》总编助理王克勤于2012年2月3日发布了如下的微博,号召网友提供新闻线索:

【#经观调查#,欢迎报料】 @经济观察报　调查新闻部热线开通。010-64209950;jgdc007@163.com;地址:北京市东城区和平里兴化东里甲七号楼,调查新闻部,邮编100013;传真:01064297071;网址http://t.cn/htag2?。我们坚守新闻专业主义,在"呈现真相"上全面发力,"深入深度深刻"地做好专业冷峻的硬调查。

消息源的获得还需要记者的"新闻鼻",新闻工作者需要凭借自己的新闻敏感去从可能的新闻场域中获得有价值的线索,找到合适的新闻源。无论怎样的消息源，在寻找并最终确定时，记者必须要保持足够的理性意识，对消息源的可靠性进行判断，只有有了可靠的新闻消息源才能保证新闻的可信度。

所谓消息源的可靠性，当然首先是看这些消息来源本身是否真实存在，其次是看消息源所提供的情况是否属实，表达的观点是否公允。在通常情况下，新闻报道中要明确消息源的姓名、身份、职业以及与事件的关系等要素，表明确有其事，使读者信服，因为一般情况下，消息来源往往是最知情的人或者是富有权威性的机构和人士，比记者自己出面叙述更有说服力。交代消息源的相关信息既是对新闻可信度的保障也是对消息源的尊重与制约，在一定程度上规避了纠纷。当然，在很多简要消息中，可能不出现消息源，但这不等于它们没有消息来源，只是按照惯例消息源在编排中被省略，该新闻的编辑依然需要了解这些报道的新闻来源。2010 年 12 月 6 日晚，“金庸先生去世”的谣传风传于网络。当晚，《中国新闻周刊》在其拥有 30 万余名粉丝的官方微博上转发了“金庸去世”的谣言，并在其拥有 15 万余名好友的人人网公共主页上同步更新，加速了谣言传播，但事后证实香港并没有事件中所出现的医院，而金庸先生在前一天还公开参加了活动。国家级新闻媒体的官方微博在不经证实、没有确认消息来源可靠与否的情况下就草率公布信息，是对新闻真实性的忽视与伤害，反映出新闻工作者职业操守的缺失。在新媒体发展高速的当下，新闻工作的消息源所涉范围有所扩大。美通社(亚洲)首个中国记者社交媒体工作使用习惯调查报告显示，超过 60% 的记者曾经通过从社交媒体上获取的新闻线索或采访对象完成选题报道，新闻工作者如果一味地求新求异而忽视了对新闻消息源的证实，最终也将有损新闻媒体的口碑与形象。

另一方面，记者也可能被消息源恶意利用。近年来盛行的“新闻线人”，作为消息源的一种，其提供的信息因为掺杂了爆料者个体情感等复杂的内在原因，可靠性可能会比较低。一些人主动接近媒体，将媒体视作自我申述与抗辩的武器而提供所谓的“新闻”。这样的情况下，记者尤其要注意，不能仅仅被其中的新闻点吸引而丧失自己的独立判断，陷入消息提供方的单一话语中，而是应该对“线人”的报料遵循“虚假推论”的原则，通过“证伪”的方式，深入实际调查研究，判别真伪、辨析虚实、分清是非、确定取舍。[1] 如果一个记者完全按照“线人”提供的情况撰写报道，那么，可能潜伏着失实的危险。2011 年 9 月初深圳新闻网首先爆出了《婴儿被诊断需做 10 万元手术　最终用 8 毛钱药痊愈》的新闻，舆论哗然，深圳市儿童医院旋即成为大众焦点；而随后婴儿病情恶化，再度入院接受

〔1〕 徐兆荣.“新闻报料人”的利弊及其规范.中国记者,2004(9).

手术,诊断结果与此前深圳儿童医院的诊断结果完全一致,处置方法也基本相同,家长因此向此前受到舆论冲击的医院公开道歉。这一消息见报,证实了最初的报道是媒体自摆乌龙。随着事件发展脉络逐渐清晰,回看事件最初的报道,可发现记者在选择消息源时的"盲从"使事情的发展出现了错误的走向。在这篇报道的有限篇幅中,有超过3/4的内容是家长对于医院的质疑甚至是控诉,如家长对于"医院医生个人收入与科室甚至医院收入挂钩"的怀疑等,虽然记者也采访了医院,但记者在试图靠近、揭露真相时就已经先入为主地被某一消息源"挟持",摒弃了记者应坚持的公允立场,抛弃了患者和医院之外的其他的消息源,如可以就孩子的病情采访相关专家、其他患者等,进而将获得新闻真实的可能性彻底丢弃。所以新闻记者在获得某个新闻消息源后,必须保持自己独立的判断与思考,考量新闻消息源提供的内容是否可取、是否可信、是否可靠。

2. 选择多少消息源

中立、客观、公正是记者在新闻工作中应秉持的立场。选择怎样的消息源,引述谁的观点直接影响了新闻的倾向性,如果选择不当,很有可能让新闻传播者陷入因事实不清、观点争议而产生的纠缠和麻烦中。

在新闻工作中,为了规避消息源选择不当带来的问题,记者要坚持消息源多样性与丰富性的原则。这首先要求记者在开展工作时不能过于依赖单一消息来源,仅凭一家之言会降低消息的可信度,更会削弱新闻传播的效果。2006年6月15日,《第一财经日报》发表了记者采写的《富士康员工:机器罚你站12小时》一文,以一名富士康普通员工的口述实录形式,揭示了长期以来该集团的深圳代工厂所雇佣的20万名员工普遍超时加班的现象及公司工资等管理制度存在一定弊端等事实。报道发布后,记者与媒体陷入了富士康天价索赔纠纷,在此记者仅从消息源角度关注该事件,不可否认,该报道消息源相对单一,欠缺严谨性,为对方留下了口实。

其次,多样性和丰富性的原则要求记者在选择时不仅要注意消息源的数量问题,而且也要重视对消息源质量和层次的把握,如果有关事件的情况只是由同一个阶层或团体的信息源提供,那么,其可靠性也会受到影响。如2004年4月29日,南方某知名报纸报道了两个男孩神秘地死于高尔夫球场的水潭中的事件,读来令人触目惊心,记者对事件的追踪非常深入,还进行了实地考察。但是,比较遗憾的是,整个报道的新闻来源主要是两个孩子的家长,偶尔涉及报案人和处理此事的公安,对其中关键的细节——法医鉴定和不予立案的决定,没有来自直接相关的部门和人士提供的准确和细致的陈述,这就影响了整个报道对事实的准确而完整的再现。

一般而言，可将消息源大致分为同质消息源和异质消息源。同质消息源是指对同一事件持有相同或相近的观点与陈述的不同的消息源，异质消息源是指对同一事件持有不同或相反的观点与陈述的不同的消息源。对重大而又真相不明、众说纷纭并且具有争议的事件，记者在报道时应该充分考虑到不同观点和陈述，采用异质消息源，努力客观公正地再现事件。记者需要善于根据新闻报道内容的需要对不同类型的消息源加以区分运用，在对其他消息源进行佐证时，可以使用同质消息源来进行核实，因为对一个事件如果只有一个人提供情况，可靠性可能会受到质疑，而很多其他的消息源都能提供大体相同的陈述时，其可信度无疑大大提高。如2011年11月3日的《南方周末》的报道《调查组来了》揭露了江苏泗洪出现的信访学习班问题，在报道中，受访访民在学习班的遭遇是相似的，对于学习班的态度比较相近，属于同质消息源。报道首先用大量笔墨介绍访民江献兰的遭遇，指出学习班“不是学习的地方，最终享受了劳改犯的待遇”。随后，又引入其他4名访民的遭遇讲述，如被打挨饿等细节，如访民虞宏伟的感受：“在那个地方待了24天给他留下了一辈子的阴影，这两年，他从不用脸盆洗脸，不能容忍有人在跟前吃大碗面。”多次援引同类消息源的话，使泗洪信访学习班的实际情况得到了较为全面与深入的展现。

当新闻内部出现冲突，涉及对立的双方或者几方时，记者不能被一个消息源牵引，偏听偏信，而是要在同质消息源外从对立面寻找异质消息源，引入对同一事件不同甚至是完全相反的观点与陈述，努力客观公正地再现事件。如《新京报》2004年7月7日刊发的报道《海宁吕海翔死亡事件调查》，涉及的事件很复杂，记者在报道中呈现的消息源多达20余个，主要来自三个方面：一个是以吕海翔父亲吕楚生为代表的村民们，包括老党员吕忠浩、村民凌高明、村民吕忠浩以及吕楚生的好友张鹿亭等；一个是事件的参与者或目击者，有民警姚建国、蒋新法、王伟峰以及吕海翔落水全过程的唯一目击者——刘五星；一个是警方和相关政府部门，有民警吴飞和沈月明，海宁市政法委书记马维江、副书记金永祥，海宁市委宣传部副部长王登峰。这三个方面消息源提供的情况和所持的观点互相冲突，这本身显示出整个事件的复杂性；同时，在这样的全面展示中，读者会作出自己的判断，最大限度地接近事件的真相。异质消息源的使用有助于还原复杂事件的层次与全貌，是新闻业界普遍遵循的原则，如《华盛顿邮报》就规定，对任何有争议的细节和争论论点都需要至少两个消息源。

新闻记者还必须要注意，选择的消息源必须来源于新闻现场，应选择与新闻事件密切相关的对象，切不能含糊了事。新华社黑龙江分社女记者颜秉光撰写的30多篇稿件中，消息源全是自己家的孩子、老公、婆婆、哥哥、姐姐、父亲等人，这样的做法违背了新闻消息源使用的规范。

3. 消息源的尊重与保护:匿名消息源

一般情况下,要求对新闻消息源的姓名、与事件的关系等信息进行披露,但如果消息源本人要求隐名埋姓,新闻传播者应予以尊重与保护,对此加以规避,通常用匿名消息源,即用一些比较模糊和抽象的言辞来交代消息来源,如“据有关部门介绍”、“从有关方面获悉”、“据权威人士透露”、“一位要求不披露姓名的人士说”、“他以不透露姓名为条件对本报记者说”等。

使用匿名消息源的报道往往涉及事关公共利益的重大新闻事件,使用匿名消息源是因寻找不到其他消息来源而采用的“权宜之计”;匿名消息源必须能对事件提供明确信息,猜测、质疑性质的消息源不能用来作匿名处理,并且消息提供者的姓名与身份一旦公开,会带来非常不利的后果,比如危及生命安全或名誉。在揭露性新闻(调查性新闻)中,这种情况出现较多,关于匿名消息源最著名的事件即20世纪美国《华盛顿邮报》借助于“深喉”的线索步步深入调查“水门事件”,最终使真相大白于天下。在涉及重大事件、关键线索时,如果没有更好的办法,采用匿名消息源是必要的,但如果过分依赖于此,可能会造成新闻的失实失真。如前《纽约时报》记者朱迪思·米勒关于伊拉克大规模杀伤性武器的报道因为过于依赖匿名高层来源、热衷于引用伊拉克流亡者的证言而受到严重质疑。2002年9月7日,米勒和《纽约时报》记者迈克尔·高登报道美国截获运往伊拉克的金属管事件,在其头版头条文章中,米勒援引不愿透露姓名的“美国官员”和“美国情报专家”的话,称伊拉克用这些金属管来增强其核原料储备,她还引用据称是“布什政府官员”的消息源的话,说伊拉克近几个月“正在全球范围内采购核原料来制造原子弹”。文章见报后不久,赖斯、鲍威尔和拉姆斯菲尔德都将米勒的文章作为开战的部分依据。米勒还在她后来的文章《一位伊拉克科学家断言非法武器保存到战争前夜》中坚称,已在伊拉克找到大规模杀伤性武器。事后这些报道都被证明不属实。此后发生的杰生·布莱尔丑闻中同样存在大量类似问题。所以,在采用匿名消息源时,尤其需要谨慎,由于此类消息来源的姓名不公之于众,身份无法确认,这样他们不需承担任何责任,也不会有任何名誉损失,记者在权衡是否采用时必须要把握好其中的分寸。

《纽约时报》在米勒丑闻后,对匿名消息源的使用进行了整顿。总编辑比尔·凯勒作出了如下详细的规定:

首先,匿名消息源的使用必须是为报道事关公共利益的重大新闻事件,同时是在没有其他消息源时采用的不得已而为之的最后办法(Last Resort);原则上不允许对猜测性质的消息源作匿名处理;也不允许假借匿名之便,进行人身和党派攻击。

其次，在使用匿名消息源时，必须尽量给出关于消息源的背景信息，不允许使用“有消息称”或“要求匿名的受访者称”这样简单的说法，而必须加以进一步限定和说明，如“来自参议院的消息称”。“一位美国外交官称”好于“一位西方国家外交官称”，后者好于“有外交人士称”的说法。同时，记者必须尽可能向读者提供受访者要求匿名的动机，如“出于自身安全的考虑”、“由于担心来自对方的报复”、“由于谈判双方都承诺对内容保密”等。当某篇报道使用匿名消息源时，记者有必要采用分散消息源的方式为读者提供多角度的信息，同时要求消息源间彼此相互独立，以免造成回声效应。

为做到核实消息源可信度和保证匿名性之间的平衡，基本原则是知情编辑必须和记者一样对匿名消息源真实身份完全保密，知情编辑不得将其透露给其他记者或未经授权的编辑。同时，《纽约时报》还根据报道题材作出非常细化的规定，将报道内容的敏感程度划分为三个等级并分别规定不同的告知要求。

在普通报道中，匿名消息源的真实身份必须以保密方式告知该记者的部门主管或主管编辑；在比较敏感的报道中，记者可要求只向主编或总编辑透露消息源的身份，这一要求不应视为对编辑或其他同事的不信任；在事关法律案件或者国家安全等极其敏感的事件报道中，如果匿名消息源真实身份曝光将会对其造成严重危害，总编辑可只要求知道关于消息源的部分信息或者描述，而放弃完全知道其身份的要求。《纽约时报》对如何处理传闻或转载其他新闻机构的消息也作了非常谨慎的规定：即使在报道中注明传闻的新闻出处，也并不能让《纽约时报》免责。当涉及场景非常关键时，记者须在文章中写明自己是亲抵现场，还是通过电话、电子邮件进行采访。

二、新闻采访的展开

1. 访前准备

在新闻采访活动正式开展之前，访前准备是必不可少的环节，大致而言，访前准备就是要求采访者尽可能多地搜集和了解有关采访对象的资料，了解有关知识和术语。对大量前期资料的阅读与储备，有助于记者在新闻现场更好地发挥。

访前准备有助于采访者初步认识采访对象。很多时候记者是直到采访开始前才见到采访对象，之前往往对对方知之甚少。如何迅速切入话题，如何找准对象的话题兴奋点,如何与采访对象营造起彼此信任、友善的交谈氛围考量着记者的职业素养。一个有经验的记者善于从前期准备中获得充足的养料,建构出采访对象大致的性格特征、喜好、相关经历等,在直面人物时做到"有的放矢",如著名记者法拉奇"每次采访前都像个小学生准备大考一样",用几个星期或者几年时间,进行资料准备和研究。所以有人说,法拉奇认识采访对象从见面前就开始了。反之,如果欠缺对采访对象的了解或者对其知之甚少,则可能让采访效果大打折扣,如鲁豫采访蔡康永时,当蔡康永说起他的同性爱人时,鲁豫问道:"那你父母现在知道你的性取向吗?"节目顿时陷入尴尬,因为蔡康永的父母50岁老来得子,蔡康永20多岁时父母就相继过世了。在另一期节目中,鲁豫问周华健数学成绩好不好,周华健随口说"不好",鲁豫信以为真,不再追问此话题。节目播出之后,很多观众在论坛发帖评论此事,其实周华健是台湾大学数学系毕业的,他曾经期待的职业是数学老师。

访前准备还有助于采访者理清采访思路,在采访过程中自如提问。要采访的主题是什么,采访的核心目的是什么,这些问题都需要采访者在访前准备中明晰思路,特别是采访一些复杂事件时,访前准备是整理思路的绝好机会。2008年"三鹿奶粉"事件中,第一个在报道中对"三鹿"点名的记者简光洲在报道前做了大量的准备:首先源于职业敏感与积累,他在看到甘肃媒体关于14名婴儿可能因为喝某品牌的奶粉而致肾病的报道后,联想到当年安徽阜阳假奶粉的报道,推测这可能又是一个严重的食品安全问题。随后他确定了几个采访对象:联系甘肃的解放军第一医院,确认婴儿的主要食源是否是奶粉;联系已曝出婴儿可能因奶粉而患肾结石的媒体,确认是否是"三鹿";联系三鹿集团的传媒部求证。周密的访前准备让他在奶粉与婴儿患病的关系的论据求证上力求严谨,引导他在实际操作中发现真相,最终成为首个曝光"三鹿"的记者。

在这里尤其要提一下突发事件的访前准备,突发事件的急促性、突然性与新闻的时效性要求记者在第一时间赶到新闻现场,但这并不意味着就没有访前准备。采访突发事件的访前准备来自于记者过往经验、平时阅历的积累,记者在前往现场时就应分析好所需的新闻要素,才能在新闻现场从容应对。在2008年"5·12"汶川地震发生后,当时受众对震区的情况知之甚少,一大批经验丰富的记者迅速进入震区有条不紊地开展了采访工作,地震的具体位置、震级、估计的伤亡情况、已采取的一些营救措施,这些要素都在最短的时间内得到了确认,避免民众陷于恐慌中。

2. 走进新闻现场

美国新闻学者杰克·海敦在《怎样当好新闻记者》一书中说:"大约90%的

新闻是部分或全部地在访问——也就是以向人提问题为基础的。”一次成功的采访，在很大程度上得归功于成功的提问。

采访的展开就是从采访者与被访对象之间的问与答开始的，提问是核心环节。在经过前期的深思熟虑后，记者通常应该是带着明确的目的，以坚定的意志深入现场获得有效信息的。记者采访风格各异，但都对真相有着明确的指向：有的记者善于绵里藏针，在轻松开场后再抛出核心问题，而有的记者善于步步紧逼，以近乎质疑的语态，将采访不断地推向“绝境”，使受访者无法躲避问题，终于给出回答。如前中央电视台记者王志在《面对面》栏目中对人物的采访，其提问风格总是单刀直入，无可回避，因而最大限度地避免了虚与委蛇、官腔套话式的回答，采访对象的人物性格因而也得到了很好的展现。无论什么样的提问风格，采访者都是揣着对真相的渴求而进行探寻与求证，这样的信念会激发采访者不断深入，并且在一些关键问题上一再地追问，追问彰显了记者的新闻敏锐度与职业素养。如2010年6月21日，江西抚河干流右岸唱凯堤发生决口。当晚，央视《24小时》主持人邱启明连线江西防汛抗旱总指挥部办公室副主任平其俊采访汛情，在平其俊介绍江西省委书记、省长的指示之时，邱启明打断说：“平主任，你告诉我，决口有多大？下游的群众有没有转移？”但平其俊又开始介绍国家防汛抗旱总指挥部副总指挥等一系列上级领导的重要指示，邱启明再次以同样的提问打断。在记者看来，灾情和灾区群众安全状况才是最大的新闻点，是受众最想知道的事情。在采访中，记者要善于追问、勇于追问，不能完全顺从采访对象的思路，追问是追求新闻真实的必要途径。

在向一个不易亲近的采访对象接近时，采访的艰难可想而知。但也正是在这样的采访中，优秀记者的素质得到最充分和全面的展示，而精心设计提问正是非常重要的一项素质。前面提到的以采访国际风云人物著称的法拉奇，她在采访当时的南越总理阮文绍时，想知道阮文绍对外界评论他是“南越最腐败的人”持何种态度和意见。她先是直接问他，立刻遭到他的矢口否认。接着，法拉奇将这个问题分解为两个有内在联系的小问题。她先问：“您出身十分贫穷，对吗？”阮文绍听后，动情地描述了小时候他家庭的艰难处境。得到了上述问题的肯定答案后，法拉奇接着问：“今天，您富裕至极，在瑞士、伦敦、巴黎和澳大利亚有银行存款和住房，对吗？”阮文绍虽然否认了，但为了澄清，他不得不详细地道出他的“少许家产”。这样，读者从阮文绍开立的财产清单中，可以作出自己的判断，记者的目的也就达到了。记者在与这些“对手”“交锋”时要善于思考，一旦开始的一两个提问没有达到预期的效果，采访对象的兴趣没有被你完全带动、激发，要学会跳出原来的提问思路与框架，及时调整，确立新的切入点。带着思考去提问才能保证采访对象说的是你最需要的。曾经有一位记者采访席慕蓉,开始时按照提纲按部就班地提问,但她发现席慕蓉的话匣子并没有完全打开,她意识到对方可能对话题并不十分感兴趣,在寻求新的突破点时她突然想起席慕蓉的故乡是内蒙古,她抱着试试看的心态和席慕蓉聊起了家乡,没想到女诗人一下开始滔滔不绝,谈话的兴趣被激发了出来。在采访过程中要时时留意采访对象的反应,包括肢体语言、表情等,以便在采访中及时调整思路,不至于冷场。

记者在提问这个环节上的素质和技能的高下,关系到采访活动的成败,从而决定了新闻作品的优劣。但需要注意的是,与争取新闻消息源的合作一样,记者在采访中提问是在与人打交道,提问总是针对当事人、知情者而发出的,因此,学会尊重对方是记者在采访中必须谨记的原则。即使你采访的是一个罪犯,他也有人格和尊严,记者对他的采访是了解事实,而不是审讯和判决,应该把提问限定在语言的肉搏和智慧的较量上,而不是扩张到人格的贬损和蔑视上。同样,对位居高位的人物、对名声显赫的人物的提问,也应该持不卑不亢的态度,而不是逢迎与讨好的态度。王志的人物访谈节目之所以有很多成功之作,在很大程度上得益于他始终如一的“平视”。另外,在提问中,应该注意规避直接涉及过于私人性的问题,如果非得涉及,需要征得采访对象的同意,争取他的理解。记者的提问是一种人际交往,对人的尊重这一原则应该始终贯彻在提问之中。

进入新闻现场后,记者一方面要善于提问,另一方面要学会观察。美联社名记者雷尔迈·莫林说:“你要收集有关细节,如面部表情、音调、姿势等。”〔1〕新华社记者阎吾在《战后谅山》(广西边防前线1979年3月6日电)中写道:“记者在谅山敌军的一些阵地上,看到所有的日历都没有翻到2月28日,有的翻到了27日。可以想见,他们刚把日历翻到26日那一天,就被我军打得丧魂落魄,再也没有能力往下翻了。正像一个越南士兵在一封未发出的家信中写的那样,‘我们这里形势很紧张,每天都有许多人死伤,不知哪一天该轮到我的头上’。”我们看到,这个日历的细节被记者捕捉到了,写进报道里,非常生动、具体而又真实地描绘了当时的情景。纪希晨认为眼睛是记者十八般兵器中最锐利的武器,记者如果缺少观察和捕捉细节的能力,是写不出这样的新闻来的。再如著名记者金凤1955年去被劫后的大陈岛采访就是一个例证。1955年,我军即将解放大陈岛。美军出动军舰,帮助台湾国民党劫持了大陈岛居民1万多人到台湾。金凤去采访时,岛上空无一人,谈话采访无法进行,她便用眼睛去观察现场,发现被劫后的大陈岛,居民的衣柜被打开,一些破旧衣服撒满一地,田野里的锄头沾

〔1〕 查尔斯·格拉米奇.美国名记者谈采访工作经验.魏国强,译.北京:新华出版社,1981:12.

满泥土，孩子咬了一口的米团还穿在筷子上，沙滩上一行行的血迹和美军军用刺刀并列在一起……她还看到一头山羊被绳子拴在树上，这是大陈岛留下的唯一的生物。这篇运用观察采访写成的报道，当时在国内外引起了强烈的反响。[1]观察还可以给记者带来新的发现，新闻现场带给记者的灵感与体验往往会超过记者的预期，细致地观察有时会改变记者的采访计划，给记者带来新的灵感，就如美国新闻学家梅兹勒所说的："要特别注意人物周围的环境，被采访者办公室有多大？书架上有什么书？从书架上取了什么书？摆在桌上的书哪一页被打开？有哪段被圈点了？桌子上摆什么？是摆得井然有序呢还是乱七八糟？废纸篓里有什么东西？这些常常与人物的爱好兴趣、文化素养、性格等联系在一起，有时会成为引出某一重要事实材料的媒介和线索。"

在一般的事件采访中，当记者赶到新闻现场时，已经错过了新闻事件发生的主要过程，只能捕捉到第二现场。[2]尽管如此，第二现场还是会留下一些事件发生发展的痕迹，显示着新闻事件所产生的影响，记者通过对这些痕迹的细致观察和描述，可以使读者产生现场感。因为一方面这样会凸现记者的"在场"，另一方面，这些观察到的痕迹会与受访者对事件的讲述呼应起来，再现出事件发生时的具体情景。2011 年 7 月 23 日动车事故发生后，《中国青年报》冰点特刊的记者前往现场采访，由于撞车事件已经无法重演，所以稿件中关于撞车时第一现场的叙述全部来自于旁观者的所见所闻，但是记者没有放弃对第二现场的抓取，撞车所带来的破坏性后果通过记者的笔触呈现到读者的眼前。

……两辆洁白的"和谐号"就像是被发脾气的孩子拧坏的玩具：D301 次列车的第 1 到 4 节车厢脱线，第 1、2 节车厢从高架上坠落后叠在一起，第 4 节车厢直直插入地面，列车表面的铁皮像是被撕烂的纸片。

雷电和大雨仍在继续，黑暗死死地扼住了整个车厢。一个母亲怀里的女儿被甩到了对面座位底下；一个中年人紧紧地抓住了扶手，可是很快就被重物撞击，失去意识……

附近赶来救援的人们用石头砸碎双层玻璃，幸存者从破裂的地方一个接一个地爬出来，人们用广告牌当作担架。救护车还没来，但为了运送伤员，路上所有的汽车都已经自发停下。摩托车不能载人，就打开车灯，帮忙照明……[3]

---

〔1〕 张建新. 观察采访的技巧. 新闻界，1996(3).

〔2〕 赵天亮. 调动感官接近新闻事件. http://www.zijin.net/gb/content/2005-02/28/content_5843.htm.

〔3〕 赵涵漠. 永不抵达的列车. 中国青年报，2011-07-27(12).

在这段文字中,记者观察细致入微,大量场景描写勾勒了现场的画面,创设了整个新闻的现场感,使读者不断接近事件的核心,体味到现场形势的危急。

第二节 新闻写作

新闻记者在新闻现场获得大量信息后,新闻传播活动就进入新闻写作的阶段。不同于一般的文学创作、法律文书的写作、医生病例写作等,新闻写作是以传递新闻信息为重点,以真实、客观等为原则的。新闻写作既是新闻采访工作的延续与深化,更是对新闻价值的彰显,直接关系着新闻传播活动的效果,因而新闻写作的语言、语言手段、结构等都有着自身的特点。本节主要着眼于新闻写作的基本原则和要求,加以阐述。虽然广播电视新闻稿的写作与报纸杂志的新闻稿写作不尽相同,甚至有很大差异,但是,在最基本的要求上,并无根本的区别,因而本节有关新闻写作的基本要求具有一定的共同性。

一、新闻语言的基本要求

准确、简洁、易读是对新闻语言的基本要求。

1. 准确

新闻是对客观事实的反映与呈现,这种反映与呈现的准确程度取决于新闻语言表达是否恰当、合适,是否准确到位,例如,当我们评价一则新闻是否准确时,首先便是分析和判断其语言对事物的描绘是否恰如其分,是否将所状写的人或事鲜明、真切地呈现在读者的面前。可见,语言的准确是新闻整体质量最基本的保证与体现。美国学者梅尔文·门彻曾告诫记者:“要精心选择与局势、事件或个人相匹配的词语。一个撰稿人如果遣词用字不准确、满足于词不达意,他就生活在危险之中,在被误解或误导读者和听众的边缘摇摇欲坠。”[1]准确是对新闻写作的最基本的要求,但是在实际新闻操作中往往被忽视,得不到较好实现。具体说来,准确的要求包含知识准确、要素准确、用语准确。

其一,知识要准确。有人形容新闻记者是“杂家”,对各方面的知识都需要有所涉猎,这样才能保证写出来的新闻不受到内行人的“挑刺”;相反,试想,如

〔1〕 梅尔文·门彻.新闻报道与写作.展江,主译.北京:华夏出版社,2003:47.

果记者缺乏有关知识的准备，到落笔成文时，就会出现差错。老一代新闻工作者黎信曾经以自己的经历告诫我们，新闻工作者在反映客观事物时，要具有相关的知识，否则会闹笑话。某电视台的记者报道山东出产的世界著名寒武系三叶虫化石时，将它描述成燕子化石，因为当地百姓称含三叶虫化石的岩石为燕子石，他就如此附会：你看，燕子死的时候还张着翅膀哪！

其二，要素要准确。新闻是由众多要素碎片组合而成的整体，尤其是对时间、数量、细节要素，如果表意不清会损害新闻的效果。

“近日”、“日前”这些模糊的时间词经常会出现在新闻报道中，除非涉及不便公开时间的事件，这样的词语应该尽可能不用。新华社记者孙世恺在其《怎样写新闻报道》一书中曾经提到，报道数学家华罗庚1982年12月9日获得香港中文大学荣誉学位的新闻，新华社迟了50天，发消息时仍然用“最近”两字，受到有关领导严厉的批评。孙先生指出：“其实，新闻用这样含混不清的时间概念去表述新闻的时效，明眼人一看便知道这是作者为了‘打马虎眼’。新闻语言要准确，就不能用含糊笼统的概念迷惑读者。新闻事实发生在‘今天’就应写‘今天’，发生在‘昨天’便写‘昨天’，这样铆是铆，钉是钉，才能使读者看到新闻中传递的信息是准确可靠的，从而也增强新闻的可信性。”〔1〕

当新闻报道中涉及数量时，一些报道中会出现“一些”、“大部分”等含糊处理的词，殊不知，数字在一些新闻中是关键性的要素，暗含着重要的新闻点，这一要素表达的准确性对新闻报道的质量和可信度有着重要的意义。在一篇名为《虹桥商品房价格持续上涨》的新闻稿中，文章的最后一句是：“商品房价格上涨后，也带动了虹桥单间式民房的价格，单间式民房的涨幅在几万元左右。”“几万元”到底是多少呢？这个概念过于宽泛，从2万、3万到9万都可以说是几万元左右。而该新闻稿第一段最后一句是：“从去年底到今年7月份，每平方米价格涨幅在1000~2000多元。”这句话也值得商榷。“1000~2000元”本来就是个概数，那“1000~2000多元”又是多少？是“1000~2100元”还是“1000~2900元”？这样的案例提示记者在采访时要尽可能把数字弄准确，尽可能给读者提供相对准确的数字信息。

此外，新闻报道中对于新闻事件的细节等具体要素的把握也要准确。下面两篇报道针对的都是2009年12月发生在深圳的冲击工厂事件，但仔细对照，可发现两则报道在细节表述方面存在出入，这固然与记者的采访是否深入有关，但是一旦进入新闻写作的环节，记者需要注意细节表述的准确与到位。

〔1〕 孙世恺.怎样写新闻报道.北京：北京出版社，1987：173.

报道一:

深圳300余人持长斧冲击工厂　重伤14人

中广网深圳12月10日消息　今天上午9时40分左右,深圳光明新区公明街道卓成管道有限公司发生一起血案,8台大巴车拉来的三四百名男子,手持铁管、长斧冲进该厂,见人就打,见物就砸,并放火焚烧。深圳宝安警方证实,事件已造成厂方26名员工受伤,其中14人重伤。

据工人介绍,这些身穿迷彩服的男子见人就打,见物就砸。他们不仅暴打正在上班的工人,还冲进宿舍殴打正在休息的下夜班的工人。有的女工连声求饶,这些男子则要求她们只能脱掉鞋子从满地的玻璃碴上"逃跑"。他们还搬来两桶天那水,点火焚烧工厂传达室,整个过程持续约1小时。

据现场目击者和工人介绍,工厂门口张贴有广东省茂名市茂港区人民法院的通告,内容提示两家公司因为经济纠纷,而引发矛盾升级,有可能是血案事件的最直接导火索。

报道二:

法院实施强制清场,占场经营方员工抗拒执行

中新社广州12月11日电　广东省高级人民法院11日透露,茂名市茂港区人民法院10日在深圳市光明新区组织对深圳太阳管道公司场地实施强制清场时,占用该场地的北京市太阳管道有限公司员工与买受方人员发生冲突,双方20余人受伤。

茂港区法院执行的招商银行深圳福田支行申请执行深圳太阳管道公司、深圳莱英达公司欠款纠纷一案,原由深圳市福田区法院于1999年立案执行,因种种原因,一直未能执结。经广东省高级人民法院指定由茂名市茂港区法院执行,茂港区法院依法对深圳太阳管道公司的厂房土地进行评估拍卖,由深圳市秋硕投资发展有限公司竞得,并办理了相关过户手续。案外人北京市太阳管道有限公司以与被执行人有租赁协议为由先后向茂港区法院和茂名中院提出异议和申请复议,均被驳回。

因该场地被原深圳太阳管道公司员工苗宏等案外人占用,买受人强烈要求法院实施强制清场。茂港区法院经多次调解,协调无果,通知占用人限期搬迁,并决定组织强制清场。

茂名中院、茂港区法院共抽调近70名警力,在深圳市宝安区法院等配合下,于10日上午9时开始清场。准备进入厂区时,占场经营一方员工抗拒执行,从厂区办公和住宅楼向拟进场的执行人员和买受方接收场地员工发射烟花弹、土

炮，投砸天那水、石块、玻璃等，并在厂区门口放置大桶天那水，将其中一部分洒在门岗值班室内放火燃烧，阻止清场，当地消防部门迅速派员扑灭起火。

执行人员和买受方人员进入厂区后，因占用场地人员投掷烟花弹，炸伤买受方保安人员，引起买受方人员与占用场地人员激烈斗殴，现场公安、法院干警全力阻止双方斗殴，深圳市光明公安分局增派100多名警力赶赴现场，迅速控制了事态。因冲突人员较多，双方共有20多人受伤，现场公安、法院干警立即组织救治，将受伤人员送医院诊治。整个冲突持续约20分钟。

目前，部分轻伤人员已离开医院，广东省、市有关部门正在对该事件进行调查处理之中。

其三，用语要准确。《中国文化报》曾于1990年4月25日发布一条消息，其中写道："当双子镇党委书记把这笔钱送到遇难者手里时，他们忍不住抱在一起痛哭失声。"这里"遇难者"显然用错了，死去的人无法与活人抱在一起痛哭失声。又如在一篇有关中国女排的报道中，有这样的句子："主教练郎平在己队爆冷输给意大利队之后表示，队员有些轻敌，水平发挥差强人意，进攻缺乏变化，防守上又顶不住对方的高举高打。"这里面，"差强人意"一词用错了，它本来表示还能使人满意，这里把它的意思用反了。

用语准确的要求涵盖多方面。

第一，用语准确指用语要具体，忌笼统抽象。传播学家施拉姆指出："有效传播的一个秘密是把一个人的语言保持在听众能够适应的抽象程度上的能力，以及在抽象范围内改变抽象程度的能力，以便在具体的基础上谈论比较抽象的内容，使读者或听众能够不困难地从简单熟悉的形象转到抽象的主题或概括上来，并在必要时能够再回到原来的形象上去。"[1]我们可以通过逐级比较用语具体的程度来对这一点进行分析，下面列出的句子显示出具体的程度如何逐步加深：

(1) 一个人走过来。

(2) 一个女人走过来。

(3) 一个身着红色上衣的女人走过来。

(4) 一个身着红色上衣的女人摇摇晃晃地走过来。

(5) 一个身着红色上衣的女人摇摇晃晃地走过来，她看上去大约40岁。

(6) 一个身着红色上衣的女人摇摇晃晃地走过来，她看上去大约40岁，一

〔1〕 威尔伯·施拉姆，威廉·波特.传播学概论.陈亮，周立方，李启，译.北京：新华出版社，1984:99.

脸倦容。

…………

记者若要使其对关键的人物或事件的表述能引起读者注意,并给读者留下深刻印象,就应该避免抽象笼统的表达,而努力寻求具体准确的描述。

第二,用语准确指语言平实,忌辞藻的堆砌与滥用。如果在新闻写作中,一味地滥用形容词和其他修饰词语,刻意地拔高、吹捧而又无具体、充实的内容支持,会导致新闻空洞无物,寡然无味,甚至会使新闻脱离客观、公正的立场而陷于倾向摇摆不定的尴尬境遇。某报2005年5月14日的一条消息的导语称:"为引导更多的教师将精力投入到本科教学工作上来,××大学积极开展教学名师奖评选表彰工作,以形成名师榜样效应,打造学生认可的名师。"这里,"名师奖评选"怎么就能"引导更多的教师将精力投入到本科教学工作上来"?两者之间的关系究竟是怎样的,显得模糊不清。"打造学生认可的名师",更是在滥用"打造"这个词,名师怎么可能是这样的评选表彰就能"打造"出来的呢?

第三,用语准确指语言选择要慎重,忌褒贬不当。如《中国经营报》2011年4月25日对陈光标高调慈善进行质疑的报道《中国首善陈光标之谜》,其中有这样的语言:"所捐项目多有水分","高调慈善的利益","糟糕的财务状况","一些大工程,陈光标也动用了普通竞争者无法企及的政府关系,这也导致其他竞争者纷纷铩羽而归","出手凌厉的捐赠让陈光标社会地位节节高升",如此感情色彩模棱两可甚至带有明显贬义意味的语言,显示出报道被植入了先在的倾向性,无益于新闻事实的客观呈现。

第四,用语准确允许记者合理想象,忌用文学的想象代替事实的描述。一些记者为了片面地追求语言生动,营造现场感,以获得煽情的效果,而不考虑信息本身的可靠性与可信度。例如,南方某报2002年11月21日报道一位女艾滋病毒携带者的爱情生活,报道开头这样描述她的男友:"11月12日清晨7时,24岁的刘月明从被子里坐起来,看了看身边还在熟睡的女人,开始穿那套深黄色旧西装——他少数几件'体面'的衣服之一。冬日的阳光透过挂在窗前的方格窗帘,洒进不足7平方米的卧室……刘月明望着窗外,心事重重……刘月明消瘦的脸上有了点淡淡的笑意,他给自己点了支烟,朝窗外缓缓地吐出烟圈,好像在面前绽放一串串小小的节日礼花。"这段描述现场感很强,但是它掩盖的一个问题是:这个现场是如何观察到的?莫非记者在他报道的人物还没起床的时候,就守候在那里?这类过于文学化的叙述方式,一度在一些平面媒体盛行,对新闻报道的品质产生了影响，值得我们警醒。[1]

2. 简洁

时效性是新闻的重要特性，新闻记者需要在最短的时间内将事件的最新进展传达给受众，所以，简洁是新闻报道特别要求的写作规范。简洁的新闻行文意味着快速、直接和有效地传递新闻信息，有效地保证了新闻传播的效率；而且，篇幅短小的新闻占据较少的新闻刊播的空间（版面）和时间，因而可以增加新闻传播的信息量。路透社播发的美国总统肯尼迪遇刺的消息：

肯尼迪遇刺丧命

路透社达拉斯 1963 年 11 月 22 日电　急电：肯尼迪总统今天在这里遭到刺客枪击身死。

总统与夫人同乘一辆车中，刺客发三弹，命中总统头部。

总统被紧急送入医院，并经输血，但不久身死。

官方消息说，总统下午 1 时逝世。

副总统约翰逊将继任总统。

这条新闻只用了 5 句话，就将两条重要信息——肯尼迪遇刺身亡及约翰逊将继任总统发送了出去。总统被刺是一个事关一个国家政权的极具重要性与显著性的事件，新闻记者必须在最短的时间内将此传达出去：这条新闻在事发后仅仅几分钟就发出了。从内容来看，为了争取时间，文中省去了一切过程叙述和连接词，一句话一段，形成快节奏，给人以紧迫感，突出了事件的重大、突然。简洁是指新闻写作的谋篇布局要能够高效地列出最重要的信息，直指新闻事件的核心，其他内容按其重要性依次排序，语言以平实、简练为主，又能传递出丰富的信息。当然，值得注意的是，简洁不只是简短，还要求清楚、准确，如果一味苟简，造成语义晦涩，则是简而不洁。

新闻语言要求简洁，不只是要求语句紧凑、篇幅短小，而且还要求言简意丰，即用尽可能简约的语言传达尽可能丰富的内容。有的新闻之所以不简洁，往往是因为它将该说的不说或说得不充分，而不惜笔墨地在细枝末节、相关背景上兜圈子，新闻的重点和主旨淹没在这些文字之中；有时候，记者可能是想让一个句子表达尽可能丰富的含义，想取得不同凡响的效果，结果造成行文不简、文义不明。譬如下列这则新闻[2]：

[1] 郑直. 我所警惕的新闻叙述方式. http://www.zhengzhi.com/cbxd/zhengzhi4.htm.

[2] 张墨. 山西和顺县发生森林大火　万人抢险明火点已减少. (2005 - 05 - 04) [2009 - 08 - 12]. http://www.chinanews.com.cn/news/2005/2005 - 05 - 04/26/570374.shtml.

山西和顺县发生森林大火　万人抢险明火点已减少

经过几天几夜的艰苦奋战,(2005年)5月1日发生在山西和顺县的森林大火明火点已在迅速减少。

和顺县位于晋中地区东部中段,清樟河上游,自然资源丰富,煤炭及多种金属矿藏地下蕴藏量在山西占有相当比重,东西部山地、森林茂密,多为松柏桦杨和油松林。

今天凌晨3时左右,又有1100多名武警官兵和5000多名干部民众到达火场,目前在火场参加扑救的武警官兵和干部民众已近万人,与火魔的大决战在地势陡峭的和顺县喂马乡林地中展开。

今日中午时分,记者到达火势最为凶猛的和顺县喂马乡林场。刚入林区,紧张气氛扑面而来。满山遍野的树林中浓烟滚滚,远方山坡上一些明火隐约可见。阵阵火焰像一条凶猛发狂的长龙,向着已经成材的树林席卷而来,情势危急。不少青年士兵的脸上被烟火熏烤得烟尘满面,汗水把衣服浸湿,但奋力灭火的劲头依然高涨。

当地抢险指挥部紧急决定:武警战士先用投掷灭火弹、铁锹土压、高压水枪扫喷、铁笊抓扑打余火四种方法灭火,地方灭火队员紧随其后,力争扑灭余火,消除隐患,并紧急调运3000发灭火弹,灭火弹已于今晨送往火场。

火情就是命令。和顺县县委、县政府紧急动员,迅速组织乡镇的民兵、县直机关干部、煤矿职工近千人扑火队伍赶赴现场。但由于现场烟雾很大,当地森林茂密,加之地势陡峭,扑火工作有很大难度。

由于森林密度大,风力超过了6级,灭火难度非常大。火灾发生后,由于地形过于复杂,山高坡陡,灌木茂密,人员一时难以接近火场,一度现场火情势态严峻。

大火引起山西省委、省政府高度重视,多位官员赶赴现场指挥扑火。省森林防火指挥部常务副总指挥、省林业厅厅长杜创业提出四点要求:一是要切实控制野外火源,要加强对林区各个重要环节野外用火的控制;二是要加强当地的专业扑火队伍建设,能够做到快速反应;三要科学组织,一定要保证扑火群众的安全;四是强调各级要落实领导干部防火责任制,确保"五一"节期间不发生大的火灾或者发生了火灾之后能及时扑救,减少伤亡。

经过几个日夜与火魔的较量,至今天上午9时左右,火势初步得到控制,目前所有救火人员全部待命,准备再次上山灭火。

这则报道,重点当在万人抢险,但是,文中第2段除了"山地、森林茂密"与主旨有相关性，其他背景介绍均与主旨无关。第6段和第8段也与现场的抢险无直接的关联。第6、7段重复说明抢险难度，而“当地森林茂密，加之地势陡峭，扑火工作有很大难度”这一点本可以更充分展开却未展开。第9段与第4段内容上看起来有矛盾。文章中最大的新闻点“今天凌晨3时左右，又有1100多名武警官兵和5000多名干部民众到达火场，目前在火场参加扑救的武警官兵和干部民众已近万人”，被淹没在第3段了。这应该是大火发生以后最新的一个细节，它构成了事件链条上最新的一环：大火已经几天——又派了多少人——现场总计已有多少人——艰难地扑救——明火减少。

由此观之，是否简洁不仅关系到新闻在语言外观上的品质好坏，更主要的是，它关系到事件的新闻价值能否在新闻报道中充分实现。

3. 易读

新闻传播要面对最广大的受众，新闻写作的目的是要让受众认知、了解新闻事件，将新闻记者认为有价值的内容传递给处于未知状态的广大读者。只有得到公众真正接受、理解，新闻写作才完成了自己的“使命”，因此，易读也是新闻写作过程中应该遵循的一个原则。正如美国新闻学者道格拉斯·伍德·米勒所强调的，“新闻报道必须写得从大学校长到文化程度很低、智力有限的一切读者都容易理解”；美联社写作手册上也规定：“尽量使用常用词汇。如果你不得不使用一般读者可能不熟悉的词，那就必须加以解释。”

易读的基本要求是语言通俗易懂、一目了然，语言表达时也要注意接近性的原则，即写作时要根据目标受众的知识结构、接受能力来制作新闻，拉近新闻作品与受众的距离。通俗易懂的一大拦路虎是专业术语或行话，即社会上某一行业、阶层、职业、团体等使用的专门用语。曾有报道说：“中国辽宁省东沟县气象站不仅能够基本上准确地作出短期、中期和长期预报，而且还能作出超长期天气预报。”这当中，短期、中期、长期、超长期等，一般读者不易知道其确切的意思，法新社在转发这条消息时写道：“法新社北京2月2日电　绝大多数气象站可以告诉你今天、明天甚至两个星期内是否会下雨，然而中国一个县气象站不仅可以做到这一切，还能相当有把握地对今后10年的气象变化作出预报。”〔1〕后者避免了专业术语，让人一看就明白。

在这里，我们尤其要注意一类报道——科技报道。科技报道，顾名思义，是与科技有关的报道，因其科学性、严谨性，写作过程中难免会涉及专业术语、抽象表达。美国新闻学者纳尔金曾表示过：“如今的科技已经相当专业化，连科学家

〔1〕 郑敬畴.实用新闻写作教程.北京：地震出版社，1999：35.

之间的信息交流都不易。因此科学文章的通俗化不失为大众所接受的一个基本的——即使是有争议的——要素。”[1]但如何在通俗易懂与确保报道本身的准确性之间寻求平衡依然考验着新闻记者的职业能力。记者在进行操作时必须明白,通俗易懂是以准确为前提的,如果为了通俗易懂而放弃新闻的准确和真实,那就是本末倒置了。对科学报道通俗化的处理不能以影响新闻质量为代价。如《新民周刊》2011年第46期封面报道《昂贵的空气》对科学名词“PM2.5”概念的介绍既有专业性强的名词解释,“PM是‘大气颗粒物质’的简称,后面的数字,表示‘空气动力学当量直径’”,又有更为直观、易懂的“大气PM10和PM2.5日平均污染浓度与居民日死亡数之间关系”的实验介绍,此外还以通俗的语言介绍了PM2.5对于人体呼吸器官的危害,纵观整个报道,以科学性为前提,吸纳受众更易接受的话语风格,既传递了科学知识,又达到了传播的目的。

要求新闻作品应该易读是受众中心论的应有之义,新闻记者在写稿时,编辑在编辑处理时,应该牢牢树立受众意识,时刻想到,我做的新闻不是给少数人看的,而是给大多数人看的,因为阅读率是衡量一篇报道成功与否的关键因素,“追求最大程度的传播,是新闻业万古不变的金科玉律”[2]。现代传播学中,易读性研究为这种受众意识下的实践给予了理论和技术指标的支持。[3]所谓易读性是指文本易于阅读和理解的性质,它不仅关乎内容,而且涉及信息传递的方式,如平面媒体对版面的设计、电视新闻镜头的剪辑。就新闻写作而言,易读性除了要求在具体的语句和措辞上应努力追求通俗易懂外,还要求在结构、叙述手段等方面下功夫。如近些年来,我国新闻理论界和业界都有论者强调,新闻是讲故事的艺术,要求记者用故事讲述新闻,就是为了使新闻更具有吸引力,更具易读性。

值得注意的是,对新闻易读的强调与追求是对从业人员职业素养提出了更

[1] 多罗西·纳尔金.科技新闻的报道艺术.曾晓明,孙耀楣,译.北京:中国科学技术出版社,1991:179.

[2] 李大同.冰点故事.桂林:广西师范大学出版社,2005:28.

[3] 哥伦比亚大学师范学院可读性实验室研究员鲁道夫·弗雷奇研究出两个公式,一个是易读性公式,一个是人情味公式。易读性指数=206.835-0.846×每100字的音节数-1.015×每个句子的平均字数。用这一公式得出的指数在0~100之间,指数越高,说明文章越容易读。其中,60分以上的文章属于通俗易懂的,60分以下的文章读起来开始有些费力,而且对读者的教育程度也有一定的要求了。30~50分一般就要求有大学文化。人情味指数=3.635×每100个字中的人称词数目+0.314×每100个句子中的人称词数目。这个人情味指数在0~100之间。指数越高,说明文章的人情味越浓。其中,0~10,表示枯燥;10~20,表示较有趣;20~40,表示有趣;40~60,表示非常有趣;60~100,表示生动。需要说明的是,公式中的各个系数是按照英文来统计的,易读性指数公式并不适用于汉语,但可以给我们以启发,而人情味指数可以作参考。

高的要求，记者自身应该对相关知识有透彻了解。只有传播者真正领会了，才能使新闻信息深入浅出地表达出来，充分揭示新闻事实的价值所在。

二、新闻的语言手段

新闻写作中，除了上述语言方面的基本要求外，语序、引语和语言情境等语言手段的运用，也对新闻的面目和品质有着不可忽略的影响，所以下面将对它们加以分述。

1. 语句顺序

语句的顺序包括语序和句序。语序指语言中词语结合的先后次序，它包括并列词语（含短语）的语序、多层定语的语序和多层状语的语序。语序的变动可使词组或句子具有不同的意义。相传曾国藩早年打仗罕有胜绩，只好在交给皇上的年终总结中写下"屡战屡败"一词，并准备接受皇上的责罚。然而，他的幕僚把"战"与"败"二字做了个顺序上的调换。这样一来，屡战屡败的曾国藩却因为屡败屡战的大无畏精神受到了皇上的褒扬。这说明语序对语义的影响之大。

新闻写作中也应该充分注意语序，如果语序不当，会造成误解，甚至歪曲事实。有一篇新闻的标题为"塞族20万难民出逃克拉伊纳"，然而根据正文的报道，塞族难民是从克拉伊纳逃往巴尼亚卢卡的，也就是说，克拉伊纳是始发地，所以应该用"逃出"。[1]

在很多情况下，一个事件可以有多种陈述的方式，这些方式的不同点之一就在于语序的安排。因此，用什么样的语序也是新闻传播者经常面临的问题。解决这一问题需要掌握语言的规律和明确把握传播的意图。譬如下列一组句子：

（1）主席台上坐着刚上任的市长。

（2）刚上任的市长坐在主席台上。

（3）刚上任的市长在主席台坐着。

它们指涉的情境和人物大体相同，如果写新闻稿，如何进行选择呢？应该看到，这些语义组合都有各自的语义中心和信息结构，在"以言指事"的情形下，对它们的选择可以从三个角度进行。从话语结构的角度，即表示说话人如何选择话题及围绕话题展开语言活动，它的结构形式是"主题—述题"；从心理结构的角度，即表示说话人如何选择话语焦点以突出语义重心，它的结构形式是"预设—焦点"；从信息结构的角度，即表示说话人如何安排已知信息和新信息，它

〔1〕孙国平. 实用新闻语言. 北京：民族出版社，1998：233.

的结构形式为"已知信息—新信息"。[1]根据上述原理,我们再来看三个句子的不同:句(1)当中,"主席台"是陈述的主题,是已知信息,是有待引向焦点的预设;相应地,"市长"构成陈述中的新信息,是焦点所在。句(2)当中,"市长"是陈述的主题,是已知信息,是有待引向焦点的预设;相应地,"主席台上"构成陈述中的新信息,是焦点所在。句(3)当中,"市长"依然是陈述的主题,是已知信息,是有待引向焦点的预设;相应地,"坐着"这一状态构成陈述中的新信息,是焦点所在。我们看到,传达新的信息是句子的重心所在,新的信息往往放在句子的后面。

上述语言分析提示我们,对新闻传播者而言,选择什么样的语序,应该充分考虑要传递给受众什么样的信息,庞杂信息群中哪个是最有价值、最需要、要最快传递给受众的。譬如郭玲春撰写的报道《金山同志追悼会在京举行》中一开始就写道:"鲜花、翠柏丛中,安放着中国共产党员金山同志的遗像。"[2]句中的重心、要强调的新信息落在"金山同志的遗像"上,这也正是报道的关键信息——金山同志的追悼会——的标志。如果写成"中国共产党员金山同志的遗像安放在鲜花、翠柏丛中",本来应该作为背景、烘托气氛的信息,就成了主体,显然与整个文义不符。

句子的顺序同样也很重要。合理的句序应该准确反映事物客观存在的过程,突出事物的新闻价值。请看下面一则新闻中的句子:

发生枪案的地点位于重庆沙坪坝区三角碑转盘附近。记者在现场看到,沙坪坝区信用联社、新华书店就在旁边。在距离信用联社不到100米的人行道上,有几摊血迹,刑警正在现场调查取证。

在这个段落中第2个句子和第3个句子的顺序安排不尽合理。记者到事发现场首先应该注意的是事件本身的情况,"记者看到"这样的表述一出现,人们的注意力会被引向事件本身。作为相关背景,第2句的后一部分"沙坪坝区信用联社、新华书店就在旁边",可以并入第1句,试修改如下:

发生枪案的地点位于重庆沙坪坝区三角碑转盘附近,旁边有沙坪坝区信用联社、新华书店。记者在现场看到,在距离信用联社不到100米的人行道上,有几摊血迹,刑警正在现场调查取证。

因此,我们可以看到,语句的顺序在语言的细节构成上影响着信息传递的效

[1] 袁义林.以目的信息为中心的语言分析.山东师范大学学报,1992(1).
[2] 郭玲春.金山同志追悼会在京举行.新华社,1982-07-16.

果与效率，进而影响信息的接收和理解。新闻传播者应该充分意识到这一点，根据传递新信息和引导读者注意力的需要安排语句的顺序。

2. **引语**

常见的引语形式有三种：直接引语、间接引语和不完全直接引语。直接引语，即完整引用人物的话并加上引号，要求准确无误，一字不差；间接引语，即由叙述者概述讲话人的言语，可以完整复述，可以简要引用，也可以把许多人的言语和一个人的多句言语归纳引用；不完全直接引语，又称“断引”，即只引用人物言语中的一部分，可以是一个短语、一个词组，甚至是一个字或词。如下面的例句：

(1) 他说：“今天我真的大开眼界了。”(直接引语)

(2) 他说他今天真的大开眼界了。(间接引语)

(3) 他说他今天“大开眼界”了。(不完全直接引语)

那么如何分析和评价这些不同的引语形式在新闻作品中的运用呢？美国新闻学者沃尔特·福克斯指出：“自从19世纪80年代电话进入报刊编辑部成为现代新闻事业的一个工具以来，直接引述原话的可行性使得口语成为新闻写作不可分割的组成部分之一。”[1]应该补充的是，录音设备的运用，使原汁原味的语言可以保存，成为写作者撰写新闻稿时使用直接引语的有力辅助工具。哥伦比亚大学新闻学院《新闻报道与写作》教材中写道：“报道新闻应该进行‘展示’而非‘陈述’的定律就是：必须把直接引语写入新闻的重要部分……如果新闻中使用了直接引语，读者就可这样推断：既然新闻事件的参与者在直接说话，那么这件事必定真实无疑。”直接引语使用的一般规则是：“新闻人物讲了一些独特的话时；新闻人物以独特的方式说话时；重要的人物说了一些重要的话时。”[2]

使用直接引语的好处最突出地体现在两个方面。

第一，直接引语是三种引语形式中叙述干预最小的一种，能够最大限度地实现保真功能，贴合新闻真实性的要求，因为它不容许叙述者对人物的言语作任何改动。因此对具有争议的事情，完整提供陈述者的原话，可保护记者自己免受未准确表述发言者的意思的指控，拉开叙述距离，增强新闻的真实感和客观性，降低叙述者的介入程度，避免叙述者代言产生主观色彩，不至于出现过强的叙述声音，如下面一篇《纽约日报》记者的报道[3]：

---

[1] 沃尔特·福克斯. 新闻写作：报刊记者指南. 李彬，译. 北京：新华出版社，1999：86.

[2] 布莱恩·布鲁克斯，等. 新闻写作教程. 褚高德，译. 北京：新华出版社，1986：88.

[3] 李希光. 新闻学核心. 广州：南方日报出版社，2002：203.

中国阿里(音译)电 在一座行将坍塌的泥坯房子里,偎依在一堆脏乱的衣物旁的郑兴荣(音译)用一系列有力的否定句描绘他们的生活。

你的孩子们多长时间吃一顿鸡蛋或肉?

“从不!”

你有收音机或电视机吗?

“没有!”

你14岁的女儿上学吗?

“没有!”

你8岁的儿子有玩具吗?

“没有!”

“因为我们没有钱,我们不敢有梦想。”这个40岁的妇女说。(下略)

这里新闻人物的答话全部采用直接引语,这样做不仅突出了新闻中人物的情绪、特征(这也是新闻信息),使一个穷困家庭的面貌形象地展现在我们脑海里,同时又避免了叙述者的介入,增强了新闻的可靠性。另一方面,叙述者欲借新闻人物之口说出自己希望表达却不便公开表达的观点和立场时,运用直接引语也会更加客观,传播者的态度隐藏于其中,尤其是在解释性报道中,记者往往通过这样的引语方式解释事件,同时表达自己的观点。2011年2月14日《新世纪周刊》的报道《镉米杀机》中,大量的记者直接援引的原话,构成报道的主体,将经济增长模式与百姓主粮联系起来,揭示出一条完整的食物链污染链条,看起来没有记者的观点和态度,其实是被缝合在这些引语之中。

需要注意的是,由于直接引语有一种“责任分离功能”,使用直接引语,可以表示赞成和认同,也可以表示反对和质疑。《马里恩(印第安纳)星报》编辑部有一个信条:“最重要的,要干净。永远不要让一个脏词或未被确证的报道付印。”所以新闻记者在选择直接用语时要把握好选用的尺度,只有那些真正能对新闻表达有益、话语风格独特、彰显人物性格等的话语才可被直接选用。

第二,在使用直接引语时,记者退居一旁而让报道中的人物自己为自己说话,拉近报道中的人物和读者的距离,从而使直接引语成为新闻报道里人情味的基本构成要素,许多情况下,甚至是首屈一指的要素。譬如《基辛格——三面人》[1]这篇报道大量使用直接引语,使人物的性格情趣跃然纸上。

合众国际社北京1975年10月22日电(记者 里查德·格罗沃德) 今天,

〔1〕 蓝鸿文.外国新闻报道选评.北京:长征出版社,1984.

在参观北京自然博物馆的时候，亨利·基辛格把他的三副面孔表演得淋漓尽致，这使周围人大为开心。

北京文物局（原文如此）王延洲（音译——编者）指着一件古物，说那是一个龙头。前哈佛大学教授基辛格立即摇头：

“不对，是猫头鹰！”

“是的，是猫头鹰！”王说。

当王说一具古动物的角是犀牛的角时，基辛格教授又摇头了。

“不对！”他说。

“对，是犀牛角！”王说。

“不对！”基辛格说，“我从来没有见过长一对角的犀牛！”

这时，一位中国专家挤到前面对王说那是一副古代牛角。

外交家基辛格立即满面春风地对左右的人说，他先后八次访问中国，每次都是王充当当地的向导，王既忠于职守，又有学问。

外交家基辛格旋即口若悬河地讲了起来，他说，感恩节后福特总统访华时，务请王先生到场。

作为丈夫的基辛格转向妻子南希，请她同他一道，在两个武士陶俑前合影——这两个武士俑同真人一样大小，它们是去年秦朝皇帝陵墓中出土的。

他的妻子咧嘴乐了，她说：“啊，不，亨利！你太像皇帝了，我哪里配同你照相！”作为丈夫的基辛格说：“这我可改不了。不过，你也够瞧的！”

基辛格夫妇仔细观赏从古墓中出土的文物，王说：“墓中的骨头表明，墓主人有不止一个妻子。”

基辛格点头同意。王还说，在中国古代，有的妇女可以有一个以上的丈夫。

“一个妻子有几个丈夫吗？”基辛格瞧着妻子说，“我们可不喜欢那个时候！”

基辛格夫人大笑起来。

基辛格参观时，美国大使（原文如此，应为美国驻北京联络处主任）乔治·布什一直用一台有偏振镜头的相机拍摄照片——在基辛格这次访华期间，他一直用这台相机拍照。

他给基辛格看一张他拍摄的表现基辛格同毛泽东在一起的照片。这张照片拍得有些发黑，布什说，其中有个人是基辛格。

“不，”基辛格说，“那不是我，是我的兄弟。”

基辛格拿这张拍得令人不敢恭维的照片开玩笑，他说：“我总是说，乔治这位大使并不想夺走我的职位，不过他能想别的点子整我。”

一位摄影记者请他在一匹同真马一样大小的陶马前摆好姿势照相。基辛格说:“是不是要我骑上它跑到大门外?”

在场的中国人无不捧腹大笑。

当基辛格夫人中途告辞去商店购物时,基辛格把脑袋凑上前去,对夫人的中国向导说:

“请你们把贵重商品统统藏起来,好吗?”

直接引语的运用,令我们仿佛亲聆其声,感受到基辛格作为学者的博学、作为外交家的风度、作为丈夫和同事的幽默。

不同于直接引语对“原汁原味”的强调,间接引语“可以重组素材或是浓缩素材,以吸引读者的兴趣”,可以“进行大意转述,既可使记者笔下的文字尽可能地接近人物的原话,同时仍能够对啰嗦的口语作必要的压缩和修正”。[1]实际上,绝大部分时候,记者不可能完全使用直接引语,而必须采用间接引语。2011年第4期《财经》杂志的专题报道《公共裙带》,介绍了李薇从法裔越南难民到内地影子富姐的人生变迁,并且勾勒了其人生数度沉浮以及与多名高官纠缠的图景。该报道中所涉采访对象非常多,而文中采访对象的话很少被直接引述,大部分是间接引语(有时候受访者出现,多数时候受访者不出现),这样的行文提高了传播效率,并且能够在有限的篇幅内迅速有力地描绘出李薇的人生轮廓以及其背后的超级裙带资本图式。

应该注意的是,与直接引语复制(Reproduce)的性质相比,间接引语是一种复述(Paraphrase),一种描述(Describe),[2]叙述者可以对人物话语进行概括、删略,所以间接引语赋予了叙述者更多的介入机会,因而它所表现出的叙述者的声音要强于直接引语。新闻报道的客观性、真实性要求使用间接引语时叙述者应采用客观的言辞复述,避免随意介入、定调,抬高叙述声音,例如下面的文字:

据花林村党支书说,张君从少管所回来后,也曾种过田。当时,麻的价格非常高,种麻为挣钱的一条捷径。然而,也许是时运不济,张君种植的麻尚未迎来收获期,麻的价格即开始因种植过多而一路下跌。

后来,张君搬到了大湖口,尝试着开餐馆,后又做皮鞋生意。然而,这两次创业依然失败了。支书说,如果张君的人生顺一点,他也许不会到这一步。[3]

---

[1] 沃尔特·福克斯.新闻写作:报刊记者指南.李彬,译.北京:新华出版社,1999:91-93.

[2] 徐赳赳.叙述文中直接引语分析.语言教学与研究,1996(1).

[3] 李红平,等.张君案检讨:一个极端暴力集团的成长.南方周末,2001-04-19(1).

这两个段落中的“然而，也许是时运不济”，“然而，这两次创业依然失败了”，以及“尚未……即……”，从语言方式来看，是书面语，由此可以推断出是记者在转述花林村党支书的话时，嵌入了自己的解释。而“时运不济”和“创业”这两个词包含着某种惋惜和正面肯定的口吻，叙述者的这种声音偏向于对个体命运的同情，不利于客观冷静地剖析张君案的社会成因，而这后一个方面却是整个报道的意旨所在。

与前两种形式相比，不完全直接引语即“断引”，更加突出了叙述者的“选择”行为。不完全直接引语中引用的应该是人物言语中最重要的部分，而对“最重要的部分”的判断是见仁见智，具有很强的主观性。也就是说，在不完全直接引语中，作者遵从自己的转述需要，在用自己的话构成的叙述“线条”中，标示出直接引述的“点”。不完全直接引语的使用，其一般的规则与直接引语并无根本不同，即人物话语里关键的信息、表明某种强烈情感和偏见的话语、富有个性色彩的话语：从某种意义上说，叙述者加了引号的文字，是其认为有更大新闻价值的言语行为。如在下面这些报道中的“断引”的例子：

(1) 上尉厄内斯特·梅迪纳连队的一位前成员，在今天被公开的一封信中写道，在美莱事件发生的两天以前，这个部队里的一些人已经成了“野兽”，他们殴打儿童并且践踏一个友善的农妇致死。[1]

(2) 对于“6·23 堵车事件”马维江说，蹲守的便衣“肯定不知道”[2]。

(3) 这位学生激进分子，对他的标准所染指的东西几乎无一不懂，无一不晓，“连隐藏在和平主义面纱下的慢性毒药”他也能看出来，更别说犹太思想家们写的所有文献了。[3]

例(1)中，“野兽”包含强烈的感情色彩和价值判断，记者把它放入引号，标示不是自己的观点，但同时也突出了这一看法。例(2)，结合全篇报道看，这句话涉及记者对与关键信息相关的事实的调查，这里的断定的口吻和言辞由很重要的消息源之口说出，既加以突出，也表明某种程度上有待证实。例(3)将这位学生的富有个性色彩的话引出，其狂妄的姿态跃然纸上，与上下文联系起来，我们可以明确地感受到记者的讽刺态度。

[1] 沃尔特·李普曼，詹姆斯·赖斯顿，等. 新闻与正义：普利策新闻奖获奖作品集. 展江，主译评. 海口：海南出版社，1998：496.

[2] 倪华初. 海宁吕海翔死亡事件调查. 新京报，2004-07-07(4,5).

[3] 弗里德里克·K. 伯查尔. 柏林没为纳粹焚书事件所动//威廉·大卫·斯隆，等. 普利策新闻奖最佳作品集. 丁利国，等，译. 北京：中国新闻出版社，1987：28.

需要说明的是,在实际的新闻写作中,上述三种引语形式经常是综合使用的。它们的交互使用可以赋予报道以其他新闻形式无法企及的生动性。如前面所引《纽约时报》记者关于中国阿里的报道,记者的问话都是间接引语,而受访者的答话用直接引语,一明一暗,相互映衬。在上述例(1)中,这一段的后面,还有一处直接引语:这个俄勒冈州波特兰市的20岁的中士在1968年3月14日寄给他父亲的信中这样问道:"所有这些看起来挺正常的人,其中一些还是我们的朋友,在某个时候却像野兽。"其间,又一次出现"野兽"一词,前后呼应起来,看起来客观的陈述,实则凸现了报道的情感基调,暗含了新闻记者的倾向。因此,我们应该看到,如何综合使用引语形式,同样存在着选择,处理不当,会影响新闻作品对事实信息的传递和对情感倾向的表达。有一篇关于日本首相村山发表谈话向亚洲各国人民道歉的报道,是这样处理日本首相的谈话的:

他说,在过去不太遥远的一个时期内,错误的国策使日本走上了战争道路。进行殖民统治和侵略,给许多国家,特别是亚洲各国人民造成了极大的损害和痛苦。为避免将来重犯这样的错误,他毫不怀疑地面对这一历史事实,并再次表示深刻的反省和由衷的道歉。

村山说:"今天是战后50周年,我们应该铭记在心的是,回顾过去,从中汲取历史的教训,展望未来,不要走错人类社会通往和平与繁荣的道路。"[1]

这里,叙述者用间接引语叙述日本首相表示道歉的言语,而用直接引语(下面还有一段)叙述新闻人物"展望未来"的言语。从中不难发现——如果不是叙述者自己认为犯了错误——叙述者认为"未来"比"历史"更值得注意。这样的引述方式,对新闻主题而言,没有突出"道歉",因此,我们认为引语方式的选择有所失当。

3. 语言情境

语言的运用除了具有指涉事件的信息功能外,还具有表达情感的作用。新闻报道要求客观地叙述事件,但是这并不代表它完全排斥传播者主体的情感活动,只是它的前提是,事实必须清楚和准确,而情感则需要渗透在字里行间,不宜直接浮露于外。做到这一点,需要传播者具有驾驭语言的能力,善于在对事件的叙述中创设情境,让读者在接收事实信息的同时,也能感受到其间的氛围和情绪。

所谓语言的情境,即指作者通过多种语言手段,创造出情感、情绪、氛围等效

[1] 张国成.日本内阁首相村山发表谈话向亚洲各国人民道歉.人民日报,1995-08-15(1).

应，构成读者接收信息时的语言环境。譬如日本记者本多胜一的《死在故乡》的开头：

“久蒙关照。”78岁的T子，留下这样一张简短的字条，离开东京巢鸭的寓所，出走了。那是6月末的一天。再过不久，就是她79岁生日。她没有庆祝自己的长寿，而是静悄悄地在宇都宫的深山里自杀了。9月14日，遗族们将她的遗体在宇都宫火化。[1]

这段导语交代了整个报道的关键事实，同时也让我们感受到其间的悲凉和作者深含同情的态度，尽管作者没有说“我深表同情”或者“这多么令人感到悲凉”之类的话。我们试着把这段文字改为：“6月末的一天，78岁的T子离开东京巢鸭的寓所出走，留下一个‘久蒙关照’的字条，后来在宇都宫的深山里自杀。9月14日，遗族们将她的遗体在宇都宫火化。”对照一下可以发现，事件的信息依然像原文一样清楚，但是，那种情感氛围顿时消失。仔细分析这里的语句，我们便会发现这样三点：一是原文用含“了”的句子，舒缓了语气；二是“那是……一天”则传递追怀的意味；三是“她没有庆祝自己的长寿，而是静悄悄地在宇都宫的深山里自杀了”，这样包含对比的表述，蕴含着情感，内敛而不外露。

记者利用语言手段创设特定的情境，不仅告知人以事实，而且牵动人的情感，甚至将记者的主观态度和立场植入其中，以期引起读者的共鸣。譬如在《令人恐惧的法佛尤》[2]这篇报道中记者写道：

本报经过3个月的调查，发现：

在法佛尤，精神病人不是被看护人员或受他们怂恿煽动下的其他病人毒打时当场丧命，就是在毒打后死亡。

就在法佛尤，凡遭毒打之死的精神病人都被诊断为死于心脏病突发。

就在法佛尤，精神病人的性命被视为儿戏，被打得鲜血淋淋不省人事。

就在法佛尤，一个看护人员在打病人，其他所有在场的看护人员必须上去一起打，这已成为一条不成文的法规。

就在法佛尤，精神病人被强行与看护人员或其他病人互相鸡奸。

就在法佛尤，精神病人被迫连续几年赤身裸体，有时还被戴上手铐，住在冰凉的病房里。

---

〔1〕 黎信，蓝鸿文. 外国新闻通讯选评. 北京：长征出版社，1984.

〔2〕 艾塞尔·穆尔，小温德尔·罗斯. 令人恐惧的法佛尤//威廉·大卫·斯隆，等. 普利策新闻奖最佳作品集. 丁利国，等，译. 北京：中国新闻出版社，1987.

就在法佛尤,看护人员把精神病人召集在一起,挑唆他们互相斗殴,而看护人员却就其输赢打赌。

…………

这里以排比句式将记者调查的事实陈列出来,既不容置疑又富有气势,让我们读来感受到代表正义的声音在宣读法佛尤的一条条罪状,读者的情绪很容易被这样的表达激发起来。由此也可以看出,语言的情境是综合使用语言手段的结果,包括词语、句式、修辞方式诸方面的选择和细节的描写等。如果遣词造句不够恰当,有可能破坏或模糊语言情境,从而影响读者在对事实信息的接收中对特定气氛的感受。

应该强调的是,语言情境的创设应该来自事件本身,贴合事件本身,而不是刻意制造煽情的效果和耸人听闻的效应。再就是,在特稿和通讯写作中,语言修辞手段复杂,因此相对来说比较注重语言情境的创设。但这并不等于说,简短的消息就没有语言情境,实际上,很多对重大事件的报道,以其快速的节奏,动词的突出位置,也很容易使人们置身于紧张的情境之中。

三、新闻的结构

结构是文本的框架,是对语言材料的组织和构造。如果把语言活动比作奔流的河水,那么,结构便是堤岸,它确保语言活动在一定的框架内进行,如果失去了它,语言活动就会散漫无羁。不管是文字文本,还是音像文本,都需要一定的结构。结构合理,有利于受众的阅听收视,否则会影响传播的效率。新闻写作的结构大体上有编年体式、倒金字塔式、钻石式、穿插式。每一种类型都有其自身的特点和适用的情形。

1. 编年体式

这种结构严格按照事件进程的时间顺序,将事件进程中的关键环节记录下来,其优点是清楚显示事件发展的脉络,凸现事实链条中关键的环节,使文本显得确凿可靠。譬如法新社1964年10月15日播发的关于赫鲁晓夫辞职的报道中[1],将事件(赫鲁晓夫辞职的消息的确认)的进程,按照密集的时间点顺序列出:16时5分、16时9分、16时34分、16时55分、17时45分、18时4分、18时45分、18时49分、18时53分、18时55分,这些时间词像精确的刻度记录下事件的整个过程。对重大事件、突发性事件的报道,采取这种方式,可以精确、明

〔1〕 李大卫,石维康.百年好文章:法新社新闻佳作.西安:陕西师范大学出版社,2002.

快、详尽而又高效地传递信息。在对时间的跨度很大、关涉的问题很复杂的事件报道中，采用编年体方式则需要有高度的剪裁能力，恰当地安排详略，做到既呈现过程的清晰脉络，又凸现重要的事实。编年体报道不仅适用于重大事件、突发事件、跨时长的事件的报道，也可用于小型事件的报道。

值得注意的是，编年体的方式有时候并不独立使用，而是与其他结构方式套用。譬如，大卫·马纳尼斯撰写的《〈华盛顿邮报〉记者被取消获普利策奖资格》[1]这篇报道，整体上是一个倒金字塔式的结构，但是，关于如何确证珍妮·库克的《吉米的世界》是虚假报道，对其过程记者严格按照时间顺序逐一介绍。

2. 倒金字塔结构

这是西方新闻写作传统中的主要结构形式，它的特点是把最重要、最精彩的事实放在一开头的导语中，其他事实按重要程度递减的顺序排列。这样行文清晰明了而简洁，使读者在最短的时间内获得最多、最重要的信息。这种结构，既便于记者以最快的速度写出报道，也便于编辑根据版面大小，从稿件尾部向前删减，一直删到稿件长度适合安排版面而不致影响新闻的完整性。

在采用倒金字塔结构进行新闻报道时，应该特别关注的是重要性等级排列。这一问题同样不仅是写作的问题，而且也是新闻价值观问题。譬如下列新闻[2]：

新华社洛杉矶1984年7月29日（记者×××）　中国在奥运会历史上“零的纪录”的局面在今天11时10分（北京时间30日凌晨2时10分）被中国射击选手许海峰突破。许海峰以566环的成绩获得男子自选手枪冠军，夺得了奥运会的第一块金牌。

中国体育代表团副团长陈先在许海峰获得金牌后对新华社记者发表谈话说，这对中国运动员是极大的鼓舞。这是中国在奥运会历史上得到的第一枚金牌，实现了“零”的突破，在中国体育史上具有深远的意义，他表示感谢运动员和教练做出的艰苦努力。

许海峰今年27岁，是安徽省供销社的职员。他在获得金牌后对新华社记者说，这还不是他最好的成绩，只不过是正常发挥技术。他最好的成绩是583环。他表示要不骄不躁，继续努力，争取今后取得更大的成绩。

---

〔1〕 转引自黎信，蓝鸿文．外国优秀新闻通讯选评．北京：长征出版社，1984．

〔2〕 刘保全，彭朝丞．消息范文评析．北京：新华出版社，2001：148．

从文本的叙述次序上看,许海峰是该消息主要的新闻人物,对他的采访在该消息中却被放到了最后。就新闻事件而言,这样的排序未尽合理。我们看到,“中国体育代表团副团长”的“位置”被放到了前面,其间的价值取向倾向于国家、集体。由此可见,在倒金字塔中,结构本身隐含的意义,往往比公开的文字表述还要重要。

3. 钻石式结构

这种结构由于类似于钻石的菱形而得名,开头和结尾往往篇幅短小,中间部分很长,也是主体部分。它是来自《华尔街日报》的报道写作模式,即以一个事例、一句引语或一个人的故事开篇,力求做到开头人性化,然后从人物与新闻主题的交叉点切入,过渡到新闻的主题,接下来集中而有层次地展开这个新闻主题,最后重新回到人物,将人物引入新闻,在一个更新的层次上揭示人物与新闻主题的关系。

譬如《华尔街日报》2011年8月5日发表的《病入膏肓的印度医疗体系》[1],对印度的医疗体系做了较为全景式的介绍,其开头写道:

2月13日,穆罕默德·阿瑞夫(Mohammad Arif)来到焦特普尔(Jodhpur)乌美医院(Umaid Hospital)的产科病房看望他的妻子卢卡莎娜(Ruksana)。第二天,她将接受剖腹产手术,迎来她的第一个孩子。

阿瑞夫对妻子说:“他们安排你在情人节这天生孩子。”

她说:“神会保佑我们,一切都会好的。”

这个开头以一个普通人的感受切入,将报道要展开的主题落在一个普通人的身上,意在引起更多的人的共鸣,引起人们的阅读兴趣。这样的开头选取的对象看似平常,却是这种新闻写作形式的关键所在,它建立在记者扎实采访和精心选择的基础之上。接下来的一段引出了主题——印度医疗体系存在种种问题,揭示全文主旨,并在导语与主体之间扮演承前启后的桥梁角色,使导语中所描述的情境与主体的内容衔接。这里的衔接要自然,引语也要精心选择。正文主体部分报道机能严重失调的印度公共卫生体系,涉及基层的医生、院长、印度卫生部和普通民众。在这个长长的主体部分,这篇报道的主题所涉及的各个方面得到充分展示。得到充分展示的条件则是,记者进行大量的相关采访,采用尽可能广泛的消息来源。这个条件非常重要,如果仅仅找到了一个漂亮的开头,并精心

[1] Amol Sharma, Greeta Anand, Megha Bahree. 病入膏肓的印度医疗体系. (2011-08-05)[2012-09-10]. http://cn.wsj.com/gb/20110805/bas090152.asp.

设计过渡,而不进行扎实细致的采访,主体部分的展开就没法进行。有的记者采用这种结构方式,但在这个展开部分,却大量采用第二手甚至第三手信息,从别的报道或资料中挖东西来填上,从而制造出"注水新闻"。对此,我们应予以警惕和明辨。

这个报道最后是这样结尾的:

今年早些时候的一个下午,一位政府官员来到阿瑞夫的家中。他给阿瑞夫送来了标准的政府赔偿金:一张50万卢比的支票(约合11000美元),以了结他妻子卢卡莎娜的死亡事故。

完整的钻石结构应该是"凤头豹尾猪肚子",即漂亮的开头、充实的中间和有力的结尾。结尾一般要求回应开头,回到开始时的人物,但也有不一致的情况,如本篇报道。是不是同一个人物也许不是最重要的,最重要的是,在经过了主体部分的充分展开之后,结尾能否同样在个性化的言语或行为中强化报道的主旨。

4. 穿插式结构

这是指在对核心事件进程或核心事物展开的叙述中,插入相关内容,便于受众对核心事件或事物的感知与理解,揭示事件或事物的深层意义,渗透传播者的意图,强化新闻的主题。使用这一结构的关键在于确立主线和选择插入点。如新华社记者王攀、刘书云于2001年11月17日采写的《最后一跳》报道了熊倪告别跳水生涯前的最后一次比赛,它以这最后一跳为主线(主体),中间插入了对熊倪跳水生涯的回顾(背景)。它把跳水过程短短的几分钟时间切割开来,分为几段介绍,分别是1、3、5、8、11段,而在第4、6、7、9、10段里,按时间的顺序插入了对熊倪运动生涯中几个关键的阶段的介绍。这样一来,这短短的几分钟时间,就浓缩了较多的时空内容,可以说凝聚了熊倪整个跳水生涯,因此大大地拓展了眼前这一事件(熊倪的最后一跳)的意义内涵。值得一提的是,在插入的过程中,记者很巧妙地利用了一些描述跳水动作的动词来衔接主体和背景,使行文在由实而虚或由虚而实的变化中不失自然。

在穿插式结构中,主线的确立有时候是依据新闻事件的进程,如上面的《最后一跳》;有时候依据现在的场景,如《伊娃的礼物》[1]中,主线是根据伊娃手术复明后的感想和活动展开,中间穿插她的家庭背景、家人的不幸遭遇、过去的生

〔1〕 杰里·施瓦茨.如何成为顶级记者:美联社新闻报导手册.曹俊,王蕊,译.北京:中央编译出版社,2003:49.

活经历介绍;有时候可以根据一个关键线索展开,如西摩·赫什的《战争压力与杀戮者的产生》[1]中奥尔森的那封信。也就是说,主线的确立方式可以是多种多样的。但值得注意的是,主线不仅用于串联和组织材料,使之成为严密的整体,而且用于凸显新闻的主题。在《战争压力与杀戮者的产生》这则新闻中,第1、3、5、10段是这一线索的呈现部分,第2、4、6、7、8、9段是介绍调查采访的情况。实际上,围绕"美莱事件",西摩·赫什有一系列报道,这封信显然也是记者调查采访的收获,在报道中它就成了非常重要的新闻来源。在别的记者手里,这封信也可能作为"美莱事件"的有力证据之一,被集中引述。但我们看到,本篇报道将信切割成了几块,串联起其他在采访中获得的材料。这样,信就像一根线,清晰地呈现了报道的脉络和层次。不仅如此,仔细看一下所引述的信的内容,我们便可以发现,它除了陈述事实外,还蕴含着奥尔森的情感和情绪内容,包括它所引起的奥尔森父亲的评价。这样一来,这个线索担负的就不只是串联材料的功能,而且包含了非常突出的价值判断——反对和质疑这场战争,它渗透在事实信息之中。在报道中,虽然没有一个字是记者自己的议论分析,但是,通过这个主线的设置,记者的反战态度潜伏于其中。可以说这样的结构方式很好地实现了"以事实说话",将倾向性隐含于对事实的客观报道之中。

除了上述四种结构外,新闻作品当然还可以有别的选择,需要新闻传播者根据具体情况发挥自己的创造性。在新闻实践中,记者不一定按照标准的结构图式来组织他的文字,他可以对既有的新闻作品结构方式进行综合,加以变化,寻求更新、更合适的方式。但无论怎样,跟文学文本或其他文本相比,新闻文本在结构上的最大特点是需要服从新闻传播谋求信息快速、有效、清楚地传递这一铁律,做到要者优先、清晰连贯和以事实说话。

第二节 新闻编辑

提到新闻传播活动,一般人们首先想到的是新闻记者,实际上,在任何一则新闻的传播过程中,在任何一家新闻传播机构的每日运作中,新闻编辑人员的编辑活动都起到了极其重要的作用。

[1] 西摩·赫什.战争压力与杀戮者的产生//沃尔特·李普曼,詹姆斯·赖斯顿,等.新闻与正义:普利策新闻奖获奖作品集.展江,主译评.海口:海南出版社,1998:496.

新闻编辑是指这样一种活动：新闻传播机构的编辑部门和编辑人员运用专业知识，凭借新闻素养，策划、组织和协调新闻采写活动，从众多的新闻稿件(包括文字、图像、照片、声音)中选出最有新闻价值的稿件，为它们制作标题、穿插相关资料、设计版面，从而吸引受众的阅听收视，潜在地“规定”他们接收新闻的秩序，凸显所传播的新闻的重点，提示意义。有学者通过下面的图示向我们揭示了新闻编辑在新闻传播过程中的位置和角色〔1〕：

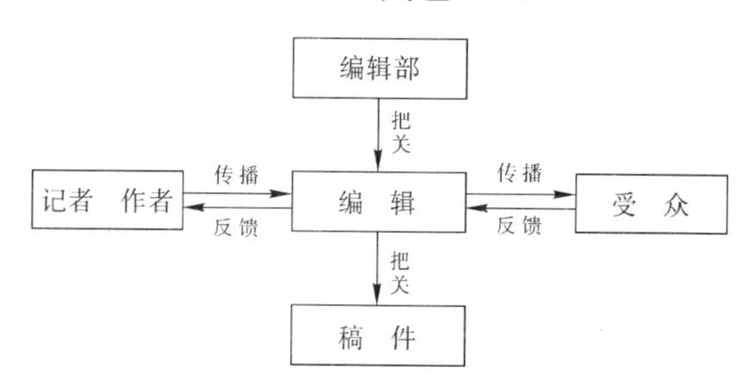

一、新闻编辑方针的确立

确立新闻编辑方针主要是指新闻编辑部在宏观上对新闻传播的把关。所谓新闻编辑方针，是指新闻传播机构对新闻传播的内容和形式所做的总体设计，是该机构的新闻传播活动应该遵守的总的准则或者说宗旨，编辑方针为具体的新闻编辑活动确立了方向。像《光明日报》1978 年 5 月 1 日的社论《为本报改版致读者》就阐述了其编辑方针：“本报将作为以科学、教育为主要宣传内容的文化战线方面的报纸，以宣传科学、教育方面的动态，大力普及科学知识。为了保持和发扬原有特点，还兼顾社会科学和文化方面其他领域的宣传，办好各种专刊和副刊。国内外政治、经济新闻，除特殊重要者外，一般将不刊登。”由此可见，对内，编辑方针是对新闻机构处理新闻时原则、态度、操作范围与方法的规定；对外，编辑方针为广大读者的新闻选择提供了方向。它不仅是媒体风格的设定，而且是言论立场的标举。

一般的媒体多用简洁明了的语句表达自己的编辑方针，彰显自身的特色。以报纸为例，1926 年吴鼎昌、胡正之、张季鸾接手的《大公报》的编辑方针就是“不党、不卖、不私、不盲”；《新民晚报》以“宣传政策、传播知识、移风易俗、丰富生活”为编辑方针；20 世纪 90 年代，《南方周末》以“彰显爱心、维护正义、坚守良知”为其办报宗旨；2003 年创刊的《新京报》以“负责报道一切”为旗号。这些表

〔1〕 蔡雯. 现代新闻编辑学. 成都：四川人民出版社，1995：17.

述如果不是流于口号,那么必有一整套的编辑方针在实际工作中将这些表述具体化。

编辑方针具体包括下述相互关联的四个方面。

第一,目标受众的设定,即受众定位。目标受众的设定关乎新闻是给谁看的问题:不同的新闻机构、新闻栏目、新闻版面,都有着自己特定的目标受众,新闻传播者需要明确自己传播的新闻将主要为哪类人群所关注。譬如,同是法制类电视新闻节目,中央电视台的《今日说法》和《经济与法》在受众定位上就有着明显的区别。《今日说法》面向的是普通老百姓,节目除了有对案件的讲述外,还要请法律专家依据播放的案例"说法";因此它选取的题材极为宽泛,并且节目倾注着"关心贫弱者,用法律为他们撑起一片天空"的关怀和同情。而《经济与法》则是供专业人士收看的,受众多为经济界和法律界人士,节目内容因此更为专业、更具前沿性,也有更多学理的色彩和研究的意味。

第二,传播内容的设定。编辑方针还根据媒体自身的性质、宗旨和目标受众的定位来设定传播内容。像《人民日报》这样既是党中央机关报又是综合性日报的报纸,其报道范围相比其他党委机关报显然大得多,更比各类专业性媒体大;像《21世纪经济报道》则将经济领域以及与其密切相关的时政内容作为报道重点;而《中国经营报》更侧重于对企业经济的报道。2009年7月22日出现了21世纪以来最大规模的一次日全食,对于这样的天文奇观,媒体都进行跟进报道,如都市类报纸《南方都市报》7月23日推出"不愧是世纪日食"的特别报道,用3个版面的篇幅介绍了日全食的情况以及市民逐日的奇闻趣事;而财经类报纸《21世纪经济报道》的报道《"日食部落"赴各地追日 "食日部落"财源滚滚》以"日食经济"为观察的切入口,剖析了日食现象所衍生出的经济链,这就是在媒体自身报道的专业特长范围内展开报道。像这样在报道内容上有所侧重,有所报有所不报,都是在编辑方针的指导下进行的。

第三,传播品质的设定。如果说传播内容的设定是关于报什么的,那么传播品质的设定则是如何报的问题。一件凶杀事件,有的媒体只是处理成一则社会新闻,而另一家媒体可能处理为深度报道,以透视社会问题,还有的媒体可能更关注法律对案件的适用,以法律的视角透视事件中存在的问题,这些新闻业务的具体处理方式都由媒体编辑方针决定。传播品质的设定自然也关乎目标受众的文化程度、专业背景、知识水平。2011年温州"7·23"动车事故发生后,7月最后一周出版的《经济观察报》推出了以"温州没有奇迹"为总标题的8个版的特别报道:对"谁是真凶"、"这完全是人祸"进行了叩问,并提出了诸如全国人大应启动特别调查程序、请为死难者立碑、请敬畏生命、拆分铁道部的设想。该特别

报道的内容得到了大量关注与转载，《经济观察报》因此被广大网友敬呼为“敢于说真话的报纸”、“最有良知的媒体”。这与该报一贯冷静理智的报道风格一脉相承，贴合其以“理性、建设性”为导向的编辑方针，彰显了《经济观察报》的传媒品质。

第四，传播风格特色的设定。所谓传播风格特色的设定，是指传播的新闻在整体结构、内容、方式和外观等方面所综合表现出的格调和特色。它同样取决于新闻媒体的性质、宗旨、目标受众。譬如，对同一件事情的报道，《焦点访谈》更注重“以事实说话”，偏重于论证性、思想性，而《新闻调查》则更注重“探寻事实真相”，偏重于事件的过程披露，并以富有悬念的故事结构来组织安排对事件的叙述。

二、新闻编辑的基本流程

具体的新闻编辑流程主要有如下五个环节。

1. 新闻编辑策划、确定选题

一般来说，新闻策划也就是新闻报道策划，是指谋划和组织新闻报道的过程，包括报道时机、报道手段、报道艺术等，追求视角新、立意高、开拓深、介入及时，并往往具有“战役性”、系列性和专题性。新闻策划也指新闻媒体动作策划，即作为一种设计、一种决策和组织，贯穿于整个新闻活动的过程之中，大到整个报、台的风格定位、宗旨确立、栏目设置，小到单个专题的报道思想、采访思路、人员安排、采访手段的使用、版面或节目的设置等。[1]它是依据新闻编辑方针进行的更为具体的规划。

新闻编辑的策划工作既要从大处着眼，以系统的眼光统筹安排、以创新的精神精心设计、以超前的意识引导潮流，同时也要以实证的眼光注重调查研究、进行可行性论证。一般来讲，新闻策划比较关注那些周期性的新闻、那些已有明确时间表的重大事件，如两会召开、奥运会举办、特大事件纪念活动这类新闻。再有就是重大突发事件的后续报道，如矿难、洪水、地震等，这些事件发生后，对其来龙去脉的梳理、对其原因的深究、对其影响的探讨，都需要新闻传播者精心设计和规划。还有便是对重要事件的追踪报道，在新闻传播者预见其走向或者意识到事件的复杂联系时，便可以进行系列报道，以更充分地接近事件真相、揭示事件的意义和影响。

〔1〕 刘保全.“新闻策划”问题综述.新闻导刊，2004(4).

需要强调的是,新闻编辑策划是建立在事实的基础上须遵循新闻传播的基本规律的新闻活动,要和策划新闻进行严格的区分。近些年来,在激烈的新闻媒体竞争中,一些媒体打起了新闻策划的"擦边球":媒体将自身的某种活动或对某社会活动的介入作为新闻报道的对象,甚至制造事件加以报道,以扩大自身的影响;或者媒体化身为事件的制造者,包揽了消息源、传播者的角色。这两者都不是真正意义上的新闻策划,前者只应被看作媒体自身的公关活动,它与很多公关部门的新闻策划并无二致;后者是媒体完全背离了自身的社会责任而在制造虚假新闻,这一情况近年来尤其需要得到重视,一些媒体为搏出位,求发行量,求点击率而不惜策划、制造新闻,以引起轰动,如茶水发炎、"纸馅包子"等虚假新闻令新闻业界蒙羞,严重损害了新闻媒体的声誉与美誉度。因此,新闻传播者应该对新闻策划与策划新闻进行明确的辨析,尊重新闻传播的规律,恪守所在媒体的编辑方针。

新闻编辑策划的一个重要目的在于确定新闻报道的选题,即新闻传播者对接收到的大量新闻线索进行价值判断、选择、取舍后确定新闻报道的主要内容,新闻编辑需要凭借其自身的从业经验、专业素养,帮助一线的记者确定所要报道的新闻事件的"核心"。确定新闻选题是新闻编辑对传播者把关人角色功能的发挥,根据对新闻价值的判断选择相应的议题展开报道。如某地夏天进入汛期后出现洪水险情,对于这样一条新闻线索,新闻编辑需要对其中所可能蕴含的新闻点进行分解,如左图所示;再对分解出来的新闻点进行判断,确定关注的着力点。确定的选题不同,最终反映到新闻报道中,体现为不同的新闻报道侧重点。前文所提到的日食报道侧重点的差异即选题不同所带动的差异化传播。

2. 组织报道,调控报道

新闻编辑与记者需要保持协作关系,新闻编辑不只是被动地等待、接收新闻记者从采访一线传来的新闻稿件,更需要根据新闻媒体整体的运作情况,遵循编辑方针,对新闻报道产生多方面的作用和影响。具体表现在组织报道和调控报道两个方面。

所谓组织报道,首先是指编辑部通过对报道方案的设计,在报道的主要内容范围、报道重点、报道过程、发稿计划、版面地位和版面形式、报道人员等方面作

出具体细致的安排，其他采编人员根据这些安排各就其位，各司其职，完成新闻采、写、编、传的任务。其次，组织报道还指在新闻采访报道的过程中，编辑部对报道进行部署、推进、控制以及总结的活动。

所谓调控报道是指在报道进行过程中随时根据客观条件的变化调整报道计划，控制报道进展，以达到最好的报道效果。报道调控的主要内容包括接受反馈和调整报道：接受反馈是调整报道的依据，这些反馈包括从事报道的记者的反馈、报道对象的反馈、有关部门和主管单位的反馈、受众的反馈等。譬如，在采访一线的记者对最新发生的变动最为敏感，有些变动可能越出了最初的计划。编辑部需要及时了解这些变动，作出相应的调整，并进行新的部署。这也就是所谓调整报道。调整报道包括调整报道思路、报道内容、报道规模、报道形式、报道力量等方面。[1]就2010年连续发生的富士康员工跳楼自杀事件，《南方周末》编辑傅剑锋予以关注，以“如何超越那些零碎的个案报道，死者和生者，他们到底有着怎样被舆论忽略又事关根本的真相呢”为思考探索的重点，并且确定了体验式报道的方式，安排一名实习记者刘志毅深入富士康厂区成为“潜伏者”，另一名记者杨继斌进行公开的采访。最初，他们试图去探索员工自杀与富士康之间的因果关系，但随着采访的深入，他们发现如此相关的证据并不具备，采访陷入困境。对此，作为新闻编辑的傅剑锋赶往深圳的新闻现场，与前方记者及时沟通，重新梳理选题的报道思路。“先前非要找个‘黑幕’的想法也改变了。而是去寻找造成自杀事件的那些多样化的资本、机器、权力、制度的现实细节。”最终推出了深度报道《破解富士康员工的自杀“魔咒”》，揭示了员工自杀与富士康、与社会机制的关系。[2]

就报纸而言，组织和协调的功能集中体现于编前会制度，即在每期报纸组版之前，报社值班总编、总编室主任和各专业部门负责人参加版面协调会，安排版面，协调和组织重大报道。编前会召开的时间，晚报一般在当天上午10时左右，日报(早报)一般在头天下午6时左右。编前会时间一般是发稿的截稿时间。现在有的报纸为了加强这方面的作用，还将编前会分为大编前会和小编前会。如《东方早报》每天晚上5点30分召开大编前会，由总编辑主持，决定当日报纸的夜间编排和次日重要新闻的看点策划。每晚7点30分召开小编前会，小编前会由分管要闻的副主编主持，主要是把前3版所确定的新闻落实到具体操作层面，除此以外，还包括对大编前会的修正和及时调整。

〔1〕 蔡雯.现代新闻编辑学.成都：四川人民出版社，1995.

〔2〕 傅剑锋.“潜伏富士康”报道出台始末.南方传媒研究，2010(24).

3. 稿件处理

稿件处理主要包括组稿、选稿、改稿三个方面。

组稿。编辑根据拟订的选题计划与发稿意图以及读者对象,物色作者撰写相应的稿件,这就是组稿。对新闻编辑来说,稿件的主要来源是各大通讯社(在我国主要是新华通讯社和中国新闻社)的电讯稿、本机构新闻记者采写的新闻稿、通讯员来稿。除此之外,新闻编辑在涉及某些专业性较强的新闻报道时,在本报记者受到采访条件或者采访能力的限制而无法接近新闻源时,往往要聘请编制以外的特约记者撰写新闻稿件。特约记者的新闻稿件主要就是通过编辑向有关人士组稿而来的。还有特约评论员文章也是新闻编辑为配合特定的新闻,向有关专家或政府管理决策层约请的新闻评论文章。新闻编辑通过组稿有助于扩大新闻稿源,增强新闻传播机构与社会有关部门的联系。

选稿。新闻编辑每天要从众多的新闻稿中挑选出具有新闻价值、符合编辑部制定的编辑方针的新闻稿件,对新闻稿件作出第一次评价。新闻编辑工作的这个环节决定哪些稿件将进入传播流程,哪些稿件将被淘汰出局,因而它也是新闻编辑把关人角色的重要体现。选稿的标准是所报道事件的新闻价值、与编辑方针的吻合程度、预期的社会效果与影响力、目标受众的需要。选稿显然是对新闻编辑人员素质的考验,如果值得刊登的稿件没有录用,没有多大价值的反而入选,那么,其所传播的新闻将难以产生有效的影响力,从而造成受众对其供职的传播机构信誉的负面评价,甚至导致公众对该传播机构的信任危机。

改稿。面对已经决定留用的新闻稿件,新闻编辑进一步的工作是对稿件进行必要的修改,去芜存菁、修正润饰、琢玉成器,从而保证新闻传播的高品质。具体地说,稿件修改工作包括以下三个方面。

(1) 立主脑。对那些枝蔓横生、偏离主题、主题过多、堆砌资料的稿件,编辑人员需要根据立主脑的原则加以修改,将主题从中凸显出来,使读者能够迅速、明确地抓住文章要领。

(2) 校差错。即对新闻稿件中思想政治上的错误进行矫正,对新闻稿件中的事实不确、逻辑不清、失真失实以及容易引起误解和怀疑之处,都要加以仔细核实、查证和修正,以确保新闻的真实性;要检视是否有违反有关政策法规,涉及国家机密之处,并作出相应的修改。

(3) 修饰辞章。要判断文章是否通达,结构是否合理,遣词造句是否恰当,尤其要注意本着新闻语言对准确、简洁、易读的要求,删除空话、套话、大话,压缩冗长的句子,修改引起歧义和包含偏见的词语。

4. 新闻标题制作

在完成了上述对稿件的处理之后，新闻编辑人员要做的工作就是为新闻稿件制作标题。虽然新闻业界有人主张记者为自己的新闻稿制作标题，但是，标题制作仍是新闻编辑的常规工作，因为它与上述文稿处理以及接下来的版面安排联系紧密，需要统筹考虑才能协调与完善。

新闻标题有如下四个基本功能。

第一，标出事实。新闻标题要能标出新闻的主要内容，将新闻中最能体现新闻价值之处加以突出，以此引导读者阅读。因此，新闻标题要具体准确地揭示新闻内容，力戒虚浮不实、文不对题、空洞无物、任意拔高的情形。将下面这组标题两相对照，孰优孰劣，判然分明：

(1) 马富生捐资兴学

(2) 农民马富生，兴学捐巨资

显然，以上两组标题中，(2)比(1)好，因为它准确具体地揭示了新闻的主要内容，可谓新闻文稿的高度浓缩，如果我们没有时间阅读全文，浏览标题也能让我们获得明确的信息。

新闻标题制作对编辑的文字能力和新闻敏感提出了很高的要求。很多时候，一个标题出来了，看起来还可以，但是深究一下有没有更恰当的，这时便可能拟出更好的标题。2003 年非典期间，许多国家取消了对中国的访问，但是罗马尼亚总理还是如约前来。对此，《中国日报》的报道，最初拟的标题是一个单行题：

Wen Meets Romanian Guest

这个标题看起来很清楚，但是编辑觉得这没有很好地揭示事件的意义，最后拟出下面的复式标题：

PM Defies SARS With Visit
Leaders of two countries pledge to
strengthen co-operation in all fields

后者比前者更胜一筹的原因，就在于它不仅更为具体准确地提示了事实信息，而且揭示了一次访问在此时的特殊意义，突出了新闻报道的重要性与显著性。

第二，进行评价。新闻编辑借助标题制作表达出对新闻的价值、意义的看法，这是发挥新闻导向作用、引导社会舆论的一种有效方式。譬如，2011 年 7 月 29 日的《参考消息》上转载了香港亚洲时报在线 7 月 28 日的一篇报道，原题是“美国否定中国的太平洋战略”，《参考消息》制作的标题是“美国误读中国西太平洋战略”,显然,《参考消息》的标题包含评价,对读者来说,这个标题暗示了应该怎样看待这篇报道。

第三,吸引注意。一个醒目、制作精良的标题能有效吸引读者的注意,激发阅读的兴趣。有人曾这样谈论标题的作用:“你可以把马牵到水边,但你却无法强迫它饮水。当你把你的报纸送到读者手中的时候,你会遇到类似的问题:无法强迫他阅读。不过有一个办法可以诱使他阅读你的报道,那就是,运用精彩的标题。”[1]譬如:“国家测绘局:地图!卫星!飞机!”(《南方周末》2008年5月14日);“只收了一二成:渤海湾事件的乡村效应”(《三联生活周刊》2012年第3期)……这样的标题能让我们一下子被吸引,急切地想知道究竟。应该注意的是,新闻标题的吸引作用是以准确、真实地揭示新闻内容为前提和基础的,新闻编辑在制作标题时,不可为了吸引读者而不惜哗众取宠,让读者读完全文后有一种上当受骗的感觉。

第四,美化版面。标题是版面的“眼睛”,使版面层次分明、条理清楚。在实际操作中,各篇新闻的标题形式和种类可各不相同,字号和字体也可变化多端,还可以借助多种美术手段进行装饰处理。这些手段的恰当运用,能使版面活泼起来,富有变化,自然能达到美化版面的作用。试想,如果没有标题,一二十篇新闻稿排在一个版上,首尾难分、眉须不辨,版面就会显得沉闷、死板。

标题处理的方式多种多样,具体而言:多篇新闻稿,可以进行同题集中,共用一个标题。对于核心事件相关联的稿件,可以通过一个总的标题将若干条同类信息集纳在一起,方便读者阅读,迅速获取信息,这一方式主要用于专题报道或新闻专栏。譬如,2012年1月18日《参考消息》16版一则新闻的题目是“外媒称中国经济有望‘软着陆’”,在这个总题下是法新社、《纽约时报》和《华尔街日报》的三篇报道。同题集中,实质上是通过对新闻内容的组织,实现对信息的整合和梳理,在新闻传播的信息量日益增大的情况下,这一操作手法显得越来越重要。对于单篇新闻稿,新闻标题的结构主要有单一式和复合式两种。单一式标题只有主题而无辅题,主题可以是一行题或两行题(又称双主题);复合式标题不仅有主题,还有包括引题和副题等构成的辅题。在复合式标题中,可以同时具有引题和副题,也可以只有其中的一种。如:

劝不走占道摊主,陷入僵持　南京城管无意中使出“眼神执法”?

是单一式标题,而

[1] 冯根良.新闻标题艺术.海口:海南国际新闻出版中心,1997:1.

高速公路车祸频发，安全管理存在隐患

大型客货车占道行驶　记者抓拍忙不过来

则为复合式标题。鉴于网页美观和整齐的浏览效果要求，特别是在新闻首页上，网络新闻多以单行标题为主，这样可以保证在同一网页内容纳最多的标题条数，满足网络新闻的列表排列方式对信息量的需要。单行标题的形式使标题的字数相应受到限制，这就要求新闻标题在内容上做到高度浓缩和概括，做到传神与生动。简洁描述新闻的主要事实的同时还要揭示新闻中最新、最吸引人注意力与阅读兴趣的要素，如新浪网在编辑2011年1月29日《现代快报》报道《命题专家坐镇？别信！高校自主招生带热培训市场，专家提醒考生别被忽悠》时将原复合式标题改为"高校自主招生培训班遭冒名　清华公开打假"，简洁有力，标明了基本的新闻事实之余突出了公开打假的新闻点。

5. 组版

新闻编辑处理新闻稿件的最后成果就是报纸的版面。所谓版面，是各类稿件在报纸各版平面上的布局整体，主要由标题、文稿、图片、空白组成。一种形象的说法是，报纸的版面将原先处在"散兵游勇"状态的稿件组成了有组织、有战斗力的"正规化部队"。[1]新闻编辑的组版包括组编版面内容和设计版面形式。

组编版面内容的工作包括：

（1）本着"要者优先"的原则，根据编辑方针，确定版面的头条和重点。头版尤其重要，它是"一份报纸和它的内容的橱窗"，"它提供信息的方式必须能够把信息的重要性立即告知读者"。[2]头版内容确定之后，根据各版的分工情况，确立各版的重点文稿。

（2）把握版面的信息量与用稿量。由于稿件的数量受到版面空间的限制，所以要精心地选择稿件。稿件选择的标准是新闻价值的大小，可传递给读者的信息量大小，并且要考虑到与其他媒体传播内容可能产生重复的情况。

（3）考虑稿件搭配与版面的布局，为下一步版面设计做好准备。在此过程中，不仅要对各种新闻稿件加以分门别类，而且要使评论、编者按语、相关资料等非新闻稿件各就其位。

设计版面形式需要有条不紊、按部就班地进行，大体的程序是：安排次序、计算篇幅、考虑轮廓、确定版式、审看大样。在此过程中，编辑人员要熟练运用各种手段，如选择字号与字体、变换栏式和题型、运用线条和空白、配置图片和图案

---

〔1〕 叶春华，连金禾．新闻采写编评．上海：复旦大学出版社，1996：312.

〔2〕 转引自郑兴东，陈仁凤．中外报纸编辑参考资料．北京：中国人民大学出版社，1987：240.

東莞時報

2011/03/20 星期日

法国战机飞过利比亚领空

法国媒体19日援引军方消息报道,数架法国“阵风”战机当天飞过利比亚上空,执行侦察任务

此前巴黎峰会结束,法国总统萨科奇说,如果卡扎菲不马上停火,将采取军事行动 >>A08 国际

“超级月亮”现身与地质灾害无关

A07 国内

日本拟今明恢复福岛核电站供电

淘宝网 Taobao.com

出行机票3折起

拥军优属、拥政爱民,争创全国双拥模范城“七连冠”

法国空袭利比亚,各报竞相报道,在版面设计上也各显神通。这是《东莞时报》的头版。

等,力求主次分明、条理清楚、轻重平衡、比例得当,形成多姿多彩、美观大方的版面形象。版面形式的设计联系着前述整个编辑活动,因此它绝不仅仅是包装的过程,而是将适当的内容用适当的方式传播给读者、实现新闻传播意图的过程。

报纸版面在新闻的传播中起到非常重要的作用,概而言之,它具有下述四个方面的功能。

第一,吸引。相貌俊美而富有个性、眉目清秀而充满生气的面孔,对他人有着显见的吸引力。报纸的版面如果让人望而生厌,或者一看就觉得平庸无奇,读者的眼光只会从它们身边匆匆掠过。而优秀的版面总是能够吸引人们的目光,为新闻传播意图的实现打开最初的局面。标题排列、图片安插、字体及字号、线条和色彩乃至空白,都参与着报纸版面的吸引力的构成。

第二,导读。版面像一个无声的导游,指引读者进入报纸的空间。这个导游的角色承担得成功与否,就取决于它能否将不同的稿件按照合理的秩序形成层次分明的布局,让新闻稿件的安排符合人们的阅读习惯,调用各种表现形式以方便读者对新闻信息的选择。

第三,评价。版面空间的不同位置引起的视觉注意有强弱之别、先后之分,其承载的内容相应地便有重要与次要的分别。因此,将稿件安排在不同的区域,采取不同的处理方式,引起人们阅读时注意力的不同分布,便体现了报纸对稿件内容的评价,投射了新闻传播者的立场、观点和倾向。

第四,标志。通过栏的划分,文的排列,以及字体、字号、图片、线条、色彩等的运用,版面可以形成一定的特色和风格,使人们从众多报纸中能将特定的报纸一眼挑出。版面的标志作用不仅仅是便于读者作外观的识别,更重要的是能够外化报纸的内涵,形成特定的氛围,使读者觉察到报纸的内在个性。2008年汶川“5·12”大地震发生以后,《南方都市报》率先将红色报头变为黑白色,寄托对遇难者的哀思，彰显了媒体的社会责任感，突出了传媒的品质，也提高了媒体自身的知名度与美誉度。

近年来，由于视觉传播、网络传播和市场竞争的压力，也由于新技术提供的动力以及人们的生活节奏和审美趣味的变化，我国报纸编辑在版面设计上，努力打破传统规范，开拓创新，使报纸的面孔更具个性特征和吸引力，也使报纸的阅读更为方便。具体表现为：报纸版面的分栏数减少；弃用竖题；普遍重视头版导读的安排；色彩和线条的运用力求简洁明快；报纸的整体版面安排呈“货架式”排列，在新闻内容安排上采用批量化处理方式，力求简单、实用、高效；重视以标

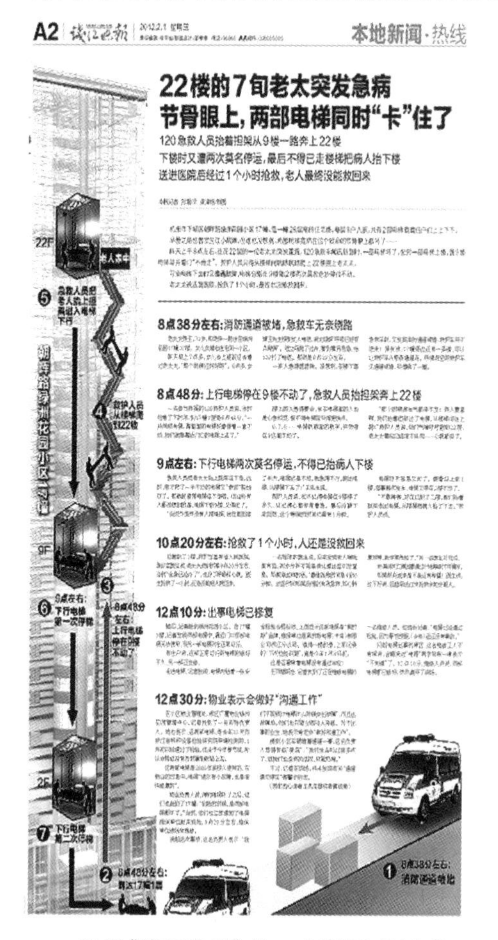

A2　钱江晚报　本地新闻·热线

22楼的7旬老太突发急病
节骨眼上，两部电梯同时“卡”住了

120急救人员抬着担架从9楼一路奔上22楼
下楼时又遭两次莫名停运，最后不得已走楼梯把病人抬下楼
送进医院后经过1个小时抢救，老人最终没能救回来

8点38分左右：消防通道被堵，急救车无奈绕路

8点48分：上行电梯停在9楼不动了，急救人员抬担架奔上22楼

9点左右：下行电梯两次莫名停运，不得已抬病人下楼

10点20分左右：抢救了1个小时，人还是没救回来

12点10分：出事电梯已修复

12点30分：物业表示会做好“沟通工作”

这是《钱江晚报》的一个版面，图文结合，以漫画演示事情的大致经过，正文用三栏隔开，整齐而富有变化，活泼而清晰。

UPDATES AND PHOTOS AT CHARLOTTEOBSERVER.COM

The Charlotte Observer

MONDAY · MAY 2, 2011 · 75¢　charlotteobserver.com

OSAMA BIN LADEN, 9-11 MASTERMIND

KILLED

U.S. HUNTS DOWN AL-QAIDA LEADER

Obama to nation: 'Justice has been done'

WHO WAS BIN LADEN?

Son's sexting charge spurs mother's novel

2011年5月1日，本·拉登被毙，各国媒体予以关注。这是美国本土报纸 *The Charlotte Observer* 的版面。

题和图片吸引眼球。与这些相联系的一个重要的变化是,工业设计的理念开始被自觉地引入到报纸组版之中来。[1]

以上新闻编辑的流程也适用于电视新闻,电视新闻主要运用画面(图像和声音)表现客观事物,将画面本身包含的视听因素真实地呈现在屏幕上,让观众直接去认识和感受。因此,相应地,报纸的组织版面工作,在电视新闻中表现为对画面进行剪辑,即重在运用电子编辑设备对前期摄录的音响、影像素材进行选择、剪裁、组合等处理,配以解说词、字幕、音响效果、音乐等而制作成一个完整的节目。电视新闻编辑在工作中首先要遵循新闻传播的一般规律,在新闻的真实性、客观性、即时性等原则的前提下对镜头进行剪辑,不能出现张冠李戴、颠倒是非的错误。2009年6月7日,《新闻联播》播出新闻《高考第一天考场内外贴心服务》,内容为高考第一天社会各界为保证高考考生有一个良好的应考状态所做的各种努力。"今天是2009年高考第一天,全国有1020万名考生走进了分布在全国各地的考场……"与这段新闻播报对应的画面是全国各地2009年高考考场内外的情况。视频播放至1分8秒时,画外音为"全国各地交警当日都提前上岗,保证高考交通顺畅",画面上一辆公交车向镜头驶来,一幅红底白字、写有"距2008奥运会开幕还有63天"的横幅挂在车头,其中数字"63"明显亮白,从视频判断应该是每天更换的。虽然镜头一闪而过,但细心的观众还是发现了央视新闻编辑的失误,广大观众和网民纷纷质疑和批评。所以电视新闻编辑在对镜头进行剪辑的过程中应以客观发生的新闻事实为前提,尊重客观规律。

此外,在新闻编辑的过程中,还要遵循电视影像剪辑的一些规律,特别要注意以下三点:首先,镜头之间的切换要合乎受众接受逻辑,可根据事情发展的时间顺序、逻辑顺序等展现动作或事件的演变过程。其次,镜头的衔接要流畅自然,运用蒙太奇的手法,通过对动作编辑点、心理活动编辑点、声音编辑点等的把握将镜头巧妙地串联起来,特别要遵循轴线规律,在影像拍摄与编辑中保证同一时空中相邻镜头间的空间统一感。再次,还要善于运用音响、同期声、解说词,给电视新闻带来冲击力:同期声传递的是新闻一线的声音,给受众显著的现场感,提高了新闻的可信度;解说词是对画面的必要补充,有助于受众全面、深入地了解事情的全貌。

网络新闻编辑是依托于电子、数字、网络等高新技术进行的,是一种非线性编辑,技术进步带来的媒介融合为网络新闻拓宽了编辑空间、丰富了编辑手法。网络新闻编辑的版面设计,其实就是网络新闻媒体的网页制作,相当于报纸版面

[1] 项晓宁.报纸版面变革与传播理念的变化.中国记者,2002(11).

的设计，而且网络新闻网页的制作可以集合报纸与电视的所长，将文字、图片、视频新闻置于同一个空间中，给受众以全方位的新闻体验。此外，网络空间的无限性使网络媒体的页面不像报纸的版面那样固定不变而呈现动态、虚拟的特点，新闻编辑需要时时关注热点新闻，通过对新闻价值的判断及时调整、更新页面上的新闻。专题制作是网络新闻编辑将其信息获取方式的便捷性、传递的即时性等特点与优势充分发挥的一个表现。对海量的新闻信息进行筛选的过程中，新闻编辑需要准确地辨析新闻价值，明确什么新闻需要并且值得制作专题。随后，对具体新闻事件所含的新闻元素进行一一剖析，确定新闻专题的大致框架结构以及内容。一些突发性事件，如意大利游轮触礁，以及一些重大事件，如60周年国庆等，会成为专题的对象。2012年1月19日，柯达及其美国子公司已经提交了破产保护申请，凤凰网财经频道在当天即制作了以“别了，那些年我们一起追过的柯达”为题的专题。该专题大致有以下几个板块：各方媒体对于事件动向的最新报道、各方的分析评论、相关人物以及产品介绍、对柯达成立131年后申请

凤凰网柯达申请破产专题。

破产的原因与启示分析、延伸阅读——“那些倒掉的百年老店们”。文字、图片、视频等元素相结合,既捕捉到信息传播的焦点,又围绕焦点进行信息的延展,丰富了信息层次,满足了不同层次的受众需求。

本章推荐阅读书目

沃尔特·福克斯. 新闻写作:报刊记者指南. 李彬,译. 北京:新华出版社,1999.

梅尔文·门彻. 新闻报道与写作. 展江,主译. 北京:华夏出版社,2003.

谢丽尔·吉布斯,汤姆·瓦霍沃. 新闻采写教程:如何挖掘完整的故事. 姚清江,刘肇熙,译. 北京:新华出版社,2004.

哈雷特·阿班. 民国采访战:《纽约时报》驻华首席记者阿班回忆录. 杨植峰,译. 桂林:广西师范大学出版社,2008.

卡罗尔·里奇. 新闻写作与报道训练教程. 钟新,主译. 北京:中国人民大学出版社,2004.

黎明洁. 新闻写作与新闻叙述:视角·主体·结构. 上海:复旦大学出版社,2007.

第四章

4

新闻传播的基本原则

要点提示：

新闻传播从根本上讲是为了满足人们在社会交往中获知信息、相互沟通的需求，也就必须按照事物的本来面目作真实的陈述。新闻真实的最基本要求是，构成新闻报道的事件的所有具体事实，必须实有其事，不能随意捏造。新闻客观性原则是指新闻传播者在新闻传播活动中要尊重不以人的意志为转移的事实世界的外部实在性，竭力按照事物本来的面目进行报道，避免在新闻报道中直接、公开地表达新闻传播者自身的观点和倾向。新闻的时效性原则要求新闻从报道内容上来讲，所反映的事实要新，从报道活动上来讲要迅速及时。

第一节　真实性原则

一、新闻真实的含义

人类精神活动从根本上说是为了认识世界并改造世界、发展自身,新闻传播活动自然也是这样。新闻传播在人们认识世界的过程中所起的作用,就是提供客观世界的信息,以消除人们认识上的不确定性,进而有利于人们去了解、适应、应对、利用和改造客观世界。新闻是公开传播新近变动事实的信息,作用是满足人们在社会交往中对沟通情况、获取信息的需要,因而它必须按照客观事物的本来面目作真实的陈述。新闻对所记述的事件,从人物到事件的起因、过程、结果,直至具体的细节,都必须准确地交代,容不得半点虚构、夸张、粉饰,更不能无中生有,凭空捏造。否则,新闻就不再是新闻,就不仅不能够促进人们的社会交往,反而有害于这种交往。人们只有在获得了关于世界的真实情况时,才能作出正确的判断,调整自己的行动。新闻传播的意义也正在于此。相反,如果新闻提供的不是真实的信息,它就可能误导人们的思维和行动,给人们的生活制造混乱,造成精神和物质的损失,进而导致社会机体的失序。正因为如此,真实是人们对新闻的最基本的要求,因而传播真实可靠的信息、坚持新闻的真实性原则也就成为新闻传播者最基本的工作原则之一。

"真实"是日常生活中使用频率极高的一个词,一般来说,真实就是指人们对实际存在的事物的认知和表述符合事物本身的面目,譬如一个人说"太阳从东方升起",我们认定这一说法是真实的,因为我们的经验和常识可以直观地证实这一点。但是,当"真实"这个概念与特定的学科领域相关联的时候,真实的含义不尽相同。譬如,我们说阿Q这个形象很真实,那是文学艺术上的真实,我们无法也不会去证实阿Q这个人是否真的存在,因为我们知道这是一个虚构的形象。也就是说,文学艺术讲求通过虚构、想象,通过对人与事的原型加以改装、拼凑、杂糅、变形来达到艺术上的真实,它是超验的,人们不必将文学作品中描述的人和事同现实对号入座,一一落实。哲学和科学也讲真实,但那是通过思维对具体事物的高度抽象而达到的观念上的真实,它虽然在根本上源于客观、具体的事物,但却抛开具体的事物,以真理或公理的形态存在着。譬如,我们说"在同一平面内,两条平行的直线永远不会相交"是真实的,这一论断适合所有它所指涉的情况,但要证明它是真实的,仅仅通过经验和直观的方式则显得不够,更需要通过逻辑的或实验的方式。历史学所要求的真实,则是指对历史事件的叙述必须符合过去发生的事实的实际情况,它建立在大量的事实资料的基础之上,并且这些资料必须经得起严格的考订和考证,比如,对事件的关键环节不能使用孤证。

那么,新闻要求的真实是什么样的真实呢?一个最基本的答案是:新闻要求的真实是以事实的真实为基础和参照标准,新闻报道对事实的反映必须符合事实的实际状况,是把"全部叙述都建立在事实的基础上"〔1〕的。

具体说来,新闻的这一真实性要求包含以下五个层次和方面。

第一,新闻真实的最基本的要求是,构成新闻所报道的事件的所有具体事实,必须实有其事,而不能捏造、夸大、歪曲。因此,记者在新闻采访中必须实事求是,努力获取第一手材料,对第二、第三手材料应该进行仔细和审慎的核实,以确保具体事实的真实。

第二,新闻报道对事实的反映必须如其所是——是什么样子就是什么样子。这就要求新闻传播者准确地报道事实。它包含两个相关的方面。一方面是指新闻传播者对事实的认知和判断的准确,在第一章里我们就提到,从哲学上讲,所谓事实乃是"人的实践和认识活动对象的客观存在状态",如果缺少实践能力,认识水平低下,文化知识缺乏,就不可能准确地把握事实,也就无法真实地报道事实。另一方面是指新闻传播者在报道时所采用的符号化手段能够准确地再现事实。新闻作品必须在何事、何人、何地、何时、为何、如何(What,Who,Where,When,Why,How——5W+1H)方面落实清楚。其中何事最为关键,是核心因素。因为新闻是事实的报道,先有事实后有报道,缺了"何事",新闻就没有了对象和依据,根本无法成立。在新闻写作中,真实性则要求语言文字的表述要准确,确保与其所报道的事实完全一致。同样,电视新闻的制作也须力戒补录、补拍、嫁接和以导演的手法来"造"新闻,而必须力求同报道对象的原来状态相一致。后一个方面构成了新闻叙述的真实性机制。

第三,新闻的真实不仅体现在单个事件的报道之中,而且应体现于报道的连续性。新闻传播对事实的反映的一个重要特点在于其及时性,随着现代科技手段的运用,新闻传播甚至将这种及时性推向实时和同步的程度。一方面,由于事实的变动不居,对一件事的报道,在某一个时刻可能与事实相符合,但是,随着时

〔1〕 马克思.摩泽尔记者的辩护//中共中央马克思恩格斯列宁斯大林著作编译局.马克思恩格斯全集:第1卷,北京:人民出版社,1995:371.

间的推移,事实发生了变化,新闻报道如果不去追踪这种变化,而停留于前一阶段的报道,那么它就无法完整地反映事实的真相,也就损伤了新闻的真实性品质。美国现代新闻事业和新闻教育的开创者普利策要求新闻记者:“在一件事情的真相被彻底弄清之前决不放过它,连续报道!连续报道!……”[1]说的也就是这个意思。另一方面,可能存在的状况是,由于对速度的追求,第一时间的报道有可能过于模糊、笼统甚至有错误。要弥补这些缺陷,除了依赖于媒体的纠错机制——更正声明外,还有赖于报道的连续性,即在后续报道中对此前的报道予以纠正和进一步完善,从而确保新闻报道的真实性。

第四,新闻的真实在更高的层次上要求准确揭示事实之间的联系。假如一个记者对一起交通事故进行的报道,涉及事故发生时间、地点、事故受害人、肇事者、警方处理、医院救治等相关方面情况,事实确凿,并且叙述清楚,我们可以说这篇新闻报道很好地遵循了真实性原则。但是,假如另一个记者报道同样的事件,他注意到在这次交通事故之前,这里已经发生多起交通事故,这一事故多发地段却没有相关警示信号,于是他到公路管理部门采访,到公路设计部门采访,到公路施工承建部门采访,最后发现,这里事故频发的原因在于工程没有按照设计要求进行,而是偷工减料,从而埋下事故隐患。然后他依据他的采访写出了新闻。这时候的新闻比起我们假设的前一篇来,由于其对事实之间联系的揭示而具有了更高层次上的真实性。

第五,新闻的真实在更高的层次上还要求新闻报道在整体上对客观世界准确再现。美国新闻学家罗恩·史密斯曾以犯罪报道为例说明这一问题。他指出:“每一个独立的犯罪报道可能都是真实的,但是大量的犯罪报道可能会让公众对自己所处社区的犯罪情况产生不够正确和全面的印象。”尽管联邦调查局报告说,在1990年至1995年间,谋杀案的数量下降了13%,但电视网的谋杀报道却增加了336%。这导致的后果之一是,许多人确信暴力犯罪十分猖獗,在犯罪率事实上已有所下降的情况下,大部分人依然相信,情况并无好转甚至变得更糟,他们作出这种判断的依据来自新闻媒体的报道,随之而来的是人们对犯罪的恐惧比以前有所增加。[2]这就提醒我们,新闻的真实不能仅限于单独的报道的真实,而是应该在此基础上追求整体的真实。当然,对从事具体事件的新闻报道的记者个体而言,他所能做到的只能是对个别事件的真实性负责,而新闻整体上

[1] 迈克尔·埃默里,埃德温·埃默里.美国新闻史:大众传播媒介解释史.展江,殷文,主译.北京:新华出版社,2001:201.

[2] 罗恩·史密斯.新闻道德评价.李青藜,译.北京:新华出版社,2001:55-56.

的真实则有赖于新闻媒体对报道量的控制,这种控制是否能够达到真实反映社会现状的目的,则取决于新闻媒体对社会信息资源的总体情况的认识和把握是否正确,取决于新闻媒体是否公正,取决于整个媒体环境是否健康与和谐。那种片面的报道,赶风头的报道,有意或无意忽略社会弱者的声音和诉求的报道,注定影响了新闻整体的真实性,导致对公众的误导,降低新闻媒体在公众中的信任度。

新闻应该真实,对此,各个国家各个阶级的新闻理论都不同程度地承认,新闻机构更是将它作为新闻从业人员的一条工作原则和伦理准则。然而,在具体的新闻传播实践中,由于种种原因,依然会出现虚假新闻和失实报道,对此我们需要作具体分析。

二、虚假新闻与失实报道

世界10大污染城市中国竟占8个(2001年)
千年木乃伊出土后怀孕(2002年)
北京孔庙将竖历届高考状元碑(2003年)
大批"毒面粉"流入黄石(2004年)
女大学生捡剩馒头充饥近两年(2005年)
铁道部酝酿火车票中加铁路建设费(2006年)
垃圾场惊现儿童残肢(2006年)
退役冠军摆摊为生(2007年)
纸箱馅包子(2007年)
比尔·盖茨花亿元租房看奥运(2008年)
高速列车3秒钟可跨越长江大桥(2008年)
老板手头紧让五情妇PK(2009年)
中国0.4%的最富裕的人掌握了70%的财富(2009年)
国考最热岗位报录比超4700∶1(2009年)
西安市已被确定为国家第五个直辖市(2010年)
一女生世博排队被强奸怀孕(2010年)
金庸去世(2010)
……

以上摘录的是由《新闻记者》评出的各年度十大假新闻。

从2001年起,《新闻记者》每年评选出当年的十大假新闻。在澄清重大事实的同时,也给新闻工作者敲响了警钟,具有重要的意义,其关注度和影响力日渐提高。但也从另一方面警示我们,失真失实报道已经成为一个十分突出的问题。

真实是新闻的生命,是新闻从业者的工作准则,同时也是评判新闻作品的重要依据。但是近些年来,新闻失真失实现象层出不穷、屡见不鲜,形式也多种多样。纵观各年度评选出的假新闻,首先,骇人听闻、出“奇”制胜总是不可或缺的特点,“趣味性”抓人眼球;其次,这些假新闻多为软新闻,与人们的实际生活密切相关,极大限度地“贴近”受众;再次,名人效应总是一大法宝,各行各业的社会名人纷纷成为故事的主角,登上假新闻“光荣榜”。这些特点,使其一经推出,就引起人们极大的兴趣。同时,随着科技的发展,传播速度加快,传播范围变广,危害更加不可忽视,我们应该予以警惕和防范。

对传统媒体的失真失实现象进行分析,我们可以区分出两大类:一类是虚假新闻,一类是失实报道。

1. 虚假新闻

虚假新闻,顾名思义,是指新闻传播者明明知道自己要报道的新闻是假的或者可能失真失实,但是,依然出于某种目的给予报道。这当中最为常见的是杜撰新闻,存心造假,所以可以称之为故意性失真失实的新闻。虚假报道出现的原因大体可以从下面四个方面分析。

第一,出于片面的政治功利的需要。党派、政府或利益集团,为了为“我”所用,对“我”有利,不惜捏造事实、夸大事实或者歪曲事实,将新闻要传播真实可靠的信息这一要义置之度外。1999年发生的以美国为首的北约各国发动的对科索沃的战争,其实质是西方强权政治的表现。而西方一些媒体的新闻报道严重歪曲事实真相,为北约部队的轰炸提供道义上的依据。北约轰炸南联盟之前,广为传播的所谓“马蹄铁计划”(即所谓科索沃塞族“清除”阿族居民的计划),实际上是彻头彻尾的谎话,而这一说法,当时曾被德国国防部长用以作为解释参战原因的重要论据之一。还有美国一个记者的亲身经历更是令人惊愕。北约轰炸开始前,他曾到科索沃实地采访,其中一篇报道还引起轰动。报道讲的是一个阿族妇女的丈夫及子女甚至包括一个襁褓中的婴儿,如何被塞族民兵“惨杀”的故事。后来,他还把这个妇女请到美国“作证”。然而,战事平息之后他重返科索沃,不仅找到了那位妇女,还见到了她安然无恙的丈夫和所有子女。而法国《玛丽亚娜》周刊的女记者勒维,在2000年初的一期《论战》杂志上撰文指出,“大量调查表明,塞族力量被指控进行的大规模屠杀是查无实据的”,媒体和一些记者在传播这一新闻时“表现出令人惊讶的轻率”;西方媒体大肆渲染所谓科索沃

"种族灭绝"，普遍宣称死亡人数达 30～50 万。而海牙国际法庭调查公布的数字是 2215 人。[1]

在我国极左思想猖獗时期，唯心主义盛行，新闻的真实性品质也大受损伤，尤以 1958 年对各地"放卫星"的报道最为典型，在我们党的主要报纸上出现粮食亩产数千斤、数万斤乃至数十万斤的旷世传奇，还有数以万计的文盲摇身一变而成大学生的"奇迹"。一些部门领导好大喜功，掩饰缺点，拒斥批评，虚夸浮躁，等等，这些不正风气往往借助权力对新闻传播工作施压，导致了讲真话受到压制、虚假报道容易见诸报端的局面。这样的新闻报道"扭曲了现实世界，不但不能增加物质的质与量，反而践踏了人们的创造力，急剧减少其占有物质的份额"。[2]不仅如此，诸如此类的报道也破坏了我国新闻传播事业在人们心目中的崇高地位，破坏了新闻的公信力。

第二，新闻媒体出于商业目的，哗众取宠，耸人听闻，不惜编造新闻。世界上大规模精心制造假新闻的创始人当数《太阳报》的理查德·洛克莫。他精心制造的"月球骗局"堪称近代新闻史上第一件有明确目的并经过精心策划的大型假新闻。1835 年 8 月 25 日至 8 月 31 日，他在《太阳报》发表了 7 篇总计 11 万字的有关发现月球人的系列报道，在当时引起了极大轰动。报道声称：英国著名天文学家约翰·赫谢尔爵士在非洲好望角用特大天文望远镜观测到月球人。这个著名的"月球骗局"使《太阳报》名声大振，俨然成了报业的龙头，《太阳报》销售量一下子飙升至 1.9 万份，一跃成为当时销量最大的报纸，甚至连外国的科研机构都被惊动了，在欧美掀起了一股寻找月球人的狂潮。

属于这种情况的还有，新闻传播者个人或者机构利用媒体的优势和权利与他人作权钱交易，搞有偿新闻，导致新闻失真失实。美国伊利诺斯州曾发生过这样的丑闻：该州有 50 名记者长期接受政府的津贴，至被揭露时这一津贴的总数已经达到 48 万美元，代价是对该州政府的活动作报道时手下留情。美联社在 2006 年 8 月 16 日的报道称，一个名为"媒体与民主中心"的非政府组织发表了题为《虚假电视新闻：泛滥成灾且未被发现》的调查报告。报告说，10 个月内，至少有 77 家美国电视台以新闻形式播放宣传广告，这些"视频新闻"通常由公关公司制作，目的是提高广告可信度。它包含一个或多个故事，其中"记者"由有偿演员扮演，但没有一家电视台在播出时告诉观众，这些并非真实的新闻，而是实际上的宣传广告。

[1] 王双泉. 迟来的反思：法国媒体检讨在科索沃战争中的表现. 文汇报，2000-04-24(3).
[2] 李庆义. 假新闻大"涮"俄媒体 有偿新闻成社会威胁. 中国青年报，2001-03-01(4).

在我国,现阶段,虽然党中央始终强调要加强党风建设,但党内的不正之风和各种腐败现象在少数领导机关和领导干部身上依然存在,其影响波及新闻传播工作,如一些单位和个人为了达到宣传自己的目的,借助金钱和财物诱使新闻工作者采写出内容不实的稿子,并堂而皇之地登上报纸版面,挤进电台、电视台节目。一些传媒和新闻工作者在社会不正之风面前,缺乏政治原则和捍卫真理的精神,或者为名利所驱,不顾新闻的社会效益,一味向"钱"看,因而迎合社会不正之风,导致失真失实新闻的出现。各种形式的有偿新闻或有偿不闻往往都是虚假新闻。

第三,新闻从业人员出于畸形的个人名利观,将编造的故事当作新闻传播。在20世纪80年代,新闻界的两桩丑闻都属于这种类型。一桩是《吉米的遭遇》,另一桩是《希特勒的日记》。《吉米的遭遇》的杜撰者是美国《华盛顿邮报》的女记者珍尼特·库克,她当年27岁。她编写了一个关于吉米的故事:主人公吉米,8岁,黑人,住在贫民窟,没有父亲,是母亲的男朋友给他注射了海洛因,使他从此染上了毒瘾。故事写得非常精彩、感人,珍尼特·库克因此获得了美国普利策新闻特写奖。后来经证实,《吉米的遭遇》这篇报道基本上是杜撰的。1983年,西德《明星》周刊发表了《希特勒的日记》,轰动一时。不久,人们发现这是一个大骗局,原来日记是伪造的,记者为了追求名利而有意行骗。真相大白后,记者被开除,总编辑被迫辞职,日记伪造者被警方逮捕。美国《新共和》的记者史蒂芬·格拉斯,曾经为多家全美发行的刊物写了数十篇相当有影响力的报道,但在1998年被发现这些报道中的部分内容"纯属虚构"。格拉斯在以他的生活为素材写的《说谎者》中,介绍自己当时作假的动机时说,希望人们能把他当成一个好记者,希望人们喜欢他的报道,希望他的每篇报道都是力作。

2008年汶川地震期间,央视女记者徐娜被派往重灾区都江堰进行现场采访,她谎称都江堰所有通讯讯号都已被切断,只能在成都下榻的酒店进行连线,她又称都江堰塌陷的学校救援工作接近尾声,更指称一个妈妈在学校等了30多个小时,希望等到自己的孩子被救出,为他庆祝生日,等等。在整个连线过程中,徐娜一直以"呃……"、"我觉得"、"大概"等回答问题,回答模糊不清、不合逻辑,有编造故事之嫌,多番被主持人打断。徐娜的整个报道,引起网民齐声谴责,众多网民批评她毫不敬业及不道德,强烈要求央视开除她。

上述事例中的当事人,都将个人名利凌驾于新闻职业对真实性的要求之上,以致不仅败坏了自己的名声,毁坏了前程,而且使他们所供奉的职业蒙羞。

第四,一味追新猎奇的新闻观,也是导致虚假新闻的重要原因。像"千年木乃伊出土后怀孕"、"高速列车3秒钟可跨越长江大桥"、"垃圾场惊现儿童残肢”、“巨蟒吞噬中国维和士兵”等，这类所谓的新闻的共同点在于两方面：一是它们都是旷世奇谈，二是它们都明显虚假不实。本来根据常识就很容易判断出这些新闻虚假不实，可它们仍然出现在各种媒体上，主要原因就是新闻传播者的猎奇新闻观使其只看到了“奇”，而置“真”于不顾。

2．失实报道

我们把非故意性失真失实的新闻称作失实报道，与故意编造的新闻相比，失实报道似乎不那么恶劣，但是其危害依然很大，甚至毫不逊于虚假新闻。失实报道的原因大致可以归结为以下五个方面。

第一，新闻消息源设置圈套，致使新闻失真失实。1995 年 12 月 20 日，中央电视台某著名栏目播出了《仓储粮是怎样损失的》，节目是根据淮阳县粮食局局长郝瑞端提供的情况进行报道的。报道说，由于淮阳县新设立的四通特别试验区强行接管原属县粮食局下辖的四通镇粮管所，并查封了粮库，使得例行的粮食检查无法进行，致使部分粮仓 51 天未能开门，88 万千克国家专项储备粮被鼠咬成粉，损失无法弥补。节目播出三天后，淮阳县委书记李华亭被撤职，并被降低级别工资和职务工资。后来，郝瑞端指使亲信暗杀粮食局副局长一案案发后，才知道，所谓的“仓储粮损失”是由他一手策划的旨在陷害李华亭的阴谋。事情的真相是：郝指使亲信改账，调换仓号，将国代民储粮仓改为国家专储粮仓，又将从县粮食局第二面粉厂清理出来的坏小麦 110 包计 9900 千克放到四通粮管所 3 号仓内，并在一个麻袋里放入老鼠和蛇，然后向有关部门汇报。[1]

第二，新闻记者采访不深入。由于采访不深入，有些记者凭想象写新闻，就会在细节上出现失真失实的情况。前苏联著名记者、作家波列伏依曾谈到自己的一次报道闹出的笑话。他到一家工厂采访，报道一位叫库兹明的老工人的事迹。报道中写到这位老工人回家后，刮脸，换衣服，梳好头发。结果老人找到波列伏依抱怨说：我怎么能梳头呢？原来他是秃顶的，在工厂总是戴着帽子。大家见到这篇关于他的报道后，就取笑他：“库兹明，讲讲看，你怎么梳头发呀?”采访不深入，造成新闻失真失实，有时候会导致对事件的关键部分的忽略，丧失弄清真相的机会。

第三，在新闻的时效性竞争中，有的新闻机构急于发稿，甚至违反一般的程序，先于事件发稿，结果导致新闻失真失实。这方面，最突出的例子莫过于《底特律新闻》的一次失误。1981 年，美国哥伦比亚号航天飞机第二次发射时临时出现故障，《底特律新闻》为了抢先，假定故障会及时排除，写好哥伦比亚号拖着

〔1〕 王方杰．淮阳县粮食局长雇凶杀人案始末．中国青年报，2000－08－15(2)．

一缕炽热的白烟飞上阴霾密布的天空这一新闻,并且冒险开印了。不料哥伦比亚号发射倒数进行到31秒时忽然停止。《底特律新闻》总编辑急忙下令停印,但已经印了3万份,而且有300份报纸流了出去。2004年8月29日凌晨,奥运会女排决赛一波三折,在先失两局的情况下,中国女排绝地大反击。在第四局的最后关头,中国队仍以21∶23落后,新浪体育频道出现一条消息:“女排姑娘奋战不敌俄罗斯,20年奥运冠军梦惜未能圆。”然而事实却是:中国女排以坚韧的精神最终拿下了阔别多年的奥运金牌!新浪网很快作了更正,但是前面发出的消息已经造成很大影响。事后新浪网解释说,在胡佳夺得跳水金牌后,为了迅速呈现喜讯给广大网友,新浪体育频道值班编辑对页面进行了更新,由于紧张而出现误操作,误将有关女排的模板预备代码一同发布,造成女排比赛尚未结束时即有标题宣告中国女排失利,但这个失误不是抢新闻造成的。正如《新闻记者》杂志对此发表的评点所指出的,不是抢新闻的说法有“此地无银三百两”之嫌。

第四,编辑把关不严。新闻编辑人员的工作是举足轻重的,一个合格的编辑人员,必须要胜任稿件的选择、处理,新闻标题的制作,组版等等繁杂的工作,是继一线的记者后的又一位新闻的把关人。一些编辑没有认真对待自身的工作,对需要刊发的稿件、图片等内容不加审查,草草了事,错误就会产生,甚至闹出了笑话。2010年2月,波兰 *Gazeta Olsztynska* 报刊登了一张有关温哥华冬奥会吉祥物的图片。图片中确实有温哥华冬奥会的吉祥物北美野人“魁特奇”、北极熊“米加”、戴着食人鲸帽子的动物神“苏米”以及陪衬吉祥物Mukmuk,不过图中却多出来一只熊。令人瞠目结舌的是,这只熊竟然是网络上最臭名远扬的“萝莉控之熊”(对未成年少女很感兴趣的熊)。

第五,新闻传播者知识素养欠缺。老一代新闻工作者黎信曾经以自己的经历告诫我们,新闻工作者在反映客观事物时,要具有相关的知识,否则会闹笑话。十年动乱后不久,他写一篇介绍中国佛教寺庙的英文专稿,其中有一段介绍十八罗汉中的伏虎罗汉。他凭着在寺庙中看到的伏虎罗汉写道:“(它)凭着神力征服邪恶。”这篇文章在新加坡一家英文杂志发表后,中国佛教协会转给黎信一封来自新加坡一个僧侣的信,信中尖锐地批评说,让一个不懂佛学的人介绍佛教,“实在是对佛陀大不敬”。原来,伏虎罗汉在佛学中的名字是“宾头卢尊者”,他听到寺外有虎啸,认为是虎饿了,于是用寺里的一些饭菜饲虎。这样一来,虎就被他收服,这位高僧从此成了伏虎罗汉。这封批评信黎信先生保存了许多年,作为对自己的警戒。[1]新闻传播者在采访报道特定的人物、事件时,如果对采访

---

〔1〕 转引自徐向明.中外新闻名家名言集.南京:南京大学出版社,2004:47.

报道对象相关的知识背景不甚了然，又不及时地去就教于行家里手，弥补自身的欠缺，那么，采写出的新闻就非常有可能失真失实。另外，一些媒体在没有弄清事实的情况下，仅仅根据自己的想象进行判断，同时自己的知识体系不够健全，对新闻的解读就会出现错误，错误地引导了受众。

以上我们分析了传统媒体在新闻传播中出现虚假新闻和失实报道的原因。虽然我们认为制造虚假新闻是故意行为，而写出失实报道是非故意行为，但是，其一，故意和非故意并非截然没有关联，观念上的错误会在工作上的失误中体现出来；其二，将故意和非故意加以区别，并不意味着对非故意的情形就可以宽容，因为不管是故意还是非故意，不管是虚假新闻还是失实报道，都会对新闻传播自身、对社会、对公众造成很大的危害。

应该看到，在新闻传播的具体实践中，造成虚假新闻和失真报道的原因不一定是单方面的，往往是多方面的。如果说个人职业道德修养和素质的欠缺给新闻业带来了致病的病毒的话，那么，这个病毒发生作用还有赖于其所依附和寄生的肌体，某种机制上的缺陷在这类丑闻的产生过程中所起的作用，更值得反省。新闻媒体作为天下公器，对自身机制的严格要求应该是新闻职业道德自律的应有之义。《纽约时报》曾爆出了记者杰生·布莱尔炮制假新闻的丑闻，他在该报的国内新闻组发表了73篇报道，其中有问题的报道至少36篇，包括华盛顿地区连环枪杀案报道和对伊拉克战争阵亡战士家属的访问。《纽约时报》刊登的一封读者来信中说："我感到惊讶和失望，《纽约时报》的核查和平衡机制居然对这样的事情未起任何作用。"事实上，在布莱尔调到国内新闻部任职之前，就有资深编辑对他的采写工作表示了不信任，并建议停止用他采写的稿件，但是，这一意见却没有被足够重视，以致布莱尔后来变本加厉地继续他的捏造和剽窃。不仅如此，也有媒体指出布莱尔事件是《纽约时报》为其"左"派意识形态付出的代价之一，其突出的表现是报纸专注于"政治正确"而忽略对事实的明察，责任总编豪威尔·雷恩斯之所以那么器重布莱尔，是因为他要表现对黑人的善意和用人的多元化。杰生·布莱尔是黑人，有报道说，两年前雷恩斯曾在美国黑人记者协会自豪地特意举布莱尔的例子，表明《纽约时报》重用黑人的成功，显示出自己的"族裔配额"制做得很好，也许这种"政治正确"为布莱尔事件留下了隐患。在《纽约时报》的历史上，因为意识形态和政治立场的原因而造成对事实真相的忽略，这样的事情并非没有发生过。譬如对斯大林时代的饥荒、对柬埔寨红色高棉的血腥屠杀，《纽约时报》的报道都曾留下不实之词。

除却传统媒体之外，网络媒体也已经成为人们接触和吸收信息的一个重要渠道。网络媒体给传统媒体带来机遇和挑战的同时，在一定程度上，也成了假新闻的"高发地段"。在2005年进行的媒介可信度调查中,网络新闻的可信度远远落后于电视、广播新闻,网络成为人们最不信任的媒体(如下表)。

对各种媒介的新闻可信度的评估[1]

变量	均值	标准差	可能范围	样本量
电视新闻可信度	8.58	1.63	1~10	777
广播新闻可信度	7.90	1.92	1~10	657
报纸新闻可信度	7.79	2.07	1~10	719
杂志新闻可信度	5.95	2.34	1~10	599
网络新闻可信度	5.22	2.66	1~10	540

另外,《羊城晚报》转发国外媒体报道称,一项关于媒体信任度的全球调查显示,公众对博客的信任度最低。路透社和英国广播公司等机构委托某公司进行的这项调查显示,在来自全球10个国家的10230名受访者中,有82%的人称国家电视台是他们最信任的新闻来源,75%的人信任全国性报纸,69%的人信任地方性报纸,67%的人信任无线电广播,只有25%的人信任博客,有23%的受访者明确表示不信任博客。美国的一项调查结果显示,本国民众对于网络新闻的信任度低于45%,并且普遍认为一些商业性网站发布的新闻可信度更低。不仅如此,在《新闻记者》杂志每年评出的十大假新闻中,直接来源于网络的有13篇,间接来源于网络的占40%。特别是网络社交新方式——微博出现后,失真失实的新闻更是大量产生,在网络平台上得以快速传播,同时还成为了传统媒体的消息来源,造成了十分严重的社会影响。由此可见,网络上失真失实新闻泛滥,亟待规整。究其原因,大致有以下三个方面。

第一,网络是一个开放的平台,传受双方互动性强,人人都可以成为传播者。网络具有传播速度快、交互性强的特点,它有别于传统媒介,不是媒体对受众的单向性传播,而是媒体对受众、受众与受众之间的传播。传播者范围的扩大化,在一定程度上助长了假新闻的产生。微博的兴起,使"公民记者"悄然发展,人人都可以通过发送微博,成为传播者。但这在一定程度上为一些别有用心的人提供了传播虚假信息的机会,他们通过发送不实的报道,企图达到破坏社会安定,扰乱公众秩序的不良企图。在2011年9月2日,有微博用户发布微博《吴敬

[1] 廖圣清,李晓静.解析中国媒介的可信度.新闻大学,2007(4).

琏警告:中国已进入微博时代》称:“经济学家吴敬琏指出,中国出现 1958 年大跃进式重大问题,为了拿钱,不择手段,不惜生命代价……”吴敬琏本人澄清,此说法并非其言论。

第二,把关人的缺失,是网络假新闻产生的重要原因。传统媒体稿件的发布,需要经过记者、编辑等的把关,他们为受众剔除不确定、不真实的信息,在很大程度上保证了传播内容的真实性。而在网络新闻媒体,从稿件的初选到出炉,都是由网站编辑一人完成,真实性难以保证,一些论坛、微博中的信息更是没有经过任何的把关程序,发布者自主控制,畅所欲言。

第三,网络的虚拟化、传播速度快的特征导致难以监测,为假新闻的产生提供了条件。网络的使用不需实名注册,只要注册一个账号,运用一个虚拟的网名就可以在网上和他人进行交流。网络的这种特征,导致新闻的消息源往往没有保证,同时由于传播速度过快,又很难找寻到新闻的出处,难以进行监督和监测,假新闻因此泛滥。

除此之外,网络假新闻在一定程度上还成为传统媒体虚假新闻的重要“发源地”。2010 年 9 月 16 日,国内一家主流媒体网站援引俄罗斯一家新闻网的报道,称:“根据波兰气象学家掌握的数据,温暖的墨西哥湾流正在变弱,欧洲将迎来 1000 年以来最冷的冬天。”11 月 7 日,某都市报记者根据网站的报道发表题为《北半球今冬将迎“千年极窍”　南京今冬或很冷》的新闻,报道说欧洲可能将面临千年一遇的极寒,一时间国内媒体纷纷报道。10 月 18 日,《新京报》的记者找到了媒体所称的波兰气象学家科瓦尔沃斯基,证实该新闻是媒体歪曲了事实,断章取义而产生的结果。

从以上事例中我们也不难看出,目前网上虚假消息往往最后都是通过传统媒体发生影响的,传统媒体的新闻传播者对网上虚假新闻的传播也应负有不可推卸的责任。

三、应对虚假新闻与失实报道的策略

要克服新闻失真失实这个“顽症”,就须针对上述诸多方面的原因,下大功夫,花大力气,努力消除它们,从而真正防止和杜绝失真失实新闻的产生。

完善新闻传播机制。要抵制权力和金钱对新闻传播独立公开的地位的损害,使新闻传媒真正成为党和人民的耳目喉舌,而不是少数权力持有者和利益集团的工具,就要建立和健全新闻传播机构的管理机制,树立层层把关的自觉意识,并落实更正制度。

从新闻从业人员的角度来说,一方面必须具有新闻职业道德,遵守新闻职业规范。美国报人普利策在主持《世界报》期间,一再强调“准确、准确、准确”,“光是不登假报道还是不够……必须把每一个人都与报纸联系在一起——编辑、记者、通讯员、改写员、校对员——让他们相信准确对于报纸如贞操对于妇女一样重要”。基于我国媒体从业人员职业规范意识淡薄的情况,新闻从业者应该在加强社会道德意识的基础上,进一步提高社会责任感和使命感,加强自身的思想修养和职业道德建设。另一方面,需要提高采、写、编等方面的业务能力,树立深入采访、调查研究、仔细核实的工作作风,不断地充实知识“仓库”,调整知识结构。

从受众角度来说,要积极提高媒介素养。受众是新闻面向的主体,是媒体的“上帝”,是媒体活动中各方面利益的聚焦点。来自社会公众的监督对减少假新闻具有十分重要的意义。同时,让受众了解新闻产生的特点和环节,对于新闻机构和工作人员来说是一种无形的压力,能够有效地减少假新闻的产生。

除了以上提到的各种策略,针对新闻失真失实的相关法律的制定也至关重要。相关新闻法律能够给新闻传播者提供一个参照的准则,能够有效地规范媒体工作者的行为,有利于营造一个良好的媒体环境,使新闻传播业往一个健康的方向发展。

在应对虚假新闻和失实报道的策略上,上面提到的《纽约时报》假新闻事件的处理值得我们借鉴。2003年5月11日《纽约时报》在头版以头题方式报道;然后在3版刊登启事,说明原委;接着在20—23版,整整四版报道,中间没有广告,没有大字标题,只有几幅相关人士的照片,仿佛判决书一般。其中一篇文章从2003年4月29日一直追溯到2000年3月13日,列出杰生·布莱尔发表的不实报道和证人证言;另一篇文章详细披露杰生·布莱尔在《纽约时报》的经历以及捏造与剽窃他人新闻的手段,介绍《纽约时报》派5位记者、2位研究员以及两三位编辑调查此事,还成立了专责委员会调阅杰生·布莱尔从2002年10月以来发表的所有文章。除了这些报道外,《纽约时报》还公布了电子邮箱地址,鼓励读者专门针对此事投书指正。报纸除向读者致歉,向不确新闻的受害人道歉,向遭到剽窃者致歉外,也为“使有良知的专业新闻从业人员蒙羞”而致歉。以如此严肃而隆重的规格自揭家丑,这不仅需要相当的勇气,同时也表现出足够的智慧。做到这一点已属不易,但是《纽约时报》并没有就此止步。

5月12日,《纽约时报》专栏作家威廉·萨费尔就布莱尔事件发表专栏文章,对造成这件丑闻的深层原因——《纽约时报》的“左”倾立场、报纸管理层之间的沟通障碍等进行了深入分析,指出“美国,以至全球的记者们,都会继续从

《纽约时报》学到教训”。根据美联社的报道，5 月 15 日，《纽约时报》举行员工大会，多名高层编辑向与会的几百名报社职员正式道歉，表示正是由于自己的错误及疏忽，前记者杰生·布莱尔才在炮制假新闻及抄袭他人稿件上屡屡得手。5 月 18 日的美国《新闻周刊》披露，《纽约时报》打算拓宽调查的领域，对其内部一些骨干人员的新闻报道存在的问题进行深入调查。5 月 29 日，《纽约时报》又报道了另一位报社著名记者里克·布拉格因读者投诉其剽窃，经查实而被迫辞职的消息。6 月 5 日，《纽约时报》发表声明说，该报执行主编豪威尔·雷恩斯因受到其部下年轻记者剽窃他人作品丑闻的影响，而被迫宣布辞职。与此同时，《纽约时报》总编辑杰拉尔德·博伊德也宣布辞职。第二天，《纽约时报》还发表社论进行深刻自我反省，并承诺将以此案作为前车之鉴，重建读者对《纽约时报》的信心。2003 年 11 月，《纽约时报》正式任命丹尼尔·奥克伦特为其历史上首位读者意见调查员。

《纽约时报》的这些举措，无不显示出它从此次丑闻的阴影中走出的决心，它要由此彻底洗刷耻辱，维护自身的尊严，唤起公众的信任，以清白之身重新确立它在大报名报行列中的位置。

四、新闻真实的限度

一方面，新闻的真实性原则作为新闻传播活动的首要原则，怎么强调也不为过分，尽管是老生常谈，但永远也不会过时。但是，另一方面，联系新闻传播活动的其他方面的情况及其同其他社会活动的发生的关系来考察，我们还需要清醒地认识到，新闻真实是相对的和有限度的。

新闻真实的相对性和限度体现在以下几个方面。

第一，新闻是“摹本”。新闻追求速度，是在高度的时间压力下完成的再现事件的“摹本”。它是新闻传播者根据自己的认识能力尽最大可能对现实事件进行的描摹。由于人类能力的有限性，新闻传播者无法追随变动不居的事件，绝对按照事件本身的情况展现事件的方方面面。同时，新闻是通过符号化手段再现事实的，这些手段也很难全面展现事物间复杂的联系和无穷变动。基于认知能力和再现手段的“短腿”，新闻反映事实就不可能达到绝对真实的程度。

第二，“这样好不好？”一个事件“是不是这样”，是认知层面的问题，“这样好不好”是价值层面的问题。在考虑问题时，我们要同时顾及这两方面。首先，过于血腥、暴力的场面，不应直接展现给受众，对于此类图像如果一定要采用，可以使用模糊原则——比如打马赛克，或者采用其他含蓄的方式表达，而不是把这类图像不经任何处理地展示在媒体这一公共看台上。其次,在现代社会,公民都有保护自己隐私不受侵犯,使自己的生活处于私人状态的权利,所以在涉及个人隐私这一方面内容时,需要慎重。但并非所有的隐私都不能报道,如果个人隐私伤害了社会公众的利益,这种隐私就不受法律保护。此外,对于犯罪的未成年人的姓名、国家机密等,在报道时就不能以真实性进行要求,而必须规避。2011 年 10 月,卡扎菲遭遇枪击身亡,全球各大媒体纷纷刊登出卡扎菲死亡的照片,画面中的卡扎菲满脸血腥,负伤倒地。媒体的这种"嗜血报道"会给公众产生不良的影响,新闻工作者没有坚守自己应有的道德底线。

第三,新闻工作者需要与时间赛跑。新闻讲求时效性,时效性的竞争可能导致新闻失真失实。对于那种一味追求时效性,对于报道草率了事的态度,我们当然是要坚决反对的。但是也应该看到,在有限的时间内通过调查采访再现的事实与客观事实有差异也是在所难免的。法学家贺卫方曾就此发表评论指出:"在报道任何事件的时候,如果传媒都谨小慎微,'治学严谨',对所有细节均要考证准确,那么就是以科学家的标准要求记者或传媒文章的作者,新闻本身的时效性便谈不上了,言论自由的生存空间(Breathings Space)必丧失殆尽。允许媒体批评的局部失实已经得到越来越多的人的认可,也得到了最高人民法院司法解释的支持。道理很简单,如果要求新闻报道完全真实,则记者必须为追求每一个细节的真实而旷日持久地进行调查和核实。稍有新闻从业经验的人都知道,这几乎是一个无止境的过程。果真如此,新闻的'新'这一特色必将丧失殆尽。"但是最近几年来新闻记者或新闻机构往往因为报道的失实而频频成为被告,且被告的罪名多为名誉权侵害。这些案件中固然有那种不负责任或别有用心地损害当事人利益的情形,但是很多并非属于此列,那么,如何把握这个有限性的度呢?有论者指出:"新闻真实不可能像司法真实那样更接近于事实本质,除非让新闻单位像司法机关那样也拥有调查的权力、手段和相关的司法程序。即便是这样,也不可能达到绝对的真实。所以,在许多新闻官司中涉及事件报道是否客观、真实的标准时,法院只要认定新闻报道'基本属实',就应当认定是真实的报道,就不应当构成侵权。"〔1〕"法院在审查新闻真实的过程中,应重点考察报道过程是否遵循新闻行业的规范,而不能强求新闻报道所有细节完全与客观事实相符。"〔2〕这些论述当然不是在姑息和纵容新闻放弃真实,而是对新闻的某种程度的失实所给予的客观而理性的辨析,是为了让新闻报道更好地发挥

〔1〕 杨立新.公众人物与"媒体暴政".青年记者,2004(9).
〔2〕 吴兢.舆论监督:司法倾斜保护.人民日报,2003-05-07(10).

舆论监督作用而寻求法律的支持和保护。

我们还要指出的是,新闻本身往往是各种力量作用下的产物,因此,在这些力量的作用和影响下,新闻的真实性有时候难免打折扣。这些因素除了上面提到的伦理因素、法律因素和时效因素外,还包括以下因素。

(1) 新闻价值取向。特定的新闻价值观往往不仅决定了新闻传播者对事实的选择,而且决定了对选定事实的再现方式和方法。譬如,如果强调事件的新奇与轰动效应,那么事件中包含的需要理性分析和对待的成分就可能被忽略;如果强调以正面报道为主,那么灾难的抢救和善后工作可能会得到突出,而灾难的程度、原因和后果便相应地缺失甚至不予报道。可以说,在某种程度上,在新闻媒体就某个事件作出低调处理或重点报道的决定之际,就已经决定了事实无法按照其本来的面目得以再现。譬如下面这则 2005 年 9 月 23 日上海某晚报的报道:

与公司发生矛盾,竟以集体跳楼作为威胁。昨晚,上海一群女工站在丹巴路上某厂内三层楼高的楼顶上大喊大叫。虽然厂方负责人和警方加以劝阻,但还是有几人跳了下来,被及时送至医院。

记者赶到现场时,警方和厂方负责人正在进行劝解,在三层楼高的楼顶有几个女子来回走动。“她们共有 8 个人,全是女的,上去后就不肯下来,还在上面叫喊。”一位知情者说。此时已是晚上 11 点,几名女工在夜风中已经足足站了 2 个小时了,还不时叫嚷着。

为防止女工跳下受伤,消防队员将气垫铺好。但楼上的女工并不领情,充气垫放到哪里,她们就往反方向跑去。消防队员只能扛着充气垫来回奔波。一名女子突然大叫一声跳了下来,虽然被充气垫接住,但还是受了伤,被救护人员紧急送至医院。接着也有几名女子跟随跳下,均被送至医院。

按照这则报道所说的,与公司发生的矛盾让女子集体跳楼,那么,什么样的矛盾竟至于导致如此结果?对此,报道根本未涉及,读者也就难以从中了解事件更为真实的情况。

(2) 新闻政策。在上一章我们谈到新闻价值的限制因素时已经指出,在对新闻的社会控制中,新闻政策比新闻法规或相关法规更为灵活,它能够根据新闻机构的具体活动情况迅速制定和调整。在新闻实践中不乏这样的情形:一个事件,新闻机构最初给予了及时报道,但是随后接到有关主管部门的通知,不宜或不许继续报道,在这样的情况下,对事件的追踪或追溯就无法展开,新闻的真实性程度于是被削弱或冲淡。

新闻政策总是联系着一定的国家与政府组织的政治权力,它的制定和实施带有强烈的功利色彩和政治策略意味。因此,当作为政治的延续和集中体现的战争到来时,政府必然对新闻传播机构进行政策控制,其最突出的表现就是战时新闻管制,这时新闻的真实性必然受到相当程度的影响,正如美国参议员海勒姆·约翰逊在1917年说的那句名言所称的:"当战争来临时,第一个伤亡者便是事实真相。"在两次海湾战争、科索沃战争中,新闻媒体发布的虚假不实的消息不计其数,除了新闻机构本身的原因外,大部分都是政府和军方利用新闻媒介来做战争宣传所致。

由新闻政策控制报道的情况,在我国比较多地体现在灾难报道领域,其中最为突出的要数关于唐山地震的报道。1976年7月28日,河北唐山发生了大地震。第三天,《人民日报》采用新华社通稿对这一灾难进行报道,其标题为"河北省唐山、丰南一带发生强烈地震 灾区人民在毛主席革命路线指引下发扬人定胜天的革命精神抗震救灾",对灾难的具体情况一概不提。这与我国政府当时对灾难新闻报道的政策规定有关。早在1950年4月2日,中央人民政府新闻总署给各地新闻机关的《关于救灾应即转入成绩与经验方面报道的指示》中就要求:"各地对救灾工作的报道,现应即转入救灾成绩与经验方面,一般不要再着重报道灾情。"这一规定实际上一直延续到20世纪80年代。

(3) 意识形态。卡尔·曼海姆在其《意识形态与乌托邦》中指出,意识形态有"特殊概念"与"总体概念"之分。前者"被看作对某一状况真实性的伪装",这种伪装由起初的有意识或半意识,最后发展到了无意识。后者是指某个被历史地决定了的社会阶层不同于其他阶层的思维范式的思维。但无论是前者还是后者,都是"向自己歪曲人类存在的基本事实,其方法是将它们神化、浪漫化或理想化"。任何一个新闻传播机构都会自觉或不自觉地遵奉某种意识形态,因而戴上有色眼镜,从而影响新闻对事件的真实报道,甚至有可能歪曲事实。这种情况,在意识形态对立的媒体之间就同一事件的报道中表现得最为突出。像亚特兰大奥运会期间,对中国运动员王军霞取得的优秀成绩,我国媒体的正面报道自不待言,国家和民族的自豪感渗透于其间。美国各新闻媒体当然也都作了报道,但多数报道除把这一纪录描写成不可思议外,还把中国中长跑女选手们的迅速崛起和药物联系起来。正如李希光教授在一篇文章中指出的:"西方媒体关于中国的报道反映了西方公众根深蒂固的对中国的偏见:中国所发生的任何新闻、事件的背后最终都是这个国家的政治制度、意识形态导致的。涉及中国的新闻事件,美国媒体不相信巧合和偶然事件。美国公众和媒体对中国的这种态度决定了记者在报道中国时所采取的形式。为什么近年来艾滋病会在中国猖獗?为什么中国会发生法轮功？为什么中国会有这么多的矿山爆炸事故？这一切都不是偶然事故，都是必然结果。记者在构建这些新闻报道的时候必须与长期以来公众对中国现实的看法和期待相吻合，否则，他们的稿件就不会被媒体接受。”〔1〕因此，对不同意识形态下的新闻报道，我们在考察其真实性时应予以警惕和辨析；而对新闻传播者来说，自觉意识到这一点，就应该努力遵循新闻自身的规律，通过平衡报道尽量减少和消除意识形态因素对新闻真实性的干扰。

以上我们分析了一些影响新闻真实性的因素，这些因素的存在，不仅进一步表明，新闻失真失实这个“顽症”在某种意义上会永远与新闻传播活动相伴随，同时也意味着新闻传播活动是一项极其复杂、充满矛盾和困境的社会活动，更意味着在种种矛盾和困境中，新闻传播者为追寻真相、维护新闻真实，必然要进行艰苦的努力，甚至要付出巨大的代价。

第二节　客观性原则

一、什么是客观性原则

我们先来看一篇报道：

丈夫拔去妻子呼吸机致其死亡续：被曝有第三者

神秘电话：他有第三者

前天下午2时许，两位便装民警敲开胡菁的家门，他们表示因为上次笔录做得不完全，来重新做一份。

在笔录过程中肖女士称，前天她曾接到一个电话，称文裕章有第三者，他与胡菁其实并没有爱得那么深，而知情者身份暂时不明。

肖女士还认为，文裕章拔管有可能是受到其母亲影响。胡菁的婆婆曾多次反对儿子与胡菁结婚。

胡菁出事后，肖女士曾听到文裕章的母亲在跟儿子窃窃私语，文裕章在与其母谈完话走出房间时，已经泪流满面。肖女士因此怀疑文裕章的母亲是否曾要求儿子放弃对胡菁的治疗。

〔1〕李希光．新闻学核心．广州：南方日报出版社，2002：270.

谜团待解 他的动机到底是什么

在笔录过程中,民警说,警方认为文裕章的拔管举动已经涉嫌故意杀人,现在所要做的是寻找文裕章的行动背后是否真的只是因为太爱胡菁,不忍她受罪。

这位民警表示,他们的职责是努力寻找事情背后是否另有隐情。

胡菁的母亲肖女士和在场的几位亲属提出:文裕章这么做是否想要掩盖什么事情?民警表示:如果真的是谋杀,当初胡菁摔倒时,文裕章为什么要去叫救护车?为什么那么积极主动地抢救胡菁?

再起波澜 娘家质疑"脑死亡说"

深圳市第二人民医院日前在接受记者采访时表示,胡菁在2月9日入院时,就已经被临床诊断为"脑死亡"。但胡菁有心跳,呼吸由呼吸机维持,仍然算是个"活人"。

虽然有律师认为,不管胡菁是否"脑死亡",文裕章仍然要被追究杀人的责任。但也有律师提出,如果胡菁是"脑死亡",那么文裕章的拔管举动不算是杀人,因为疑犯不可能去杀死一个已经死亡的人。

昨天,胡菁的亲属表示,他们不能接受"脑死亡"的诊断。他们回忆,在胡菁被送进医院后,医生从来都没有跟他们讲过胡菁已经"脑死亡",怎么现在医院突然抛出"脑死亡"的诊断?这是不是因为后来发生了文裕章拔管的突发事件,医院想推脱间接造成胡菁死亡的责任,才故意抛出"脑死亡"的说法?

胡菁家人还表示,医院在胡菁接受治疗的第一天和第二天还发过病危通知书,后来就没有再发了。这说明胡菁的病情已经稳定了下来。胡菁在ICU治疗期间,还曾接受过肾透析和换血,换了血之后,胡菁的脸色变得红润了许多。"如果胡菁已经'脑死亡',医院还有必要这样大费周折地去治疗吗?"

胡菁的母亲要求查看并复印胡菁的病历。但医院表示死亡病人的病历需要等到死亡5天后,才能让家属复印。

这是在2009年2月21日《南方都市报》对发生在深圳的"丈夫拔掉妻子氧气管"的事件进行的报道。这篇文章在报道事实的过程中,只采访了死者的姐姐、母亲和女儿,并数次引用死者亲属的观点,站在死者亲属的一方报道整个事件,整篇报道没有对丈夫一方的采访,在整体的倾向上就出现失衡,观点一边倒地偏向了死者一边。媒体没有遵守新闻的客观性原则,公正地全面报道事实,因此,透过这篇报道,我们不能站在公立的立场上了解事实的真相。

新闻客观性原则是指新闻传播者在新闻传播活动中要尊重不以人的意志为转移的事实世界的外部实在性,竭力按照事物本来的面目进行报道,避免在新闻

报道中直接、公开地表达新闻传播者自身的观点和倾向。新闻客观性原则包括以下几个方面。

第一,尽可能全面地报道事实。

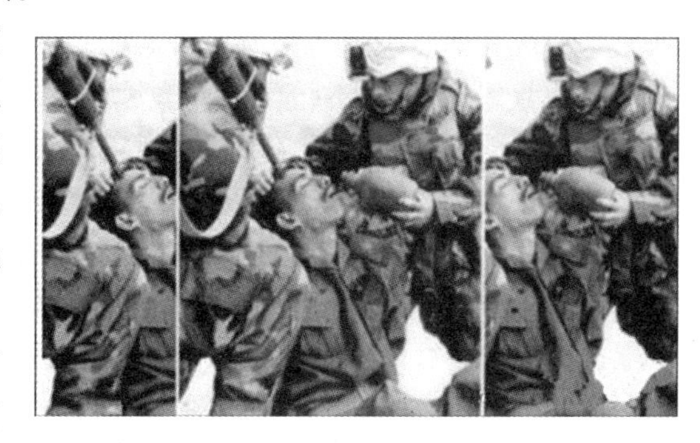

新闻作为人们获取信息的重要工具,必须尽可能为受众呈现事实的全貌,这样受众才能够在“媒体镜像”下看清世界的本真。如果媒体工作人员有意识地筛选事实进行呈现,事实的本来面目就会改变。右面这幅图片的左右两边显示出截然不同的意义,它们实际上由中间这幅图切割而成,由此可见全面呈现的重要性。

第二,要公正和平衡地报道事实。

记者在报道事实的时候,必须保持中立,与报道对象划清界限,公正客观地呈现事实。集中整合多方的意见,不偏不倚。在报道过程中要做到“一碗水端平”,将自己从事件本身抽离,站在第三方的立场上进行报道。

以上两点主要是认知层面上的客观性,在具体的操作层面,应该如何把握新闻的客观性原则呢?

首先,呈现主要的相关要点。一件事情发生,总会有两方或者两方以上在发挥作用。我们在进行报道的时候,不能只看见其中的一方,要同时给予各方说话的机会,使各种信息交会和整合,从而呈现事情的全貌。当然,在采访和现场调查的过程中,会因为各种原因而得到数量不均的各方材料,或者因为一方的新闻价值更为突出,在篇幅上会不尽相同,但是不能因此完全报道一方,让另一方噤声。

其次,将事实与意见分开。美联社第一位驻华盛顿记者劳伦斯·戈布赖特说:“我的行当是传播事实,我的指导原则不允许我就我所传播的事实作任何评论。”记者如果需要表达立场,需要把事实和意见区分开来。其实这并不容易,甚至被认为很困难。这是因为表达内容的这两种要素都具有主观的形式,并且交织混杂,表达者往往不在说一段事实后再说一段意见,而是在陈述事实时含有意见,在表达意见中夹杂事实。

奥巴马反击中国,宣称美国是太平洋强国

美联社堪培拉11月17日电 奥巴马今天显示出了他反击正在崛起的中国

的决心:甚至就在他削减防务开支并逐步结束两场战争的同时,他郑重宣告要扩大美国在亚太的影响力,在那里“投射力量并吓阻对和平的威胁”。

他在澳大利亚议会发表讲话时宣称:“美国是个太平洋强国,我们会长期留在这里。”**这向北京发出了明确的信息。**

奥巴马宣称,美国不怕中国。他强调,美国在亚太的存在是其政府最优先考虑的事务之一,防务支出的任何削减都不会在损害这方面事务的情况下进行。

对奥巴马而言,亚洲既代表着安全挑战,也代表着经济机遇。在为期9天的亚太之行中,奥巴马所做的一切几乎都含有针对中国的潜台词,这凸显出两国既相互合作,又因汇率、人权和军力而存在突出矛盾的关系。

在澳大利亚议会发表讲话时,奥巴马一方面强调他在亚太增强影响力的意图,另一方面也避免对中国采用对抗性语调。他说:“我们看到,从缓和朝鲜半岛紧张局势到阻止核扩散,中国可以是伙伴。我们将寻找更多与北京合作的机会,包括加强两军交流,增进理解并避免误判。”

以上这一篇新闻乍一看没有什么问题,但是仔细斟酌,就会发现字体加粗的段落和部分都有记者的想法介入,是对事实的延伸和推测,属于传播者的意见。文章就将记者的意见和事实混淆在了一起,会影响和引导读者的判断,不够客观。

再次,交代消息来源。消息来源是指一则新闻中所涉及的事实和观点材料的出处,它表明事实、观点和背景材料从何而来,由谁提供。消息来源会带有一定量的信息。除去匿名消息来源,记者应该尽可能交代准确的消息来源,减少对事实的介入。

最后,避免偏颇、怨恨以及迂回的言论。2004年10月23日,《焦点访谈》一期名为《不该发生的遗憾》的节目,引起了强烈的社会反响。报道从一名“地中海贫血”的幼童入手,通过她的经历来一步步地吸引观众、引导观众,并引发观众的思考,最后得出“婚检重要”的结论。记者采访的人物包括患者、患者亲属、医生、相关专家、结婚登记人员等,他们的陈述就构成了报道的主体,也表达了报道的主题。记者将各方的意见有序地汇集起来,既避免了言论的偏向性,又保证了节目的专业性。节目在叙事过程中,并没有带入任何明显的记者情感,没有任何怨恨性的言语,记者将想表达的意思隐藏在对新闻的叙述中,使观众通过自己的解读来作出判断,维护了新闻的公正性。

二、客观性原则的产生和发展

新闻的客观性原则起源于英美国家新闻业的实践。对新闻客观性的最早论述可以追溯到1702年英国出版的第一家日报《每日新闻》的创办者马利特的一句话:“报纸的义务在于将事实叙述出来,结论应由读者来做。”但是,这在当时只是说说而已,因为整个18世纪的英美报业中,占据主导地位的是政党报纸,充斥其间的是党派论战的烟云。直至19世纪中期,随着便士报的兴盛和通讯社的出现,商业化报纸格局形成,才实质上推动了报人将商业化报纸与政党报纸区分开来,只报道新闻(事实),不发表意见。美国报人塞缪尔·鲍尔斯于1855年指出,应该在事实(Fact)与意见(Review)之间划清界限,分清“思想与情绪,事实与感觉”,这奠定了新闻客观性原则的基础。而19世纪科学实证主义的盛行,对事实的崇拜,使新闻记者相信自己能够像实验室里的科学家那样通过搜集事实发现真相,相信他们每天报道的事实就是真相,电报和照相技术的使用,则为此提供了技术支持。商业化报纸经历了黄色新闻的泛滥时期之后,以奥克斯接手后的《纽约时报》为代表,在该报总编辑范安达主持下形成的报道方式,为客观性原则在报道中的贯彻树立了典范。“到1920年代,形成了事实与价值分开的专业信念和道德准则——客观性”[1],不仅如此,新闻客观性还有一整套的专业技术操作标准,并且这套操作标准被纳入新闻传播的工作程序,从而形成了新闻传播机制的重要构成内容。

然而,20世纪20年代之后,新闻的客观性原则受到挑战。两次大战的事实表明,人并不像启蒙思想家们所宣称的那样是理性的动物,恰恰相反,人在特定的条件下会失去理性,陷入疯狂。与此相关的是,19世纪的实在论和绝对理念逐步为怀疑论和相对主义所取代,在哲学和科学思想上,客观性原则的基础受到动摇,经典物理学的思想、理性的精神受到质疑,弗洛伊德学说、爱因斯坦的相对论、海森伯格的“测不准定律”不仅是科学上的探索和发现,而且也是思想观念的冲击波。过去的那种对事实、真相乃至真理的信念轰然崩解,与此同时,各种各样的社会问题和矛盾迫使人们寻求解决的途径,而谁都无法给出让所有人信服的解答,这些令相信事实能说明一切的人们茫然失措。

在这样的背景下,对新闻客观性原则更为现实的、直接的挑战来自新闻业界所面临的实际处境。第一次世界大战以后,公共关系的兴起和战时新闻对宣传

[1] 黄旦.传者图像:新闻专业主义的建构与消解.上海:复旦大学出版社,2005:81.

的重视削弱了新闻必须忠于事实的信念。在美国,面对战争、经济大萧条和罗斯福新政带来的一系列复杂问题,新闻界意识到简单报道事实的新闻已经不能满足人们的需要。解释性新闻的出现,突破了议论和观点不能在新闻中出现的教条。到20世纪60年代,美国新闻界在客观性原则上的僵化理解再次遭遇沉痛的教训。人们发现,在20世纪50年代,新闻界对麦卡锡主义的有闻必录式的"客观"报道,助长了麦卡锡主义的盛行;越战期间,深入越南战场的很多战地记者原本对客观性深信不疑,但时间一长,就发现仅仅提供事实是不够的,但恪守客观性原则的编辑们,并不理睬记者的经验,强调引述官方和军方的言辞,即使是自相矛盾、会使公众陷入迷惑的说法,也按照平衡和客观原则予以刊登,哪怕为此向读者发表道歉声明。[1]在美国60年代兴起的"新新闻主义"和其他各种新闻观,也往往以传统的客观性原则为直接的攻击目标。[2]最近20年来的两次海湾战争、科索沃战争中的新闻传播现象,对新闻界所秉持和标榜的包括新闻客观性原则在内的一系列新闻专业主义理念都构成巨大的冲击。还有一个重要的现象是,日益壮大、发展成熟而无所不在的公共关系也把客观性新闻搅得天翻地覆,并且值得注意的是,公关活动不只是来自企业、公司和集团,还来自政府和政党。由于记者从官方信息来源所听说的每一个字眼都是被加工润色到恰到好处的,记者若按其本来面目报道,便使自己沦为公关公司的传声筒和宣传员,而无助于事实真相的揭示。于是新闻界陷入了这样的悖论:按照客观性原则报道,却不能客观地呈现事实。

在上述历史变迁之中和现实压力之下,新闻业界和学界对新闻客观性的怀疑和否定在所难免。譬如美国《时代》周刊的创始人亨利·卢斯称新闻客观性为荒谬的神话和一时的风尚,它"哄骗读者,使之以为所读的消息来源于一个超越人性弱点和人类利益的机构","负责的新闻记者'偏袒'那些在他看来合乎实际情况的阐释"。[3]有人断言:"没有人达致客观性新闻的境界,也没有人能够做到。"[4]有人宣称:"新闻业从头到脚都是主观的,新闻报道也毫不例外……我们可能期望有一些机械的、毫无成见和不动感情的记者,能够客观地报道新

---

〔1〕 罗恩·史密斯.新闻道德评价.李青藜,译.北京:新华出版社,2001:48-51.

〔2〕 埃弗利特·E.丹尼斯,约翰·C.梅里尔.媒介论争:19个重大问题的正反方辩论.王纬,等,译.北京:北京广播学院出版社,2004:107.

〔3〕 转引自乔伊斯·霍夫曼.新闻与幻象:白修德传.胡友珍,马碧英,译.北京:新华出版社,2001:47.

〔4〕 杰克·富勒.信息时代的新闻价值观.展江,译.北京:新华出版社,1999:16.

闻,但事实上却没有。"[1]有人注意到:"客观与平衡的辞令背后是一场有关参与媒体的机会和左右媒体影响的社会斗争,而在这之外又是一场有关加拿大公众话语的前提条件本身的社会斗争。"[2]美国职业记者协会的伦理规则中原本一直有"准确和客观"这个部分,而1996年修订时这个部分连同"客观"这个词一并消失了,取而代之的是"记者应当公正、诚实和全面"。[3]

但是应该看到,尽管新闻客观性原则遭到种种非议乃至否定,它在西方乃至各主要国家仍然是新闻传播的主流观念,就如《维系民主? 西方政治与新闻客观性》一书所采用的形象的说法:新闻客观性是一个"不死之神",它作为新闻专业主义的理想或追求,始终是人们评判新闻工作的原则。有些论者以妥协的方式坚持客观性原则,譬如将其视为一种方法和策略,美国学者丹尼斯指出:"客观性仅仅是一种表述信息的方式方法……如果记者遵循系统决策的程序,使用系统工具分析社会和采集信息,不偏不倚并非他们现在力所不及。"[4]我国学者李希光则指出:"在这样一个利益集团分化与重组的时代,每一个编辑、记者在采写、编辑新闻稿件的时候,都难以摆脱自己的价值判断和偏见……在新闻写作中,要通过客观手法的运用,让读者看不见编辑、记者的价值判断和偏见。"[5]有的学者则表现出对新闻客观性更为宽泛和包容的理解,如伯雷特·卡林翰姆指出:"事实上,现代新闻业的客观性原则允许记者大量采用分析、解释和背景报道,指引读者和观众穿越信息洪流,达到事实真相的彼岸。"[6]也有人强调其道德层面的意义,如美国学者阿特休尔说:"我们所有的男男女女都必须有某种圣杯之物,都必须有为之奋斗的某种事业,都必须有即使不能使之完美无缺,但仍须为之竭尽全力的某种东西。对新闻工作者而言,圣杯应当是客观性法则。如果他缺乏这些东西,其身份就会贬低,结果就可能使其职业遭到毁灭之灾。"[7]

上述对新闻客观性观念的发展所作的简要回顾表明,新闻客观性原则涉及的问题非常复杂且极富争议,不能简单地理解和僵化地对待。

---

〔1〕 埃弗利特·E.丹尼斯,约翰·C.梅里尔.媒介论争:19个重大问题的正反方辩论.王纬,等,译.北京:北京广播学院出版社,2004:103.

〔2〕 罗伯特·哈克特,赵月枝.维系民主?:西方政治与新闻客观性.沈荟,周雨,译.北京:清华大学出版社,2005:81.

〔3〕 罗恩·史密斯.新闻道德评价.李青藜,译.北京:新华出版社,2001:64.

〔4〕 埃弗利特·E.丹尼斯,约翰·C.梅里尔.媒介论争:19个重大问题的正反方辩论.王纬,等,译.北京:北京广播学院出版社,2004:110.

〔5〕 李希光.畸变的媒体.上海:复旦大学出版社,2003:146-147.

〔6〕 Brent Cunningham. Rethinking Objectivity. *Columbia Journalism Review*, 2003(7/8).

〔7〕 J.赫伯特·阿特休尔.权力的媒介.黄煜,裘志康,译.北京:华夏出版社,1989:152-153.

第三节 时效性原则

新闻界是以向人们提供信息而存在的一个行业,是以传播信息为生的职业。任何信息的作用都在于减少或者消除不确定性,消除的不确定性越大,信息量就越大。因此,我们传播的内容必须都是受众未知的,只有这样,才能发挥媒介"帮助人们监测和应对日新月异的社会环境变化"的功能。

一、新闻时效性的含义

新闻的"新"应该是这个文体最具魅力之处,同时也表明了新闻存在的价值。通过新闻,我们能掌握变动不居的现实世界的各种变化,从而更好地展开自身的各项活动。随着社会的进步和人们交往的不断加深,生活节奏逐渐加快,人们对新闻的需求也越来越迫切,新闻的时效性反映了新闻传播的基本规律。

新闻的时效性原则有两个方面的含义:一方面,从报道内容上来讲,新闻所反映的事实要新。这里的"新"不仅是指事实是刚刚发生的,也包括对过去发生的不为人知的事件的披露和发现。像《南方周末》曾经开设的专版"解密"就是报道这类新闻的。在时间的坐标轴上,每后一点相对于前一点都是新的,新的时间里发生的事件并不都可以(也无法都用来)作为新闻,往往是那些超出常规、不可预测、闻所未闻的事件更为新闻传播者所青睐,也更为新闻受众所期待。另一方面,不管新闻的"新"在内容这个层面所指涉的含义有何不同——最近发生的事件、对过去事情的新发现、超越常规的新异奇特之事,如果是经过记者非常低效和漫长的生产过程之后再发表出来,新闻也就成了旧闻。所以,新闻的时效还有另外一个必不可少的组成部分,即新闻对新的事实的反映要及时,要快,所以新闻界有个习惯说法叫"抢新闻"。新闻的"新"最终还是要依靠传播者的"快"——在强大的时间压力之下采、写、编、播新闻,要快、要抢先、要先声夺人。这两个方面密切相关,不可分割,从新闻传播活动本身着眼,第二个方面是第一个方面的保证,这就是时效性原则。

二、新闻时效争夺

随着媒体对于时效性越来越重视,能否在最短的时间内发布最新的消息成为媒体是否具有竞争能力的重要体现。新闻时效的争夺,离不开传播主体和传播技术条件两个方面的共同作用。

1. 传播主体应具备的条件

传播主体要想在最短的时间内报道事实,必须拥有稳定而准确的信息来源,尽可能快速地到达事件现场,了解现场的情况,并且通过文字、图像等方式记录下事件发生的过程。时效性对记者的业务素质有一定的要求。

是否拥有较高的新闻敏感度直接决定着能否赢得时效。例如,新中国成立后曾任复旦大学新闻系教授的赵敏恒是第一个报道西安事变的记者。当时他是国外好几家新闻机构的特约记者。1936 年 12 月 12 日上午 9 点 30 分,国民党政府当局打电话问赵:西安有无电报? 路透社驻西安有无记者? 有无电台联系? 赵放下电话,立刻意识到西安出事了,他又打电话给交通局,得知陇海路列车只到华阳,进一步证实了自己的判断,于是当天向伦敦发出“西安兵变”的电报。如果赵敏恒没有足够的新闻敏感,这条重大的新闻就不可能从他这里第一个发出去。

极强的应变能力同样非常重要。一天,美国哥伦比亚广播公司电视节目主持人克朗凯特在电视播出广告的空当接到了美国总统约翰逊助手汤姆 · 约翰逊的电话,告知他总统去世、死于心脏病,克朗凯特立刻在接下来的一分钟节目里,将他刚刚从电话里获得的消息通过电视广播传播给美国公众。如果没有应付自如的能力,没有长期的经验积累,要做到这样是不可想象的。

记者在最短的时间内采集信息,形成一篇还原事件的报道,不仅是对记者的调查采访能力、新闻写作能力的考查,也是对记者的知识储备、快速调动已有的知识背景和操作高科技的通讯设备的能力的考查。同时团队之间的协作对实现新闻的时效性也十分重要:从新闻报道的整个环节来看,从进入现场到确定选题内容,都需要新闻工作的各个环节进行有机的配合,因此发挥新闻工作的团队协作精神是保证第一时间采写到新闻的重要因素。

2. 传播技术手段

人们对于新闻时效性的要求随着技术手段的发展越来越严格,同样,没有技术手段的支撑,新闻报道也就不可能实现越来越与事件发生同步。美国总统林肯遇刺身亡的消息,当时从美国传到英国伦敦花了 5 天时间;而 1963 年美国总统肯尼迪遇刺身亡的消息,5 分钟后就在全世界传开了。2003 年 3 月 20 日 10 时 30 分左右,美国向伊拉克开战,10 点 34 分,新华网依靠新华社在巴格达的报道员贾迈勒向全世界发出了第一条英文快讯和中文快讯。

人类的信息传递工具从最初的烽火台、驿站,发展到后来的现代交通工具,再到电报、电话,直至通信卫星、国际互联网络,信息传播的速度越来越快,时效性也就越来越强。尤其是互联网普及后,当某件事件发生,某些关口还来不及反应、相关障碍还没有建立的时候,有关事件的消息就已经传遍世界。传播技术的运用使传受同步进行,几乎取消了事件发生时间与受众接收时间之间的时间差。

通信卫星和互联网技术,已经将新闻传播业在时效上的竞争推向一个新的层次,同步直播成为很多广播电视栏目的重要构成因素,使得"今日消息今日报道"(Today's News Today)的"TNT"模式这种报纸最优时效的标志,发展演变为以"现在消息现在报道"(Now News Now)的"NNN"模式为最优时效的标志。[1]就时效性而言,新闻传播的常规模式,经历了这样几个阶段:定时——在固定时间播报新闻;及时——在尽可能接近事件发生时间的时候播报新闻;实时——与事件发生时间同步播报新闻,现在互联网络以及24小时全天候新闻节目,正在将"全时"模式导入新闻报道之中,即在任何时间里发生的事件都会以最快的速度播报出来。1998年,《人民日报》网络版也开始了实时报道的尝试。1998年3月,在国内网络媒体中,《人民日报》网络版率先实现了网上实时报道九届全国人大一次会议和九届全国政协一次会议。我们看到,我国近些年来对一些重大的事件,如香港回归、澳门回归、新中国成立50周年大庆、中国正式加入世界贸易组织的仪式、克林顿在北大演讲、布什在清华演讲,还有重大的体育比赛,等等,都采取了电视现场直播的方式,获得了良好的传播效果。在对突发性事件的报道中,新兴的传播媒介微博往往可以抢到在第一时间发布信息。如2008年11月印度孟买的恐怖袭击事件、2009年6月迈克尔·杰克逊的死讯,都是由Twitter首发。在国内,2008年5月12日汶川地震后,当天下午2点35分33秒Twitter上出现第一条关于地震的消息,比很多通讯社电稿都要快。

最能体现新闻时效之强弱的当然还是对突发事件的报道。在海湾战争中脱颖而出的CNN,就是利用通信卫星实时同步播发新闻。2001年9月11日当地时间上午9时,在灾难突然降临美国纽约的时刻,在第一时间内同逃难人流逆向而上的除了消防队员和警察以外,就是冒着危险奔向事发现场的新闻记者。在世界贸易中心大楼爆炸起火后大约5分钟之内,美国媒体就通过电视画面、无线电波、图片和触目惊心的文字,把世界贸易中心大楼遭到飞机撞击后起火冒烟的情况以及后续事态发展的情况连续不断地传播到美国每一个角落,传播到世界各地。在美国所有的电视媒体中,又是以CNN报道最为敏捷和出色。CNN原本在曼哈顿下城设有一个站点,享有地利之便。世界贸易中心大楼起火后,

[1] 王甫.新闻时效:由"TNT"走向"NNN".新闻战线,2000(5).

CNN 马上就把主播地点从总部亚特兰大切换到纽约，在曼哈顿下城的一座高楼顶上架设摄像机，背景画面锁定浓烟滚滚的世界贸易中心大楼，并通过各地记者连线报道的方式开始现场直播。这个地点距世界贸易中心大楼大约有 30 个街区的距离，是非常理想的摄像地点。全球各个角落的人都可以通过 CNN 电视画面，同步看到 9 点 3 分第二架民航机撞击世界贸易中心北塔楼，看到随着事态发展而进行的滚动报道。对突发事件如此迅速的反应，构成了现代新闻业的最大特色之一。我国的中央电视台在参与国际新闻传播竞争的过程中，也加大了对新闻"第一时间、第一落点"的争夺。在 2003 年伊拉克战争中，CCTV4 报道的时间只比美国 CNN 晚了不到 1 分钟，首次实现了在重大新闻事件报道上与世界同步。

三、争夺新闻时效的负面效应

首先，新闻媒体在时效性上的激烈竞争会导致对新奇异常新闻的片面追求，还可能导致对新闻真实性品质的漠视和损伤，造成新闻品质的病变。2011 年 6 月，许多网站根据某论坛的热帖报道了一名沈阳的女大学生跳楼的消息，该新闻后被证实为假新闻，可以想象，发布这一新闻的网站，将时效作为第一和唯一的标准，而根本没有核实信息。

其次，为追求时效性而进行频繁的动态更新容易造成新闻的"瞬时化"和"碎片化"。所谓瞬时化，就是指新闻转瞬即逝，很快被更新的替代，人们根本无暇考虑其真伪，也不可能思考其意义。所谓碎片化，就是指新闻只将眼光放在孤立的个别的耸人听闻的事件上，或者支离破碎地展示新闻事件的各个片断，而很难全面深入地展示事件的整体，呈现事实的丰富联系。

最后，过于追求新闻时效性而不考虑时宜性会给受众造成伤害，侵害公众利益。2011 年 10 月 20 日，利比亚当局证实卡扎菲死亡，包括 CNN、美国国家广播公司（NBC）、美国广播公司（ABC）、福克斯新闻（Fox News）在内的主要电视台都反复播放卡扎菲负伤倒地、血流满面，被利比亚反抗军团团包围的画面，以及他生前最后躲藏的污水管道画面，引起了民众的普遍反感。

四、新闻时效的相对性

时效性上的竞争如此激烈，对值得在第一时间报道的事件，新闻传播者不可能都能如愿以偿地在第一时间报道，那么，在丧失了第一报道权之后，新闻传播者在力求新闻的新鲜性上是否就无所作为，只能重复别人的信息呢？当然不是。

为了弥补第一时间的丧失,有经验的新闻传播者通常采用下面的方式来确保新闻的新鲜度:一是跟踪新闻事件的最新发展;二是追溯"今天"的新闻来源并发掘其相关背景;三是预测新闻的"明天"走向,揭示其影响和意义;四是揭示新闻事件的丰富复杂的联系,提供重大新闻的细节。譬如,1990年9月23日下午,在第11届北京亚运会上,我国女子举重运动员邢芬获得本届亚运会第一块金牌,新华社抢先发出了快讯,比第二个发稿的合众社早了3分钟。《新闻出版报》记者柳堤赶写了《"新闻战"中的"第一块金牌"》,挖掘的新闻点是"实践证明,新华社在快讯时效性上现已具备了和世界性通讯社抗衡的能力"。结果这条新闻获得了中国新闻奖二等奖。

这就说明,在"第一"后面仍然有"第一",传播者需要调动潜能去另辟蹊径,捕捉和开采事件潜藏的新闻价值,将另一份新鲜奉送给受众。而像美国记者约翰·皮克巴恩撰写的《抢救里根总统记》[1],是为《华盛顿人》杂志写的长篇通讯。在此文发表之前,早有电视台、广播电台和报纸迅速报道,而这篇报道依然具有其他报道不可替代的价值——提供了关于总统遭枪击后医生抢救总统的全过程的信息,反映了事件的最新进展,还有丰富的细节,这是抢第一时间的报道由于求快而不能提供的信息。约翰·皮克巴恩在文章中穿插了一个个特写镜头,把重要环节都加以突出描写,给人以极大的满足感。

还需要说明的是,新闻传播除了要快,还要讲究时机,即时宜性。有时候,由于种种原因无法在第一时间报道,新闻需要推迟报道。譬如美国《纽约时报》记者威廉·劳伦斯是唯一一位获准在现场采访美国第一次原子弹爆炸试验的记者,也是唯一一位随机采访美国原子弹轰炸长崎事件的记者,出于保密的考虑,劳伦斯的两篇目击记都是推迟了若干天后发表的。

还有一种情况是,并非在第一时间报道就一定引起关注,新闻传播需要考虑的是如何恰逢其时地报道,以显示出新闻的存在价值。比如第四次世界妇女大会在我国召开期间,对于妇女代表的事迹和生活情况的报道,有很多就不是对发生在当时的事件的报道,但抓住了当时的时机予以报道却产生了很大影响。这就是抓住了时机。日本记者本多胜一采写的通讯《死在故乡》发表在1966年9月15日的《朝日新闻》上,也是一篇在时宜性上胜人一筹的佳作,他报道的是一位老人自杀的前前后后的情况,而9月15日这一天就是日本的"敬老日"。显然,时机仍然是当前的时机,因此它仍是以及时性为前提的,仍然含有快的因素和新鲜的品质。

---

〔1〕 蓝鸿文.外国新闻通讯选评:下册.北京:长征出版社,1985:216-225.

本章推荐阅读书目

黄旦.传者图像:新闻专业主义的建构与消解.上海:复旦大学出版社,2005.

杨宝军.新闻真实论.北京:中国人民大学出版社,2006.

约翰·埃尔德里奇.获取信息:新闻、真相和权力.张威,邓天颖,主译.北京:新华出版社,2004.

埃弗利特·E.丹尼斯,约翰·C.梅里尔.媒介论争:19个重大问题的正反方辩论.王纬,等,译.北京:北京广播学院出版社,2004.

Simon Cottle.新闻、公共关系与权力.李兆丰,石琳,译.上海:复旦大学出版社,2007.

第五章

5

新闻传播媒介

要点提示：

新闻传播媒介是人类传递新闻信息的载体。它包括报纸、广播、电视、新闻性期刊、新闻纪录影片以及20世纪最后20年里兴起的互联网。传统的新闻传播媒介各有优势,也都有缺憾,彼此互补共存。互联网的迅速发展使综合了三大传统媒介优势的新型媒介——网络媒体参与到新闻传播活动中来,发挥着越来越重要的作用。更新的媒介如社交网络、微博等也正日益介入新闻传播活动并产生深刻的影响。

第一节 新闻传播媒介发展概观

新闻传播媒介是新闻信息的物质载体和新闻信息传受的中介。迄今为止,包括新闻传播在内的人类传播,依据其使用的不同类型的媒介,经历了四种方式:原始传播方式、书写传播方式、印刷传播方式、电子传播方式。

一、语言—文字—报纸

1. 从口头传播到书写传播

在从猿到人的过渡时期,人类还没有完全脱离动物界,信息传播只能依靠某些生理条件来进行,如变化有限的声音、面部的表情、身体的姿态和动作甚至气味等。人类在生产劳动中大脑逐步发达了,说话的生理机能成熟了,从而有了语言。根据考古学的研究,在距今大约300万年—25万年的猿人阶段,出现了手势语和分节语;在距今25万年—4万年间,出现了有声语言的萌芽;在距今4万年—1.4万年间,出现了有声语言。尽管最初的语言是粗糙的,还必须辅以身体动作和面部表情,但毕竟可以用其他动物所不可能具有的方式来进行社会交往。因此,语言的出现是传播史上的第一次质的飞跃,它“使人们可以结合成更大的群体,有组织地处理复杂的难题”,“提供了一种有效的方式来搜集处理和扩散实用的信息”,“也为人的内部沟通、为思想提供了更加有效的方式”,“给人类提供了一种将他们搜集到的知识、经验和信仰——或者说,他们的文化——传递给下一代的方式”。[1]

人类在有了语言之后,进入口头传播的阶段,这时的新闻传播活动尚无法同其他传播活动截然分开,它与艺术的表现、劳动技巧的传授、思想观念的交流等,通常是糅合在一起的。像《诗经》里很多记述劳动场景的诗歌,最初未始不是口头传播的新闻。这个阶段的信息传递以口头述说为主,辅之以刻画记事、声光信号等方式。这样的方式在文字出现之前一直是人类主要的传播方式。

稍早于公元前3000年,美索不达米亚的苏美尔人发明了楔形文字。公元前3000年出现了埃及文字。公元前1300年左右中国人发明了汉字。公元前600

[1] 罗杰·菲德勒.媒介形态变化:认识新媒介.明安香,译.北京:华夏出版社,2000:48-49.

年墨西哥的印第安人也发明了文字。正是文字的发明，使文化传播（包括新闻传播）经历了质的飞跃，进入了成型阶段。在我国，著录于古籍的最早新闻事件是殷代先祖王亥被杀，这是经过殷代甲骨文资料验证得知的。甲骨卜辞中也有新闻事件的记载，那是因为卜兆与新发生的事件形成巧合而得到“应验”，便被记载下来。[1] 与口头语相比，文字的优越性不言而喻，因此形成传播史上的第二次飞跃。

在有了文字之后，使用什么东西记录这些文字呢？在我国，早在大约距今四五千年前，我们的祖先就已在陶器上刻画示意符号。3000 多年前的商代后期，我们的祖先大都将文字刻在龟甲或兽骨上。除了陶器和甲骨，还有青铜器、石器。这些材料多经久耐用，竭尽记录之功。更轻便的则有简牍——用竹片或木片作为信息载体，早于商朝开始使用；还有缣帛——以丝织品为书写的载体，称为“缣书”、“帛书”，春秋战国之际开始出现。在其他各国也有着各种各样的记录文字的物质，如岩壁、黏土、兽皮、树皮等。随着纸的发明和广泛使用，它取代了上述用以记录的物质。据考证，我国西汉时已开始了纸的制作，而造纸术的出现通常以“蔡侯纸”为标志。东汉的蔡伦于 105 年研制出轻便、便宜而又能大量生产的植物纤维纸。而多次考古发现表明，西汉时已经有最早的植物纤维纸——麻质纸。[2]

2．印刷术与报刊的出现

在有了纸张之后的相当长时间内，人们只能依靠辗转手抄传递信息，直到印刷术的发明和广泛使用。宋代平民毕昇在庆历年间（1041—1048）发明了胶泥活字印制术，元代农学家王祯对活字印刷术又加以改进，请工匠制作了木活字，设计了转轮排字架，按韵存置木字，制定取字排版刷印方法。德国人谷登堡于1450 年前后发明铅活字印刷术，包括一整套印刷工艺，印出了著名的《四十二行圣经》以及其他圣经题材的著作，这些使得原本属于少数人的知识为社会大众共享成为现实，从而触发了民主与自由的意识，成为马丁・路德的宗教改革的一个重要动因。造纸术和印刷术促成了人类传播史上的第三次飞跃。

到 1500 年，欧洲出现了 250 个印刷作坊，印刷的新闻传单在欧洲诞生，这是近代报纸的雏形。17 世纪初，现代意义上的报纸在欧洲国家开始定型，1609 年诞生的荷兰的《新闻报》、德国的《通告报》通常被认为是世界上最早的印刷报纸。报纸在 18 世纪得以壮大，19 世纪欧美资本主义国家的报业相继步入黄金

[1] 方汉奇. 中国新闻事业通史：第 1 卷. 北京：中国人民大学出版社，1992：21 – 23.
[2] 闵大洪. 传播科技纵横. 北京：警官教育出版社，1998：6.

时期。欧洲人口的大幅度增长,资本主义制度的建立,受教育人数的迅速增加,市民文化程度和阅读兴趣的提高,造成了对定期出版物——报纸、期刊需求的增加。报刊在政治斗争、表达舆论、普及知识和商业广告方面的功能日益为社会所重视。以1830年美国费城出版的便士报为开端,欧美的大众化报纸格局形成。报刊业的发展又推动了印刷术的进步。1846年和1865年,两位美国人分别发明了高效率滚筒印刷机和使用卷纸的技术;1868年,《伦敦时报》已用卷筒纸双面印刷,每小时可印1.2万张报纸。

尽管造纸术和印刷术是我国的发明,尽管世界上最早的报纸之一——邸报最早出现在我国,但我国近代报业的发展却步履蹒跚,一直到19世纪才出现近代第一份中文报刊——英国传教士马礼逊和米怜1815年在南洋马六甲用雕版印刷出版的《察世俗每月统记传》。中国境内出现的第一份中文近代报刊,则是1833年普鲁士传教士郭士立在广州创办的《东西洋考每月统记传》。中国人自己办的报刊发端于19世纪70年代,香港的《循环日报》和上海的《汇报》是其重要代表。

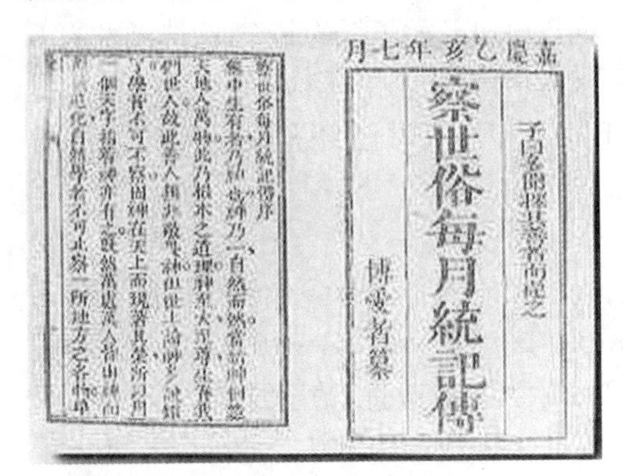
嘉慶乙亥年七月

察世俗每月統記傳

子曰多聞擇其善者而從之

博愛者纂

察世俗每月統記傳序

《察世俗每月统记传》封面。

期刊或杂志的印刷始于18世纪30年代。1731年,英国人爱德华·克伏出版了《绅士知识供应库》,里面有各种艺文、科学和新闻资料,从此,类似期刊开始风靡于世界。在我国,期刊最初被称作“统记传”,如《察世俗每月统记传》《东西洋考每月统记传》。在中国近现代新闻史的早期,期刊也被称为“报”,如《时务报》《经世报》实际上是期刊,至1904年上海商务印书馆创办《东方杂志》,“报”与“刊”才明确分离。[1]

新闻杂志,是指以新闻报道为主的,有固定刊名,以期、卷、号或年、月为序,定期或不定期连续出版的印刷读物。其特点首先在于它的综合性。它集文字、图片于一体,既有对某类社会现象、热点问题的综合报道,又有各种新闻背景材料、新闻分析和评论,这种综合性的特征是新闻杂志突出的优势,是其他传播媒介所难以匹敌的。现代新闻杂志尤其重视新闻图片。与综合性特点相应的是新闻杂志的报道更加翔实、深入,它不以争夺时效见长,而以深度报道、深度透视和

[1] 童兵.理论新闻学传播导论.北京:中国人民大学出版社,2000:99.

分析评论为优势。正如马克思在《莱茵报·政治经济评论》出版启事中指出的，与报纸相比，杂志“能够更广泛地研究各种事件，只谈最主要的问题”，“可以详细地科学地研究作为整个政治运动的基础的经济关系”〔1〕。新闻杂志由于具备上述特点而成为新闻传播媒介中不可缺少的品类。

美国《时代》周刊是当代西方世界最有影响、发行量最大的新闻周刊。当时，刚从耶鲁大学毕业的亨利·卢斯敏锐地发现没有一种杂志能满足忙忙碌碌的人们想要快速了解消息的需要，于是在1923年3月创办了《时代》周刊，表示要简明扼要地、使人常常感兴趣地、常常是幽默地提供一周的新闻。因创办者相信“历史由伟人创造”，该刊便每期以人物做封面。其报道特点是对国际、国内重大事件提供背景材料，进行分析解释，被新闻业界尊为“解释性报道的先驱”。

新闻杂志多以周刊为主，世界知名的新闻杂志除了《时代》周刊外，还有《新闻周刊》《经济学人》《明镜周刊》《亚洲周刊》等。最近15年来，我国的新闻杂志也蓬勃发展起来。

二、摄影、电报、电话和电影

1. 摄影

刻画符号作为一种极富形象性的传播方式已经参与着早期的信息传播活动，它在漫长的年代里一直通过绘画手段来实现，直至摄影术的出现。1837年，法国的舞台美术师达盖尔发明了“银版摄影法”，并把这一发明的专利权卖给了法国政府，法国政府于1837年8月19日正式公布了银版摄影法的详细内容，宣告了摄影术的诞生。摄影术发明以后直至现在的170多年里，相机的机械构造、胶卷的感光性能、镜头、冲印技术不断改进和完善，很快被用来记录重大新闻事件。1842年5月，德国汉堡发生一场大火后，摄影师比欧乌和史特尔茨纳所拍摄的火灾遗迹照片通常被认为是世界上最早的新闻照片。〔2〕1880年，美国人发明了铜版照相印刷技术，使照片能够印在报纸上；到20世纪30年代，新闻照片已经能够及时地印刷在具有一定制版周期，且采用较好品质纸张的杂志、期刊上。1936年11月23日美国《生活》杂志创刊号上整面刊登了一幅题为《生活伊始》的照片，并写道：“照相机记录下生命中最充满活力的时刻，生活从此开始。”新闻摄影技术在第二次世界大战中成熟起来。1942年，美国普利策新闻奖首次

〔1〕 转引自中国大百科全书编辑部. 中国大百科全书：新闻出版. 北京：中国大百科全书出版社，1990：462.

〔2〕 闵大洪. 传播科技纵横. 北京：警官教育出版社，1998：43.

颁发了新闻摄影奖。普利策新闻摄影奖的获奖作品成为“全球热点问题的晴雨表和风向标”,“加深了美国记忆,是世界文化遗产的重要部分”[1]。始于1955年的世界新闻摄影比赛(World Press Photo,简称WPP),由总部设在荷兰首都的非营利组织——世界新闻摄影基金主办,设有突发新闻、一般新闻、新闻人物等类别,每年举行一次,是世界上参与范围最广、最具代表性和权威性的新闻摄影大赛,每年的获奖作品装订成册,在35个国家和地区巡回展出。

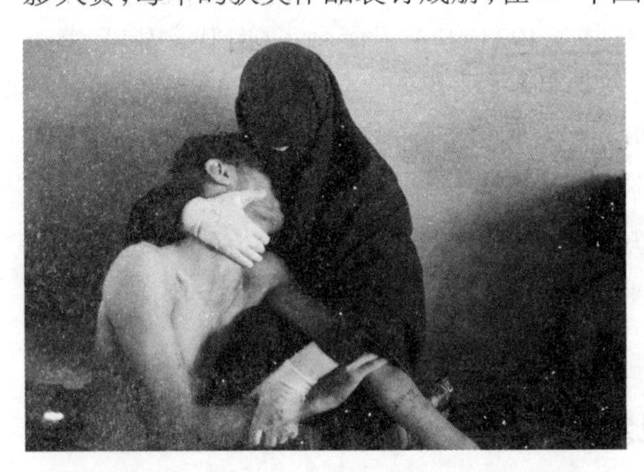

2012年2月10日11时,第55届世界新闻摄影比赛“荷赛奖”获奖作品名单在荷兰阿姆斯特丹向媒体公布。来自西班牙的摄影师Samuel Aranda凭借其作品《怀抱中的也门男子》获得了年度大奖以及新闻人物单幅类一等奖。照片中,一名妇女在一座清真寺内搂着受伤的亲人。2011年10月15日在政府军和反政府武装在也门首都萨那发生的冲突中,这座清真寺被示威者用作反抗也门总统萨利赫统治的一个野战医院。

在我国,摄影术于19世纪40年代随西方国家的传教士、商人、官员来华而引入。1902年,梁启超在日本横滨创办的《新民丛报》中使用了照片,是中文刊物刊登新闻照片之始。1906年,北京《京话日报》刊登南昌教案中江召棠遗体颈部照片,揭露法国传教士恶行,为中国报纸运用新闻照片之始。1912年,在上海创办的《真相画报》旬刊,每期刊用时事照片最多达37幅,是中国大型画报之先驱。1939年2月,晋察冀军区政治部宣传部建立新闻摄影科,著名摄影家沙飞(原名司徒传)任科长,中国共产党领导的新闻摄影事业从此开始。中华人民共和国成立后,1950年4月在新闻总署下设立了新闻摄影局,创办《人民画报》。最近20年里,我国的新闻摄影在新闻传播中占据着非常重要的地位,产生了具有影响的新闻摄影作品。

2. 电报和电话

就在摄影术问世的1837年,另一项重要的发明在纽约大学的会议室里诞生了,美国人莫尔斯在这里架设了518米长的导线,获得通报试验成功,电报机由此诞生。7年后的1844年3月24日,莫尔斯在国会议事厅里发出了世界上第一封电报,电报的内容引自《圣经》:“主啊,你创造了何等的奇迹!”人类梦寐以求

[1] 李天道.普利策新闻奖图语.成都:四川文艺出版社,2006.

的远距离传播由此得以实现。19 世纪 60 年代以后,欧美国家的大电报公司迅速将电报线路向全世界扩展,形成了遍布全球的电报网。

电报一经出现,立刻对新闻传播产生直接的影响。1835 年成立的世界上第一家通讯社哈瓦斯通讯社(法新社的前身)最初是用信鸽来完成远距离信息传送的,电报发明后的第二年,它便使用新建的电报线路发送新闻。1848 年成立的世界上第二个通讯社港口新闻联合社(美联社的前身),在美国南北战争中,利用刚装好的电报系统,满足了各方对有关信息的需求。因为要向各方提供消息,美联社在新闻写作中发展出避免主观政治倾向介入的客观性原则;又因为来自内战战场的电讯报道,偶尔会中断,美联社要求其记者将最重要的事实信息最先报道,由此发展出"倒金字塔"的新闻报道模式。

电报发明后经历了一系列的改进和完善,最重要的是无线电报的发明。"无线电之父"意大利人马可尼首先将电磁波的理论运用到无线电通信上,于 1895 年进行的无线电通信试验获得成功,距离为 1500 米。后来马可尼不断完善他的发明,使电报信号的接收距离达到 100 千米,无线电报技术进入了实用阶段。1890 年 9 月,"美洲杯"帆船比赛时,马可尼用无线电设备装备了两艘美国船只,随时向纽约报道现场实况,这是无线电报系统首次服务于新闻信息的传播。

在我国,电报随着国门的打开而进入。1871 年,丹麦大北电报公司将电缆擅自在上海引上岸,这是外国入侵中国的第一条电报水线。1877 年,在福建巡抚丁日昌的大力推动下,在台湾建成了全长 95 里的由中国人自己架设、掌管的第一条电报线,此后全国主要的电报线陆续建成。电报对中国的新闻业产生了巨大影响。电报总局准许各日报发送新闻电报,减半收费,后来还同意报馆拍发密语新闻电。1871 年香港和欧洲接通有线电报,中国报纸开始刊登电讯新闻。

电报要求以最精练的文字传递人们所急需了解的信息,促进了新闻文体和文风的变革。电报的速度极快,提高了新闻的时效性,而一些重要的消息急于发布,则促成了"号外"的产生。

电报传送解决了距离的问题,但是传收双方编码和译码的手续麻烦,且不能进行即时双向信息交流。因此,人们开始探索一种能直接传送人类声音的通信方式,它带来了电话的发明。1875 年 6 月 2 日,美国人亚历山大 · 格雷厄姆 · 贝尔发明了电话,并于次年 2 月申请到电话的专利。1877 年,在波士顿和纽约架设的第一条电话线路开通了,两地相距 300 千米。也就在这一年,有人第一次用电话给《波士顿环球报》发送了新闻消息,从此开始了公众使用电话的时代。1881 年电话传入我国,英籍电气技师皮晓浦在上海十六铺沿街架起一对露天电话,这是中国的最早的电话。1882年2月,丹麦大北电报公司在上海外滩扬于天路办起我国第一个电话局,用户仅25家。电话不仅使远距离即时双向信息交流得以实现,而且为后来的诸多电子传播网络奠定了基础。

3. 电影

摄影术的发明,鼓励欧美发明家们走得更远,他们开始尝试以活动影像的方式记录并再现现实。美国的依斯曼于1889年发明了将感光乳剂涂布在赛璐珞长条上的感光胶片,它可以拍摄长时间的活动影像,且使透视或放映这些影像成为可能。爱迪生发明了使用感光胶片连续拍摄的摄影机,并于1891年发表了他制作的活动视镜,它可供一个人通过放大镜观看活动影像。卢米埃尔兄弟则在依斯曼和爱迪生成就的基础上,于1895年成功研制采用新传动方式的电影机,加以改进后正式定名为"电影放映机"。1895年12月28日,在巴黎大咖啡馆的印度厅,卢米埃尔放映了纪录短片《火车到站》《工厂大门》《水浇园丁》,首次把影片放映在银幕上供许多人观看。这一天后来被视为电影诞生之日。此后电影放映旋即风靡欧美许多国家,技术也不断得到改进。电影诞生20年后,美国于1926年首先放映了用光学(感光)法制作的有声电影。1932年在美国出现的染印法和1935年在美国、1936年在德国出现的多层乳剂彩色胶片,奠定了今天彩色电影的技术基础。

远离欧美的中国也于1896年8月11日在上海首次放映了法国电影,当时称为西洋影戏。1905年,中国人拍摄了第一部戏曲纪录片《定军山》。据介绍,从1909年到2005年底,中国共拍摄影片26300多部,其中新闻纪录片12400多部。[1]电影在它的诞生之日,就显示出在记录上的强大功能——不管是记录排演的故事还是发生的事件,电影以记录不可复现的时间流程和对现实生活的反映而显示出特殊价值。电影的这一功能被新闻传播运用,产生了作为新闻传播媒介的新闻纪录片。新闻纪录片通常分新闻片与纪录片两类。新闻片是报道新近发生的事实,类似文字报道中的消息;纪录片具有较强的概括力,近似通讯、报告文学,着重于综合、概括,反映事物的深刻含义和透视事物的本质。1938年,八路军总政治部电影团(即延安电影团)在延安成立,拍摄的第一部影片是纪录片《延安与八路军》。1953年,我国的中央新闻纪录电影制片厂诞生。电视新闻的迅速发展给新闻纪录片带来了很大的冲击,1993年10月29日,中央新闻纪录电影制片厂划归中央电视台,迈出了影视结合的步子,其厂名及企业性质都不变,独立经营,自负盈亏。

[1] 中新社,2005-12-11.

三、从广播到电视

广播电视是通过无线电波或导线传送声音、图像的新闻传播工具。按传输方式,可分为有线广播和无线广播两大类。只播送声音的,称为声音广播;播送图像和声音的,称为电视广播,简称电视。

1906年美国科学家德·法雷斯特发明了能产生电波、使微弱的电信号得到放大并传到远方的电子三极管。在所有这些发明之后,广播就应运而生。世界上第一座领有执照的电台是美国匹兹堡KDKA电台,1920年11月2日正式开播。第一个广播电台的正式播音,正赶上1920年11月2日的美国总统大选。晚上8点,KDKA电台播出的第一条新闻就是总统选举的结果:共和党候选人、来自俄亥俄州的美国参议员哈定击败了考克斯而当选为总统。当时听众约2000多人,他们因获得了最新消息而兴高采烈,仿佛亲身参与了这一历史性的事件。由此开始,欧美各国竞相开办电台,到1925年,正式开办广播的国家超过20个。第二次世界大战前,广播电台主要集中在欧美国家,战后,随着亚洲、非洲、拉丁美洲广大国家纷纷取得独立,广播事业在这些国家也迅速发展起来。广播在第二次世界大战中扮演了重要的角色,各国的国际广播展开了激烈的广播宣传战。广播技术也不断改进。20世纪30年代,出现了调频广播。1948年6月30日,贝尔实验室正式宣布晶体管研制成功。这一成果对电子工业产生了革命性的影响,在收音机、电视机的生产中,晶体管很快代替了电子管。广播接收机发展到半导体阶段,才真正得到空前普及。从20世纪70年代开始,收音机朝着能够接收调频广播和多波段的调幅广播以及录音和高音质方向发展;20世纪80年代以后,卫星传送技术逐步推广;20世纪90年代以后数字音频广播兴起,接收设备也不断优化、袖珍化和多样化。

中国第一座广播电台建于1923年,是美国记者奥斯邦在上海开设的。1926年10月,中国人自己办的第一座广播电台——哈尔滨无线广播电台开始播音。1928年8月,国民党政府开办了中央广播电台;1939年2月,开办了对外广播,英文名称“Voice of China”(VOC),分别使用英、德、法、俄、日等外语和汉语播音。1940年12月30日,中国共产党主办的延安新华广播电台开始播音(1980年12月,中共中央宣传部批准此日为中国人民广播创建纪念日)。新中国成立后,我国广播事业迅速发展,1950年全国广播电台共有65座,发射总功率为272千瓦。到2005年,我国城乡有收音机5亿台,收音设备普及率达69.1%,其中城镇收音设备普及率为83.2%,广播人口综合覆盖率为93.56%,全国听众接近

12.02亿,共有广播电台306座,办有广播节目1983套,很多电台广播媒体到达率高达40.9%。[1]我国的有线广播也极为发达,于1946年开始在哈尔滨和齐齐哈尔大规模建立有线广播,至20世纪80年代初,全国建成了以县广播台(站)为中心,以乡(镇)广播站为基础,连接千家万户的农村有线广播网。

就在广播走上传播媒介的前台时,电视已经萌芽。1936年,英国广播公司在伦敦亚历山大大学建立了全世界第一个公众电视发射台,于11月2日开始了电视节目的定期播出。1940年美国无线电公司首先试制成功了彩色电视。1954年,美国全国广播公司首先正式播送彩色电视节目。我国第一座电视台——北京电视台(后改名为中央电视台)于1958年5月1日试播,于1973年开始播出彩色电视节目。电视的问世给新闻传播带来了极为深远的影响。但是最初的时候,新闻性节目大量采用胶片拍摄,其传递、洗印、编制过程同新闻的时效要求距离很大。我国的电视从1958年开办之初就有新闻节目,但一直没有明确新闻节目的主导地位,直到在20世纪80年代初期举行的广播电视工作会议上才正式明确了电视台首先是新闻机构,电视成为人们获取新闻的重要来源。

四、互联网的兴起

在人类传播史上,20世纪最伟大的发明当属互联网,它的前身是20世纪60年代美国国防部高级研究计划署的阿帕网(ARPANET)。阿帕网的研发基于这样的思想:把原来由巨型服务器作为网络交通枢纽的“中心模式”转变为去中心化的“协同模式”,从而使得无论网络的哪一部分失去工作能力时,其他部分仍能维持正常的通信工作。1969年,分别位于美国加州大学洛杉矶分校、加州大学圣巴巴拉分校、斯坦福研究所和犹他大学的四台电脑成功进行了联机,宣告了阿帕网的诞生,此后联入阿帕网的电脑数量逐年增多。阿帕网发展史上的另一个标志性事件是1983年11月确立了TCP/IP(Transmission Control Protocol / Internet Protocol),即传输控制协议/互联网协议,这一协议较好地解决了异种机网络互联的一系列理论和技术问题,从而为阿帕网突破单纯在军事科研领域的使用,向互联网转变提供了技术保证。1986年,美国国家科学基金会(NSF)建立了NSFNET,它在全美国按地区划分计算机广域网,并将这些地区网络和超级计算机中心互联起来。NSFNET于1990年6月彻底取代了阿帕网而成为互联网的主干网。NSFNET对互联网发展的最大贡献是使后者向全社会开放,而

[1] 崔保国.2004~2005年:中国传媒产业发展报告.北京:社会科学文献出版社,2005:8.

不像以前那样仅供计算机研究人员和政府机构使用。

真正促使现代意义上的互联网得以成型的因素，主要在于以下两个方面。一方面因素是一系列网络交互技术手段的出现和成熟。1988年，美国伊利诺斯大学的学生史蒂夫·多纳发布了世界上第一款GUI界面的电子邮件软件“Eudora”。1991年，欧洲粒子物理研究所的科学家蒂姆·伯内斯—李开发出万维网(World Wide Web)和极其简单的浏览器(浏览软件)。1993年，美国伊利诺斯大学美国国家超级计算机应用中心的学生马克·安德里森等人开发出了真正的浏览器“Mosaic”，后来被作为Netscape Navigator推向市场。这些发明使得通过网络获取信息资料和相互交流变得既经济实惠，又无比快捷，从而推动了全球网民数量在一个很小的基础上进行着几乎几何级数的飙升。另一方面也是更重要的因素是商业资本的入驻。便利的通讯方式和天文数字般的网民数量使得商业大鳄们认定互联网是一个潜力巨大的商业市场，并且在交易通信、资料检索、客户服务等方面的便利性大大优于以往的通讯媒介，于是大量资金开始向互联网倾注。这两方面的同时作用，带来了一种正向的滚雪球效应：网络技术越发达，网民数量就越多，引来的商业投资也就越多；反过来，新的投资又会促成新一轮的网络技术进步和网民数量增长。1995年4月，NSFNET宣布不再为互联网的发展提供资金，这标志着互联网的商业化完全形成了。

我国从20世纪80年代开始由科研部门和高等院校研究互联网技术，开展了相关课题研究和科技合作工作。最初，网络应用仅限于小范围内，为少数高等院校、研究机构提供电子邮件服务，直到1994年4月，中关村地区教育与科研示范网络工程进入互联网，实现和互联网的TCP/IP连接，从而开通了互联网全功能服务。从此，中国被国际上正式承认为有互联网的国家。之后，CHINANET、CERNET、CSTNET、CHINAGBNET等多个互联网络项目在全国范围内相继启动，互联网开始进入公众生活，并在中国得到了迅速发展。1996年底，中国互联网用户数达20万，利用互联网开展的业务与应用逐步增多，互联网用户持续快速地增长。2012年7月19日，中国互联网络信息中心(CNNIC)在京发布《第30次中国互联网络发展状况统计报告》，数据显示，截至2012年6月底，中国网民数量达到5.38亿，互联网普及率为39.9%。2012年上半年网民增量为2450万，普及率提升1.6个百分点。

互联网对人类生活的各个领域已经产生并将继续产生极其重大而深刻的影响，而它给新闻传播带来的变化更是前所未有的。1998年5月，联合国新闻委员会年会把互联网确定为“第四媒体”。1987年美国的《圣何赛信使报》率先将本报的文字内容传上网，成为世界上第一家基于互联网的电子报纸。现在，在互联网上,你可以看到世界各大新闻媒体的网络版,不仅是报纸,而且包括广播、电视、杂志、通讯社。

在我国,互联网对新闻传播的影响,也首先表现为传统新闻媒体上网。1995年,《神州学人》和《中国贸易报》相继发布电子版,首开中国内地杂志和报纸上网之先河。到1999年底,中国上网报纸已经接近1000家,上网广播电台和电视台超过100家。《人民日报》于1997年1月1日正式推出网络版。中国新闻社的华声月报社于1997年4月申请了自己的独立域名,随即制作了5个专栏共10多万字的网络版,正式定名为"《华声报》电子版",于5月25日在网上亮相,于7月底开始向全球用户提供免费电子邮件传送新闻服务,这是国内首家以电子邮件方式正规地向用户免费提供新闻服务的新闻网站。

广播和电视的上网发展速度要比报纸来得慢,但是势头也不弱。1996年12月,广东人民广播电台在互联网上建立网站,这是国内第一个上网的广播电台。随后,广东省广播电视厅筹划建立了"岭南视听"信息网,上海的广播电视机构也开始在"上海之窗"网站中建立自己的网站。1997年,中央电视台的一些著名栏目,如《东方之子》《实话实说》《315特别节目》等,以与国内的网络公司合作的方式开始上网传播。中央电视台在1997年甚至重新注册了顶级域名:www.cctv.com,1999年1月1日中央电视台网站全面改版,随后推出春节联欢晚会网上直播,之后《新闻联播》又在网上实时直播,同时,任何时间的《新闻联播》都可随时查看。中央电视台到目前已有30多个栏目上网,国内重大事件的专辑节目,都在网上传播。1999年,各省的电视台、广播电台等新闻媒体也纷纷开始上网传播。

我国的中国新闻社(中新社),于1995年在香港上网,是亚洲上网最早的中文媒体。1999年1月1日,中新社北京总社开办中国新闻网,以其通讯社原创新闻资讯优势脱颖而出,成为众多海内外网络媒体的资讯源泉。中新网现开设了首页、新闻中心、国际、台湾、港澳、华人、财经、理财、汽车、房产、IT、教育、健康、文化、娱乐、体育、图片、视频、社区、海外华文报摘等频道,并开办了图片库等。中新网旗下还有海内外各分社开设的北京、广东、广西、海南、江苏、香港、东京等30多个分支网站。新华社在1997年11月7日建社66周年之际正式开通新华网。新华网依托新华社的资源,建有庞大的数据库,可供各类用户检索利用。全库分为中文和外文两个大类。新华网还首开国内新闻网站的收费服务。

从上述几个有代表性的媒体上网情况看,传统媒介与互联网的融合需要经历三个阶段。第一阶段,传统媒介上网阶段,即传统媒介从自身长远发展眼光出发,或为保持其影响力,或为扩大覆盖范围,在互联网上设立独立网址、开设网页、创建出传统媒介的网络版。第二阶段，网络交互版阶段，即通过改造传统媒介网络版，使其适应互联网互动性的特点，来满足上网用户的需要。第三阶段，多媒体阶段，即传统媒介与互联网高度融合，其网上的内容远远超出传统的“母体”媒介的容量，形成一个跨地域的综合信息（新闻）平台，通过集文字、照片、声音、影像、数据于一体的多媒体技术为用户提供即时、互动式的信息服务。显然，第二、第三阶段是新兴媒体发展的道路与方向，随着时间的推移，技术和经济的发展，互联网必将成为四大媒体的核心。

同时，商业网站的新闻传播占据了很大的优势。如新浪、搜狐、网易等网站，都辟有“新闻中心”或“新闻频道”。其中最具代表性的是新浪网〔1〕，其新闻传播的速度之快、数量之大令传统媒体震惊，新浪网在国内的商业网站中首创了24小时值班制。在2000年悉尼奥运会期间，新浪网作为中国体育代表团唯一互联网合作伙伴，提供了内容丰富的网络即时报道，奥运会专题创造了日浏览页面量1800万的中文互联网单项事件报道纪录。2000年12月27日，新浪网正式获得国务院新闻办公室批准的登载新闻业务资格，成为中国民营商业网站中首批获得上述许可的网站。同时，这也是中国政府首次将新闻登载权授予民营商业网站。

无论是传统媒体上网，还是专业的新闻网站设立，还是商业网站对新闻的“兼营”，都反映了互联网作为新的技术可以在更大的程度上满足人们对新闻信息的需求。然而2011年以来，传统新闻网站的使用率呈现下降趋势。社交媒体与微博成为了网络新闻获取的新渠道。在微博和社交媒体等新兴应用的影响下，普通网民越来越习惯于快速、简单、互动性和社交性强的信息互动方式。2012年9月27日，《中国新媒体发展报告（2012）》蓝皮书发布。蓝皮书指出，即时通信超越搜索引擎、网络音乐和网络新闻，成为我国互联网第一大应用，用户数量达到4.15亿人。手机即时通信使用率最高达到83.1%，年增长15.4%。我国微博用户数量由2010年底的6311万猛增至2012年6月的2.74亿，使用率增长近300%，中国网民使用微博的比例已经过半。微博成为网民获取信息的重要渠道。网民通过互联网获取新闻信息的渠道正在发生转移。

〔1〕 新浪的崛起与体育新闻的传播密切相关。1997年，世界杯十强赛预选赛期间，网民“老榕”的文章《大连金州不相信眼泪》在新浪的前身——四通利方的网站首发并被广泛转载，四通利方网站因此成为国外留学生关注国内比赛的唯一渠道。这使四通利方公司开始认识到自己网站的社会作用，于是于1997年11月底尝试性地推出体育栏目《竞技风暴》。1998年7月，新浪全程报道了法国世界杯，在法国的特约记者每天发回大量报道，网站一天约有200多篇原创文章，公司还约请了许多专栏作家和中央电视台节目主持人黄健翔进行网上评球。

第二节 新闻报刊·广播·电视

一、新闻报刊的优势、困境和出路

1. 优势

报纸,是以刊载新闻与评论为主,以散布形式定期并公开发行的出版物。一般谈到报纸,就其媒介的物质属性来看,主要有两个优点:其一,跟广播电视节目的接收相比,阅读报纸在时间和空间上都可以灵活掌握,读者有很大的选择自由度。而广播电视的新闻报道是一条挨一条地排列,由不得受众选择,而且是过时不候,去而不留。广播电视是在规定时间里播出新闻的,而报纸一旦出版,读者可以任意选择一个时间去读。空间上,报纸的阅读也无限制,几乎可以在任何地方阅读,而广播和电视的接收却受到较大的限制,尤其是电视收看更是受空间的限制。报纸的这种阅读的灵活性还体现在报纸便于携带,能随时翻看。这一优点是广播和电视所没有的。其二,报纸作为印刷品,既能够供读者仔细阅读,又便于查找,而且可以保存下来,成为珍贵的资料。读者可以根据自己的喜好,将资料分门别类地加以收集、保存。而广播电视传播的内容若要加以保存,要受到一定物质条件的限制,远不及报纸方便。这两个优点主要依托于报纸的传统的纸介质性质。

报纸另一个为人称道的优点是,其刊载的新闻具有深广性。报纸的容量比广播电视要大得多。一般广播、电视新闻所安排的30分钟时间,按普通的播音速度,大体可以播出4500~6000字。而一般的对开报纸,4个版面能登载4万字左右,相当于3~4个小时的播音字数。报纸以文字符号来传达信息,文字本身的抽象性虽使得报纸的新闻报道缺乏广播、电视新闻报道所具有的那种具体性和亲切感,但却可达到后者无法达到的深度,它能够进行高度抽象的概括,深入挖掘事物的内在规律,揭示事件相关的方方面面。广播、电视只能根据规定的时间来组织播放新闻,报纸则依照自己的版面来编排新闻。时间的限制使广播、电视的新闻只能提纲挈领,尽可能精简;而报纸版面的空间,却使报纸的内容兼收并蓄、丰富多彩,报道的方式、体裁灵活多变,报道既可简明扼要、点到为止,又可以详尽分析、展开述评,题材也包罗万象。报纸的这一特征,使它能够就重大事件提供翔实的报道,而像长篇通讯、重大问题的评论(如社论、特约评论员文章)

等，亦非广播和电视所能做到的。在传播一般新闻方面报纸确实不如广播、电视来得快捷、亲切、形象、生动和富有冲击力，“但是，报纸在说明、解释和评论社会事件方面所起的作用却越来越重要，特别是在就社会主要目标或世界事务展开广泛辩论而又需要针对简单的报道作出深刻分析的时候就更是如此”[1]。

2. 困境

在互联网到来之前，报纸的竞争对手是广播、电视，在竞争中报纸的不足突出表现为文字表达不如后者的声像语言形象直观和具有亲切感，而且它要求具备一定的文化程度才能接收，广播电视则无这方面的限制；再就是，报纸的传播速度比广播、电视慢。但是随着互联网和新媒介技术的出现，报纸的传统优势大为贬值，而其固有的弱点却得到放大。报纸的容量大，但是依然要受到版面空间的限制，而网络有无限宽广的内容空间；就报道的深度和广度而言，网络传播可以吸收报纸的特长而加以放大、做得更好；在方便储存这一点上，网络上的数据库完全可以替代和胜过任何规模的报纸收藏；报纸的纸介质性质决定了它的内容呈现是单一渠道的，而网络则是多媒体的展示；报纸的时效和更新频率与网络可以做到实时传播、以秒更新相比更见其绌；网络上的新闻传播在互动性、个性化方面所达到的程度也是报纸难以企及的。

在广播、电视出现之前，报纸独霸天下400余年；当广播出现时，有人预测报纸即将消亡；当电视出现时，仍有人作出这样的预测；当互联网及各种媒介新技术出现之时，更是有人宣布报纸末日的到来，美国北卡莱罗纳州立大学的教授菲利普·迈尔预测：“如果现在报纸读者的发展趋势持续不明朗，到2044年，确切地说是2044年10月，最后一位日报读者将结账走人。”这并非危言耸听。作为纸介质传播媒介的报纸，在互联网和一系列新媒介技术的压力之下，已经失去了它昔日在新闻传播领域的霸主地位，传统报纸的黄金时代不复到来。据介绍，全球报业最为发达的北美地区进入2005年后，报业市场出现了近10年来发行量最大幅度的下滑，美国发行量排名前20位的各大报纸发行量平均下降1.9%，有的老牌报纸，如《达拉斯晨报》发行量在半年中竟然下跌了12%，美国报刊业遭遇了1996年以来最严重的一次低谷：发行量和广告额大幅度下滑。[2]虽然在世界范围内，亚洲地区的中国、印度和日本报业市场依然保持了可观的增长态势，但是，我国报纸人口的流失已经是不可回避的事实。我国资深报人、《京华

[1] 国际交流问题研究委员会. 多种声音，一个世界：交流与社会·现状和展望. 中国对外翻译出版公司第二编译室，译. 北京：中国对外翻译出版公司，1981：81.

[2] 黄文夫. 美国报业噩梦初现 纸质媒体如何跨越寒冬. 传媒，2005(11).

时报》社长吴海民指出:“以2005年为‘拐点’,传统报纸停下了持续多年的上升脚步,进入一个抛物线般的下滑轨道。”“深层原因在于,在以互联网为代表的新兴媒体冲击下,媒体的生态环境和基本格局已经并正在发生重大变化。网络广告、户外广告、广播广告、楼宇广告、电梯广告、直投广告等媒体方阵迅猛崛起,瓜分、蚕食着报纸的广告份额。新兴媒体目前尚未撼动电视,但对报纸发起了挑战。在新的媒体结构中,报纸的生存空间受到严重挤压,传统的强势地位被从根本上动摇。”〔1〕

3. 出路

应该看到,在压力之下和困境之中的传统报纸并非只能坐以待毙,等待死亡,而是应积极寻求出路。

我国最近20多年来的报业技术发展,曾经经过了两次重大革命,正在进行第三次革命。第一次技术革命是华光、方正激光照排系统的研制成功并迅速普及使用,使印刷广告别了铅与火,迎来了光和电。第二次技术革命以计算机单机作业为主,主要依托汉字信息处理的激光照排技术。激光照排系统的应用,缩短了排版时间,改善了排字工人的劳动环境,提高了版面质量,极大地解放了出版生产力。第三次技术革命则以互联网为平台,以新媒介技术为工具,推出报纸电子版,使报纸走向了互联网;报纸的电子版不单单是传统报纸的翻版,它以数字电视、电脑为阅读工具,是集文字、图像、声音为一体的多媒体信息。它借助于互联网的高速互联,突破传统报纸地理受限性,直接与国际接轨,使新闻信息在无形中增生,电子版前期查阅、资料检索功能可以让用户方便地获取各类信息资料,同时电子邮件、网络电话、网络电视等方式为编辑记者与读者之间、读者与读者之间提供了一个相互交流的机会。报纸的印刷技术也在不断改进,譬如,2005年11月《人民日报》引进的曼罗兰UNISET 75卷筒印刷机,最高印刷速度达每小时75000份。

近年来,报纸还显示出与现代通信技术结合的趋势。其突出表现是将报纸内容通过网站、手机、平板电脑终端传送给读者。2011年众多传统新闻媒体将手机客户端作为新的开发项目。目前,《南都周刊》《中国新闻周刊》《看天下》《东方早报》《新京报》等媒体都已在苹果、安卓平台上发布客户端,供读者免费或部分收费阅读新闻。目前,在苹果平台排行榜上新闻类第一名为《南都周刊》。《南都周刊》于2010年11月,针对苹果这一新兴的电子阅读平台,推出了iPad版的客户端——《南都周刊HD》。经过1年的升级完善,现在固定以图文

〔1〕 吴海民. 媒体变局:报纸的蛋糕缩小了. 中国报业,2005(11).

为主，结合一定的相关视频，辅以布局实用的目录，加上美观简洁的界面，为用户的阅读提供了更好的体验。每一期的《南都周刊 HD》都会聚焦近期热点，或是一个值得深入阅读的主题。并且在这一主题之外，还会有关于国内外的各种调查研究以及政治、经济、体育、文化、科技、娱乐、时尚等方面的其他内容。《南都周刊 HD》采取的是收费下载形式（需要网络连接支持），用户可以通过所提供的近期期刊的预览，对自己感兴趣的近期期刊内容作一个初步阅读，来决定是否购买。而早期的旧刊，用户可以免费下载阅读。用户可以方便地浏览、查询一些过往的内容，并可作保存之用。而初次下载阅读《南都周刊 HD》的用户，还可以通过下载免费的旧刊，更好地了解《南都周刊 HD》。

可用来阅读报纸、杂志的iPad。

能随时浏览报纸内容的手机。

报纸的介质也正在变化之中。据 2003 年英国的《自然》杂志报道，荷兰飞利浦公司的科学家已成功开发出新一代电子纸，它的显著特征是可在胶片般薄的可折叠屏幕上显示动态画面。这种电子纸可用于手持电子装置和可穿戴的显示设备。一旦这种电子纸得到广泛运用，传统报纸的形态将彻底改变。美国媒介形态学家罗杰·菲德勒还设想了未来一种叫作“数据输入平板”的载体，这一载体构成的报纸版本，“将通过保留机械印刷中人们熟悉的报名、专版和专栏的标题、字体以及版式设计等因素，在报纸已确立的品牌名称的个性基础上建立起来。这样，即使页面的大小与形状有可能不同，但是大多数读者仍能毫不困难地认出每份报纸的身份，其个性特征将得到足够的保存”〔1〕。

上述情况表明，传统报纸正在转型，新型的报纸将利用和依赖新技术武装自

〔1〕 罗杰·菲德勒.媒介形态变化：认识新媒介.明安香，译.北京：华夏出版社，2000：212.

身。但是,技术不是一切,更为重要的是,在转型过程中报纸亟需形成优秀的品质,包括品牌、内容质量、社会功能等,并且通过新技术的利用进一步放大其固有的优势,如此,报纸才能获得新生。

4. 新闻杂志

在我国,《瞭望》是由新华社于1981年创办的我国第一个大型新闻周刊。《瞭望》以总揽世界风云、把握时代脉搏、体察人民疾苦的鲜明风格,在众多新闻媒体中独树一帜,它以详尽报道中国高层决策信息为特色。它的"中南海纪事"、"瞭望论坛"、"特稿"、"专题报道"、"热点观察"等栏目一起,使《瞭望》成为人们了解国内外重大事态,特别是中国发展大势最具权威性的信息源。

进入20世纪90年代以后,除"老牌"的《瞭望》《环球》《半月谈》之外,我国新闻杂志有了迅速的发展,其中极有影响力的几家是《三联生活周刊》《南都周刊》《新周刊》《中国新闻周刊》《财经》《新民周刊》《东方瞭望周刊》等。

1992年10月,北京三联书店恢复了30年代前后颇有名望、由著名政论家邹韬奋主编的《生活》周刊,2001年初由半月刊正式改为周刊。该刊追求独家报道,每期封面故事都抓住最近发生的重大事件或者社会舆论中的焦点、热点,进行全面、深入、详尽的报道。1996年8月由广东省新闻出版局主办的《新周刊》面世,自我定位为"中国最新锐的时事生活周刊",该刊每期精心策划一个大型封面专题,以15~40页的篇幅全方位报道具有潮流性和趋势性的内容,配合以相应的封面设计和言简意赅的特大标题。1998年4月创刊的《财经》,秉承"独立立场、独家报道、独到见解"的理念,观察并追踪中国经济改革的重大举措、政府高层的重要动向、市场建设的重点事件,及时予以分析和评论,对于资本市场在中国的成长变化更给予特别关注;对于海外发生的重大经济、时政要闻,《财经》亦经常派出记者到现场作专访,其报道以新闻的独家性和权威性见长。譬如,它于2000年10月号刊登了《基金黑幕——关于基金行为的研究报告解析》一文,引发了中国证券市场"大地震"。中新社主办的《新闻周刊》于1999年底正式创刊,其自我定位是"信息管家、时事顾问、意见领袖",它充分利用中新社的新闻资源,注重新闻的纯正品质和新闻评论的深度。

这些新闻周刊,在图片的运用上,在新闻的深度报道和深入分析上,在受众

细分和定位上,都显示出崭新的新闻理念和新闻制作手段,满足了人们深入详细了解新闻时事、深入把握社会变化的需要。

二、广播和电视新闻传播的基本特征

1. 广播新闻传播的基本特征

广播传播的速度是无线电波的速度,它的速度为每秒30万千米,相当于绕地球7圈半,在地球上由任何一地发出讯号到任何一地接收讯号,其时间差几乎是零。到目前为止,任何传递信息的载体的速度与无线电相比都望尘莫及,这使广播成为非常理想的新闻传播工具。就技术而言,广播比电视的构造简单得多,成本也小得多,因而在扩大信息传播接收群体方面,广播至今仍是非常有效的媒体。

与报纸相比,广播新闻的传播省去了排版、校对、印刷、运输、发行等十几道工序。广播可以随时播出重大消息,现场报道可与新闻事件同步进行。一般情况下,与电视相比,虽然二者同为电波传递讯号,传递速度相等,但广播新闻只要有了现场音响设备和广播稿就能直接传送出去,而电视新闻却还要经过冲洗、剪辑、音响合成等技术处理(用电子摄像系统ENG可减少冲洗工序)后才能播放,操作程序比广播复杂得多,在时效上显然不及广播。1981年3月30日美国总统里根遇刺,事件发生在下午2点28分左右,仅2分钟后,美国广播公司电台就播出了驻白宫记者莱姆·塔克的报道。2点34分,美国广播公司所属的电视台播出布朗拍摄的实况录像,这时的播发已经免去了录像剪辑、音响合成、审片等一切常规程序。至于报纸的报道正式与读者见面,已是好几个小时以后的事了。

只要是电波能够抵达的地方,就能够传递声音的讯号,听到广播的节目,因此,广播可以突破空间的限制,在同一时间内把新闻送到其功率所能及的任何一个地方。同样,在这个范围内的所有听众也都可以同时收到同一时间内播出的任何一条新闻。这是传统意义上的报纸无法做到的。报纸在传播过程中要受到运输工具、投递质量、交通条件等的限制。广播因此而具有极强的渗透性。广播的这种覆盖率高、渗透性强、突破空间限制的特征,使其成为社会的“神经信息系统”(麦克卢汉语)。广播的这一特性,使其价值在危机和战争时期最能得到体现。如海湾战争期间,埃及、阿联酋和沙特阿拉伯的绝大多数人都是通过广播新闻获悉战争打响了,而且在这三个国家,作为深入的消息来源,广播更胜电视一筹。[1]

我们也应该看到,广播远距离传送的特征也意味着声音传播脱离了具体的语言环境,从而丧失了除声音以外的其他辅助手段,且无法获得直接反馈以作及时调整和改善。因此,能否发挥广播新闻的远距离传播这一优势,“在很大程度上取决于能否有效地克服和消除由于脱离具体语言环境而产生的劣势”[2]。

广播是用声音来传播内容的,而声音几乎可以表述大千世界的一切内容。戏剧学家洪深曾把人的声音的作用概括为说明事物、表示情感、建立关系、进行企图这四个方面。况且,广播传送的声音不仅是人的语言,而且包括人类社会和自然界的一切音响,其丰富性和感染力就更非同一般。声情并茂的播音,总是把人带入现场,调动人的感情,而报纸文字符号的抽象性,虽然可以调动人的思维,但无法传达形象的声响,读者只能通过“二度制作”的想象“读”出来。在电视传播中声像同时出现,但“已经有材料证明,在听觉与视觉两种通道上传播的信息之间往往发生干扰,因而视听传播渠道非但远不能获得双倍的效果,有时候还可能不如只通向一种感官的传播渠道那样有效”[3]。

新闻广播对声音符号有着特殊的要求。由于广播对新闻的传播具有一点对多点的特性,由于广播的传播是线性传播,过而不留,听众只能按顺序收听,选择性很弱,而且收听与理解同时发生,因此它的声音符号应当符合这样一些要求:其一,用语、句式须是大众熟悉、一听就懂的,不能追新猎异以致曲高和寡。其二,新闻内容编排不能过于复杂,而要精练紧凑。20世纪80年代中央人民广播电台的《新闻与报纸摘要》节目,30分钟里每条新闻平均长度为1分30秒左右,到1995年,该节目平均每条新闻长度为39秒。这一变化正是反映了对广播新闻传播规律的认识和尊重。其三,广播对新闻的传播应该坚持以有声语言为主,而让音响起辅助的作用,并放在恰当位置,避免滥用。因为有声语言含义更确定,更便于驾驭,信息容量也更大,是传播新闻信息的更为有效的符号。[4]

2. 电视新闻传播的基本特征

电视视听兼备、声像并茂。它可以通过声音和画面,以活动图像为主要的信息载体,把新闻事件“还原”给观众,将观众直接带入“现场”,给观众带来强烈而直观的信息,而不像报纸那样要读者面对文字进行体会、想象,也不像广播那样

[1] 闵大洪.传播科技纵横.北京:警官教育出版社,1998:85.

[2] 曹璐,吴缦.广播新闻业务.北京:北京广播学院出版社,1997:16.

[3] 威尔伯·施拉姆,威廉·波特.传播学概论.陈亮,周立方,李启,译.北京:新华出版社,1984:124.

[4] 曹璐,吴缦.广播新闻业务.北京:北京广播学院出版社,1997:11,12,118,119.

要靠声音来引发想象。而且，电视还可以利用自己特殊的表现手法，譬如镜头的推移和变化，来增添报道的感染力和影响力，调动观众的情绪；通过同期声的运用增加现场感和真实性，扩充信息，推动新闻的叙事；还可以通过画外配音明确画面的含义，且使新闻的叙事连贯、完整。如此，电视就成了人们直接观察世界、了解世界的一个窗口，物理的距离和心理的距离都因此而似乎趋于消失。

这种视听兼备、声像并茂的直观性，使电视的传播对象可以是除有特定生理缺陷的人以外的任何人，因而，电视就更大众化，更具广泛的渗透性，而它的传播内容比广播更易被受众理解、接受。我国的电视新闻在近些年的发展中对电视的大众化特征进一步强调和凸显，在传播内容和报道角度上更加社会化与平民化，社会新闻的分量逐步加大，世俗凡人成为新闻报道的主体，百姓生活得以原生态地展现。像中央电视台的《新闻 30 分》就表现出侧重社会新闻的倾向，并将社会新闻概括为“社会民生，社会法制，社会文化”。[1]

电视可以逼真地再现信息源的多种情景，荧屏展示的正是信息源的真实情景，因此受众通过自己的视听直接了解、感受信息，省去了重新编码和解码的过程，避免了可能的误解，从而使信息传播的可信度大大提高。

电视传播新闻的手段丰富多彩，主要包括：由新闻节目主持人出图像、播读文字稿的口播新闻；运用单张或成组的静态图片和动态影像，结合文字解说进行新闻报道的图像新闻；采用电影摄影或电子摄录设备在新闻事件现场摄录下图像和声音，结合新闻文字稿对事实进行报道的影像新闻；由一般在节目中插播的文字信息构成的字幕新闻；对新闻事件全过程进行同时空转播的现场的实况报道；20 世纪 90 年代萌芽、近年发展起来的电视现场直播，则使电视新闻传播的时效性加强，它把特定的时空片断如实记录与传播，包括形体、声音、环境、表情以及现场突发情况，真实地再现特定的时间和空间中的现实生活，使得电视新闻的表达更具冲击力。

电视实际上主要是以家庭为接收单位的传播媒介，它的接收环境与影院形成鲜明对比。在接收电视节目时，可以无拘无束、自由自在。这种近距离的收视形式和家庭氛围的收视环境与上述的声像并茂及现场感结合，便产生一种面对面直接交流的亲切感。这种亲切感可以说对间接传播方式形成以来的传播者与接收者的分离状态起到某种平衡、调节的作用。我国在近 10 多年来的电视新闻节目中，也不断加大电视节目主持人主持新闻节目的分量，涌现出了许多深受观众喜爱的新闻节目主持人，充分发挥了电视传播的特点。

---

〔1〕 刘桂林，陈万利，刘斌．电视新闻栏目定位与运作实录．北京：中国广播电视出版社，2005：93.

就新闻节目而言,电视发展的历史表明,人们越来越重视它对新闻的传播。美国电视开始也如广播一样,被视为以娱乐为主的传媒,但第二次世界大战以后发生了变化,像在黄金时间播出的新闻节目《六十分钟》受到普遍而持久的欢迎,成了名牌节目。在我国,电视新闻最近10多年里也得到迅速发展。据统计,1993年中央电视台播出新闻33000条,计752小时,电视新闻正发展出多种多样的形式,以满足新闻信息传播和接收的需要。像口播新闻、实况直播、新闻分析、评论、专访、专题、现场报道、连续报道、主持人节目、报告文学和新闻杂志型节目等,各种体裁以其自身特点,多层次、多侧面地反映社会生活,满足不同文化程度、不同年龄层次、不同欣赏习惯的受众的需要。2003年5月1日,中央电视台新闻频道开始试播,7月1日正式播出。经过了一系列重大事件报道锻炼的新闻频道,目前每天24档整点新闻(不包括7个栏目10次播出的分类新闻)共播出新闻430条左右,其中新闻首播率和更新率能充分保证新闻频道在"第一时间、第一现场""汇集天下风云"。[1]但是也应该看到,就目前中国的电视新闻节目制作水平、节目质量的情况来说,我国还没有进入到"电视新闻报道时代"。我国的电视新闻节目尚不能普遍实现现场直播——我国电视新闻节目不能够充分地表现出电视的媒体特性。作为新闻媒体,电视的优势不明显,其新闻线索通常需要来自于报纸、网站等二手渠道。除此之外,目前的电视新闻制作现场存在着的诸多不合理因素,也阻碍了我国电视新闻节目的发展。[2]当然这也意味着,中国电视新闻的发展空间还很大,若能消除和克服诸多不合理因素,将迎来电视新闻的新发展,电视新闻节目将不断在体裁和内容上开拓、丰富。

电视传播新闻也有其先天的缺陷,除了在瞬间即逝、选择性弱这两点上与广播相似外,还有其他弱点和局限,如在材料运用上被时间和空间限制,具体表现为两个方面:一是它不大容易用画面来表现人物的内心活动和事物的内在规律,许多背景材料,电视画面难以展示;二是许多新闻事件发生后,记者赶到现场时已经时过境迁,无法拍摄,即使现场拍摄,有的精彩场面稍纵即逝,抓拍不到就无法重现。

3. 广播电视新闻传播的当代发展

广播和电视自20世纪60年代以来,借助于通信卫星、数字技术,又有了飞快的发展。1957年10月4日,世界上第一颗人造卫星升空,从此人类步入了卫星时代。在西方各国已发射上天的众多的地球同步通信卫星之中,有些是专门

[1] 刘桂林,陈万利,刘斌.电视新闻栏目定位与运作实录.北京:中国广播电视出版社,2005:249.
[2] 杜泽壮.中国电视新闻节目发展面临三道槛.中国广播影视,2005(10).

为广播电视业服务的,所以被称为广播电视卫星。

卫星电视直播技术于 1974 年首先在美国试播成功。1984 年,美国的联合卫星通信公司在 15 个城市向 11000 个家庭订户提供广播电视直播服务。1987 年 11 月,西德将西欧第一颗广播电视直播卫星发射上天,次年 2 月1 日卫星正式工作,同时传送 4 套电视节目和 16 套调频立体声节目。这标志着西欧国家的广播电视直播卫星已进入了实用阶段。

20 世纪 90 年代,西方国家开始进入数字视频压缩电视直播时代。数字视频压缩电视直播是将电视信号经过模拟/数字转换和压缩后发送到卫星上,地面接收设备再将数字信号还原成模拟信号输入电视接收机。

这种业务也称卫星数字电视直播。从 1993 年 12 月休斯公司发射第一颗数字压缩电视直播卫星以来,卫星数字电视直播已在美国乃至全球形成了发展热潮,并且迅速商业化,西方报刊称之为"改变世界的卫星电视革命"。

广播电视卫星对整个大众传播事业的影响是巨大的,对新闻传播亦然。它推动了全球信息共享,加快了信息传播速度,加大了信息传播量,促使了世界性信息传播网的形成。1991 年的海湾战争中,美国 CNN 的战地记者就是通过小型地面接收站,经由通信卫星将电视新闻及时发回国内的。CNN 开启了新闻传播史上电视新闻直播的新时代。CNN 创办人特德·特纳说:"CNN 播放着的就是世界上正在发生着的事情,直到地球停止转动:想知道地球是怎么毁灭的吗?还是要看 CNN。"[1]

中国的第一颗静止轨道通信卫星是 1984 年 4 月 8 日发射的"东方红二号"。1985 年,中国开始通过租用的通信卫星向全国传送中央电视台的第一套节目,打破了过去广播电视节目完全依赖微波、短波等传统地面无线传输方式传播的束缚,开创了中国卫星广播电视的新纪元。1998 年 12 月 26 日,中央电视台和中广影视卫星公司共同利用鑫诺 1 号卫星的 Ku 转发器进行了中央电视台 8 套电视节目和 8 套声音广播节目的传输试验演示,并从 1999 年元旦开始正式试验播出。1999 年 10 月,国家广电总局已将"村村通"的电视卫星直播平台扩大到 39 套电视节目(包括中央电视台和各省、自治区、直辖市电视台节目)。到 2004 年底,我国共使用了 9 颗通信卫星上的 39 个转发器,传输 93 套电视节目、126 套广播节目。目前已建成的广播电视卫星地球站共 34 座,地面卫星收转台站 80 多万座。2011 年 10 月中国卫星应用大会在北京举行,国家广电总局科技司黄其凡处长指出我国的直播星新政已拉开序幕,总体规划、实施路线图、时间表均已

[1] 转引自闵大洪.传播科技纵横.北京:警官教育出版社,1998:127.

制定完成,宣告在十二五期间实现2亿直播卫星用户的目标。

电视领域的另一项重要发展是有线电视。有线电视是指利用同轴电缆、光缆或微波传送电视节目的公共电视传送系统。在有线电视系统中可以收看当地电视台开路发送的电视节目,它们包括VHF和UHF各个频道的节目。目前全球共有有线电视用户3.47亿,中国、印度以及美国占了其中60%的比例。中国的有线电视是在最近30年里高速发展起来的。2011年4月中国有线电视行业投资潜力与市场深度调研报告显示,截止到2009年底,我国有线电视用户规模达到了17398万户,比2008年的16398万户增加了1000万户,同比增长6.10%。经过30年的发展,中国有线电视业已经具备了相当大的规模。中国有线电视用户数已稳居世界第一位,有线电视网已经成为我国家庭入户率最高的信息工具。

2010年,中国广播通讯领域发生了翻天覆地的变化,酝酿10余年之久的三网融合最终正式上马,广电与电信两大阵营面临前所未有的业态变革。业务的剧烈变革对相应的终端产品提出了更高的发展要求。在这样的背景下,2010年一个新生事物应时而生,那就是智能电视,而2010年也当之无愧地成为了我国智能电视发展元年。例如,全球范围内的IT/互联网巨头和电视巨头都投入巨资开发智能电视,谷歌的GoogleTV、苹果的AppleTV、海尔3D智能电视、三星下一代智能电视、TCL智能LED电视、创维酷开智能3D液晶电视、海信智能电视、康佳智能电视等都纷纷亮相。智能电视的发展已成为不可逆转的趋势。这当中的IPTV(即交互式网络电视),利用宽带有线电视网,集互联网、多媒体、通信等多种技术于一体,向家庭用户提供包括数字电视在内的多种交互式服务。这一技术是电视数字化和网络化的产物,它可以同时传输和接收多路视频信号和其他数字化信息,同时令信息数字化存储,以便观众随时调用。

新的传播技术给广播也带来了新的机遇。譬如数字音频广播(DAB),它具有消除传输干扰问题的优越性,比电波模拟广播更具完善的声音效果,没有任何干扰,能为流动听众服务,可使用比调频设备耗电少10倍的发射机,能将无线电频率带宽的过分拥挤减少一半。[1]1996年9月英国广播公司和瑞典广播公司分别在英国和瑞典首次播出了数字音频广播节目。近些年来,广播努力拓展传播渠道,从原来的无线电波转播向无线、有线、互联网、移动通讯等延展,使广播承载了更丰富、更及时的资讯内容,并且加速了传播和更新的速度。尤其是互联网改

〔1〕 洛特非·马赫兹.世界传播概览:媒体与新技术的挑战.师淑云,程小林,译.北京:中国对外翻译出版公司,1999:201.

变了传统的广播传播模式，广播从原来的声音广播形态发展为以点播、轮播、浏览、下载、互动等方式来传播节目，广播受众范围从原来的单一的收音机的听众向所有的终端用户发展，从而扩大了广播节目的覆盖面，加强了传播的效果[1]。

第三节　网络新闻传播与新媒介

一、互联网新闻传播的特点

为了与传统媒体上发布的新闻区别开来，人们将网上发布的新闻称为网络新闻。杜骏飞教授认为，所谓网络新闻“是指传受基于 Internet 的新闻信息——具体说来，它是任何传送者通过 Internet 发布或再发布，而任何接受者通过 Internet视听、下载、交互或传播的新闻信息”[2]。具体来看，网络新闻具有如下一些特点。

1. 大容量

网络容量之大，任何其他媒介都无法企及。网络新闻最突出的特征就是信息贮存与转运的能力超过了所有传统媒体。基于互联网的超链接的方式，网络新闻具有无限扩展和丰富的可能性。在 1998 年的克林顿绯闻案这一新闻事件中，斯塔尔报告厚达 445 页，牵涉内容广泛而复杂，传统的印刷媒体很难承载如此浩繁的内容。而互联网上首先全文刊载有关克林顿丑闻的斯塔尔报告，这充分体现了网络新闻承载超量信息的优越性。在越来越多的媒体创办网站发布新闻信息的同时，一部分个体和社会组织也越来越多地上网发布新闻信息，这不仅使新闻信息的总量急剧增加，而且由于不同的新闻传播主体的传播目的不同和传播内容不同，势必对固有的新闻机构的传播起到补充和丰富的作用。

2. 高速度

在传统媒体中，报纸的出版周期常以天甚至周计算，电视、广播的周期以天或小时计算，而网络新闻的更新周期却是以分钟甚至秒来计算的。尤其在对突发事件的报道中，网络新闻的时效性更为突出。1999 年 5 月 8 日清晨 5 点 50 分（北京时间），我国驻南斯拉夫使馆遭到以美国为首的北约的 5 枚导弹袭击。新

[1] 才华. 在信息化时代，广播面临的挑战和机遇. (2004 - 10 - 25) [2012 - 09 - 01]. http://www.cnr.cn/news/200410250387.html.

[2] 杜骏飞. 网络新闻学. 北京：中国广播电视出版社，2001：44.

浪网第一个对此消息进行报道,时间是6点24分,形式为标题快讯,6点40分的第二条报道中有了较详细的内容。在以后的进程中,各种图像、文字消息几乎每隔两三分钟就更新一次。2001年9月11日,美国纽约遭恐怖分子袭击事件发生后,又是新浪网仅仅在10分钟后,就发出了第一条消息。在传统媒体中,广播通过无线电波,电视通过通信卫星,也常常能够做到快速报道新闻事件,缩短报道事件时间与事件发生时间的差距,甚至进行同步直播,但是其传播过程中往往要面对非传播主体所能控制的技术性障碍,譬如信号中断、电波干扰等。而网络新闻的传播在互联网络的构架内,对各种外在影响和障碍的超越与克服能力大大加强。

3. **立体性**

这种立体性首先体现为:网络新闻集报纸、广播、电视三者之长于一体,是兼具数据、文本、图形、图像、声音的超文本、多媒体结构,实现了文字、图片、声音、图像等报道手段的有机结合,因而是立体的、网状的、多维的,有声有色、图文并茂、亦动亦静。报道同一新闻事件,报纸用文字和图片,广播用声音,电视主要是用图像,而网络新闻则三者皆用,它融合了纸质新闻、广播和电视新闻的报道手段,使受众在网上同时拥有读报纸、听广播、看电视的诸般乐趣。其次,立体性还体现在传播内容上。网络新闻传播围绕一件事情往往形成核心新闻信息,同时通过相关链接的方式提供相关报道和相关资料背景。这样新闻接收者可以了解到一个事件的不同侧面、不同反响和深层背景。

4. **互动性**

传统媒体的新闻是由受到专门训练的记者、编辑或制作人,在受众遥不可及的编辑室或新闻中心,单方决定值得报道的内容,接收者只能被动地等待收视阅听于固定时间里送达或播出的新闻,如果有意见,也只能事后表达。而网络新闻则可以实现传播者和接收者之间的双向互动传播,例如现在很多新闻网站均在每则新闻之后设置"发表评论"的链接,给公众提供一个批评和评论的场所。这不仅使得传播者能够及时了解受众的反馈,而且使受众能够直接参与新闻报道,对传播内容进行矫正或补充;不仅做到了媒体与受众之间的沟通,还实现了受众对受众的传播,传受双方的积极性、主动性因此而得到大大有效的调动。

5. **选择性**

与传统媒体比起来,网络新闻对接收者来说具有更强的选择性。其一,网络新闻的编辑与传统媒体的新闻编辑的不同在于,不是将新闻信息"推"给受众,

而是由受众“拉”出想要的新闻信息。[1]新闻传播的接收者可以根据自己的喜好,通过网络搜寻自己喜欢的新闻信息源、新闻信息内容、新闻信息表现形式。新闻网站总是将海量信息分门别类地加以整合,并且提供定制“个性化新闻”的服务,网站可根据用户的需求向其发送经过选择的个性化新闻。其二,网络上的新闻传播还具有过刊查询和资料检索功能,突破了查询新闻内容在时间上的限制,受众在网上可以随时按日期查看一家网络媒体的旧闻,也可以很方便地输入关键词进行资料检索。其三,网络上的新闻传播,既可以在短时间内实现新闻信息的广泛传播,又便于受众下载新闻信息,存储、加工、利用新闻信息,以进行深入的研究和探索。

6. 可搜索性

网络信息数字化的特点,使得对网络新闻进行快捷检索成为可能。目前功能强大的互联网搜索引擎(如 Yahoo、Google、AltaVista 以及国内的百度等)可以在甚至不到 1 秒钟的时间里,按照网民给出的搜索关键词找到对应信息。一些大型的互联网站点、图书馆、数据库也都为用户准备了内部搜索引擎,最大程度地节约用户在搜索信息上花费的时间。而在电脑和互联网出现之前,无论寻找报纸、杂志还是广播、电视的资料,用户都不得不硬着头皮在庞大而阴森的馆藏室里用眼睛做着最原始的检索工作,而这是一个漫长而疲惫的过程。互联网数字化检索的方便快捷迫使平面媒体不得不向它靠拢,比如《人民日报》经过多年建设,推出了“《人民日报》图文数据库”,其中包含了《人民日报》自 1946 年创刊以来的所有图文信息。可以想象,用“《人民日报》图文数据库”来辅助一项“《人民日报》头版头条新闻研究”的工作,比起亲自去报刊室翻阅几吨重的报纸来,要方便多少。[2]

7. 易复制和易保存性

由比特构成的网络信息的最大优势之一就是可以方便地复制。“世界上没有完全相同的两片树叶”之类的说法在数字世界里是可笑的,只要先有一片树叶,数字技术就可以在瞬间制造出其无数的孪生兄弟,而且它们完全一模一样。我们可以把网络新闻看作这样的树叶,这就不难想象为何网络新闻会流传得如此快捷和广泛了。易复制带来的另一个好处就是易保存——因为保存无非就是把信息从网络复制到自己的硬盘而已。在带宽不成问题的情况下,从网络复制一篇 10 万字的文章到硬盘连 1 秒钟都不需要,并且绝无差错。而在此之前的种

〔1〕 尼葛洛庞帝.数字化生存.胡泳,范海燕,译.海口:海南出版社,1996:103.
〔2〕 关于人民数据.http://www.people.com.cn/GB/43063/43070/index.html.

种方式,从抄写、剪报到复印、扫描……不是难以确保精度,就是浪费大量时间,甚至两者兼备。

8. **公平性**

网络新闻是借助互联网传播的,互联网上信息传输的速度和成本与所在的物理位置几乎毫无关联——比如,用电脑访问美国《纽约日报》网站和美国某乡镇小报网站的速度几乎是没有区别的——这特别有助于实力弱小的新闻传播媒介摆脱在现实条件下资金、人事不足的困扰,实现与媒体大鳄们的公平竞争。在现实情况下,上述乡镇小报想在纽约做宣传广告招揽读者以便和《纽约日报》一较高下简直毫无胜算,就算强行实行,也难以为继。但是在互联网上,建立和纽约读者的亲密联系却只需要建立一个网站而已。如果放眼全球,网络新闻传播的公平性特点还特别有助于第三世界国家打破西方资本主义国家通过对传统媒介的垄断而实现的对信息资源的控制,从而为推动建立国际新闻传播新秩序提供保障。

网络新闻的上述特点使其以无可比拟的优势成为新闻传播活动的新领域。在充分认识网络新闻的优势的同时,对网络新闻传播的弱点和缺陷不能视而不见。如网络新闻的可信度和有效度问题。网络的开放性和自由度带来了信息民主的局面的同时,也为恶意传播虚假新闻信息打开方便之门,以致互联网上的新闻信息可信度大打折扣。与此相联系的是,大量"信息垃圾"的存在淹没了真正有用的信息,使人们在网上搜寻有用信息的效率降低。再如,在传播内容上,网络媒体之间、网络媒体与传统媒体之间的相互抄袭、复制现象严重,造成同质信息过多的局面,同时也造成对原创新闻信息的知识产权和劳动价值的漠视与侵害。又如,在信息管理上,由于管理的成本过高,技术难度过大,网络新闻的有序局面尚未建立。还有网络传播技术和基础设施方面诸如"带宽瓶颈"之类的问题,等等。这些弱点和缺陷制约着网络新闻传播更好地发挥其作用。

当然也应该看到,针对上述这些问题,我们正在不断地探索解决的途径。譬如,我国在2000年11月7日颁布了有关互联网的两个规定,此后又有一系列的规定出台,2005年9月25日,国务院新闻办公室、信息产业部联合发布了《互联网新闻信息服务管理规定》,逐步将网络传播纳入法制管理的轨道。〔1〕针对"带宽瓶颈"和"信息垃圾"等弊端,中国工程院院士李幼平提出了对报刊、广播、电视、网络四大传媒取长补短,创造一种第五传媒的设想。〔2〕2000年5月,美国哥

〔1〕 详见本书附录三。

〔2〕 李幼平,孙宝传.后万维网时代.传媒与科技,2002(2).

伦比亚大学和在线新闻协会联合宣布设立网络新闻奖,以表彰致力于提高互联网上新闻可信度和提高网络媒体魅力的网络记者。哥伦比亚大学新闻学院主任汤姆·戈尔茨坦说,新闻奖的设立将有助于制定网络新闻标准。普利策奖委员会在2005年12月7日颁布的《普利策委员会准许网络新闻进入所有奖项》规定:“从2006年开始,报纸可以递交网络内容和印刷内容参加普利策新闻奖全部14个奖项的评比。”“公共服务奖项1999年就已经允许一定范围的网络内容诸如数据库、对话式图表等内容参加评选。2006年这些内容将继续可以参加公共服务奖项的评选。在其他奖项的评选中,网络新闻的参选内容将限于新闻报道和图片。所有在网络发布的内容都可以参加突发新闻报道和突发新闻摄影两个奖项的评选。”[1]2010年,创办仅2年的非营利性民间新闻网站ProPublica赢得普利策奖,成为首次问鼎美国新闻界最高奖的网络媒体。2012年,美国网络媒体《赫芬顿邮报》成为获奖的首家新闻博客网站。这表明互联网新闻传播在整体的新闻传播机制和格局之中,影响力和规范化程度都日益提高,因而发挥出独特的作用。

新媒体不断涌现,新闻传播门槛降低。除去熟知的传统媒体网络版、网络媒体、商业网站新闻板块之外,现在还有很多新兴媒体出现。其中最引人注目的就是不依托传统媒体的独立网络媒体。它们完全生存在网络上,采集现实新闻进行发布。它们依托的平台包括独立网站、网站新闻板块(借用一角)、个人主页、博客、社交媒体。微博发布是目前非常热门的活动,因其对资金、技术要求不高,上手方便,成为人们新的新闻发布、获取渠道。互联网上的新闻传播开始进入有序、常规、有效的发展阶段。

二、微博

人类社会产生文字以来,几千年历史上不过诞生了三类大众传播媒体——报纸、广播和电视。20世纪90年代以来,随着电子产品和通信网络的迅速发展,互联网逐渐崛起成为公认的第四媒体。2010年是以Twitter为代表的微博高速发展的一年。以Twitter为代表的微博是新兴起的Web2.0表现形式,是一种可以即时发布消息的系统。最大的特点就是集成化和API开放化,用户可以通过移动设备、IM软件和外部API接口等途径向自己的微博发布消息。微博的另一个特点还在于这个“微”字,一般发布的消息只能是只言片语,每次最多只能

〔1〕 转引自刘瑞生.2005最后败笔:新闻评选后的网络假新闻.网络传播,2006(2).

发送140个字符。在微博和SNS等新兴应用的影响下,普通网民越来越习惯于快速、简单、互动性和社交性强的信息互动方式。

2012年2月9日英国《每日电讯报》报道,最新的一份调查报告显示,青少年将浏览Facebook和Twitter等社交网站作为首选的娱乐消遣方式,而不再是像以前那样最注重看电视。在接受调查的16岁至24岁人群中,65%的受访对象将通过Facebook和Twitter与朋友交谈作为首要的消遣活动。据中国互联网络信息中心在京发布的《第29次中国互联网络发展状况统计报告》统计,2011年微博快速崛起,截至2011年12月底,我国微博用户数达到2.5亿,较上一年底增长了296%,比例达到48.7%,微博成为网民获取新闻信息的重要渠道。截至2011年底,我国社交网站用户数量为2.44亿,相比2010年底略有增长。在使用率方面,社交网站用户占网民比例为47.6%,比上年底回落了近4个百分点。

目前在中国发展较好的门户微博有新浪微博、搜狐微博、腾讯微博。其中,新浪微博影响最大,它的模型是基于Twitter的,提出的口号为“随时随地发布你身边的新鲜事”。它为用户提供记录、诉说和分享日常生活的渠道。它允许用户用“Follow”的方式主动接收各种陌生信息。140字的限制使每一条信息都简练,易于传播。对于手机使用者来说,它的简洁干练的界面、素雅的色调也十分便于随时随地发送、交流信息。对于以时间轴安排微博显示的缺乏交互性的缺陷,Twitter提供了评论(@ ID)、直接消息(D message)以及转发(Retweet)等交互功能。为了整合碎片信息供所有用户阅读分享,特别设置了列表(List)、标签(Tags)、趋势(Tends)、搜索(Search)等功能。新浪微博在全盘接收Twitter功能的基础上增加了新的整合模块——“热门话题”、“人气热榜”、“猜你喜欢”、“同城微博”。这些模块因符合中国用户的使用习惯而很受欢迎。新浪微博便捷、简易的交流方式使新闻的生产者和消费者的概念被消解于无形。不论是新闻发布者的行为还是新闻的消费者的行为都是出于个人意愿的主动行为。

微博的新闻传播使新闻处于一种弥散的状态,不是线性的点对点传播,而是一种自媒体。微博中大部分信息都极少被大众关注,只会作为个人生活的数据记载,随着时间的推移,淹没在微博的数据库当中。但普通用户对重大事件的发布,作为重要的消息来源,引起意见领袖和专业人士的重视,并进一步扩散。极少弥散的碎片式新闻会由于不同数量的转发、评论和关注在极短时间内形成抱团,形成完整的新闻图景,从而产生巨大的舆论波,席卷整个微博舆论,产生蝴蝶效应。在新闻事件过去后,舆论波又会迅速消解成新闻碎片,消失于人们的视野中。还有一种情况是,微博信息在小范围内,如有共同兴趣的小组、讨论群流通,话题的排外性使这部分新闻碎片被同质化的评论、焦点转发。新浪微博的非营利运作、全民参与的无限接近权、发送与接收权力的模糊使它成为公民新闻的一个平台。

新浪微博允许多媒体的存在。在微博中，图片、视频、音乐等的载入丰富了娱乐化的元素，一些商业宣传也依托平台取得了良好的宣传效果。从新闻的角度来说，图片、视频、音频使新闻的真实客观不仅仅局限于字面的表达，画面使真实性加强，强大的视觉冲击力也使得新闻传播更为迅速。图片对于微博来说，更是拓展字数的另一种方法。很多新闻事实由于微博审查制度、微博本身字数限制不能完全表达，更多新闻记者或普通用户选择（使用长微博生成器）将文字生成为图片，使得新闻进一步扩大影响。

新浪微博与 Twitter 的最大不同在于引入橙色“V”和蓝色“★”。Twitter 中用户靠自然名气的积累来获得其他用户的关注。在新浪微博中，如果是实名认证的机构和名人，一经注册往往就有很大的粉丝数量。其影响力不是普通用户可以比拟的。2011 年 12 月的热门转发和热门评论中，前 10 名 72% 都是由实名认证的名人和机构发布的。这种传播机制不可避免地带来了职业化元素的注入，新浪微博以名人堂和媒体汇聚集了大量的记者、媒体。他们的新闻采写习惯以名人效应的号召力涵化着普通用户发布新闻的习惯，设定用户的新闻议程。新浪用户赋予所有用户发声的权力，又将标杆和把关人引入到媒介平台中。

未来微博的走向，主要取决于三个要素：首先，由于不同门户发展微博平台的战略意图存在较大差距，所以当前微博的发展道路较为多元，各大门户均根据自身优势，为微博赋予不同的功能和特性，其突出表现便是微博社交网络功能和社会化媒体功能的侧重；其次，微博营利模式较为模糊，目前发展情况较好、同时对微博寄予较大营利期望的网站已经开始尝试多种营利模式；最后，微博实名制政策已经在 2011 年底出台，如何有效规范微博上的信息传播秩序成为十分重要的问题，这些监管措施的落实将会对微博的未来发展产生重要影响。

第四节　媒介观念与新闻传播

新闻传播媒介是人类社会物质生产和精神交往的产物，它的发展显示出人与人的交流对时间和空间限制的不断突破。随着社会生产力的发展，科学技术的进步，传播媒介越来越发达，传播方式不断变化，传播速度越来越快，范围越来越广,效果也越来越好,不断创造着传播史上的奇迹。而"一切技术革命都伴随着或源于大众交流工具的迅猛发展,从而为人数日益增多的听众、观众和读者打开大门,并扩大消息报道和文化娱乐的来源和手段,还有助于文化和社会的变革"〔1〕。

媒介的发展与科学技术的突破和更新有着密切的关系。造纸术和印刷术的发明,为人类的信息承载和传播提供了理想的手段,人们可以借此制作报纸、杂志和书籍,大量而迅速地复制信息,向更为广大的人群传播,这样就冲破了统治者的精神束缚,将原本属于上流社会的知识普及开来,并且总是能在第一时间向最广大的人群传播新的思想和信息。电子媒介出现,通过光的传播速度使得听众和观众陶醉于广播、电视的现场同步感中。更年轻的一代开始转投互联网的怀抱,这是一个充分尊重用户主动性的媒介,某种程度上,甚至可以说它就是无数主动用户合力搭建成的。无线传输(红外、蓝牙、MMS、彩信)技术的成熟又造就了更新一代媒介,使用它们的年轻人看似只在角落里对着手机按动指头,实际上却在严肃地参加一场数万千米之外的现场辩论——这就是技术的力量。

科学技术的进步决定了新闻事业发展的规模和水平。新闻传播媒介的发展是跟随着科学技术发展的"影子"一步一步前进的,每一次技术革新都是人类新闻传播能力的一次拓展、一次延伸、一次飞跃,总是围绕着一个中心点,即不断加快新闻传播的速度,增加新闻传播的数量,提高新闻传播的质量,不断满足人们对信息的需求。技术的发展导致新闻传播形式和传播手段的不断变化和更新,这在前面的媒介发展介绍中已经阐明。更重要的是新闻传播数量和传播质量的变化。原始社会,人们的新闻传播在数量和质量上受当时生产力水平的限制,只可能在少至几人、十几人,多至几十人、几百人的范围内传播,且由于传播手段的缘故,传播质量也受到很大的限制。到了奴隶社会、封建社会,伴随着社会生产力水平的提高,出现了很多手抄小报,并形成了一定的传播渠道,传播的数量有所增加,质量有了一定的提高。再到资本主义社会以及当今社会,随着印刷术和电子技术的出现,借助电子传播的速度(相当于光速,即300000千米/秒),新闻传播的速度大大加快,数量相应增多,新闻的时效性、准确性、对接收者的影响作用等都达到了一个前所未有的高度。当然相应的还有新闻传播范围的变化。古代原始人类的原始传播手段造成了传播范围狭小,这一点不难理解。随着科学技术水平的不断进步,报纸、广播、电视等新闻媒介不断涌现,传播范围不断由小

〔1〕 国际交流问题研究委员会.多种声音,一个世界:交流与社会·现状和展望.中国对外翻译出版公司第二编译室,译.北京:中国对外翻译出版公司,1981:85.

到大，由地区而及全球。1962 年，美国“卫星 1 号”通信卫星和前苏联“东方 3 号”宇宙飞船开始向地球传送电视信号。80 年代开始，世界上大多数通讯社已将卫星通信作为新闻传播的一个重要手段。一颗同步卫星的“直视”范围约为地球表面面积的 1/3，三颗同步卫星则可覆盖全部地球表面。由此可见，新闻传播的范围已经扩大到整个地球乃至宇宙。

进一步看，科学技术的进步，新闻传播媒介的更新，对新闻传播的影响不只是表现为传播技术的新旧交替，而且表现为对人们固有的社会观念的冲击和影响。传播技术以及新闻传播媒介的每一次新突破，都会引发一场深刻的社会革命。古腾堡的印刷术，莫尔斯的电报，使报纸由个人的记事工具和政党之争的论坛，转而成为以向大众报道新闻事实为首要任务的信息传播者；无线电广播将外部世界带进每一个家庭；电视的发明使人类真正实现了足不出户而知天下事的梦想，深刻地影响和改变了人类的生存方式和思维方式；而互联网的使用，打破了信息传播的传者与受者的界限，预示着信息民主和传播自由的观念更为深入人心，政治、经济、文化的全球化趋势也由此得以加强。与此相应的是，新闻观念、新闻需求乃至新闻的采集、写作、编制，传播者和接收者的关系，即整个新闻传播机制，都受到较大影响。正如美国学者在谈到新媒介对新闻业的重要作用时所指出的，新媒介运用于新闻业“不仅可以产生更好的，具有更丰富背景的报道，而且还可以最终造就更知情的读者和公众。……民主将受益于新媒介工具在新闻业中有效而符合伦理的运用”〔1〕。我们看到，在西方已经出现，在我国开始萌生的诸如社区新闻、公共新闻，新闻业界的采写编辑设备与方式的更新，都无不与有线电视、互动电视、网络技术和数字技术密切相关。

各种形态的新闻传播媒介，都有其长处和短处，谁想一口就把对方吃掉都是不现实的。新媒介的出现固然会对旧媒介产生冲击和影响，但旧媒介也会通过改革调整，适应新的形势。广播、电视利用现代化的电子技术传播新闻，突破了时间和空间的限制，传播迅速，范围广泛，对报纸的生存和发展构成了巨大的影响。但是，在激烈的新闻竞争中，报纸并没有被淘汰。这是因为“每种媒介都有自身的优势与劣势，它也会将这些强加在所携带的讯息上”〔2〕。20 世纪 70 年代，西方报业在电视新闻的冲击下开始变革，这场变革的一个突出的方面就是充分发挥新闻摄影在报纸中的视觉冲击力和吸引力。譬如，1982 年 9 月 15 日创刊的《今日美国》，即以“慷慨放大”的照片占据着版面并实现了报纸的彩色印刷，

〔1〕 约翰·V. 帕夫利克. 新闻业与新媒介. 张军芳，译. 北京：新华出版社，2005：143.
〔2〕 杰克·富勒. 信息时代的新闻价值观. 展江，译. 北京：新华出版社，1999：244－245.

几年后便创下美国报业史上发行量增长速度的最新纪录;1984年,英国《镜报》确立了短文章、大标题加更多照片的办报方针,作为应对电视冲击的策略。互联网以其强大的传播优势使得传统媒介如坐针毡,于是后者纷纷通过创办网站、加强互动和实现节目数字化等措施在网络时代谋求生存空间。更新一代的手机媒体依托网络传播优势,把100克重的移动电话发展成了全功能的个人信息交互平台,使用户摆脱了必须端坐于电脑桌前的困扰,实现了可以随时随地站在社会咨询前沿的目标。传统媒介甚至包括以电脑为依托的网络媒介如何应对其挑战,正是当今时代最值得大家关注的事情。

从历史发展来看,媒介从诞生到普及所耗费的时间越来越短,有人以媒介用户达到5000万为标准做过统计,世界上第一家广播电台美国匹兹堡电台1920年开播,直到38年后的1958年,无线电广播的听众人数达到5000万;1936年第一家电视台在英国开播,在13年后的1949年电视观众人数达到5000万;而互联网1993年对公众开放,仅用4年时间就拥有5000万用户。必须看到,新媒介更快的发展速度,是充分借助了旧媒介已有的资源——无论是信息、人才还是用户和传播渠道。套用牛顿的话说,新媒体的迅速崛起正是因为它们是站在了旧媒体巨人的肩膀上的缘故。比如,很难想象没有平面媒体从内容到人员上的支持,我国的网络新闻媒体会在短短几年内发展壮大并形成气候。从这一点可以得出结论:新旧媒介可以各自的优势合作,以形成互补共存的局面,各媒介本身也都寻找到适于自己生存的空间。正如有人指出的:“各种不同的交流工具在其发展初期多少是互不联系,各搞一套的。每种工具都有自己的目标,就是要满足各自的听众、观众、读者对新闻、娱乐和文化的实际的或设想的需要。然而渐渐地,我们看到,各种不同的交流形式之间界限变得模糊起来了。它们之间建立了许许多多的联系和关系,同时他们都在争取赢得更加多方面的听众、观众和读者。”[1]这种特征正适应了人类社会的多样化需要。

媒介技术的更新发展是没有尽头的。未来的媒介格局将如何?从一个比较长的时期来看,旧有媒介将面临着被历史淘汰的危机。看看我国的历史,我们也曾经习惯于把文字写在龟甲、丝帛和竹简上,然而随着便宜而轻便的纸张的出现,这些旧日的媒介终于没能在与后者的“和谐共存”状态中保持太久,而是被完全取代了。2005年底,美国微软公司总裁比尔·盖茨放言,在10年之内,以纸张承载文字的形式将不再成为主流,印刷机也许要被送进博物馆。也许从时

---

〔1〕国际交流问题研究委员会.多种声音,一个世界:交流与社会·现状和展望.中国对外翻译出版公司第二编译室,译.北京:中国对外翻译出版公司,1981:110.

间来看，10年还有些夸大，但是比尔·盖茨所指出的媒介更替方向却是不容置疑的。试想三五十年以后，当高速可靠的无线网络已经覆盖地球的每寸土地，你即便独自身处撒哈拉沙漠深处，也可以悠然拿出便携式或可折叠电子报纸，轻轻点击一下，当日世界重大信息瞬间就跃然纸上，试问：在这样的时代里，谁还会付费给印刷厂购买过时的消息呢？

本章推荐阅读书目

闵大洪．传播科技纵横．北京：警官教育出版社，1998．

罗杰·菲德勒．媒介形态变化：认识新媒介．明安香，译．北京：华夏出版社，2000．

罗兰·德·沃尔克．网络新闻导论．彭兰，等，译．北京：中国人民大学出版社，2003．

保罗·莱文森．新新媒介．何道宽，译．上海：复旦大学出版社，2012．

约翰·V．帕夫利克．新闻业与新媒介．张军芳，译．北京：新华出版社，2005．

第六章 新闻受众与新闻传播效果

6

要点提示：

受众原指演讲的听众，后用以指报刊和书籍的读者、广播的听众、影视的观众。实际上，随着新的媒介方式的采用，受众指涉的对象更为广阔。受众这一概念的基本含义并不难理解，但是，在对这个概念的使用中，却延伸出两个相互关联的关键问题：① 如何看待接收新闻信息的社会人群？即如何确定它的性质？② 如何看待受众在新闻传播过程中的地位和担当的角色？它与传播者的关系是怎样的？这两个问题如此复杂且富有争议，对它们的不同回答反映了不同的新闻传播观念，联系着不同的社会、思想、文化和政治经济制度。

第一节 新闻受众观

一、被动的新闻受众

一种看法是,受众是被动的存在。

随着工业革命的完成,欧美资本主义国家于19世纪末20世纪初开始进入大众社会,并出现了与之相应的“大众社会理论”。这一理论中的大众(Mass)是相对于精英(Elite)而言的,其特征通常被描述为规模巨大的、分散的、异质的、匿名的、流动的、无组织的、易受影响的,也因此大众被认为是“乌合之众”或“群氓”。在大众社会理论的视野里,大众传播的受众就是大众,“受众具备大众的一切特点,因此,受众在本质上是一种被动的存在”。[1]

在精英和大众的框架下来看待受众,意味着新闻受众在接触和接受新闻信息的过程中处于被动的和被操纵的地位。这首先是指在生活环境日益扩大,而大众传播高度发达的情况下,社会生活趋于间接化,新闻受众只能根据新闻媒体提供的信息了解身外的世界发生了什么,而无法直接接触现实。其次是指大众传播结构中的新闻报道将新闻受众作为经济利益目标的诉求对象,通过提供新闻信息服务,在满足新闻受众的需要的同时,实际上也在塑造受众的需要,使受众对大众媒介(包括新闻媒介)的生产形成依赖,进而受到控制。再次是指新闻媒介总是操控于强势集团的手中,新闻报道总是渗透着、反映着象征性权力的意识形态,但受众却不可能对此作出直接的回应。[2]

对新闻传播者来说,这种将新闻受众置于被动地位的观念,可能导致的局面是,传播者无视受众的社会属性,忽略其在整个传播过程中的能动性和主动性,仅将其视为传播者发射的信息子弹的“靶子”。于是传播者以自我为中心,完全按照自己的意愿确定传播内容和选择传播形式,新闻传播的过程成为传播者将自己的意志强加于大众、对大众实施意识形态控制的过程,尤其是新闻信息的传播被纳入宣传的运作机制之中。这种受众观念下的新闻传播实践,最集中、最典型地体现于集权政治和战争状态下的新闻报道,其间新闻以及其他传播往往都

〔1〕 郭庆光.传播学教程.北京:中国人民大学出版社,1999:172.
〔2〕 安东尼·吉登斯.社会学.赵旭东,等,译.北京: 京大学出版社,2003:589.

被作为宣传和控制的手段,新闻的沟通、联系、交流的功能受到极大抑制。譬如,2003 年爆发的伊拉克战争被称为“人类历史上第一场规模最大的被直播的战争”。然而,就在这场直播中,美英政府和军方通过媒体传达给受众的却往往是混乱、自相矛盾和错误的信息。CNN 前主持人伯纳德·肖在战前曾预言:“美国观众永远无法看到伊拉克战争全面而真实的情景。”“因为许多人在战争中充当了新闻审查员。”美国传媒专家斯蒂芬·赫斯认为,美国对媒体的战争报道进行了“消毒”,竭力剔除战争恐怖和血腥的一面,突出美军“人道”和“正义”的一面。[1]

二、主动的新闻受众

另一种看法是,受众是主动的存在。

在国外,20 世纪 40 年代传播学界萌生了“使用与满足”理论,其间蕴含了把受众作为传播主体的观念。1944 年,美国传播学者 H. 赫卓格通过对名为《专家知识竞赛》的广播节目爱好者的研究和对广播肥皂剧的听众的研究发现,人们总是怀着多种多样的心理动机接触媒介,接受信息的。1945 年,美国传播学者 B. R. 贝雷尔森针对 1945 年 6 月纽约 8 家主要报纸的发送员大罢工,在题为《没有报纸意味着什么》的研究论文中总结出读者对报纸的使用动机,包括获得外界信息,方便日常生活,作为休憩方式,取得社会威信,作为社交手段,作为生活习惯,等等。20 世纪 60 年代以后,D. 麦奎尔等人在 1969 年,采用严格规范的调查手段,通过对电视节目的调查,从受众的角度提出了电视的效用,抽取出四种基本的效用类型:心绪转换效用、人际关系效用、自我确认效用、环境监测效用。这些研究都从不同的侧面表明,受众接触媒介都是基于一些基本的需求,如:寻求信息的需要、社交的需要、消遣的需要以及其他的心理和精神需要等。现实中的大众媒介都是在满足这些基本需要的基础上从而达到自身的传播目标的。[2]

显然,从“使用与满足”理论来看,受众是出于自己的需要动机去接触媒介、接受信息,这就带有很强的选择性,也就意味着受众是主动的,而非被动的。在这种观念下,新闻传播者传播新闻信息,是尽服务者之责,受众成为新闻传播活动的中心所在。正如批评者所指出的,这种受众观过于强调受众作为个体的心

〔1〕 李宣良,梅世雄.“新闻战”中的受众“免疫力”.(2003-04-04)[2010-08-29]. http://news.xinhuanet.com/world/2003-04/04/content_815788.htm.

〔2〕 郭庆光.传播学教程.北京:中国人民大学出版社,1999:181-183.

理需求,而忽略社会因素的作用,没有考虑传播过程中的利益关系与文化、意识形态的制约因素,更没有反映受众作为社会实践的主体的性质。[1]

尽管"使用与满足"理论的缺陷明显,但是,它对矫正被动的受众观,对消解传播者的控制,对确立受众在新闻传播中的中心地位,都有着积极的作用。

三、作为市场的新闻受众

如果注意到大众传播的产业经营方式,便不难发现,传播者实际上是在生产信息产品,并向受众出售,传播者是卖方,受众则是买方,买方的存在维系着卖方的生存,买方的规模大小决定着卖方的利润高低,传媒的竞争于是就变成争取占有更多受众的竞争。麦奎尔认为,如果从市场的角度考虑问题,受众可以定义为特定的媒体或讯息所指向的、具有特定的社会经济侧面像的,潜在的消费者的集合体。[2]进一步看,这一买卖关系中,还有一个重要的环节,那就是广告主。在这一关系中,受众不仅是市场,而且就是商品。传播学家斯密塞指出,受众是大众媒介的主要商品,大众媒介的构成过程,就是媒介公司生产受众,然后将他们移交给广告商的过程,这个过程形成三位一体,把媒介、受众和广告商连接在一种有约束力的相互关系中。[3]

将新闻受众作为市场的观念,对解释新闻媒介的产业化经营方式、对强化产业化经营管理的意识、对分析受众的新闻消费特点,都不无裨益。显然这些更容易为新闻传播者一方所看重和采纳,正如一位视听率的研究者所说的:"受众对于大众传媒的重要性不言而喻。他们买票观看演出,订阅杂志,租借录像带,这些针对媒体的消费行为为媒体带来了收入。同时这些媒体把受众'出售'给广告主。因此受众成为出版商及节目制造商为获利而不断追求的对象。"[4]

但是这一观念的缺陷在于,它不能解释大众为什么使用媒体,也不能解释使用媒体的结果,它总是将人的活动简化为纯粹的数字,将复杂的社会关系简化为单纯的买卖关系,忽略了媒介传播的新闻信息产品的意识形态性质。正如传播政治经济学研究所指出的:"传播是一种相当特殊的、十分强大的商品,因为它除了能生产剩余价值外(由此看来,它与其他任何商品相同),还制造了符号和

---

〔1〕 郭庆光.传播学教程.北京:中国人民大学出版社,1999:185.

〔2〕 郭庆光.传播学教程.北京:中国人民大学出版社,1999:177.

〔3〕 文森特·莫斯可.传播政治经济学.胡正荣,等,译.北京:华夏出版社,2000:144.

〔4〕 詹姆斯·G.韦伯斯特,等.视听率分析:受众研究的理论与实践.王兰柱,苑京燕,译.北京:华夏出版社,2004:3.

形象，其意义能够塑造人们的意识……资本主义社会的大众媒介主要是通过生产反映资本家利益的讯息，通过不断支持整个资本或特定阶级集团的利益来扩展商品生产的过程，这一过程充满了矛盾、迂回和抗争。”[1]

对我国的新闻传播来说，将受众作为市场的观念，在最近10多年的媒体产业化进程中起到了一定的积极作用，具体表现在，它促进了媒体之间的新闻竞争，促进了新闻媒体资源的合理配置，促进了新闻采写编排方式的革新，促进了新闻报道领域的拓展，促进了对新闻受众需要的满足。但是，我们也应该看到，受众即市场的观念本身的缺陷在我们的新闻传播活动中同样有所表现，譬如这一观念下的传播者与受传者之间的纯粹买卖关系，只讲经济效益，不顾社会效益，对新闻的低俗化、庸俗化倾向，对新闻的社会责任感的淡薄，对新闻职业道德的滑坡，都负有一定的责任。

四、作为主体的新闻受众

在对受众的研究中，人们也注意到，受众并不是带着一个空空荡荡的脑袋来接收新闻信息的，他们是一个个充满能动性的主体，他们总是根据自己以往的经验以及迫切的需要，对新闻信息作出鉴别和理解，他们不仅是新闻信息的接收者，而且是新闻信息的寻求者和阐释者。在此过程中，受众作为社会成员，作为社会管理和社会公共事业的参与者，表现出主体的特征。“从主体特征上看，受众需要的主体及其利益关系与公民权利的主体及利益形态有很多相互对应的一致性。仅以个人主体为例，大部分传播服务活动和传播资源的受益者是相互平等的、分散的个人，他们之间的利益关系主要是平向的、自利的；而法定个体权利主体中占绝对优势的‘公民’也是一个单数的概念，公民这一身份体现了个人同国家的直接的法的联系，公民与公民之间的关系主要也是一种平等的横向的利益关系。因此，受众需要的主体同公民权利的主体基本是同构的，后者的利益目标能够成为评估前者主观需要的有效标准和理论根据。”[2]

由此观之，受众的主体性突出地体现为他们在传播过程中作为社会成员享有基本的权利，即作为权利主体而存在。这些基本的权利包括：第一，选择权，这是受众的一种最基本的权利，也是国际消费者联盟宣布的八种权利之一；它意味着受众选择媒介和选择媒介内容的自主性，任何新闻媒介传播的任何新闻信息都无法强迫受众接收和接受。第二，传播权，即受众作为社会成员有权利通过各

[1] 文森特·莫斯可.传播政治经济学.胡正荣，等，译.北京：华夏出版社，2000：143.
[2] 宋小卫.受众需要与公民权利.新闻研究资料，1993(1).

种媒介(包括新闻媒介)传播和交流信息,以实现社会成员之间的沟通和协调。第三,知情权(也称知晓权),它包括公民、法人及其他组织根据法律规定,不受妨碍地获得国家机关的信息的自由和向特定的国家机关请求公开其信息的权利。新闻媒介机构传播新闻信息,其重要功能和活动内容正是满足社会公众行使其知晓权。[1]第四,传媒接近权,"即一般社会成员利用传播媒介阐述主张、发表言论以及开展各种社会和文化活动的权利,同时,这项权利也赋予了传媒应该向受众开放的义务和责任"[2]。这一受众权利概念于1967年由美国学者J. A. 巴隆首先提出,带来了积极影响,其突出表现之一是受众反论权的主张。所谓反论权,是指当受众遭到来自新闻媒介的攻击或歪曲性报道,自身利益、权利受到侵犯的时候,有权要求该媒介划出一定的版面或时间刊登或播出反驳声明。第五,监督权,即受众对新闻媒介的运作和传播者的传播行为有察看并督促的权利,以免其产生不良后果。

将受众作为主体的观念,对反抗新闻传播过程中传播者的"话语霸权",对在真正意义上实现传播的价值和意义,对遏制新闻传播媒介经济利益至上、忽视社会效益的畸形发展,都产生了积极的作用。就我国的情况而言,20世纪80年代以前,我国的新闻传播是"以媒介为本位"的,新闻传播习惯于自上而下地单向流通,新闻媒介大多是按照上级领导机关的意图、宣传主题来选择和报道新闻的,对新闻受众本身的需要往往考虑不够甚至无视它的存在,最终导致整个传播过程的阻塞不通和新闻受众对新闻传播的唾弃或逆反心理的产生。改革开放以来,新闻媒介则逐渐树立起"以受众为本位"的观念。"以受众为本位"将受众作为公民权利主体来审视,从受众应充分享有信息知晓权、言论表达权、舆论监督权等权利意识出发,强调媒介机构要主动调查了解受众的需求,听取受众的意见,真心实意、全心全意为受众服务,突出受众在新闻传播活动中的主体地位。[3]

上述种种受众观念,并不只是抽象的理论,而是对应于具体的传播实践,指导着传播实践。同时也应该看到,这些受众观念往往侧重于某一个方面,而未必能够完满地概括传播活动的全部复杂现象。我国传播学者单波针对此种情况指出,已有的受众观念的缺陷表现为两个方面:"一方面,人们把传者看作传播主体,把受众看成传播对象,这种'主—客'意义的建构实际上割裂了传者与受众

[1] 刘杰. 知情权与信息公开法. 北京:清华大学出版社,2005:46-56.
[2] 郭庆光. 传播学教程. 北京:中国人民大学出版社,1999:179.
[3] 陈崇山. 中国内地受众研究之回顾及受众特征分析//陈卫星,胡正荣. 全球化背景下的广播电视:广播电视发展国际学术研讨会文集. 北京:北京广播学院出版社,2001.

的关系。其实，传者与受众的关系应该说是'共生现象'（Coexistence or Symbiosis），是'互构'（Co-configuration），是'协商'（Negotiation），而不是传者主宰受众。另一方面，人们又认为受众是主导传播过程的中心，有某种固定的主体本质，传者所要做的事情只不过是顺应这种主体本质，这样一来，受众就被理解为孤绝的主体，这就不可避免地带来偏狭的传播运行机制和片面的传播实践动力。因为此时的受众实质上被想象成有主体性的物，而成批地'收购'或'捕获'这种有主体性的物，就会给媒体带来巨大的商业利益。"〔1〕而这两种情形都没有将传播视为人与人之间平等交互作用的过程，这一过程的基本前提是传播各方的主体地位的相互确认。因此，单波提出，传者与受众的关系根本不是什么传播主体和传播客体的关系，而是同一传播活动中共生的两个主体关系；要准确理解受众，必须回到主体与主体的传播关系中，亦即在"主体间性"中把握受众，在主体间交往的意义上建构受众观念。这一观念对矫正已有的受众观念的种种偏差无疑具有积极的作用，并且在相当大的程度上适应于以互联网为代表的新媒介技术所带来的信息传播（包括新闻传播）的开放性、自主性和互动性。但是，也应该看到，这一受众观念能否付诸新闻传播实践，取决于相应的条件是否具备，譬如，政治法律制度、经济制度和科学技术为新闻传播媒介构造的具体环境，意识形态对新闻传播的介入和干预程度，资本对传播机制的构成和控制程度，新闻传播者的观念形态及其对经济利益与社会效益的平衡状况，公众的媒介素养〔2〕达到的水平，等等。上述这些条件的限制，使在主体间交往的意义上建构受众观念显得偏重于理想的色彩而与实际相对颇有距离。尽管如此，这一观念依然具有一定的批判性的作用，它提示我们在新闻传播中向更高的境界努力。

第二节　新闻受众需要与受众调查

一、新闻受众需要

尽管存在着不同的受众观念，但是，自20世纪40年代以来，对受众的研究

〔1〕 单波．评西方受众理论．国外社会科学，2002(1)．

〔2〕 媒介素养(Media Literacy)，又称媒介教育，起源于英国学者ER·利维斯和他的学生丹尼斯·桑普森在1993年出版的著作《文化和环境：培养批判意识》中首先提出的"文化素养"的概念，一般是指获取、分析、评价和传播各种形式的信息的能力。

都充分地注意到受众需要的存在。在某种意义上,正是受众的需要构成了传播活动内在的驱动力。那么,如何理解新闻受众需要呢?

首先,新闻受众需要是一种客观的存在,而非人为的设定。获知最新信息,消除不确定性,这是人类社会交往和劳动实践中必然产生的需求。新闻传播活动正是这种需求的产物。受众需要的客观性还体现在它总是取决于特定的生产力水平和生产关系状态及其他客观物质环境这一点上。一个生活在唐代的人,绝不可能想到要获知有关核战备和核裁军的信息;一个尚在为温饱发愁的人,也不可能去关心珠宝店里最近有哪些新款式的金银首饰。正因为如此,受众需要从根本上推动了新闻传播活动的内容、规模的扩大和发展。现代新闻传播追求更多、更广、更快,正是为了适应现代社会受众的需要的趋向——尽可能快而多地了解所需要的信息,以消除变化多端的世界不断带来的不确定性,调适心理,协调行动,从而更好地生存与发展。从这个意义上来说,新闻受众不仅是新闻传播过程的终端,而且是新闻传播活动的起点和原动力。

一旦明确新闻受众需要是一种客观存在,新闻传播者就应该对"以传者为中心"的传播观念作出调整,认识到自身存在的价值是在满足新闻受众需要的过程中实现的。正视客观存在的新闻受众需要,意味着新闻传播者在传播活动中不能自说自话,不能以居高临下或者施恩布道的姿态面对新闻受众,避免将自身的意图强加给新闻受众,而应该充分尊重受众需要,深入地了解它、研究它,从而获得良好的新闻传播效果。

其次,新闻受众是由许多个体构成的,他们的需要是多种多样、丰富多彩的。"受众"一词在其基本的语言指向上是抹去了一切差别的集体名词,而在实际的受传活动中,受众则是由各不相同的个体构成的,每一个人都是一个世界,每一个世界都千差万别,因此,其需要也各不相同,无法化约为简单而抽象的存在。新闻传播者应该充分意识到受众的这一特点,避免简单化、雷同化和机械化,而应努力追求具体化、多样化、人性化和个性化的新闻传播,体现新闻传播以人为本的活动本质。新闻传播者还要以发展的观念、变化的观念来看待受众需要,明确受众需求是在不断发展变化的。特别是在向市场经济转轨以及市场经济逐步成熟的今天,受众的主体意识日益增强,他们越来越多地需要各种信息以便独立地对自己的行为作出决策。媒体如何满足发展之中的受众需求已经成为一个现实课题。我国媒体今天出现的诸多媚俗现象,随着受众的不断成熟,也不会走得太远。有远见的媒体,应当自觉远离媚俗,努力提升自身品位。受众需求的"发展观"还表现在:新闻受众需求也是可塑的。在新闻受众需求面前,媒体不应仅仅是满足,而应当通过对受众施加潜移默化的影响,使受众生长出新的需求。这些新的需求应当是一种高层次的、高雅的需求，应当有助于受众生活得更健康、积极、美好。

有人试图将受众分类，以有助于辨别和掌握不同受众的需要。例如，从受众与传播的信息之间的关系角度，有人把受众分为广受众和窄受众两大类。所谓广受众，就是广泛接收新闻信息的受众，他们往往对广播、电视、报纸、杂志等新闻传播媒介都想接触和使用，但没有明确的接收方向和固定的接收重点。这类受众数量众多、居住分散、个性迥异、兴趣不一。所谓窄受众，是指在某一方面显示出共同的倾向——选择信息的某种共性——的受众，他们同样也具有分散性、多样性和匿名性等特点。例如，足球迷、追星族、政治活动家、经纪人等，他们对新闻信息的需要，无不与各自群体特定的兴趣、需求有关。但是即便是这种划分，也依然无法避免标签化和简单化，因为显然地，这种划分实际上不过是对特定条件下的受众行为倾向或受众需要倾向所作的概括，在这一特定条件下倾向和兴趣之外的情况无法考虑，而实际上，其他的倾向和兴趣以及激发这些倾向和兴趣的条件也会对某一特定条件下的倾向和兴趣产生影响。譬如，一个白领和一个苦力，一个家庭妇女和一个单身汉，一个中学生和一个中学教师，他们可能同是足球迷，但是他们对观看足球具体的需要和心理动机以及从中可能获得的满足，也是有差异的。

对新闻受众，从不同的角度还可以作出不同的分类。譬如按照接触的媒介类别分，按照人口统计学原理分，按照受众不同的信息需求分，按照接触媒介的确定性分，按照新闻媒介设定的传播对象分，等等。[1]这恰恰说明受众的复杂，受众需要的复杂。诸如不同的文化传统、不同的社会政治条件、不同的集团群体等社会方面的因素影响并形成了受众需要的种种不同；与此相对应的是，不同的性别、年龄、个性、智力、经历、兴趣、爱好和文化积累、价值观念、世界观等个体方面的差异也同样促成了受众需要的不同表现。总之，新闻受众需要因为新闻受众本身的丰富复杂而显得丰富复杂。

充分意识到新闻受众需要的复杂性和丰富性，对传播者来说，既是挑战，也是机遇。说是挑战，是因为受众需要如此丰富复杂，为新闻传播者满足受众需要的功能实现设置难以企及的高度和难以想象的难度，新闻传播者必须为此付出不懈的努力。说是机遇，是因为受众需要如此丰富复杂也为新闻传播者的传播活动提供了多种可能性。与此相联系的是，任何一个新闻媒体都无法单凭自己的力量完全满足所有受众的所有需要。但是，如果能根据对受众的了解，结合传

〔1〕 李良荣. 新闻学导论. 北京：高等教育出版社，1999：119－121.

播者自身的特点和优势,对传播对象作出明确的定位,就可能确保满足部分受众的需要或受众的部分需要。这里涉及的就是现代大众传播中分群化(分众化)传播的趋势。譬如像中央电视台在总体上是面对所有受众,但是,其各个频道有着明确的分工,分工的重要依据便是受众定位的不同,政治、经济、军事、电影、农村、教育、体育等频道,大体上是根据受众对传播内容的需要而设置的。实际上,根据新闻受众的地理区域、文化水平、兴趣爱好、经济状况、年龄结构、性别等方面的不同,新闻传播媒体进行受众定位,已经是当今大众传播的基本策略,并且朝着越来越细化的方向发展。譬如由经济类新闻,又派生出产经、证券、IT 业等方面的新闻。

同时,新闻受众需要表现出永不满足的无限多变性,虽然它不能超越一定的历史条件,并取决于一定的生产力水平。社会变动的每一点细枝末节都有可能造成受众需要的变化,引起他们兴趣的转移;社会变动节奏加快,受众需要的变化也明显加快。了解这一点,新闻传播的内容和形式也就都得跟着变化,否则会吃力不讨好,遭到受众的厌弃。1968 年美国哥伦比亚广播公司推出的大型杂志性电视新闻节目《六十分钟》在黄金时间播出,使连播 27 年之久的动画系列片《彩色世界乐园》不得不中止播出。这就说明这个节目的推出适应了受众需要的变化。事实正是这样,当时由美国挑起的越南战争正值关键时刻,国内反战争情绪高涨、政局动荡,公众渴望了解形势变化,而对老一套的动画故事、轻歌曼舞表示厌倦。在我国改革开放以前,新闻受众对政治性新闻不感兴趣,那是因为政治新闻的报道存在过多宣传意味,但是改革开放以后发生了很大的变化,人民参政议政的意识逐渐强化,因而对政治性新闻愈来愈关注。譬如,2009 年 9 月 21 日上午,国家行政学院科研部许耀桐教授做客新华网时指出,民众关注十七届四中全会是希望党能够不断改革创新。又如,20 世纪 90 年代,随着我国都市化进程的加快,市民阶层对社会新闻的需求日益增多,于是以《华西都市报》为代表的一系列都市报,成为 20 世纪 90 年代中期报纸的新闻传播中最为突出的景观。20 世纪 90 年代,随着经济领域的改革更加深入展开,社会公众对证券投资类的经济活动的介入越来越多,经济方面的新闻信息需求也就逐渐上升,于是,不仅各种证券类报纸先后出现,而且许多综合性报纸也加大了经济报道的力度,专业性的报纸如《中国经营报》《21 世纪经济报道》《经济观察报》等应运而生。

新闻受众需要的这种永不满足的无限多变性,不仅表现在对新闻传播内容的要求上,而且也表现在对新闻传播形式的要求上。随着社会生活的变迁和社会文化的演进,随着科学技术对人们的物质生活条件的改变和对精神感受方式的影响,新闻受众对新的传播形式的要求也越来越高,新闻传播者必须适应新的

要求,勇于创新,以更为新颖和贴近受众的方式传播新闻。如果一味地抱住过去的形式不放,势必失去受众。以报纸为例,近些年来,由于电视媒体的影响力与日俱增,视觉形象的传播功能大为凸显,一些报纸敏锐地注意到这一变化,大力改进版式设计,大胆使用图片,在标题的制作上也不受旧的框框的拘限,使报纸更为“好看”,易于为受众所接受。我们还看到,许多报纸借鉴了网络点击“菜单”迅速进入的优势,对新闻信息的处理更加细化而有序,极大地方便读者“拉”出信息来。《北京青年报》还把厚厚的48版化为4叠,分别是“每日新闻”、“深度报道”、“天天副刊”和“生活资讯”,以蓝、红、绿、黄4种颜色相区别,还用地球、太阳、月亮、星星4种图案作标识,新颖醒目,容易为读者所接受。《扬子晚报》则从2000年12月28日起开设《大扬说新闻》专栏,突破传统报道模式,创出口语化文体,“舌端常带感情”,灵活自由“说新闻”。读者阅报,平添一种听新闻的感觉,新闻有了新的感染力。总之,新闻受众需要的多变性,形成了新闻传播活动主体无论是在内容上还是在形式上都不断充实、不断创新、不断改革的驱动力。

尽管受众需要丰富多样、千差万别而且无限变动,但是,受众需要的基本内容层次还是可以确定的。按法国新闻学者贝尔纳·瓦耶纳的说法,抓住这个“共同之处”作为“公分母”,从而更有效地开展传播活动。受众需要的基本内容层次有哪些呢?

西方人本主义心理学派的代表人物马斯洛认为,人的基本需要这样递进排列:生理需要→安全需要→爱的需要→新生的需要→自我实现的需要。这种划分当然无法用以说明受众对新闻信息的需要的基本内容层次,但它启发了我们,那就是人的需要是有层次的,彼此并不处于同一个层面上。人们对新闻信息的需要也具有层次性。首先是欲获得与自身的生存休戚相关的新闻信息,像外敌入侵、灾祸病疫、市场行情、物品供应、工资收入等。其次是欲获得个人之外的知识、情况,拓宽视野,与社会发生更为深广的联系,像国际新闻、政治动态、新的概念、新生活方式等,这些内容虽然不直接关系自身的生存,却也希望知道一些。更高一层则属于几乎超然于现实的需求,欲获得满足精神需求的新闻信息,像文化娱乐、体育比赛等方面的消息。也就是说,关乎生存、有利发展、精神享受构成了受众新闻需求基本内容的三个层次。这些正是新闻受众的一般共同之处,新闻传播者对受众需要的满足,首先就是对这样三个层次的基本需要的满足。

新闻受众的基本需要的具体情况体现在受众对新闻传播内容的关注程度上。2001年初,复旦大学新闻学院、信息与传播研究中心于在上海市民中进行了传媒“议题设置功能”的抽样调查,这是我国首次就传媒“议题设置功能”进行抽样调查。[1]调查显示,就对国家事务的关注而言,公众认为最重要的议题依次是经济发展、腐败问题、环境保护、两岸关系、加入世贸、社会治安、西部大开发、政治体制改革、交通问题、就业问题。就对个人事务的关注而言,公众认为最重要的议题依次是社会治安、就业问题、经济发展、环境保护、医保改革、交通问题、腐败问题、住房政策改革、加入世贸、精神文明建设。我们可以看到,受众对这些问题的关注程度,正是受众基本需要的说明。因此,要很好地发挥新闻传播的作用,满足受众的新闻信息需求,就应该依据这些公众关注的议题及其关注程度安排新闻报道。但是,这个调查表明,我国新闻传媒报道的有些话题,受众对之关注的程度和媒体的关注程度存在差异。比如环保、腐败、就业、入世这四项,在受众关注的话题中,分别排在3、4、5、6位,而在媒体关注的话题中,却排在4、7、11、13位。又如,精神文明、交通、西部、医改这四项,在媒体关注的话题中,分别排在3、5、6、9位,而在受众关注的话题中则分别排在13、7、9、11位。对此,调查者分析指出:"在一些重大领域,由于该突出的没突出,该强调的没强调,媒介未能发挥预期的'议题设置'功能。也就是说,媒介未能引领受众,反而被受众超越了。"这就意味着新闻媒体未能充分地了解新闻受众的需要之所在,有些受众真正关心的议题,传媒没有充分应对和满足,而有些媒体十分关心的议题,受众未必十分关心。这种错位现象提醒我们的新闻传播者,应该在传播实践中有所调整。

应该看到,新闻受众对新闻信息的需求心理是与社会变化密切关联的。譬如在我国,随着改革的深入,社会矛盾也愈益突出,人们的心理压力日趋增大,轻松绵软的东西固然能解脱人于一时,却无法从根本上缓解人们的心理压力。一项关于城市居民社会心理调查分析报告表明,在1995到1999年间,城镇居民的社会心理压力呈上升趋势:1995年,认为生活有压力的占65.4%,认为生活压力在增大的占69.7%;1997年,认为生活有压力的占79.2%,认为生活压力在增大的占68.6%;1999年,认为生活有压力的占83.5%,认为生活压力在增大的占75.4%。[2]这种普遍感受到的社会心理压力实际上是形成所谓"受众感兴趣的共识"的重要条件,也就在很大程度上决定了社会公众对新闻传播机构传播什么样的新闻的需求。喻国明教授主持的1994年全国报纸读者调查显示:"我国读者阅报的首要目的是'了解国内外时事';从总体上看,读者阅报的兴趣已从

〔1〕 张国良,李本乾,李明伟.中国传媒"议题设置功能"现状分析:我国首次就传媒"议题设置功能"进行抽样调查.新闻记者,2001(7).
〔2〕 汝信,陆学艺,李培林.2000年中国社会形势分析与预测.北京:社会科学文献出版社,2000:77.

过去对局部零散性事件的关心转变为对全局结构性信息的关注；从过去对'甜''软'型琐碎新闻的兴趣转移为对'硬''辣'型重大新闻的追求；可读、可信、信息量大是人们对一张好报纸的基本要求；人们企盼有更多的以报道社会和时政热点为主的报纸和以文化教育、科学普及为主的报纸问世。"[1]

二、新闻受众调查

新闻受众需要的客观性、丰富性、多变性要求新闻传播者在其传播活动中对其传播对象必须有具体、翔实、确切的了解，要做到这一点，其艰巨性可想而知。在方法上最切实可行的也最为常规的是受众调查。受众调查一般通过两个渠道进行：一是主动反馈渠道，了解和研究受众收受新闻后的主动反响，主要通过受众来信、来电、来访来看；二是被动反馈渠道，新闻机构派出专员向受众征询、搜集收受新闻后的反响，方法有电话谈话，个别访问，召开座谈会，设立评报员，开展全国性、地区性和专题性随机抽样调查。除了加强对受众的反馈情况的了解外，还应加强所谓"前馈"，即在传播之前进行受众定位。如"美国之音"，就把自己节目的收听对象定为"收听广播并进行思考的上层人士，年轻的、文化水平较高的和政治好奇心较强的人是典型的听众"[2]。20世纪初在上海创办的《新闻报》，当时考虑到市面上已经有面向政界的《早报》和面向学界的《时报》，于是将它的读者定位于商界（包括店员和中下层市民），力求做到文字通俗、强调经济信息，并配以社会新闻和娱乐内容，因而在当时受到普遍欢迎。

大规模抽样调查是较全面系统的一种调查，国外开始于1935年美国盖洛普民意测验所，大多用于舆论调查，广泛应用于政治竞选和商业消费中的民意调查，包括媒体对受众收受新闻及反馈情况的调查。在第二次世界大战时期，英国BBC开始进行广播节目的欣赏指数调查。20世纪中期以来，随着电视在大众传播中的作用日益显著，电视的收视情况调查成为受众调查中极其重要的方面。20世纪50年代到60年代期间，欧洲和美国的电视机数量迅速增长，都达到了几百万台。如：1950年美国只有300万家庭拥有电视，而在10年后这个数字猛增到了5700万；同一时期英国达到1100万，德国达到500万，法国达到200万。在这种背景下，就需要关于观众收视行为更准确、更详细的信息，于是就出现了对收视调查的第一次需求高峰。但当时的调查只是在一年中的某些时候进行，而非连续进行；只是对经常

[1] 喻国明.1996年中国报业发展的若干趋势和特点的基本判断//喻国明.嬗变的轨迹：社会变革中的中国新闻传播与新闻理论.北京：中央编译出版社，1996：103－104.
[2] 施天权，等.当代世界广播电视.上海：复旦大学出版社，1991：45－46.

收看的时段、节目类型和收视观众数量作了一个粗略的统计,而缺乏全面的详细的统计和分析。直到20世纪60年代中期调查方法才有了显著改善,因为在那个时期电视作为大众媒介已经覆盖了发展中国家50%的人口,同时单一电视频道时代的结束标志着对于市场占有等信息的需求更强烈了。这时候,大多数国家对电视观众的研究已经开始采取"日记卡"方法。到20世纪70年代早期,在美国和英国出现了观众测量仪(也就是现在的人员测量仪)的雏形。人员测量仪方法的突出优势在于可以在第二天就获得前一天收视情况的数据,电视台可以根据数据更及时地调整节目;再就是数据包含每一分钟的节目收视率,可以为广告主提供关于频道和广告插播点的准确信息。现在,人员测量仪方法仍在发展、更新之中,如扩大样本量,采取附加技术以获取录像机、影碟机或DVD的收看情况,鉴别收看者,等等。在亚洲,1990年日本开展了"广播节目品质评估";1991年香港以英国的欣赏指数调查为范本,也开始进行欣赏指数调查。

在我国,1936年12月至1937年3月,上海民治新闻专科学校组织的上海读者和上海报纸调查是中国新闻界最早的一次新闻受众调查。1938年2月,中国共产党创办的《新华日报》创刊一个月后,在报上刊出读者意见表,征询读者意见,以后每年一次,并将读者意见和编辑部的改进措施在报上公布,接受读者监督,改进报纸的工作,可见对新闻受众调查的重视。改革开放以后,中国大规模的受众调查始于1982年,北京受众调查、江苏受众调查、浙江受众调查都是省以上范围的调查。20世纪80年代中期,我国从事民意测验的专业机构相继成立。1986年10月第一家学术性民意调查与研究机构——中国人民大学舆论研究所成立,1986年12月中国第一家民营的民意调查机构——中国社会调查所成立,1987年5月官方的中国社会调查系统成立。新闻受众调查构成了这些调查机构活动的重要内容。

进入20世纪90年代以后,随着我国实行市场经济体制,新闻媒体之间的竞争日趋激烈,也越来越重视受众调查,以期准确地了解受众需要满足的情况和发生变化的情况,一些显示出强劲的竞争势头的新闻媒体,都非常重视受众调查。例如,《南方周末》就多次举行读者问卷调查活动:1992年12月4日,刊登了《读者调查问卷》,向全国读者发出共700392份;为使调查结果更科学、更客观、更全面,从选题到问卷设计、调查实施、数据处理、分类分析、撰写报告等整个过程,均委托广州市思路市场研究咨询事务所独立进行。调查内容相当广泛,包括读者基本情况,对本报各版、各栏目的评价,阅读兴趣、习惯、建议和需求,以及邮发服务和广告效应等各个方面。该次调查在一个月内回收有效问卷60192份。1998年7月,《南方周末》又委托北京勺海市场调查有限公司在中国六大城市(北京、上海、成都、广州、武汉、西安）进行了零购读者的调查，通过阅读指数等量化分析，了解到读者对报纸各个方面的评价。2000 年 9 月，《南方周末》再次进行大规模的读者问卷调查活动，编辑部发表文章说明调查的意图：“为了倾听广大读者的声音，使报纸质量得到有效提高……开展一次大型的读者问卷调查。我们希望通过这次调查，全面深入地了解《南方周末》的读者构成、阅读习惯以及阅读需求等，以便更清晰地找准读者定位和报纸定位，使新闻更出色，使副刊更精彩。”实际上每一次调查之后，《南方周末》都对报纸的内容安排作出了调整、革新，使其更受读者欢迎。又如在新闻改革方面走在前列的《中国青年报》，也于 1995 年末进行了大型读者调查，这个调查是在该报固定读者中进行的，回收问卷达 5 万份，为《中国青年报》锐意进取、明确定位起到了重要的作用。

在电视的收视调查方面，我国从 20 世纪 90 年代开始走向经常化、规范化的轨道。1998 年开展了电视观众满意度调查。1999 年，中央电视台进行了 4 个季度的观众满意度调查，这是电视观众满意度的概念被实际应用到电视台经营管理工作中的首次尝试。进入 2000 年，收视率和满意度切实地成为中央电视台进行电视台经营管理的两项重要指标。观众满意度在中央电视台引起了巨大反响的同时，地方电视台也逐渐开始认识到观众满意度的重要性，并且一些电视台已经将观众满意度调查数据纳入电视台内部评价体系之中。目前，央视—索福瑞媒介研究有限公司（CSM）是中国规模最大、最具权威性的收视率调查专业公司，拥有全国最大的电视观众调查网络。至 2002 年 2 月份，该公司在全国建立了 1 个全国调查网（测量仪）、14 个日记卡省网、1 个测量仪省网、64 个城市日记卡调查网、8 个城市测量仪调查网，样本总规模达到 25000 户，对全国近 700 个主要电视频道的收视情况进行全天候不间断的监测。

在受众调查的渠道方面，除了专业的调查公司受理调查业务以外，随着互联网的兴起，网上调查的方式开始出现，网上调查迅速及时，可信度较高，但是，目前的网上调查缺少系统性，多为针对某一具体问题的即时性调查，而且范围局限于网民，因而暂时还无法为新闻媒介提供切实可靠的依据。受众调查的另一个重要的渠道是新闻院系和新闻舆论研究机构进行的调查，因其更具科学性和权威性而越来越为新闻媒介所采用。如中国人民大学舆论研究所主持的《人民日报》新办报纸读者市场调查研究、《早间电视节目的定位策略与基础——关于我国城市居民早间生活形态和电视收视意愿的调查报告》等；还有上面提到的 2000 年 9 月《南方周末》的读者调查，也是与中国人民大学舆论研究所合作进行的；再如复旦大学新闻学院信息与传播研究中心于 2001 年初在上海市民中进行了传媒“议题设置功能”的抽样调查；2003 年，同济大学时政期刊受众调查分析项目组,对该年上海时政期刊受众情况进行了调查和分析。这些都显示出学院和研究机构在新闻受众调查中所起到的重要作用。

第三节 新闻传播效果

一、传播效果理论概略

在传播学研究中,传播的效果是指“传者的意图和目的实现的程序”。“就大众传播而言,可表述为:‘大众传播能使人们的态度、行为发生多大的变化。’”〔1〕

发端于美国的传播学,一直十分重视大众传播效果的研究,对其加以了解,将有助于我们认识新闻传播的效果。传播学对传播效果的研究,大体经历了四个阶段。

第一个阶段是从20世纪初到30年代末。在这个阶段,大众传播发展迅猛,对人群的覆盖和渗透日益加强。大众传播被视为形成舆论和信念、改变人们的生活习惯并指导人们的行为的强大力量。因此,这一时期的代表理论是“魔弹论”,或称“枪弹论”,或称“皮下注射论”等。尤其是对第一次世界大战中宣传心理战的效果研究,进一步促成了“媒介万能”的观念。“魔弹论”观点产生的理论背景是当时西方盛行的本能心理学和大众社会理论。本能心理学认为,人的行为受“刺激—反应”机制主导,施以某种特定的刺激就必然会引起某种特定的反应。大众社会理论认为,大众社会中的个人,在心理上陷于孤立,对媒介的依赖性很强,因而导致媒介对社会的影响力很大。“魔弹论”大都建立在观察的基础上,并未经过严密的科学调查与验证。它过分夸大了大众媒介的影响力,同时也忽视了受众对大众传播的自主权的前提。受众是具有高度自觉的主人,他们对信息不仅有所选择,而且还会自行决定取舍。此外,这一理论还忽视了影响传播效果的各种社会因素。传播效果与当时当地的社会环境,媒介环境,群体心态,政治、军事、经济及文化背景密切相关。

第二阶段是从20世纪30年代早期到20世纪60年代初。在这个阶段,研究者依据观察和实验的研究方法,对“媒介万能”的观点提出了质疑和挑战,形

〔1〕 张国良.现代大众传播学.成都:四川人民出版社,1998:218.

成了“有限效果论”。该理论认为大众媒介并非作为传播效果的一个必要条件或者是充分条件而存在,媒介的效果只能是在一定的社会关系、社会结构以及社会文化背景中产生和运行,在此过程中大众传播媒介的作用在于调节各因素之间的联系。在“有限效果论”中,具有代表性的是拉扎斯菲尔德主持的对 1940 年和 1944 年两次美国总统大选所作的调查研究,调查结果形成了《人民的选择》一书。该书指出,报纸的宣传对于选民投票选举罗斯福的决定几乎不起什么作用。这就否定了所谓媒介威力无比的旧思想,转而支持一个新假说,即媒介效果甚微,它只是许多种影响中的一种。研究者们还发现,受众对媒介讯息的接受和反应不是直接的和即时的,而是通过某些起积极作用的中介人和社会关系传递的,并受到其影响。大众媒介也不是在社会真空中运行的,而是输入一个十分复杂的社会关系网中,并且要与其他思想、知识和权力的来源进行竞争。因此,个人影响往往大于媒介影响,而大众传播要想影响大众,必须先影响这些少数意见领袖。由此而形成了以意见领袖扩散媒介传播效果、沟通媒介与大众的“两极传播理论”。

第三个阶段是 20 世纪 60 年代到 70 年代。在这一阶段,研究者认为“魔弹论”和“有限效果论”都有失偏颇,它们都过度关注一个有限范围的效果,特别是个人短期效果(如在战争或选举期间),而不是关注更广阔的社会范围内的效果。因此这一阶段的研究将注意力转向对长期效果的研究,更多关注环境、倾向和动机之间的互动关系,注重对意见趋势、信念结构、意识形态、文化模式和媒介规范等集体倾向的研究,形成了关于传播效果的“适度效果论”。

这一阶段较有影响的理论是“使用与满足理论”。其前身是如前文所说的 40 年代 H. 赫卓格对广播听众的调查研究和 B. R. 贝雷尔森对印刷媒介使用的调查研究。1974 年传播学家 E. 卡兹等人发表了《个人对大众传播的使用》一文,将受众对媒介的接触行为概括为这样一个模式:社会因素 + 心理因素→对媒介的期待→对媒介的接触→需求满足。日本传播学家竹内郁郎进一步完善了这一模式,指出受众接触媒介行为的结果可能有两种,即需求得到满足或没有得到满足,而无论满足与否,这一结果将影响到以后的媒介接触行为,人们会根据满足的结果来修正既有的媒介印象,在不同程度上改变对媒介的期待。“使用与满足理论”的积极意义在于,它从受众角度出发,把能否满足受众的需求作为衡量传播效果的基本标准,从而一改受众在传播中的被动局面,而突出其主体能动性。

另一具有深远影响的理论假说是“议程设置理论”,它基于一个基本的假设:大众传播媒介的传播活动,左右着社会公众考虑和议论哪些问题;媒介把有

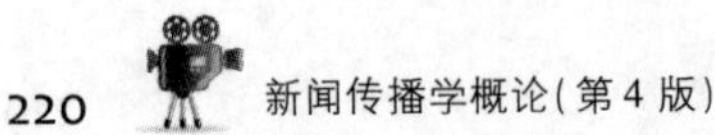

些问题确立为社会公众的议题。“媒介的议题设置功能就是指媒介的这样一种能力:通过反复播出某类新闻报道,强化该话题在公众心目中的重要程度。”〔1〕简单地讲便是,“我不能决定你怎么想,但我可以决定你想什么”。由于传媒对信息是经过选择的,并且通过报道量、报道方式、报道周期等方面的把关,形成了媒介的议题或议事日程。很显然,新闻媒介并不是也不可能是平等地对待每一个事实,其选择的结果是将某些事实凸显出来,使其显得更重要。〔2〕实际上在“议题设置理论”之前,就有学者指出了新闻传媒的虚拟性,像李普曼在他的《舆论学》中就已提出了“拟态环境说”,并指出新闻不是像镜子一样作用于事实,而是像探照灯一样照亮和凸显事实。在40年代,拉扎斯菲尔德和默顿也研究了传媒的“身份授予”功能,指出一个人被传媒关注,他就是重要的了,社会身份的高低取决于传媒关注的程度。“议题设置理论”可以说是这些理论的进一步发展和完善。

第四个阶段是20世纪60年代末到80年代。这一阶段开始摆脱定量分析的窠臼,研究者认为媒介建构意义并把这一建构以一种系统的方式提供给受众,这个过程通常受到一些社会利益群体的参与和受众的社会背景的强烈影响,因此而形成两个信念:第一,媒介以一种可预测的方式通过构造现实的图像来构造社会信息和历史本身;第二,受众通过与媒介提供的象征性的建构进行相互作用来为自己建构对社会现实的看法和自己的定位。这一倾向在相当程度上回归了第一个阶段的强效果理论,但是更注重媒介和受众之间的相互选择和互动。这一阶段有代表性的理论是德国学者伊丽莎白·内尔—纽曼提出的“沉默的螺旋”理论。在对1973年德国大选进行一系列舆论调查之后,纽曼发表了《重归大众传媒的强力观》一文,宣称大众传播在影响大众意见方面仍能产生强大的效果。纽曼从人类具有被孤立的恐惧这一基础出发,提出了关于“沉默的螺旋”的五个假定,说明人们在表达自己想法和观点的时候,如果看到自己赞同的观点,并且该观点受到广泛欢迎,就会积极参与进来,这类观点越发大胆地发表和扩散;而发觉某一观点无人或很少有人理会(有时会有群起而攻之的遭遇),即使自己赞同它,也会保持沉默。一方意见的沉默造成另一方意见的增势,如此循环往复,便形成一方的声音越来越强大,另一方越来越沉默下去的螺旋发展

〔1〕 沃纳·赛佛林,小詹姆斯·坦卡德.传播理论:起源、方法与应用.郭镇之,徐培喜,等,译.北京:华夏出版社,2000:246.

〔2〕 张咏华.大众传播社会学.上海:上海外语教育出版社,1998:330-331.
张国良.现代大众传播学.成都:四川人民出版社,1998:244-246.

过程。

上述这些传播效果理论试图解释的是所有传播现象，因此它同样适用于新闻传播效果的研究，而且其中很多理论正是在对受众接触、接收和使用新闻的观察和调查中进行的。这些理论的产生当然有其特定的时空背景，依存于文化、经济以及政治体制的条件，因缘于特定的时代精神的刺激，对处在不同时空、不同文化和不同的政治经济体制下的我们来说，运用这些理论，应当结合自身的实际状况，而不能生搬硬套以至于圆凿方枘。实际上，近些年来，我国学者已经开始运用传播效果理论来考察我国具体的新闻传播活动和其他传播现象。譬如前面提到的复旦大学张国良教授等人于2001年进行的中国传媒“议题设置功能”现状分析，又如2003年4月中国人民大学舆论研究所喻国明教授等人，通过对北京地区有关“非典”舆情的调查，探析信息透明化处理的传播效果，得出了“树立坦诚的贴近民众的政府形象”、“正式传播渠道的信度危机有所显现”、“舆论引导要注重受众细分”等结论和启示。〔1〕

二、新闻传播效果的产生机制

重要的新闻信息总是唤起受众的注意，激起其情感，引起其思考，最后导致其行动。例如，1998年4月28日的《中国青年报》在其“冰点”版刊发了对一个学生家长的采访《我为孩子讨说法》一文，披露中小学教育中存在的师德问题。据“冰点”专版主编回忆，万万没想到，这篇报道的反应几乎是震荡式的，见报之后，大量电话涌来，应接不暇，几乎每一个电话都是一个让人落泪的故事。其中还有许多地方教委、学校的领导，告知看完报道深感震动，立即在各自单位里展开讨论并进行师德教育。昆明市教委主任在全市中小学校长会议上全文读了这篇报道，要求对照检查师德问题。云南省分管教育的副省长找到这位家长，做了两个小时的恳谈。《文摘报》《报刊文摘》《文摘周报》等立即予以转发，联系转载的省市日报、晚报、杂志不下二十几家，短短半个月里寄来的讨论稿件厚达盈尺。〔2〕像这样的效果正是新闻媒体所追求的。

依据前文介绍的传播效果的定义，我们可以说，新闻传播效果也就是指新闻信息在被受众接收的过程中对受众的思想与行为所产生的影响。在这一过程

〔1〕 喻国明，靳一，张洪忠，张燕．“非典”事件中信息透明化的传播效果探析．中国广播电视学刊，2003(7)．

〔2〕 李大同．再谈本报的新闻定位．(2000－12－26)[2001－03－01]．http://202.99.23.201/2001/50baoqing/gb/content/2000－12/26/content_135266.htm．

中,新闻传播的效果实际上表现为几个相关的形态。首先是认知效果,即新闻受众通过对新闻媒介的接触,对其传播的新闻信息有了一定的了解和认识。譬如2005年7月21日,央行发布公告,自2005年7月21日19时起,美元对人民币交易价格调整为1美元兑8.11元人民币。人民币升值的消息由权威媒体在第一时间及时发布,公众获此消息后,一下子就消除了很长一段时间里有关人民币升值的各种揣测和议论所引起的不确定性,这就是这则新闻最基本的效果。在此基础上,如果新闻受众在接收了新闻信息后,对某一事物产生一定的看法或改变原来的看法,这就产生了态度效果。譬如,不同的人们在获知人民币升值的消息以后,会表现出不同的态度,可谓几家欢喜几家愁。在获得认知效果和态度效果的基础上,还可能产生的则是行为效果,即新闻受众接收新闻信息后在行为上发生了变化。譬如,从事金融和外贸的人们,还有美元储蓄用户,在获知人民币升值的消息以后,会调整自己的经营策略。

由上可知,新闻传播效果的产生具有一定的层次性,这几个层次逐渐递进,但是不一定所有的新闻传播都会有完整的效果层次。对新闻的传播而言,相比较于其他传播如广告宣传、影视娱乐等,达到认知效果是其主要的目的,即提供确凿的事实信息,使人们知晓真实的情况。我们还应该看到,不管新闻传播达到哪个层次的效果,它总是产生于新闻传播过程的终端而不是其入口处,因而,接收是产生效果的首要条件,没有受众接收也就谈不上什么效果。因此,从新闻传播产生效果的角度看,受众接收就是新闻传播的目的,受众在这一过程中居于本位,新闻传播的所有活动、各个环节都应该优先考虑这样的问题:有没有人愿意收视阅听?如何让人们更愿意收视阅听?解决这样的问题,就既要注意新闻的内容是否符合目标受众的兴趣,也要注意新闻的形式是否易于被受众接受,要千方百计地吸引受众的注意力,调动受众的情感和思想,使他们积极地接收新闻信息。新闻传播者应该随时和切实地把握受众的关注所在,从而不让受众的期待落空;同时以新颖的、鲜明的符号方式吸引受众的注意力。譬如2005年下半年,禽流感在我国许多地区相继爆发,有关禽流感疫情的报道关系到最广大的民众利益,媒体这时候如果漠然置之,势必挫伤受众接收其新闻的兴趣和热情。实际上我们看到,各级媒体是逐渐将疫情报道作为重要新闻播报的。但是,在某些具体事件的报道上,媒体对其所面向的受众却有所疏忽,譬如2005年11月初,《财经》杂志报道说,安徽天长的禽流感祸起江苏高邮的病鹅。这一信息对江苏这一地区的新闻受众来说,无疑需要更进一步地了解,但是江苏媒体在很长时间里对此并无反应。这类情况如果屡屡出现,就意味着受众的信息需求得不到媒体的相应满足,这就会令受众失去接触媒介获知新闻的兴趣,新闻传播的效果也就

无从谈起。

进一步分析新闻传播效果产生的过程，我们可以发现，新闻信息到达受众那里，为受众所接收，并不等于它已经发生影响、产生效果，也就是说，它被受众“接收”了，但未必被受众“接受”了。不被接受的情况，从传播者的角度看，往往表现为传播者的意图不能为受众所认可，造成受众有意或无意地曲解与误解新闻信息。譬如，对禽流感疫情的报道，从传播者本意来讲是为了通报情况，提高民众防范意识，抗击灾难。但是如果处理不当，可能会因此引起民众的恐慌。这里所谓处理不当，一方面是指新闻内容不够准确可靠，另一方面是指传播者的编码不够明晰清楚，还有可能是传播渠道不够通畅。与此相关联的一个问题是，新闻以事实信息的传递为第一要义，要求客观准确地报道事实的情况，但同时传播者的主观意图不可避免地渗入其中。如果新闻传播者不能遵循客观性原则，不能正确地处理客观性与倾向性的关系，而将自己的意图强加给受众，便可能遭到受众的排斥。

从新闻受众的角度看，新闻传播效果的产生取决于新闻受众对新闻媒介的接触，而在这个过程中，受众对新闻信息的主动寻求至关重要，它主要表现在两个方面。

第一个方面是对新闻内容的寻求。这首先是指受众的选择性注意。所谓选择性注意是指人们在接受两条以上的信息的刺激时，不可能平均分配注意力，而总是将注意力指向特定的一个对象，离开其他的对象。新闻受众在接收新闻信息时，也总是尽量注意或接触那些适合自己的需要、与自己的兴趣及观点相一致的新闻信息，而对那些不符合自己的需要，与自己的兴趣观点不太相干甚至相左的内容便尽力回避，或者将它们放在边缘的位置，甚至视而不见。实际上，这也是一个“要者优先”原则起作用的过程。这一点提示新闻传播者在新闻传播过程中，要力求传播者的“要者优先”原则与受众的“要者优先”原则之间的吻合一致。譬如，2005 年 11 月 4 日新华网记者从河内发回消息说，越南政府声明，越中边境发生禽流感。对此处在中越边境的省份和地区如何应对，应是广大受众关心的内容，但是媒体上并无相关消息。受众在寻求这类信息时的落空，表明媒体没有充分意识和估量受众究竟需要什么样的信息。

受众对新闻内容的寻求还体现为选择性理解。受众在接收新闻信息的过程中，会根据自己的价值观念、社会背景、思维方式、认知水平对所接触到的新闻作出自己独特的解释。受众的解释与传播者的期望之间有着复杂的关系，充满了多种可能性：有时候两者是一致的，有时候是背道而驰的；有时候接收者是顺从的，有时候则是抗拒的；有时候接收者重新建构新闻内容的主次轻重的秩序；有时候接收者更在意传播者未尽表达的东西……现在,在网络新闻传播中,一则新闻下面往往附有发表评论的链接,打开这些链接,我们可以直观地看到,一条新闻在新闻受众那里会得到如此之多的解释和理解。有学者将上述选择的过程分析得更为细致,依次为选择性接触、选择性注意、选择性理解、选择性记忆,认为:"选择的过程可视为四道围墙的防御,最外层的防御是选择性接触,接下来是选择性注意,然后是选择性理解,最里层是选择性记忆。有时候,不想要的信息在最外层就被挡了下来,人们会避免那些可能含有反对意见的出版物或节目。"〔1〕

这就意味着接收了新闻也不一定意味着接受。在接触新闻之后,受众会根据自己的认识,对接触到的新闻进行归纳分析,作出各种价值判断。这时新闻信息所蕴含的意义可转变为受众自己经理解后形成的意义。在这个阶段,受众会调动自己储存的所有经验、知识参与理解活动,判断新闻信息的意义和价值。这时受众的理解或与传播的意图一致,或不一致甚至完全相反。如果受众的情绪情感的因素、文化知识水平以及观念立场等,与新闻信息的编码方式及其蕴含的立场、观念相去甚远,乃至相互抵触,那么受众就不可能真正接受新闻信息,新闻传播这时候就没有效果或者只有负效果。因此,从受众接收新闻信息到接受新闻信息、产生传播效果的过程,应该是传播者与受众互动共商、达成默契和共识的过程。

只有那些穿过种种障碍,最终进入受众的大脑,被受众根据自身的情况重新"编辑"、加以解码的新闻信息,才能称得上是有效果的。这时候,受众完成了意义的转换,新闻信息被受众不同程度地理解和阐释,并对受众自身的认识、决策和行为等实践活动产生或隐或显、或远或近的影响。

所谓穿过种种障碍,也就是说,在这一过程中存在着种种因素,它们对新闻传播效果的产生构成影响。美国传播学家约瑟夫·克拉珀1960年在其《大众传播的效力》一书中指出,大众传播产生效果通常必须通过一系列中介因素发生作用,这些影响传播效果的中介因素包括传播主体的制约、受众心理和生理因素的制约、媒介自身条件的制约、意见领袖的影响、媒介环境的制约等五个方面。这些因素的概括,同样适用于我们对新闻传播的效果产生的过程与机制的考察。由此可知,新闻传播产生效果是一个过程,在这一过程中,媒介在受众心目中的形象、受众的个性结构、受众的社会环境等主客观因素的共同作用,造成新闻信

〔1〕 沃纳·赛佛林,小詹姆斯·坦卡德.传播理论:起源、方法与运用.郭镇之,徐培喜,等,译.北京:华夏出版社,2000:79.

息在传递过程中不可能原封不动地传递给受众。因此,从新闻信息的接收到新闻信息的接受,并非必然产生效果,也就是说,其传播效果是有限的,因为新闻传播过程是传、受双方互动的过程,它要受到各种因素的影响,“是在其他许许多多的格局和影响之中起作用的”〔1〕。

第二个方面是对新闻媒介的寻求。其一是指受众从多种媒介中选择一种,按照个人的爱好与意愿,比较不同的新闻媒介,选出能满足自己需要的媒介去接收。媒介既可以指不同的物质载体,也可以指不同的新闻传播机构。就前者而言,如有的人更愿意从电视上获得新闻,也有的人偏爱报纸上登载的新闻,还有的人喜欢去互联网上搜寻浏览新闻。前面我们已经分析过,这四种媒介之间有着竞争、互补、融合的趋势,其存在的价值和发展的动力便是受众的选择。就后者而言,受众的选择更其多样,有的人喜欢看《人民日报》,有的人是《南方周末》的忠实读者,有的人在不同的时候接触不同的新闻媒介,譬如上班的时候看地方上的当天的日报,下班回家的路上听中央台的新闻,晚上回到家饭前看当日晚报,饭后打开中央电视台的新闻联播。其二是指针对性选择,即根据以往所积累的经验,直接寻找某一特定媒介,以满足自己某一特定需要。这往往体现了受众对具体的栏目内容、形式的信赖、偏好甚至依赖。譬如,关心体育新闻信息的人,可能会对中央电视台体育频道情有独钟,而足球迷总是不放过任何一期的《足球报》,《参考消息》则是许多关心国际时事的人首选的报纸,等等。

新闻受众对媒介的寻求出于自愿,传播者只能通过完善自己、强化实力的方式,以自身在传播方式和传播内容上的优势和特色吸引受众,满足受众的需要,而不能硬性地要求受众接受自己(实际上也无法做到这一点),那种强行让新闻受众接纳自己的做法只能使受众更加排斥。在实际接收过程中多中择一和有针对性选择总是交替出现、灵活使用的。

应该看到,受众对新闻信息的主动寻求,主要是从接收角度看的,其动力源自自身的需要和兴趣,但它说到底是在一定的接收范围内的寻求,而不是脱离接收者的特定位置去进行凭空创造,更不是代替传播者采集、选择事实来制作新闻。互联网上的新闻传播带来的传受互动、传者与受者之间的界限模糊,以及数字化电视带来的新闻点播,无疑提高了受众的主动性,但是,在一个完整的传播过程中,受众居于终端的位置这一情况并没有改变,因此新闻传播者充分认识受众的主动性,并不意味着放弃自身的责任。近些年来,随着经济体制的市场化以及媒介运营和管理的产业化,新闻媒体为了自身的生存和发展,拓展媒体的市场

〔1〕 威尔伯·施拉姆,威廉·波特.传播学概论.陈亮,周立方,李启,译.北京:新华出版社,1984:246.

空间,都努力尊重受众需要和受众心理对新闻传播的决定性作用。但是,在此过程中出现的偏差是,有的媒体以取悦受众、顺应受众和吸引受众为最高的和唯一的目标,而放弃媒体应负的社会责任,导致新闻传播的低俗化和娱乐化。对新闻传播者来说,要正确处理传播者和受众的主动—被动关系及其转化,就应该努力为受众提供较大的选择的空间,引导受众由被动到主动的顺利转化,使传播过程真正畅通并达到良性循环。

本章推荐阅读书目

戴维·莫利.电视、受众与文化研究.史安斌,主译.北京:新华出版社,2005.

理查德·布茨.美国受众成长记.王瀚东,译.北京:华夏出版社,2007.

史蒂文·拉克斯.尴尬的接近权.禹建强,王海,译.北京:新华出版社,2004.

格兰·G.斯帕克斯.媒介效果研究概论.北京:北京大学出版社,2004.

罗杰·迪金森,拉马斯瓦米·哈里德拉纳斯,奥尔加·林耐.受众研究读本.单波,译.北京:华夏出版社,2006.

第七章

7

新闻自由及其限制

要点提示：

新闻自由是指公民传收新闻、发表言论的自由。新闻自由口号的提出与发展，反映了进步阶级与落后阶级进行斗争、争取权利的过程。新闻自由是历史的产物，不能脱离一定的历史阶段和经济基础来理解它，将其绝对化、抽象化。新闻自由必然地受到限制。新闻传播事业本身则通过新闻职业道德规范对新闻自由加以限制。新闻传播活动在其实际的运作中总是受到政府、政党、权力部门、经济势力以及社会舆论的制约，各种力量通过各种方式对新闻传播加以限制，使之符合社会或施控者的自身利益和愿望。

第一节 新闻自由观念的历史

一、古典新闻自由观念的形成和发展

在欧美资本主义国家的发展史上,新闻自由最初是以对出版自由的争取来体现的,它带来了报刊繁荣和新闻界对政治事务的积极参与,推动了资产阶级革命,促成了资产阶级意识形态的形成,促进了资产阶级民主政治制度的建设。最初提出“出版自由”口号的是英国17世纪的伟大诗人、政论家约翰·密尔顿,他在1644年发表了《论出版自由》的小册子,举起了出版自由的大旗,抨击封建专制主义的书报检查制度。他认为,人依靠自己的理性可以辨别正误,区分好坏;而理性得以运用的条件是不受限制地了解别人各种不同的观点和思想,真理在公开的市场上通过各种意见的自由竞争而获得。他在书中指出:

> 虽然各种学术流派可以随便在大地上传播,然而真理却已经亲自上阵;如果我们怀疑她的力量而实行许可制和查禁制,那就是伤害了她。让她和虚伪交手吧,谁又看见过真理放胆交手时吃过败仗呢?她的驳斥就是最好的和最可靠的压制。……如果我们竟致采用查禁制,那就非常可能是查禁了真理本身。[1]

据此他主张自由地认识、发抒己见,并根据良心作自由的讨论,认为这才是一切自由中最重要的自由。[2]“这种自由是一切伟大智慧的乳母”,对这种自由的限制危害极大,“杀人只是杀死了一个理性的动物……禁止好书则是扼杀了理性本身”[3]。

“出版自由”的口号针对着当时严格的出版控制。在英国,1557年玛利女王下令设立了皇家特许出版公司,把控制舆论的权力掌握在皇室、宫廷手中。16世纪60年代,伊丽莎白女王通过枢机院和皇家出版法庭,进一步控制出版。都铎王朝于1586年制定《星法院法令》,管制出版的法令更加完整。到了17世纪,一方面这种对出版的控制愈来愈严;另一方面,英国的资产阶级在发展海外贸易和工业中显示出越来越强劲的势头,资本主义生产关系在农村中也进一步发展。

---

〔1〕 约翰·密尔顿.论出版自由.吴之椿,译.北京:商务印书馆,1958:46.
〔2〕 约翰·密尔顿.论出版自由.吴之椿,译.北京:商务印书馆,1958:54.
〔3〕 约翰·密尔顿.论出版自由.吴之椿,译.北京:商务印书馆,1958:6.

于是，新兴的资产阶级同封建专制的力量抗衡与思想斗争日趋激烈，争取出版自由正是这样的抗衡与斗争的产物，它适应着资产阶级向封建主义争夺权利的需要。密尔顿对出版自由的呼吁也有其哲学和政治学渊源。在英国，17 世纪最后 20 年里，对英国资产阶级革命产生重要影响的哲学家约翰·洛克阐发了自由主义哲学、分权学说和天赋权利观念，提供了对言论和新闻自由的合理性论证的基础。密尔顿之后，出版自由的精神实质得到了丰富和完善，逐渐形成了以“观点的公开市场”和“自我修正过程”为基本原则的古典新闻自由观念。所谓观点的公开市场，是指人们可以自由自在地公开发表自己的意见，不管这些意见是对是错，均不受外来的干涉和控制；所谓自我修正过程，则是指通过意见的公开表达与交换，正确的观点会在争论中不断丰富、不断修正，并最终战胜虚伪和错误而保存下来。

在英国，新闻自由的斗争经历了曲折的过程。1694 年，英国国会废除了象征封建专制的特许制，宣布新闻自由，但随后又于 1712 年颁布印花税法，对报刊课以重税，使其难以生存，同时还制定了一系列限制新闻采访和报道的规定，动辄以煽动诽谤罪惩戒批评时政的新闻从业人员。直至 1792 年，福克斯诽谤案由国会通过，确认人民有报道、讨论、批评政治的权利，并且诽谤必须由独立的法庭判决方能成立，印花税法和其他限制新闻自由的规定也渐次取消，英国这才在政治制度和法律上承认了新闻自由。一个标志性的事件是托马斯·厄斯金为潘恩所作的辩护。〔1〕1792 年 12 月中旬，《人权》一书的作者托马斯·潘恩在伦敦市政厅被提审，罪名是《人权》一书发表了关于光荣革命、关于国王陛下的诽谤性言论，托马斯·厄斯金为潘恩辩护，他论证说，给潘恩定煽动诽谤罪是不公平的，因为这违反了英国宪法的主要原则，也就是新闻自由的原则。厄斯金抨击了保守党人所维护的议会永远具有至高无上的权力的观点，认为应该接受《美国宪法第一修正案》(*the First Amendment*，也称为《权利法案》)的原则，其第一条规定：“国会不得制定下列事项的法律：确立宗教或禁止信仰自由；剥夺人民言论或出版的自由；剥夺人民和平集会及向政府请愿的权利。”

在法国，18 世纪的思想家孟德斯鸠的三权分立学说、卢梭的社会契约理论奠定了法国新闻自由思想的基础。启蒙思想家们将言论和表达的自由看作一切自由的基础，正如孟德斯鸠所强调的，言论自由乃是人的一切自由权利中最重要的权利，没有这一自由，其他自由也就无从谈起。〔2〕法国大革命后，雅各宾派领

〔1〕约翰·基恩．媒体与民主．郤继红，刘士军，译．北京：社会科学文献出版社，2003：2.
〔2〕孟德斯鸠．论法的精神．张雁深，译．商务印书馆，1961：322.

袖罗伯斯比尔在他的《革命法制和审判》一书中,专门讨论了出版自由问题,第一次系统阐述了新闻自由立法思想。法国的新闻自由也同英国一样走过了一条曲折的道路。1789年,法国资产阶级革命取得胜利,制定并通过了《人权宣言》,第一次以法律的形式把新闻与出版自由作为公民的基本权利固定下来,规定"自由传达思想和意见是人类最宝贵的权利之一,因此,每个公民都有言论、著述和出版自由"。但是,罗伯斯比尔在短暂的当政时期却在实际上背弃了他的新闻自由的理论主张,而随后到来的热月党人上台、拿破仑称帝、波旁王朝的统治,都对新闻和言论出版采取了高压政策,甚至比革命前更为严酷。直至人民起义推翻波旁王朝,新政府宣布取消一切新闻检查,法国新闻自由和新闻独立的原则才重新得到承认。

在美国,独立战争之前,新闻自由的争取首先是在有关印刷物的煽动和诽谤的法律讼争中开始的。1733年11月曾格印刷出版的《纽约新闻周报》因刊登反对纽约总督科斯彼的文章,引起科斯彼的愤怒,曾格被以"煽动闹事"的罪名逮捕。1735年,在法庭审理曾格案时,60岁高龄的律师安德鲁·汉米尔顿发表了为出版自由辩护的演说,他指出,言论出版自由"是上天和我们国家的法律所赋予我们的权利,是以说真话、写真话来揭露和反对专制权力(至少在世界上的这些地方)的自由"。这次辩护开创了两个先例:一是可以用事实真相作为辩护依据,二是陪审团可以就法律和事实两项作出裁决。埃默里兄弟在对曾格案的分析中指出,当时法庭承认的一条原则是"越是事实,就越构成诽谤",其背后的逻辑是:公众对于执掌权力的人们进行谴责,或是批评,会激起整个社会的不安,从而严重破坏社会安宁。而曾格案的审判虽然没有为法律形式所采纳,但是确实明确了一条原则,那就是对政府官员进行批评的权利,而"对政府官员进行批评的权利是新闻自由的主要支柱之一"。[1]

美国独立战争胜利后,总统托马斯·杰斐逊从天赋权利观念出发,强调政府是为此权利的保障而设立的,而政府是否尽责、是否蜕化变质,必须受到人民的监督,实施监督的最好方式是言论和出版的自由。托马斯·杰斐逊为后人留下了许多有关新闻和言论自由的至理名言,如他认为:"民意是我国政府赖以生存的基础,所以我们首先的目标就是要保持这种权利;若由我来决定,我们是要一

---

〔1〕 迈克尔·埃默里,埃德温·埃默里.美国新闻史:大众传播媒介解释史.展江,殷文,主译.北京:新华出版社,2001:48.

个没有报纸的政府，还是没有政府的报纸，我会毫不犹豫地选择后者。”[1]他坚信人可以靠理性和真理来治理，所以应该向他开放一切通往真理的道路，而最有效的道路便是新闻自由。1789 年，《美国宪法第一修正案》由国会通过，1791 年 12 月生效，这一修正案后来一直是美国新闻工作者捍卫新闻自由权利的最主要的依据。

但是，1798 年，联邦党人主持下的政府通过了《外侨法》和《煽动法》(44 票对 41 票通过)。按照埃默里兄弟的看法，《煽动法》从某些方面说，是通往新闻自由的里程碑，因为该法没有禁止对政府的批评，而只是试图约束蓄意败坏政府官员名誉的言论，该法还将曾格案的两项成果引入。“但是经验一再表明，执政党必然会出于私利考虑而滥用此类控制权力。”事实是，在这个法律实施期间(1801 年 3 月 3 日到期失效)，新闻自由在美国一度受到严重威胁。[2]

《美国宪法第一修正案》最初针对的是国会而非各个州，后来演变为适用于整个政府，包括州的和联邦的。这一演变体现于《美国宪法第十四修正案》(1868 年颁布)，该修正案最为著名的条款之一是：任何州不得“未经正当的法律程序，剥夺任何人的生命、自由或者财产”。“正当程序”条款由此成为了保障言论、出版自由等项权利的基础，并得以适用于各州。1925 年，“吉特洛诉纽约案”成为这一发展演变的分水岭。在该案中，法官爱德华·桑福德论述说：“就此问题，我们可以假定：受《美国宪法第一修正案》所保护，国会不得予以剥夺的言论、出版的自由，亦属于受《美国宪法第十四修正案》正当程序条款所保护的各州不得侵犯的基本人权和‘自由’的范畴。”[3]联邦最高法院对《美国宪法第一修正案》和《美国宪法第十四修正案》的解释负有完全的职责，其裁决对下属各州及联邦法院都有约束力。在这种情况下，最高法院法官的作用就非常重要。联邦最高法院法官由总统依法提名，参议院有权建议并表决通过，且得有终身任期。而最高法院法官一旦任命，就只对自己的良心负责。这使最高法院法官具有极大的也是必要的自主性和独立性，也使他能够做出不受欢迎的决策。所以，我们会看到，在美国涉及新闻自由问题上的一些著名的判例，都因为最高法院法官的判决而推进和丰富了新闻自由的含义。正如唐纳德·M. 吉尔摩等所指出的，“联邦宪法给予言论自由和出版自由的保障，促使最高法院在加强和界定表

〔1〕 迈克尔·埃默里，埃德温·埃默里. 美国新闻史：大众传播媒介解释史. 展江，殷文，主译. 北京：新华出版社，2001：91.

〔2〕 迈克尔·埃默里，埃德温·埃默里. 美国新闻史：大众传播媒介解释史. 展江，殷文，主译. 北京：新华出版社，2001：85－86.

〔3〕 唐纳德·M. 吉尔摩，等. 美国大众传播法：判例分析，上册. 北京：清华大学出版社，2002：2.

达自由的过程中扮演了关键性的并具有支配作用的角色”[1]。

进入19世纪以后,随着欧美资本主义国家政治、经济、文化步入成熟时期,关于新闻自由的思想和理论也进一步完善。1859年,英国思想家约翰·密尔出版了《论自由》,该书被称作“自由思想者的圣经”[2],它全面论述了言论思想自由与个性解放对于人类社会文明发展的巨大功绩,论述了宗教压迫和封建专制的严重危害。密尔坚持的是个人主义和功利主义立场,他说:“集体主义的平庸(Collective Mediocrity)正在扼杀原创力和个人天赋,要使人类在生活上和性格上尽可能多样化,就必须保护每一个人。”基于这一原则,密尔提出:

> 假如除一个人以外,全人类都持有同一种意见,只有一个人持有相反的意见,那么全人类使那一个人沉默,并不比那一个人使全人类沉默(假如他有权力这样做)更为正当。如果一个人所持有的观点,除了对他自己以外毫无价值,如果享用它遭到阻碍仅仅造成了对其一己之私的伤害,这种伤害所及具有关涉少数还是多数的区别。但是,压制一种意见的表达,其格外有害之处在于它是对整个人类的剥夺,既包括现存的人类也延及子孙后代,即便是持不同意见的人仍然多于赞同那种意见的人。如果那种意见是正确的,他们就被剥夺了以真理换谬误的机会,如果那种意见是错误的,那么他们就失去了一个巨大的利益,那就是从真理与谬误的冲突中产生的对真理的更加清楚的认识和更加生动的印象。[3]

密尔的这些主张使我们更清楚地看到西方新闻自由的个人主义和功利主义思想源泉。

新闻自由从提出到在主要资本主义国家以法律的形式得到确认,经历了近300年的历史,它是资产阶级在思想上和在实际斗争中争取新闻自由的成果,同时这种成果也成为整个资本主义制度的有机组成部分。在此过程中形成的经典新闻自由理论,其存在的盲点也值得我们注意。正如有学者指出的,新闻自由的倡导者没能向自我检查作出让步,它有助于形成流行舆论并鼓励“留声机式的思想倾向”;它包含一种潜在的偏见,即认为所有公民都基于同样的背景来参与公共生活,而没有注意分散、复杂的状况,低估了新闻媒体生产与流通中遇到的困难,意识不到由于时间和空间的原因,不是所有公民都能同时得到和交流他们

---

[1] 唐纳德·M. 吉尔摩,等. 美国大众传播法:判例分析,上册. 北京:清华大学出版社,2002:3.
[2] 约翰·麦克里兰. 西方政治思想史. 彭淮栋,译. 海口:海南出版社,2003:521.
[3] 约翰·密尔. 论自由. 程崇华,译. 北京:商务印书馆,1959:19-20. 本文的引述与该版本的译文有所不同。

的观点或信息；它忽视沟通领域的代表制度面临的问题，即新闻媒体往往不能真正代表公众利益，并且常有不实信息；媒体市场对新闻自由构成了限制，投资者和富有者的选择自由与公众接受和发表的自由之间存在着不可避免的紧张关系；最后，新闻自由在思想源泉上显得驳杂，充满矛盾和不明确。[1]这些问题及其影响，在后来的新闻自由的历史进程中突出地表现出来。

二、社会责任理论与新闻自由观念的变化

20世纪的两次世界大战为新闻自由理念和实践蒙上了阴影，同时也促发了战后人们对新闻自由观念的认识与思考。1914年8月第一次世界大战爆发，1917年美国宣布参战。宣战后一周，威尔逊政府成立了公共新闻委员会，制定了一套自动的新闻检查制度。1917年6月颁布惩治间谍法，次年5月进一步补充，1917年10月颁布通敌法。这些都在国家利益的前提下对新闻自由进行了合法的控制。第二次世界大战时期，美国和许多国家都实行了战时新闻政策，将新闻纳入战时宣传的一部分，自由采访和自由传播于是成为一纸空谈。第二次世界大战结束后的朝鲜战争中，美国一开始对新闻采访采取放任政策，后来也加强管制，麦克阿瑟将军甚至命令，记者的新闻稿中涉及美国军方“退却”的事实，必须写成“向后发起了进攻”，这才能通过新闻审查。两次世界大战期间，美国以报业为代表的新闻业，其突出特征是合并和垄断的加剧。第二次世界大战之后继续兼并和垄断，并且跨媒介跨行业的垄断发展起来。新闻媒介的垄断加剧，突出了集团利益，而忽视了社会群体和个人的权利，这也直接威胁了新闻自由的原则。美国学者西奥多·彼德森将20世纪公众对媒介滥用新闻自由的批评归纳为七个方面：① 新闻业为自身的目的而动用其巨大力量，媒介所有者们竭力宣传自己的意见，尤其是政治和经济上的意见，而损害与其相反的意见。② 新闻业效力于大的企业，并且有时让广告户控制其编辑方针和编辑内容。③ 新闻业反对社会变革。④ 新闻业的时事报道，时常更多地关注肤浅而富有刺激性的事件，而不注意当前发生的重要事件，其娱乐材料常常缺乏积极的内容。⑤ 新闻业已经危害了社会道德。⑥ 新闻业没有正当理由地侵犯了个人隐私。⑦ 新闻业被一个社会经济阶级——笼统地说即“商业阶级”——控制，后来者就无法进入这一事业，自由而公开的思想市场因此而遭损害。[2]这些方面的表现意味

〔1〕 约翰·基恩. 媒体与民主. 郤继红，刘士军，译. 北京：社会科学文献出版社，2003.

〔2〕 Fred S. Siebert, Theodore Peterson, Wilbur Schramm. *Four Theories of the Press*. Urbana: University of Illinois Press, 1956: 78.

着古典新闻自由理论的基础已经不复存在,而古典新闻自由观念本身的缺陷在现实的新闻实践中暴露得越发明显与突出。

同时,第二次世界大战结束后,新技术革命使很多国家陆续进入信息化社会,人民要求了解政府工作情况的呼声越来越高。尤其是20世纪70年代以来,卫星广播、电子印刷、互联网和电子邮件的急速发展以及移动电话的普及,极大地开发了世界信息流动与交流的潜力,文字和图像可以在不同地区之间跨越国界地进行迅速乃至即时的传送。虽然有些国家还在采取诸如实施边境控制、干扰广播信号、取缔碟形卫星电视天线等措施来阻碍信息传播,但这些措施越来越为传媒界在争取自由上取得的进展、传播作品产量的增加和技术的提高所削弱。新通信技术的产生和对旧技术的改进已经成为考虑传媒自由和检查这一问题的最根本层面。因为这些新技术既能起到加速民主化进程的积极作用,同时也可能给言论自由与民主带来妨碍与威胁。〔1〕

因此,第二次世界大战结束后,新闻自由观念在历史教训和现实压力之下,有了新的发展和变化。其突出表现是社会责任理论的提出。1943年,在《时代》周刊的老板亨利·卢斯的建议和资助下,美国芝加哥大学校长罗伯特·M.哈钦斯主持了新闻自由委员会,邀请了12位著名学者担任委员,对美国新闻自由的现状和前景展开调查。经过调查,1947年委员会发表了以《一个自由而负责的新闻界》为总报告的一系列调查报告,首次运用了"社会责任论"这一概念。

这份总报告的开头就指出,新闻自由处在危险之中,因为新闻界作为大众传播工具,随着其不断发展,其对人民的重要性大为提高,可是通过新闻界表达其意见和观点的人的比例却大大降低了,新闻界未能提供满足社会需要的服务,那些掌控着新闻业的人时不时地从事招致社会谴责的活动。〔2〕这份报告就美国大众传播领域的发展,新闻业与广告,政府、新闻媒介和公众之间的关系,新闻媒体自律的情况等方面存在的问题和弊端,进行了总结。该报告以对新闻自由的原则概述作为结语,在强调言论与新闻自由的独特地位——推动和保护其他自由——的基础上,辨析了新闻自由所涉及的媒介拥有者、政府和公众之间的权利关系,指出不能在保护新闻传播者的自由的同时忽视对受众的自由的保护;政府应该保护新闻传播的自由,包括反对政府的言论自由,但是,表达自由作为精神

〔1〕洛特非·马赫兹.世界传播概览:媒体与新技术的挑战.师淑云,程小林,译.北京:中国对外翻译出版公司,1999.

〔2〕The Commission on Freedom of the Press. *A Free and Responsible Press*. Chicago: The University of Chicago Press, 1947:1.

权利应该是有条件的;法律对滥用表达自由也应作出限制。结语还指出,新闻界作为一个共同体,应该对社会负有责任,政府应在不干涉新闻界活动的前提下采取行动促成这种责任的承担,通过法律抑制新闻界滥用新闻自由,政府本身也应该进入新闻媒介的评论和消息提供领域;新闻自由应该拓展积极自由,将自身的理想与对共同体的责任结合起来,并向公众提供自由表达机会。〔1〕

这个报告揭示了新闻自由权利与新闻媒体的属性、与新闻媒体对社会的责任、与政府介入的种种关系,明晰了新闻自由的义务、责任和范围,总的来说,它以有限新闻自由论反对新闻自由至上的观念,以积极新闻自由矫正消极新闻自由,从而对奉行百余年的自由主义新闻理论发起了挑战。1956 年,传播学家施拉姆等人撰写了《新闻的四种理论》〔2〕一书,其中西奥多·彼德森撰写的第三部分在对新闻自由委员会的报告进行梳理的过程中,系统地阐述了社会责任理论,其要点如下。

(1) 社会责任理论在坚持新闻自由的原则的前提下,强调"新闻自由如同所有自由一样,既是免于束缚的(Freedom from),也是有所作为的(Freedom for)"〔3〕。提出这一点是针对古典新闻自由强调的只是"免于束缚",而忽略积极行动。彼德森将此表述为"消极自由"和"积极自由"。按照思想家伊塞亚·伯林的说法,"消极自由"回答这个问题:"主体(一个人或人的群体)被允许或必须被允许不受别人干涉地做他有能力做的事情、成为他愿意成为的人的那个领域是什么?""积极自由"回答这个问题:"什么东西或什么人,是决定某人做这个、成为这样而不是做那个、成为那样的那种控制或干涉的根源?"〔4〕伯林对两种自由的划分,是明确针对积极自由被歪曲和滥用以致导向极权和专制,他曾指出:"积极自由在正常生活中虽然更重要,但与消极自由相比更频繁地被歪曲和滥用……积极自由和消极自由两者都是明确有效的概念,而我觉得历史上虚伪的积极自由比现代虚伪的消极自由所造成的危害更大。"〔5〕而社会责任理论对

〔1〕 The Commission on Freedom of the Press. *A Free and Responsible Press.* Chicago: The University of Chicago Press, 1947:107 – 133.

〔2〕 Fred S. Siebert, Theodore Peterson, Wilbur Schramm. *Four Theories of the Press.* Urbana: University of Illinois Press, 1956. 1984 年新华出版社出版的中译本译为《报刊的四种理论》。四种理论指的是新闻的集权主义理论、新闻的自由主义理论、新闻的苏联共产主义理论、新闻的社会责任理论。

〔3〕 The Commission on Freedom of the Press. *A Free and Responsible Press.* Chicago: The University of Chicago Press, 1947:128.

〔4〕 伯林. 自由论. 胡传胜,译. 南京:译林出版社,2003:189.

〔5〕 拉明·贾汉贝格鲁. 伯林谈话录. 杨祯钦,译. 南京:译林出版社,2003:37 – 38.

此的理解不完全相同,它强调的恰恰是积极自由,在社会责任理论的主张者看来,仅仅有消极自由是不够的和无效的,是空洞的,"就好像对一个人说他可以自由地行走,而不去管他是否跛足……告诉一个人他可以自由地寻求其目标是不够的,还必须提供合适的手段给他达到其目标"。[1]这种理解意味着为了新闻自由的实现,需要提供必要的保证,如接触和接近媒体的可能性,还需要提供必要的技术手段。

(2) 古典新闻自由理论的一个基本特征是:在天赋人权的观念之下,自由,包括言论和新闻自由,是人与生俱来的权利,即自然权利。而社会责任论认为,新闻自由并非自然权利,而是附有义务的道德权利。西方自由主义传统中,个人对社会具有优先地位,而在社会责任论看来,"一个人主张自己发表意见的权利,也就是同时在为他人主张这一权利,并且有义务尊重别人行使这一权利;如果他放弃这一权利,他也就削弱了他人对这一权利的主张。表达自由并非一个人为个人目的而主张的权利,这一权利与他的心智存在和发展密切相关,故而他应该主张这一权利,其所具有的价值既属于他自己又属于社会"[2]。也就是说,只有负起相应的道德义务,才能享有道德权利。将包括新闻自由在内的表达自由看作一种道德权利,无疑强调了人这一自由权利主体的社会属性,强调了自由只有在人与人的社会关系中存在,在一个人行使这一权利时对他人不应构成损害,这就将责任的观念引入新闻自由之中。但是,将新闻自由作为一种道德权利,其不够牢靠的地方在于,道德并非抽象之物,它总是联系着特定的社会构成,作为道德权利的新闻自由就像其他道德权利一样,其实际的行使取决于权利主体所处的普遍道德状况。譬如,当经济利益成为所有媒介竞相追逐的目标的时候,在行使新闻自由权利与承担社会责任之间必然发生冲突,而这时仅仅靠道德显然无法协调这种冲突。

(3) 古典新闻自由的观念也是建立在人是理性的存在这一基础上的。因为人的本质是理性的,人生来就会追求真理,并被真理引导。而在追求真理的过程中,要让人人说出心里想说的话,不管是崇高的还是卑下的,在其公开之后,人们会根据自己的理性作出合理的判断,错误会得到矫正,真理会得到保留。新闻媒体也是这样,可能有媒体会撒谎,会歪曲事实,但应允许它们这样,这是因为会有

[1] Fred S. Siebert, Theodore Peterson, Wilbur Schramm. *Four Theories of the Press*. Urbana: University of Illinois Press, 1956:94.

[2] Fred S. Siebert, Theodore Peterson, Wilbur Schramm. *Four Theories of the Press*. Urbana: University of Illinois Press, 1956:96.

别的媒体在对它们的矫正中获益，即真相和真理在与谎言和谬误的碰撞之中最终获胜。人的理性观在20世纪受到两次大战、法西斯主义的冲击，社会科学和人文科学领域对人的理性虽然没有否认，但是已经缺乏信任，并且否认了人出于其内在要求寻求真理并接受其引导的观念。在此背景下的社会责任论认为："人能够运用其理性，但他并不情愿去运用它，因此人易于寻求富有煽动性的、从事广告宣传的摊贩，另一些人则出于自己的私利对他进行操纵。由于其怠惰，在惯性的作用下，人已经陷入无所思考的舒适之中……人的目标不是寻求真理，而是满足自己的即时的需要和欲望。"[1]正是出于对人的这种认识，社会责任论要求新闻界应该担当起责任，激励人运用理性，摆脱被动地视听和接受信息的局面。社会责任论的这一观点一方面意味着新闻媒体不能一味地迎合受众的直接需要和欲望，另一方面也提示我们，新闻媒体对受众的趣味形成，对其接受信息的被动怠惰状态负有责任，因此新闻应该在形成积极的受众方面有所作为。当然，这一观点也预设了新闻媒体超出普遍人性状态的优越地位，但是，新闻媒体如何保证它所追求的目标高于受众的追求？它自身是否也陷入那种阴郁的人性状态之中？在某种时候，新闻媒体是否正是将自己的利益追求建立在这种人性的弱点的基础上？对这些问题，社会责任理论似乎并没有正面应对。

（4）古典新闻自由理论产生于国家被视为自由的主要敌人的时代，新闻媒体与政府的关系被设计为一种对抗和对立的关系，政府被视为新闻自由的严重障碍，理想的政府则是尽可能管得少的政府。而社会责任论大大降低了这种传统意义上的对抗，它着重从政府这方面提出要求，指出传统理论下的政府，其功能是维持秩序，保护个人安全，但这本质上是消极功能，即它将自由权利的行使交付给偶然性，而这在现代社会是不够的。在现代社会，政府应做的"必不能仅仅是允许新闻自由，还必得积极地推进新闻自由"，"政府是唯一足够强大的代理人，能够以其力量确保自由是否有效地行使。在必要的时候，政府应该有所行动以保护其公民的自由权利"。[2]这也就意味着，政府不能听任新闻媒体行使新闻自由的权利，而应该积极促进新闻媒体为社会公众的利益服务；如果传媒未能为社会公众尽其服务之职，政府则应帮助社会获得这种服务。社会责任论建议，政府在改进传媒工作中鼓励新闻媒介有利于负责任的新闻自由的新尝试，还

[1] Fred S. Siebert, Theodore Peterson, Wilbur Schramm. *Four Theories of the Press*. Urbana: University of Illinois Press, 1956:100.

[2] Fred S. Siebert, Theodore Peterson, Wilbur Schramm. *Four Theories of the Press*. Urbana: University of Illinois Press, 1956:95.

可以通过新的法律手段,纠正对于新闻自由的长期而明显的滥用,还可以在必要时介入传播和交流的实践活动,以补充私有媒介的不足。[1]社会责任理论对政府作用的主张,引起的一个反应是,如此行事是否会导致专制和集权。对此社会责任理论的倡导者认为,这一反应是有悖其原意的,因为"新闻自由委员会已经说明,新闻自由潜在的巨大危险存在于诉诸政府的这种观念,即以为政府可以解决所有源于现代社会的复杂构成和权力集中带来的问题;不加思考也即可知,如果依赖政府去匡正新闻界的情形,国家便会走向极权主义的统治"[2]。

(5) 古典新闻自由理论认为新闻媒介获得了自由,公众也就获得了自由,而社会责任理论区分了新闻自由的权利主体,认为过去的新闻自由只是媒介拥有者的自由,而忽视了公众的这一权利,这两者的利益、需求并不一致,在现代新闻传播日益显示其重要性,媒体力量日益强大的情况下,媒体集中于少数人之手,造成忽视社会公众权益的情况。因此,社会责任论认为,首先应该强调和保护的是公众的自由,为此,新闻媒介要向公众提供"获得日常消息的充分的机会",要成为公众"交换评论和批评的论坛"。而公众在作为新闻自由权利主体的时候,同样也担负责任和义务。公众应该认识到新闻媒介的强大的力量和新闻媒介集中在少数人手中的事实,认识到新闻媒介在何种程度上未能满足社会的需要,并在此认识的基础上,针对新闻媒介的缺陷,帮助改进新闻媒介的工作:① 弥补商业媒介的缺陷,例如,通过学校之类的非营利机构为商业媒介因无利可图而不为之服务的受众,创办新闻媒介,以履行服务之责;② 加强新闻传播教育与研究,例如在教育机构设立大众传播中心,从事该领域的高层次学习、研究并发表批评性著述;③ 建立独立的机构对新闻媒介工作进行评价,敦促其自律,并且每年提交这方面的报告。[3]

综上所述,社会责任理论在诸多方面修正并发展了新闻自由观念,它在资本主义媒介垄断日益加剧,媒介因滥用新闻自由而频繁引起危机的美国,对协调媒介资本、政府和公众的关系,对弥补传统的新闻自由观念的缺陷,对拓展新的形势下的新闻自由,无疑都有着积极的意义。但是,如我们在上述评介中已经涉及的,这一理论的某些方面并非有足够的说服力。实际上,它自问世以来,就受到

[1] Fred S. Siebert, Theodore Peterson, Wilbur Schramm. *Four Theories of the Press*. Urbana: University of Illinois Press, 1956:93.

[2] Fred S. Siebert, Theodore Peterson, Wilbur Schramm. *Four Theories of the Press*. Urbana: University of Illinois Press, 1956:82.

[3] Fred S. Siebert, Theodore Peterson, Wilbur Schramm. *Four Theories of the Press*. Urbana: University of Illinois Press, 1956:92－93.

质疑和批评，尤其是其关键概念"社会责任"。

社会责任理论涉及"责任"一词时，有两个词可表述，一个是Accountability，一个是Responsibility，前者可理解为"问责"，后者可理解为"责任"。"问责"对新闻媒介来说就含有被动的意味，即意味着某种权力责成媒介就某种事实作出说明和解释，这就与新闻媒介的控制发生关联。那么谁来向新闻媒介"问责"？政府抑或公众？还是新闻媒介自身？社会责任论者看起来对这三个方面均有所涉及，但似乎更倾向于政府一方。新闻自由委员会的总报告涉及这一问题时，虽然坚持新闻媒介自身的独立性和自主性，但同时又指出了需要政府"配合"、"介入"、"帮助"[1]，这就与新闻媒介自由地担当责任产生了矛盾。正是在这个意义上，我们认为社会责任理论实际上为加强政府对新闻媒介的控制提供了理论基础。再看"责任"这一概念。新闻媒介的责任是什么？在新闻自由委员会的总报告中，提及"为公民提供高质量的新闻媒介产品，这一总体性社会责任不可逃避"[2]，这显然是一种笼而统之的说法。彼德森在对社会责任理论的专论中，也没有对"责任"概念作明确的界定和说明。而西方新闻业界和学界一般认为，"大众媒体的责任是：忠实而公正地报道新闻；为言论受压者讲话；不惜一切代价获取'消息'；做公众的耳目喉舌；尊重报道对象或信源个人提出的要求；监督政府"[3]，这些有关责任的表述，相互之间显然存在着相互矛盾的地方。从不同的政治、文化和经济利益角度，从媒介、公众和政府的不同立场，都会给出关于责任的不同解释，于是导致"几乎可以往里加进任何意思"[4]。这一概念巨大的包容性使其所指高度膨胀，以致一无所指，这样社会责任理论作为一个严整的体系就从根本上动摇起来。

尽管社会责任理论有着自身的种种缺憾，但它还是给其他语境之中和文化背景之下的新闻媒介的理论和实践带来了积极的启示。譬如在我国，1980年就已翻译出版了施拉姆等人的《报刊的四种理论》(*Four Theories of the Press*)，2004年翻译出版了《一个自由而负责的新闻界》(*A Free and Responsible Press*)。在近些年，针对一系列重大事件和问题，如"非典"时期的新闻报道、舆论监督问题、大众传媒的低俗化问题等，业界和学界的讨论与应对都频繁使用了

[1] The Commission on Freedom of the Press. *A Free and Responsible Press*. Chicago: The University of Chicago Press, 1947:127－128.

[2] The Commission on Freedom of the Press. *A Free and Responsible Press*. Chicago: The University of Chicago Press, 1947:126.

[3] 徐耀魁. 西方新闻理论评析. 北京：新华出版社，1998:246.

[4] J. 赫伯特·阿特休尔. 权力的媒介. 黄煜，裘志康，译. 北京：华夏出版社，1989:213.

“社会责任”、“媒介责任”概念。2006年1月14—15日,北京大学人民代表大会与议会中心和中国政法大学宪政研究所还在北京举办了媒体的社会责任理论讨论会。

社会责任理论中,对新闻自由主体的区分,促使人们意识到作为信息接收者的公众所拥有的新闻自由权利,这在很大程度上拓展和推动了新闻自由权利的一个重要方面,那就是“知情权”(Right to Know)问题。知情权(又译作知晓权)的概念最早可以追溯到1776年瑞典新闻法提出的“公开原则”,要求政府文件应向公民公开。[1]1945年,美国记者、前美联社社长肯特·库伯首先使用了“知情权”一词。所谓知情权,就是指社会公众具有按照个人所能选择的方式,了解一切与其生活有关或与社会公共事务有关的信息的权利。1946年,美国制定行政程序法,开始规定公众获取政府信息的权利,但有诸多限制,仍然表现出政府的秘密主义倾向,对此,新闻界表现出强烈不满。1950年美国新闻编辑协会为促进信息的自由流通,设立了信息自由委员会。1951年,该协会委托《纽约先驱论坛报》的法律顾问、新闻法权威哈罗尔德·克洛斯进行关于信息自由法的研究。作为研究成果,出版了《国民知情权——进入公共记录及审议过程的法律权利》一书,此后,“知情权”概念开始在美国广泛流行。美国1966年制定《信息自由法》,使知情权成为法定权利。[2]1951年,芬兰政府制定《官方文件公布法》,是世界上第一个确认获知自由的法律,规定公民有权取得任何公开的正式文件,保密性的文件不得公开。获知自由丰富和深化了新闻自由的内涵。1980年,联合国教科文组织的国际交流问题研究委员会及一些学者对知情权有以下几点表述:① 它是民主宪政的固有因素。② 它是公民言论自由权的重要前提。③ 它是监督政府工作、防止出现“坏政府”的重要手段。④ 在信息时代,它又是一项公众的社会权利和政治权利。[3]

新闻自由观念的发展的另一个重要表现是,进入20世纪后,特别是20世纪下半叶,新闻自由的思想和实践越出了国家内部的政治和民主权利的范畴,而进一步延展至国际范围。这集中体现在联合国制定的一系列国际公约之中。

1945年召开的关于战争与和平的美洲国家会议通过了《查普特佩克法》,第一次提出了“国际信息自由流动”的观念。

1946年联合国在59号决议中再次重申“信息自由是一项基本人权,也是联

---

〔1〕 刘建明.当代新闻学原理.北京:清华大学出版社,2002:376.
〔2〕 刘杰.知情权与信息公开法.北京:清华大学出版社,2005:45.
〔3〕 刘建明.当代新闻学原理.北京:清华大学出版社,2002:377.

合国所信仰的各种自由的检验标准”。

1948 年 4 月联合国召开了新闻自由会议，通过了《国际新闻自由公约草案》，缔约各国的意图在于“希望其人民充分得到消息的权利得以行使，希望能由新闻及意见的自由传播而增进其人民间的相互了解”，缔约各国同意“予本国人民及其他缔约国之人民在本国境内依法发表或收取各种新闻与意见之自由，不问其方式为口头、文字、出版品、图画或其他合法运用之视觉或听觉的方法”。

1948 年 12 月 10 日，《世界人权宣言》确立了信息自由的原则，其第 19 条明确表述：“人人有权享有主张和发表意见的自由；此项权利包括持有意见而不受干涉的自由和通过任何媒介不论国界寻求、接收和传递消息和思想的自由。”

1949 年 8 月 12 日通过的《〈日内瓦公约〉的第一补充议定书》第 79 条指出，“在冲突地区进行危险的职业活动的记者应被视为平民”；第 51 条规定，记者们在因军事行动而带来的危险中应该得到全面的保护，而不应成为攻击和暴力威胁的对象。

1966 年联合国大会通过了《国际人权公约》及其三个子公约《经济、社会、文化权利国际公约》《公民权利和政治权利国际公约》《公民及政治权利国际盟约任择议定书》。其中《公民权利和政治权利国际公约》第 19 条直接规定：“一、人人有权持有主张，不受干涉。二、人人有发表意见的权利，此项权利包括寻求、接受和传递各种消息和思想的自由，而不论国界，也不论口头的、书写的、印刷的、采取艺术形式的或通过他所选择的任何其他媒介。”

1971 年记者联盟的代表们通过的《慕尼黑宣言》(《记者权利与义务宣言》)在总则中宣称：“获得信息、享有言论和批评自由的权利是基本的人权。记者所有的权利和义务均来自于这一告知公众有关事件与观念的权利。记者对公众所负有的责任超过其他一切，特别是对雇主和政府机构应负的责任。”该宣言是由原欧共体 6 个国家记者协会的代表通过的，随后为国际新闻工作者联合会(IFJ)和大多数欧洲的记者协会所采纳。

1980 年，联合国教科文组织国际交流问题研究委员会的报告规定：所有国家均应采取步骤保证允许外国记者入境，并为他们采集和发送新闻提供方便条件……新闻工作者自由接近新闻来源是进行准确、忠实、不偏不倚的报道所不可缺少的条件，其中必须包括不仅可以接触官方的，也可以接触非官方的消息来源，也就是说，可以接触任何国家内部所有各种不同意见。

1987 年，代表 34 个国家和新闻自由领域主要组织的新闻工作者在伦敦通过了《自由新闻宪章》的 10 项原则，敦请各国政府停止直接或间接的新闻检查，防止对独立新闻机构的歧视做法，允许信息自由流动，允许新闻工作者自由穿越国界,不以发放许可证的方式限制新闻工作,确保记者受到法律保护,保证记者在战争期间被视为平民等。世界新闻自由委员会、国际报刊发行人联合会、国际报业协会、美洲报业协会、北美国家广播电台联合会和国际期刊业联合会加入了条约。

1991年4月29日—5月3日,联合国教科文组织在纳米比亚温得和克召开"促进非洲新闻独立与多元化"研讨会,会议通过了《温得和克宣言》,由联合国教科文组织第26届大会核准。根据教科文组织的建议,联合国大会于1993年12月决定将每年的5月3日即《温得和克宣言》发表纪念日定为"国际新闻自由日"。

1996年联合国教科文组织设立了世界新闻自由奖,并在1997年5月3日即"国际新闻自由日"首次颁发。

这些国际性的条约和措施,对新闻自由在国际间的扩展和实施无疑有着积极的推动作用,而且随着通信卫星和互联网的逐步普及和广泛使用,区域间的新闻和其他信息自由流动的质量、速度和数量都大大提高。但是在国际间的新闻与信息的自由传播过程中,发达国家的经济、技术力量的绝对优势带来了文化帝国主义或媒介帝国主义的问题。所谓文化帝国主义,是指在某些经济上的主控国家,系统地发展与扩展了对其他国家的经济控制、政治控制和文化控制的过程中,来自支配性国家的某些产品、时尚及风格样式得以向依附性市场进行传输,从而产生特定的需求与消费形态的运行方式;这些特定的需求与消费形态的运行方式实际得到其主控性来源的文化价值、观念和经验的支持,又对这些文化价值、观念和经验予以认同;在这种方式下,发展中国家的本土文化越来越遭到外国文化,常常是西方文化的控制以及不同程度的侵犯、取代和挑战。大众媒介在这一过程中扮演了重要的角色,诸如电影、电视节目、音像制品、新闻及广告等媒介产品,永远由极少数国际媒介产品的主控来源(最突出的是美国)向发展中国家与文化语境中的媒介体系进行单向出口。[1]

在这些文化价值的传播中,新闻自由的真正实现成为一个难题,因为不管是新闻的采集还是传播或是接收,西方新闻媒介占据了依托其资本和跨国公司的优势。在激烈的国际新闻市场的竞争中,西方大的通讯社形成了垄断地位,这在很大程度上促成第三世界国家提出了建立国际新闻新秩序的呼吁,要求改变国际新闻报道和传播中的不均衡、不公正状况,建立新的世界性新闻格局。早在1964年联合国教科文组织做的研究就发现,欠发达国家,如阿根廷、印度等国报

〔1〕 约翰·费斯克,等.关键概念:传播与文化研究辞典.2版.李彬,译注.北京:新华出版社,2004.

刊上的外国新闻主要以美国、苏联、英国、法国为主;因为他们的消息均来自西方四大通讯社,而这些通讯社都以报道本国新闻为主。据20世纪70年代初的统计,全世界每天传播的国际新闻中,约有80%是由西方四大通讯社发出的,而其中仅有10%~30%的国际新闻用来报道发展中国家的情况。1975年美国传播学者施拉姆在一项同类研究中发现,亚洲地区15份报纸的国外消息,有3/4是来自四大通讯社。1985年国际大众传播研究协会为联合国教科文组织做的研究发现,被调查的29个国家的报纸强调的国际新闻主题都是四大通讯社所强调的,也就是说四大通讯社通过新闻发布在告诉各国报纸什么是应该报道的,什么是可以忽略的。与前面已经介绍的西方四大通讯社的巨大的发稿量形成对照的是,由发展中国家和地区为纠正国际新闻的"单向流通"而成立的国际通讯社的发稿状况是:互联通讯社每天15万字;不结盟通讯社联盟每天10万字;泛美通讯社每天2万字;加勒比通讯社每天2.5万字;海湾通讯社每天1.8万字;总计31.3万字;两者仅在数量上即相距100倍以上。这样的情况下,新闻自由作为一种权利,在国与国之间就显示出了明显的不平等和不平衡状态,也因而就容易变成空洞无物的价值追求。在互联网和数字化高度发展的今天,这一问题则突出地体现在所谓"数字鸿沟"现象之中。所谓数字鸿沟,是指在信息时代里,那些拥有工具的人以及那些未曾拥有者之间存在的鸿沟。数字鸿沟体现了当代信息技术领域中存在的差距现象,这种差距既存在于信息技术的开发领域,也存在于信息技术的应用领域,特别是由网络技术产生的差距。

三、新闻自由在中国

新闻自由的观念是随着自由主义学说的引入而进入我国的。严复在翻译约翰·密尔的《自由论》一书时,在中国第一次将Liberty一词译为"自由"。而最早直接提到新闻自由的,则是马礼逊用英文写的在《广州记录报》上刊登的《印刷自由论》,这是出现在东方报刊上的第一篇介绍西方出版自由观念以及天赋人权学说的文章。在中国人自己的办报实践中,王韬创办的《循环日报》在最初刊行时,就在"小引"、"布告"、"告白"等各种招徕广告的文字中,都强调"华人资本、华人操权",如:

本局倡设循环日报,所有资本及局内一切事务皆我华人操权,非别处新闻纸馆可比。是以特延才学优博者四五位主司厥事。凡时务之利弊、中外之机宜,皆得纵谈无所拘制。兹特于省会、市镇及别府州县并外国诸埠,凡我华人所驻足

者,皆有专人代理……[1]

这段告示中引人注目的一点是“凡时务之利弊、中外之机宜,皆得纵谈无所拘制”,它无疑是对新闻自由的倡导。一方面,《循环日报》地处香港,在外国法律保护下,能够不受清廷约束和惩罚;另一方面,其办报资金和主管也不受洋人的约束,这里具备了自由主义报刊理念得以实施所必需的条件——政治独立和经济独立。针对法国当局曾下令全国各地不得评论麦马韩总统,否则将绳之以法的措施,《循环日报》王韬则评论说,“古人有言曰:防民之口甚于防川,法廷臣何不鉴及于此哉?”它“反映出了王韬等华文报业先驱对于新闻自由是何等珍惜和渴望”[2]。

《万国公报》(林乐知创办于1868年)从551卷起,开始间断性连载林乐知的《环游地球略说》,第一次把美国1787年的联邦宪法完整介绍到中国。第643卷(1881年6月11日)还介绍了美国宪法修正案前十五条内容,主要是人民的权利,其中包括对第一修正案的介绍[3]。从1900年5月第136册开始,《万国公报》连载英人斯宾塞(施本思)著、马林译的《自由篇》,对斯宾塞的社会达尔文主义和自由主义学说作了介绍,阐述了自由是天赋人权,自由当以他人的自由为界,自由乃国家政治之根本,国家不可侵犯个人的自由等思想。[4]在188册(1904年9月)刊载的《欧美十八周进化纪略》中,介绍了法国思想家伏尔泰、卢梭、孟德斯鸠等人的民主思想,其中关于自由谈道:“或云自由之权,人固有之,发之于心则为思想自由,笔之于书则为著述自由,宣之于口则为言论自由,寄之于道则为信仰自由,皆自由之权所在也,有国者不得禁之。”[5]

随着这些报刊对“西学”的介绍,新闻自由观念成为中国现代性观念中一个重要的构成部分,对开始走向现代社会的中国新闻人产生了深远的影响。被称为报界奇才的黄远生主张实现有宪政和法律保障的平民的言论自由,报纸应发表“不党之言”,真实客观、全面公正地报道新闻;报纸应立足民间,主持公理,监督和批评政府,新闻自由也应当得到法律的保障。新文化运动的旗手陈独秀,视信仰自由和思想自由为一切自由的根基,他在为《新青年》所制定的“六义”中,主张反对学术专制,倡导思想自由,并且认为经济独立是个人人格独立和报刊人

[1] 卓南生.中国近代报业发展史.增订本.北京:中国社会科学出版社,2002:185.
[2] 卓南生.中国近代报业发展史.增订本.北京:中国社会科学出版社,2002:187-188.
[3] 转引自王林.西学与变法:《万国公报》研究.济南:齐鲁书社,2004:73.
[4] 转引自王林.西学与变法:《万国公报》研究.济南:齐鲁书社,2004:79-82.
[5] 转引自王林.西学与变法:《万国公报》研究.济南:齐鲁书社,2004:79.

格独立的前提，言论自由必须建立在经济自由的基础上。中国新闻学的开创者徐宝璜指出新闻人要首先成为一个“健全的个人主义者”和“完全的人格”的人，要充当“社会之导师”以及“政府之监督员”。“铁肩担道义，辣手著文章”的邵飘萍，更是在新闻自由观念的引导下创办《京报》，实践他的“新闻救国”理想；同时他强调新闻自由归根结底是民众的言论自由，应该有独立的新闻法保障这种自由。文人论政之风，从邵飘萍到张季鸾，为中国报刊的言论自由注入了富有特色的内容，张季鸾为《大公报》撰写的“不党、不卖、不私、不盲”的办报方针，胡政之为《大公报》确立的独立经营的思想策略，彰显了《大公报》的自由主义新闻精神。史量才、成舍我、陈敏德、王芸生、储安平、徐铸城等，在其报业活动中，无不将新闻自由的理念融入新闻实践之中，并由此为建立一个统一、民主、自由和独立的中国而发挥其力量。

中国新闻史上的这些先驱们在当时对新闻自由的理解和实践无疑有着历史的进步性，同时也应看到，他们对新闻自由的主张正是在争取言论自由的斗争中显现出来的。社会现实并没有为他们安排一个自由伸展的空间，恰恰相反，他们对言论及新闻自由的争取和倡导，对应的正是不自由的社会现实。可以说，自资产阶级维新改良以后，一切进步力量向反动政府争取新闻自由的斗争构成了中国近现代新闻史上的光辉篇章，黄远生、邵飘萍、史量才、林白水等优秀的报人们，为自己的新闻理想和独立抗争的精神，付出了生命的代价。因此，先驱们为言论及新闻自由的奋斗，映现了言论及新闻控制的严酷，尤其是在国民党统治时期，对新闻自由的限制堪称达到了空前严苛的程度。

国民政府在其统治时期出台了大量以审查新闻舆论为目的的法令、法规，这些法规的不断出台与完善，使得国民党政权的新闻检查密如天网。1930 年 12 月，国民党制定的《出版法》对于出版的限制主要是申请登记和出版品内容的限制，它属于注册登记制。但随后的 1932 年 11 月，国民党中央宣传部又公布了《宣传品审查标准》，该标准宣称：凡宣传共产主义便是“反动宣传品”；批评国民党便是“危害民国”；对其统治不满则是“反动”。这一标准的颁布，预示着注册登记制向审查制发展的倾向。1933 年 9 月 1 日，国民政府迫于压力发布了《保护新闻工作人员及维护舆论机关》的命令，9 月 1 日成为旧中国的记者节。[1] 但是这一命令颁布后，仍有对新闻工作者的迫害。如史量才被暗杀，杜重远被判处

〔1〕 现在我国的记者节是 11 月 8 日。2000 年，国务院正式批复中国记者协会《关于确定“记者节”具体日期的请示》，同意将中国记者协会的成立日 11 月 8 日定为记者节。1937 年 11 月 8 日，以范长江为首的左翼新闻工作者在上海成立中国青年记者协会，这是中国记者协会的前身。

徒刑,《生活》等14个抗日刊物被封。1934年6月,国民政府公布了《图书杂志审查办法》,规定一切图书、杂志应于付印前将稿本送中央宣传委员会图书杂志审查委员会审查,审查委员会有权删改稿本,删掉的地方不许留下空白。1935年7月15日,国民政府立法院颁布了《修正出版法》,规定报刊应于"首次发行前,填具登记申请书,呈由发行所所在地之地方主管官署核准后,始得发行"。这两个法规,实际上将由原《出版法》规定的注册登记制改成了干涉舆论自由的审查批准制。为了加强对新闻出版业的审查体制建设,国民党中央宣传部成立了一系列的专门机构。凡是报纸使用的电讯和稿件,均由国民党中央宣传部审查处审理;凡是图书杂志的原稿,便由中央图书杂志审查委员会来处理;如果是戏剧剧本,则由戏剧审查委员会和图书杂志处共同处理。这些机构都属于国民党中央宣传部,在各省市都有分处或分会。1939年春天,国民党中央成立军委会战时新闻检查局,统一新闻检查大权。国民党中央宣传部于1943年8月还发布了《抗战期间宣传名词正误表》,表中规定:"边区政府"、"抗日政府"等词不许用;"两面派"、"亲日派"、"团结"、"解放"、"国共合作"、"各阶层人民"、"抗日民族统一战线"等词为"谬误名词";"革命的三民主义"、"真正的三民主义"要改为"三民主义";"拥护革命的领袖"、"拥护抗日的领袖"必须改为"拥护领袖",甚至"妇女解放"要改为"妇女复兴"。1948年12月10日,重庆市国民党党部新闻官员举行招待会,在会上新闻官员发下书面指示共计13条。其中有:不得诋毁政府及元首;不得刊载动摇民心、降低士气的消息言论;不得刊载刺激物价之消息;等等。这在重庆被称作"新闻自由十三条"。在实行审查制度的同时,国民党政权还实行了一套对新闻舆论的追惩制度。[1]

对言论和新闻自由权利的争取,构成了中国共产党领导的革命事业中一个重要的组成部分,是为民族统一、国家解放而斗争的一项实践活动。1943年《解放日报》在纪念记者节的社论中呼吁:"向国民党当局要求立即开放言论出版自由,停止对任何抗日报纸的无理压迫,取消强迫登载中央社造谣电讯的办法,根绝破坏抗战和宣传法西斯的言论,严格取缔混入新闻界的特务棍徒,保障记者的人权和言论自由权!"[2]1944年,《新华日报》在纪念记者节的社论中指出:"没有言论自由,就没有健全的发展的新闻事业。没有言论自由,新闻事业本身是会枯萎的。所以,新闻界同人,随时随地都在团结一致,为言论自由而奋斗

---

〔1〕 江沛,纪亚光.毁灭的种子:国民政府时期意识形态管理研究.西安:陕西人民教育出版社,2000.
〔2〕 反对国民党反动的新闻政策:为纪念第十届九一记者节而作.解放日报,1943-09-01.

到底。”[1]

新中国成立后，我国政府向公民承诺了新闻自由的权利，在宪法和其他相关法规中，都规定了言论与出版自由。如现行的2004年修订的宪法第35条规定：“中华人民共和国公民有言论、出版、集会、结社、游行、示威的自由。”第41条规定：“中华人民共和国公民对于任何国家机关和国家工作人员，有提出批评和建议的权利。”我国还于1997年和1998年分别签署参加《经济、社会、文化、权利国际公约》《公民权利和政治权利国际公约》，表明我国在包括新闻自由权利在内的公民权利问题上与国际社会的进一步接轨。应该看到，社会主义新闻传播事业是无产阶级和广大劳动群众自己的事业，他们是社会经济生活的主人，享有各项政治权利，因而也是新闻传播事业的主人，享有新闻自由。在社会主义制度下，新闻自由不再是少数人的特权，社会主义制度的优越性为广大人民群众享有新闻自由提供了广阔的天地。但是，不能因此就认为社会主义新闻自由就不必进一步加以建设和完善，那样的话，社会主义新闻自由会失之僵化、教条，而无法激活广大人民群众参与新闻事业的热情、生机和活力。而且，就我国历史来看，由于封建制度统治的历史很长，经济文化相对落后，封建文化意识沉淀，我国还处在社会主义初级阶段，建设社会主义的时间短等原因，我们的整个民主制度与民主意识都有待于进一步健全和增强，在这种状况下不断建设和完善新闻自由是完全必要的。

第二节　正确看待新闻自由

目前我们对新闻自由的一般理解是依据1951年国际新闻学会提出的标准，它包括如下四个方面：

第一，自由采访，即记者对任何新闻事件具有采访、了解、调查并发掘新闻事实的权利，政府机关、有关部门或组织及个人应给予便利，而不应进行阻挠。

第二，自由传播，即新闻事件无论发生在何地，记者采得后首先必须传送到所属的新闻机构，如果传递受阻，将被视为侵犯新闻自由。

第三，自由出版，即报纸的出版与发行不受限制，亦不被事先检查，否则，就

[1] 祝记者节. 新华日报，1944-09-01.

是破坏了这项自由。

第四,自由表达,即每个公民都有思想、言论自由,有权通过新闻媒介自由发表对时政的评论,对政府部门及官员的批评。

概括地说,新闻自由是指公民传收新闻、发表意见的自由,即搜集、传播、收受新闻的自由,开办、占有、使用、接触新闻媒介的自由,以及发表意见与评论(尤其是通过新闻传播媒介发表)的自由。

但是“新闻自由”这一概念的含义并不仅限于以上表述。有论者集中梳理了关于新闻自由的种种表述[1],譬如:

> 新闻自由是通过报刊、广播、电视、通讯社等新闻工具实现的言论、出版自由。新闻自由一般是指搜集、发布、传送和收受新闻的自由,是出版自由在新闻领域的实施和运用。(孙旭培)
>
> 在社会主义国家,新闻自由主要包括:获知自由,表达自由,发表自由,批评自由。(郑保卫)
>
> 新闻自由是广大新闻工作者基于人民的委托所享有的依法自由采访、协作、发表、出版新闻作品并不受他人非法干涉的权利;而人民群众也基于新闻自由原则,可广泛了解各种新闻和信息。(王利民)
>
> 新闻自由作为这些国家政治制度的一项基本内容,大致被描述为:公民通过新闻媒介获知新闻、发表意见的自由;新闻媒介采集、报道新闻事实,表达社会舆论的自由;政府必须接受公众通过新闻媒介进行的舆论监督;立法司法部门对上述权利予以保障,同时厘定相应的责任义务范围,使其不妨碍其他法律上的自由和权利。(辛文发)

综合以上表述,我们在理解“新闻自由”这一概念的基本含义时,需要注意以下几点。

第一,新闻自由是一项政治权利,它既是民主政治制度的产物,也是这一制度的一个构成部分,也就是说没有民主政治制度,便没有新闻自由;没有新闻自由,也不可能建立完善的民主政治制度。

第二,新闻自由的权利主体应该属于全体公民,它是民主政治制度下的人权的一个重要部分。因此,这一权利理应受到法律的保护,并且只有受到法律的保护,它才能够真正得以实施。

第三,新闻自由的实际施行者主要是新闻传播媒介组织及在组织之中的职

〔1〕 甄树青.论表达自由.北京:社会科学文献出版社,2000:51-54.

业新闻传播工作者，但是这并不意味着普通公民对新闻自由权利的让渡，而是说，职业的新闻传播组织机构及其从业人员，从事采访、编辑和传播活动，更为集中和频繁地行使新闻自由权利，而普通公民则在通过接触新闻媒介获知、表达、监督和批评等方面行使这一权利。

第四，与上一点相联系的是，由于职业传播者的新闻自由权利的行使和实现，直接影响到普通公民的这一权利的行使和实现，因而我们在谈论新闻自由问题的时候往往侧重于前者的情况，但这只是侧重，而并不意味着以此取代或忽略对后者的关注。不可以想象的是，只有新闻传播者的新闻自由，而没有新闻接收者的新闻自由。

列宁指出："'出版自由'这个口号从中世纪末直到19世纪成了全世界一个伟大的口号。为什么呢？因为它反映了资产阶级的进步性，即反映了资产阶级反对僧侣、国王、封建主和地主的斗争。"[1]应该看到，在争取新闻自由的斗争中，无产阶级和广大劳动人民同样是生力军，正如在资产阶级对封建主义的其他斗争中一样，资产阶级以进步力量的代表、以全社会的代表出现在历史舞台上，在其上升时期它必然得到无产阶级和广大劳动人民的支持。而且，无产阶级和广大劳动人民也利用新闻自由同资产阶级作斗争，创立与无产阶级整体利益相一致的新闻自由。这样，无产阶级要求新闻自由与资产阶级压制新闻自由成为现代新闻事业史上的一个斗争焦点。

从"新闻自由"这一口号的发展过程中我们也可以看到，新闻自由是历史的产物，是指人在一定条件下作出自由选择和决定的权利，是作为人的政治权利的一种表现，只有将它放到一定的经济基础和一定的历史发展阶段中去考察，才能真正对它加以理解。

第一，新闻自由作为一种政治权利的表现，不能离开一定的经济基础；它是具体的，而不是抽象的。马克思指出："权利决不能超出社会的经济结构以及由经济结构制约的社会的文化发展。"[2]并且人们每次都不是在他们理想所决定和所允许的范围内，而是在现有的生产力所决定和所允许的范围之内获得自由的。有什么性质的经济基础，就有什么性质的新闻自由。私有制的资本主义经济决定其新闻自由是资本主义性质的；以公有制为基础的社会主义经济，决定其

〔1〕 列宁.关于"出版自由"：给A.米雅斯尼科夫的信//中共中央马克思恩格斯列宁斯大林著作编译局.列宁专题文集：论无产阶级政党.北京：人民出版社，2009：311.

〔2〕 马克思.德国工人党纲领批注//中共中央马克思恩格斯列宁斯大林著作编译局.马克思恩格斯文集：第3卷.北京：人民出版社，2009：435.

新闻自由是社会主义性质的。前者为资产阶级所享有,后者为无产阶级及广大劳动人民所享有。“一个阶级是社会上占统治地位的物质力量,同时也是社会上占统治地位的精神力量。”[1]在资本主义社会里,支配着整个物质资料生产的资产阶级,也支配着新闻传播媒介,从而支配着整个新闻传播活动,并享有真正的新闻自由;而处于被支配地位的无产阶级及广大劳动人民则不可能获得新闻自由。因此,在有阶级存在的社会里,所谓“全民的”、“超阶级”的新闻自由是不可能的。即使在极度宣扬新闻自由的美国,在2003年的伊拉克战争中,美国全国广播公司资深记者彼得·阿内特“只是说了一些自己的感想”就被公司解雇。2004年1月,美国任命的伊拉克临时管理委员会对卡塔尔半岛电视台发布禁令,禁止该台在1月28日至2月27日期间报道伊拉克临时管理委员会的活动。由15名美国新闻记者合写的《黑名单》一书中称,美国新闻自由面临危险。该书作者之一,前哥伦比亚广播公司和有线新闻电视公司记者克里斯蒂娜·伯耶松在接受《费加罗报》采访时说,当局控制着媒体传播的信息,而记者则变成了当局的“速记员”。更令人吃惊的是,2003年4月8日,竟然发生美军轰炸阿拉伯电视台驻巴格达办事处,造成一名摄影记者当场死亡的严重事件。

第二,新闻自由作为社会历史的产物,其具体的性质和内容必然随历史的变化、发展而变化、发展。它首先产生于资产阶级对封建专制主义的斗争之中,是资产阶级向封建主义夺取权力的革命中不可缺少的组成部分。而当资产阶级取得历史性的胜利,成为统治阶级的时候,争取新闻自由就成为无产阶级向资产阶级争取自己的权利的斗争中一项重要的内容。在无产阶级取得政权、建立社会主义制度后,新闻自由就成为最广大的劳动人民的政治权利,而不可能将这种权利拿来与在政治、经济利益上对立的反动势力分享。对此,列宁有一段话是很好的说明。他说:“我们早些时候就声明过,我们一取得政权,就要封闭资产阶级报纸。容许这些报纸存在,就不成其为社会主义者了。谁主张‘开放资产阶级报纸’,谁就是不了解我们正在大踏步地向社会主义前进。沙皇制度被推翻后,维护沙皇制度的报纸就被封闭了。现在我们粉碎了资产阶级的桎梏……必须象我们在2—3月间对待黑帮报纸那样对待资产阶级报纸。”[2]即使是同一社会形态中的不同历史阶段,新闻自由的历史内容也会不相同。在资本主义的发展

[1] 马克思,恩格斯.德意志意识形态//中共中央马克思恩格斯列宁斯大林著作编译局.马克思恩格斯文集:第1卷.北京:人民出版社,2009:550.

[2] 列宁.关于出版问题的讲话//中共中央马克思恩格斯列宁斯大林著作编译局.列宁全集:第33卷.北京:人民出版社,1985:50-51.

过程中，新闻自由从口号到法律成果，从办报自由、言论自由到获知自由、内部自由，都反映了不同历史阶段新闻自由内涵的变化和发展。因此，不存在超越历史条件的绝对的和抽象的新闻自由。

第三，新闻自由作为一项政治权利，是相对的和有条件的，而不是绝对的和无条件的，因为权利与义务、自由与约束从来就是相辅相成、互为表里的。新闻自由所应受到的限制首先在于，它既不能将个人意志强加于他人，也不能妨碍他人的自由表达的意志。其次，新闻传播者在行使新闻自由权利时不能侵害国家的、社会的、集体的和其他公民的正当、合法的权益。也就是说，新闻自由必须服从于某种秩序，新闻传播者发布消息和发表言论者发表言论分别应该对消息的准确性和言论的公正负责，任何导致他人和社会的正常生活秩序受到侵扰的言论都应被制止。因此，在一个健全的民主社会里，新闻自由应该得到法律的保障，既对新闻自由予以保护，又对新闻自由加以限制。《公民权利和政治权利国际公约》第 19 条第三款就规定："本条第二款所规定的权利的行使带有特殊的义务和责任，因此得受某些限制，但这些限制只应由法律规定并为下列条件所必需：(甲)尊重他人的权利或名誉；(乙)保障国家安全或公共秩序，或公共卫生或道德。"

第四，新闻自由是在整个新闻传播过程中实现的，因此它不仅由新闻传播者享有，而且也应由新闻接收者享有，即传收双方共享新闻自由。新闻受众既有获知消息、选择新闻的权利，也有表达一切意见的权利，并且通过传播者的传播得以享有。因此，传播者应该真实地传播新闻，应该如实、及时、正确地传播受众的意见，否则，传播者不仅失职，而且也是剥夺了受众享有新闻自由的权利。将新闻自由仅仅理解为新闻从业者或主办者的权利的观念，不仅失之偏狭，违背了新闻自由的本义，而且会导致新闻自由的滥用和新闻传播领域的话语霸权，压抑和剥夺最广大的民众的新闻自由权利。现代科学技术尤其是互联网的运用，对传统的传受关系的一个重要的影响就是使新闻传播活动中接收者一方的主动性得以凸显，网站开办的各种论坛为公民实现自己的表达自由创造了条件，从而为接收者的新闻自由的权利的实现在技术手段上提供了更多的可能性。

我国新闻业界和学界曾经因为极"左"思潮的影响，对新闻自由问题或避而不谈，或将其完全当作资产阶级的东西加以批判和全盘否定。譬如在 1957 年对复旦大学新闻系教授王中先生的错误批判，其中一项内容就是关于新闻自由问题。[1] 20 世纪 70 年代末改革开放以来，随着新闻事业的发展，随着新闻

〔1〕 方晨. 驳王中反动的新闻理论之五：关于"新闻自由"问题. 解放日报，1957-08-08.

传播在舆论监督上发挥出的作用越来越重要以及在此过程中新的问题和矛盾不断出现,新闻自由问题也越来越突出地表现出来。毫无疑问的是,新闻自由权利的行使不能危及国家安全、社会稳定、民族团结,不能损坏社会的精神文明。在具体的新闻实践中,新闻自由涉及的问题是:新闻传播者的采访和传播活动是否能够在法律和法规以及政策允许的范围内自由地无阻碍地展开;在这一过程中,新闻传播者的权益和人身安全是否得到有效保护;公民是否能够自由地接近和使用新闻媒介,实现其知情权,及时获得攸关切身利益的消息;新闻传播者是否滥用新闻自由;在新闻传播活动与其他领域发生冲突的情况下,如何公正、合理、合法地协调与裁决。这些问题的有效应对,显然超出了新闻传播的单一领域,同时也正是在对这些问题的应对和解决中,新闻自由的权利不断得到落实和扩展。

第三节 新闻自律

职业道德,是指人们调整本职业中个人与职业及其与社会之间的关系的行为规范的总和。职业道德的形成和实施,既同一定的生产方式下的人们的共同利益、理想相关,又同一定的职业所承担的社会职责和义务相关。同一般的社会道德相比,职业道德不仅仅表现在一定职业的人们之间,作为他们的行为规范,更突出的是,它总是从本职业的要求出发,提出更加具体、更易为本职业人们所接受的规范形式。新闻职业道德就是指新闻从业人员共同制定的道德和行为规范。新闻传播者以这样的行为规范约束自己,被称作新闻道德自律,简称新闻自律。

美国报人约瑟夫·普利策。

新闻道德自律最初是在西方报业活动中针对报刊业滥用新闻自由,放弃社会责任,不顾新闻传播效果的一种校正和反拨。譬如,美国黄色新闻泛滥时期的报纸"用骇人听闻、华而不实、刺激人心和满不在乎的那种新闻阻塞普通人所依赖的新闻渠道,把人生的重大问题变成了廉价的闹剧……为罪恶、性和暴力开脱”[1]。此种局面引起关心新闻事业健康发展的人们的忧虑和关注，在他们看来，必须通过新闻道德自律，才能保障新闻业避免由公共福祉的追求者堕落为公害。也是在黄色新闻时期的1878年，著名报人普利策创办了《邮讯报》，公开声称其办报方针是“为人民服务”，“是真理的喉舌”，“反对一切骗局”，“提倡道德原则和思想，不提倡偏见和党派性”[2]。而于1896年收购了《纽约时报》的奥克斯也在其办报方针中称“要使《纽约时报》的各栏成为探讨一切与公众有关的重大问题的论坛”。[3]1908年，密苏里新闻学院院长威廉博士拟订“记者信条”，强调新闻事业是神圣的事业，新闻应该为公众服务，而不应为私利所驱使，新闻工作者应该思想清晰，说理明白，正确公允，独立不挠，求真求实，自制忍耐，尊重读者。[4]这个守则后来被翻译成50多种文字，并为世界报业协会所采用，成为国际上有一定影响的新闻道德规范。

在西方新闻传播事业发展的过程中，尤其是第一次世界大战之后，公众和新闻从业人员更加认识到自律的必要性。不仅如此，还在如何自律上作出一系列的规定，提出一系列措施，主要有以下六个方面。

1. 设立自律机构，制定伦理准则

鉴于黄色新闻造成的不良影响，1910年以后，美国州一级报纸开始制定新闻伦理纲领。1922年美国报纸编辑者协会成立，1923年制定《新闻界准则》。这个准则共有七条：① 责任：“新闻记者如为任何私利或其他不当的目的而使用其权力，即为不忠于其所承担的一种崇高的信托”；② 自由：“新闻自由作为人类极其重要的权利必须受到保护”；③ 独立：“除了忠于公众利益不承担任何义务”；④ 诚实、真实、准确：“忠于读者是所有珍惜自己名称的报业的基础”；⑤ 客观：“新闻报道应避免意见或任何偏见”；⑥ 公正：“报纸不应发表非正式指控，影响被指控者的名誉和道德人格而不给予申辩机会”；⑦ 庄重：“如果报纸一方面声称有崇高的道德目标，一方面又供应诸如犯罪与邪恶的细节以刺激卑劣行为，就不能逃避不诚实的罪责”。[5]

---

[1] 迈克尔·埃默里，埃德温·埃默里. 美国新闻史：大众传播媒介解释史. 展江，殷文，主译. 北京：新华出版社，2001：223.

[2] 迈克尔·埃默里，埃德温·埃默里. 美国新闻史：大众传播媒介解释史. 展江，殷文，主译. 北京：新华出版社，2001：201.

[3] 迈克尔·埃默里，埃德温·埃默里. 美国新闻史：大众传播媒介解释史. 展江，殷文，主译. 北京：新华出版社，2001：273.

[4] 陈桂兰. 新闻职业道德教程. 上海：复旦大学出版社，1996：252－253.

[5] 刘明华. 西方新闻采访与写作. 北京：中国人民大学出版社，1993：285－287.

日本也于1946年成立了新闻协会,制定了《新闻道德纲领》,它共有"新闻的自由"、"报道评论的界限"、"评论的态度"、"公正"、"宽容"、"指导、责任、荣誉感"、"品格"等7项,构成了记者言行的准则。[1] 1957年,韩国报业伦理委员会制定了《报人行为准则》(1961年修订),分为"报道与评论的态度"、"独立性"、"尊重他人名誉及自由"、"品格"等四部分,共19条。

第二次世界大战结束后,1948年4月,联合国新闻自由小组讨论制定的《〈国际新闻道德信条〉草案》,对新闻职业道德作了颇为明确的规定:确保公众所接受的消息绝对准确;不允许"谋求个人便利及争取任何有违大众福利的私利";唯有符合职业原则和尊严的任务,才能指派给报业及其他新闻媒介的工作人员承担;"发表任何消息和评论的人,应当对其所发表的内容负完全责任";"有关个人私生活的消息与评论,可能损及个人名誉时,并非有助于公众利益,而仅仅是迎合公众好奇心理者,则不应该发表";"关于消息来源,应慎重处理,对暗中透露的事件,应当保守职业秘密"。1954年联合国经济及社会理事会拟订的《国际报业道德规约》规定:① 不得歪曲或隐瞒事实。② 不得自私、攻讦、诽谤、抄袭;不得认谣言不认事实;凡记载不确而损失名誉者,必须立即更正。③ 不得为满足读者的好奇心而涉及私人秘密。④ 若报道一个国家的状况,必须对这个国家有充分的认识,才能达到公正的程度。⑤ 道德规约应由各国报人遵守,不是由各国政府执行。1954年,国际新闻工作者联合会在法国的波尔多举行的第二次代表大会上通过了《记者行为原则宣言》,确定了关于记者职业活动的7项标准,重点是:记者要尊重事实,要客观、公正,不许剽窃、诽谤、中伤;记者有搜集和发布新闻的自由,有公正地发表评论和批评的权利;记者有保守消息来源的秘密的权利等。

这些伦理道德准则对新闻从业人员的传播活动起到约束自律的作用。

2. 建立新闻评议会

英国1953年成立了新闻评议会,1989年12月发表了强化评议会工作方案。该方案表示,如果有人发现某报刊有可能发表侵犯私生活的文章,那么,他可以在该报刊出版之前向评议会请求帮助。在英国新闻评议会的影响下,20世纪60年代美国也设立了新闻评议会(又称"新闻理事会"),首先由地方开始,1973年成立了全国新闻评议会,对涉及美国新闻报道的准确性和公正性的申诉进行审查并提出报告,以及对涉及新闻自由的问题进行研究并提出报告。从世界范围看,到20世纪80年代末,已有25个国家设有新闻评议会这类机构,在法律实施

〔1〕 稻叶三千男,新井直之. 日本的报业理论与实践. 张国成,等,译. 北京:新华出版社,1985:111.

强力措施之前，对报纸的报道活动进行批评监督。

3. 读者代表（监督人）制度

美国有26家报社建立了读者代表制度，通过读者代表，对报纸的报道进行监督。1980年《华盛顿邮报》女记者珍尼特·库克发表假报道《吉米的世界》，招致舆论批评，该报的监督人比尔·格林便发表了长篇文章，阐述了事件始末。英国于1989年底决定采用读者代表制度，并为读者代表规定了三项权利：有权向编辑部提出问题；有权要求报纸发表更正；有权要求报纸刊登读者代表发现的问题。

4. 协同自律

协同自律是指就某些问题的报道，各新闻单位之间或者新闻单位与警方之间，共同商定，采取统一步调，以免损害民众利益。协同自律的主要内容是关于少年犯罪的报道，关于使用真实姓名问题，关于诱拐和出于敲诈勒索目的从事的绑架活动的报道，以及一些重要事件的报道，这些方面的报道都采取协同自律的方法。例如在美国，“差不多所有的新闻媒介在报道强奸案时都不披露被害者姓名；同样，在报道青少年犯罪时，对有轻微劣迹的初犯者也不指名道姓；对绑架事件也与当局合作，在被要求不发消息的时间内，保持沉默”〔1〕。

5. 消息源保密

消息源保密，也称秘匿权，它是西方新闻界的一种特殊权利，也是新闻界最高的伦理准则。按照这个准则的要求，除了报社内部有关人员外，消息来源不能对外公开，即使是司法部门要求报道界交出消息来源也不行。之所以如此，西方新闻界的理由是：消息源是新闻报道的基础和生命，几乎100%的新闻都是从消息源那里得到的，即使是目击新闻，也要伴之以访问。因此，如果不能得到消息来源——包括已有的和潜在的消息来源——社会各阶层人士，乃至大众对记者的信赖，新闻报道便会陷入危机。1972年日本《每日新闻》记者西山太吉因报道“冲绳密电”问题而受到追查，后公开了消息来源，致使外务省官员莲见喜久子受到法律惩处。这曾引起新闻界内外的严厉批评，被认为是记者违背职业道德的教训。与此相反的是，1978年，《纽约时报》记者法尔勃因为拒绝法官交出所有采访笔记、录音磁带等资料的要求，以藐视法庭罪被判入狱，直到他按照法官要求交出所有材料为止，每天对他本人罚款1000美元，每天对《纽约时报》罚款5000美元。法尔勃和《纽约时报》坚持不交，结果法尔勃坐牢40天，《纽约时报》罚款28.6万美元。另一个例子是，1988年英国《独立报》金融记者杰里米·沃

〔1〕 转引自刘明华. 西方新闻采访与写作. 北京：中国人民大学出版社，1993：261.

纳发表了伦敦一些公司合并的消息,因拒绝向法院提供消息来源,被判罚2万英镑,即便如此,记者也没有改变态度,报社支持记者的行动,愿意为他支付这笔罚金。

6. 严禁受贿

关于记者受贿问题,西方新闻界也有自律条款。如1975年美联社制定的《新闻及其职员伦理纲领》规定:"新闻单位和记者不能接受来自消息源或外部的任何有价值的东西。不准接受赠品,免费或者减价旅游、娱乐招待,以及其他制品。与新闻报道有关的费用,应由新闻单位自付。必须避免对报道组成员的格外恩赐或特殊待遇。"[1]美国最大的广播公司之一哥伦比亚广播公司的新闻准则中,也有防止受贿的规定。该准则将接受对方免费提供的交通手段、住宿设施、伙食、赠品等,归入"接受贿赂"一栏。

尽管西方新闻界的这些道德自律是由资产阶级报人或新闻学者提出来的,尽管资产阶级新闻实践,实质上是与基本道德精神相背离的,但我们也不能因此而全盘摒弃,因为它来自于人们共同的新闻实践,符合职业新闻传播活动的一般规律。因此,我们的新闻传播者完全可以借鉴这些准则和措施,结合我们的具体实践,产生我们的新闻道德自律准则。

改革开放以来,我国新闻传播者的职业道德也不断面临新形势的考验,与之相应的是,新闻职业道德建设的措施也在逐渐完善。目前,有关我国新闻工作者职业道德的规范表述已经有过5个文件。1981年,中共中央宣传部新闻局拟订《记者守则(试行草案)》,共10条。1987年9月,中华全国新闻工作者协会拟订《中国新闻工作者职业道德准则(草案)》,共8条。1991年1月19日,中华全国新闻工作者协会第四届理事会第一次会议正式通过《中国新闻工作者职业道德准则》,共8条。1994年4月,中华全国新闻工作者协会对上述准则作了第一次修订,仍为8条。1997年1月,中华全国新闻工作者协会对准则作了第二次修订,共6条。2009年11月,中华全国新闻工作者协会对准则作了第三次修订,共7条。[2]社会主义新闻事业的实践是与基本道德精神相一致的,社会主义新闻道德是共产主义道德在新闻传播领域中的体现。社会主义新闻道德体现了新闻机构和新闻工作者对人民利益的忠诚和对人民权利的尊重,对社会主义新闻事业的责任感、事业心、组织纪律性,以及新闻机构、新闻工作者相互间团结互助的精神。这些准则的形成,表明我国的新闻职业道德建设走上了制度化、常规化、

---

〔1〕 刘明华. 西方新闻采访与写作. 北京:中国人民大学出版社,1993:262.
〔2〕 详见本书附录二。

规范化的道路,为我国社会主义新闻事业健康而蓬勃地发展提供了有力保证。

自20世纪90年代中期以来,1996年、1998年、1999年、2001年、2003年、2004年我国新闻传播学界和新闻研究机构公布了进行的大规模的新闻职业道德状况调查的结果[1],这些调查表明中国新闻职业道德状况总体上是好的,广大新闻从业人员正在为新闻事业的健康成长而努力。但是,我们也应该清醒地看到,在建立社会主义市场经济体制的新形势下,新闻职业道德建设遇到了许多新问题。例如1997年1—6月的调查(1998年公布)表明,我国新闻工作者在职业道德方面至少在以下四个方面存在着较为普遍的问题:"接受被采访单位或个人的招待用餐"、"为自己的版面或节目联系赞助"、"为自己的单位联系广告业务"以及"接受新闻来源单位赠送的礼品"。对于以上四个方面的表现,分别有56.0%~78.8%的被访者认为这种现象在新闻界很普遍。"主动淡化不利于重要广告客户的新闻"的现象、"接受被采访单位的现金馈赠"的现象、"接受新闻来源单位安排的免费旅游"的现象、"参与为企业制作商业广告"的现象也至少有超过20%的被访者认为在新闻界相当普遍。即使是"为企业担任公关工作"的现象、"在企业兼职"的现象也分别有17.3%和9.4%的被访者认为在新闻界很普遍。显然,上述调查的结果是相当令人警醒的。它表明,我们在纠正新闻领域的不正之风方面所面临的形势是严峻的,我们在建立新的职业道德规范方面还有相当长的路要走。[2]这些调查向我们表明,我国最近10年来在新闻道德建设方面在观念和实践上都面临着危机,其突出地表现在以下几个方面。

报道新闻事实失实乃至严重失实。[3]极少数传媒工作者,常常出于某种目的或为利益所驱使,置事实的真实情况于不顾,故意进行失实报道。曾发生过这样一件让新闻界同仁感到无颜的事:某县一名势力极大的官员,贪污受贿,欺诈乡邻,玩弄女性,涉嫌犯罪,正被检察机关立案侦查。然而就在这个当口,当地一家报纸却刊载了一大篇为他歌功颂德的文章。一时舆论哗然。此地方官也因此

[1] 这几次调查的成果见《新闻职业道德现状调查》,《新闻大学》1996年夏季号;喻国明:《我国新闻工作者职业意识与职业道德调查报告》,《民主与科学》1998年第3期;萧思健、廖圣清:《未来新闻工作者如何评价新闻职业道德》,《新闻记者》1999年第6期;罗文辉、陈韬文、潘忠党:《大陆、香港与台湾新闻人员对新闻伦理的态度与认知》,《新闻学研究》2001年第68辑;陆晔、俞卫东:《传媒人的媒介观与伦理观——二〇〇二上海新闻从业者调查报告之四》,《新闻记者》2003年第4期;郑保卫、陈绚:《传媒人对"有偿新闻"的看法——中国新闻工作者职业道德调查报告》,《新闻记者》2004年第5期。

[2] 喻国明.我国新闻工作者职业意识与职业道德抽样调查总体报告//喻国明.解构民意:一个舆论学者的实证研究.北京:华夏出版社,2001:170-201.

[3] 关于这方面的情况,本书第四章第一节中有更为具体的分析。

气焰嚣张,由此严重干扰了司法机关的正常办案。事后经调查发现,是记者暗中接受了一个装有数千元人民币的“信封”,于是炮制出此“大作”。[1]

更有甚者,极少数新闻从业者不仅无视新闻职业道德准则,而且走得更远以至触犯刑律。2001 年 3 月中旬,中国某报驻四川记者站三位记者得知四川某房产公司在土地纠纷中涉嫌违规,便打电话给公司总经理办公室秘书,要该公司拿钱出来摆平事情,否则将把违规事件刊发在内参上。经过一番讨价还价之后,双方终于达成约定:公司将 3.5 万元“送”给三人,他们便不刊发报道。三人接过 3.5 万元后,写下一张“不再参与调查报道工作”的字条给该公司总经理办公室秘书。但是东窗事发,钱刚刚拿到手就被警察抓获。2002 年 3 月,成都市青羊区法院依法以敲诈勒索罪判处三人有期徒刑各 1 年。

再就是追求趣味低下的“卖点”。2000 年 6 月 11 日,《法制日报》的《世风一瞥》栏目,刊发了一位作者的文章《赖昌星“红楼”迷局》,原文旨在揭露批判。南京有两家报纸于 6 月 19 日从网上下载、转刊了这篇文章,一家给它安上了“远华案‘红楼’暗藏佳丽”的标题,仅摘取文中关于“红楼”藏着从江浙一带选出来的 40 多名风尘佳丽的文字。另一家既不署作者名,又不注明来源,一字不动地加以转发,但是编者给它换了题目,主标题用大号粗黑体,为“豪宅暗藏数十风尘女子”,还加了一个肩题“远华案主犯赖昌星‘红楼’揭秘”。海南某报刊发这篇文章时将标题改作:肩题“远华案‘红楼’揭迷”,主标题“赖昌星豪宅暗藏数十佳丽”。如此摘引和标题制作凸显的是传播者猎艳、猎奇的趣味,也迎合着低俗的阅读情趣。某省级电视台在一个知名度颇高的栏目中,做了这样一个游戏:请一位男性节目嘉宾,在电影院门口“勾引”三个女青年,并将全过程拍摄后播出。同时请她们各自的男友在播出前推测女友是否会“上钩”。

还有些新闻传播者有悖于传媒竞争的游戏规则,虚报报纸发行量以骗取广告主的好感,故意压低报纸价格和广告价格,以造成对同类传媒的经济压力;或在经营过程中,故意损害竞争对手的形象和声誉,甚至对对方进行恶意攻击;等等。

在最近十几年来的新闻职业道德危机中,最为突出的问题要数“有偿新闻”。所谓有偿新闻,是指“新闻机构为解决经费不足或赚钱,以及其他目的,按占用版面大小(报纸)、播出时间长短和录制费用(广播、电视)向要求刊播新闻者收费”[2]。其表现形式一般为收取新闻的刊播费、出卖版面、转让报号以及

[1] 王惠平.“有偿新闻”何以屡禁不止.采写编,2000(3).
[2] 甘惜分.新闻学大辞典.郑州:河南人民出版社,1993:162.

以个人行为或小集体的隐性行为方式出现的新闻与金钱的交易。其实质是一种借新闻工作之便,以职权谋私利,将新闻这样一种精神产品完全当作了商品的行为。有偿新闻产生的原因固然复杂多样,但从主观上看,是新闻队伍道德滑坡和腐化堕落的表现,是拜金主义在新闻工作中的表现,是少数新闻采编人员包括个别新闻单位深受社会不正之风和腐败现象的影响,为了追求金钱与"实惠",而置职业道德于不顾所产生的恶果。有偿新闻的危害在于,"它腐蚀新闻队伍、损害新闻事业的声誉,改变社会主义新闻工作的性质,干扰社会主义市场经济新秩序的建立和完善"〔1〕。

针对有偿新闻现象,我国新闻界开展了坚决的斗争。1993年7月31日,中共中央宣传部和新闻出版署联合发布了《关于加强新闻队伍职业道德建设,禁止"有偿新闻"的通知》。1994年,中共中央宣传部下达了《关于坚持不懈地抓好新闻队伍职业道德建设的通知》。1996年5月7日,中共中央宣传部副部长徐光春在"加强新闻职业道德建设,禁止'有偿新闻'"座谈会上又指出,我国新闻界要本着对党、对人民、对新闻事业高度负责的态度,把治理有偿新闻作为一项重要工作常抓不懈,采取切实可行的有效措施,坚决刹住这股不正之风。1997年1月15日,中共中央宣传部、广播电影电视部、新闻出版署、中华全国新闻工作者协会,为贯彻落实《中共中央关于加强社会主义精神文明建设若干重要问题的决议》的精神,加强新闻队伍职业道德建设,禁止有偿新闻,维护新闻工作的信誉和新闻队伍的良好形象,树立敬业奉献、清正廉洁的行业新风,根据中共中央宣传部、新闻出版署颁布的有关规定,结合新的形势,重申并制定了10条关于禁止有偿新闻的规定。中国记者协会于1997年向社会发布公告《建立新闻工作者接受社会监督制度》,并公布了举报电话,至1998年1月就已接受关于有偿新闻案件的举报686件。

值得注意的是,随着新闻媒体在舆论监督上的力度加大,一些利益主体千方百计地掩盖涉及自身的丑闻和劣迹,其有效途径之一就是让新闻界"闭口",这样有偿新闻甚至发展到有偿不闻的地步。2004年11月22日,《中国新闻周刊》以《一份晚报的新闻勒索食物链》为题,披露了《鄂东晚报》利用有关部门害怕批评报道的心理进行敲诈勒索,以致"只要给钱,什么稿子都能发;只要给钱,什么丑闻都能压"。正如郑保卫教授指出的,这是新闻职业道德下滑的集中表现,"中国媒体有其特殊性,话语权是党和政府的。有偿不新闻也是利用公权为小

〔1〕 徐光春.推动新闻界自身精神文明建设:在全国新闻系统加强职业道德建设禁止有偿新闻电视电话会议上的讲话摘要(1997年1月23日).中国记者,1997(2).

团体或个人牟利,这是绝对不能容忍的"[1]。在此之前的2002年6月22日,山西省繁峙县义兴寨发生金矿爆炸事故后,当地负责人和金矿矿主为隐瞒真相,分别给采访事故的11位记者送了现金和金元宝。这11名记者包括4名新华社山西分社记者和7名地方媒体记者。新华社接到群众举报后,高度重视,中纪委驻新华社纪检组和社监察局立即成立调查组,对4名记者的违纪问题进行了调查。根据调查结果,决定给予鄯宝红开除党籍、开除公职处分,给予安小虎留用察看处分,分别给予王东平、谭旭党内严重警告处分。山西省纪检监察部门也根据党纪法规的要求,对《山西经济日报》《山西法制报》和《山西生活晨报》3家新闻单位的7名记者进行查处。新华社以繁峙矿难记者违纪为警,向社会作出承诺:加强记者、编辑队伍建设,把"个人自律、单位管理、社会监督"结合起来,使教育和管理、自律和他律共同发挥作用;大力加强思想道德建设、职业道德建设,着力解决群众反映强烈的有偿新闻、虚假报道、低俗之风、不良广告等问题,以在全社会树立新闻队伍的良好形象。新华社还公布了举报电话、电子信箱。

所有这些都表明了我国新闻界对新闻道德建设的高度自觉和同违反新闻道德现象作斗争的坚决态度。同时也意味着新闻自律的形势依然严峻,道路依然漫长。在新旧体制转型的过程中,往往存在着一个旧有的规则失去效力、新生的规则尚未到位的失规和无序的阶段。我国现阶段在某种程度上说正处在这样一个发展阶段上,当前新闻领域在职业道德问题上的种种失衡和错位现象正是在这样一个大背景下出现的。

第四节　新闻他律

所谓新闻他律,是相对于新闻自律而言的,是指新闻传播之外的其他社会力量对新闻传播活动构成的制约和影响,具体地说,即社会中的不同组织、势力,通过各种手段,对新闻传播机构的运作施加压力和影响,使其所传播的内容符合社会组织、势力的利益和愿望。

一方面,新闻传播作为人的一项社会实践,不可能在真空般的环境中展开,因而必然受到相关因素的制约和影响;新闻传播机构尽管有着建构公共空间的

[1] 刘万永.有偿不新闻?.中国青年报,2004-12-15(12).

使命，是“天下之公器”，但在其实际运作过程中，总是作为一个利益主体存在，必然与其他利益主体发生关系，包括产生矛盾，当这种矛盾新闻传播机构不能依靠自身的职业道德准则来协调和处理时，来自外部的制约和影响也就必然发生作用。另一方面，新闻传播作为社会的信息系统，对其他社会系统具有有用和依赖的双重性质，这也决定了制约和影响的必然发生。对不同的系统来说，“有用”即意味着若能掌控新闻媒体，必能物尽其用；“依赖”则意味着新闻传播机构需要从其他系统获得资源，能否获得，获得多少，并不取决于新闻传播机构。而且，从根本上说，新闻与信息传播的系统，并非与政治、法律、经济等系统处于平等的状态，政治、法律、经济等系统掌握并支配社会的主要权力和经济资源，因而对新闻与信息传播系统具有制约和影响。通常情况下，社会有关部门制定有关的法律、政策、条令，或通过其他手段，对新闻传播实行程度不等的限制，甚至在某些特定的情况下新闻传播机构成为某一阶级、政党或利益集团的工具。在种种制约和影响因素中，政治力量和经济力量对新闻传播的制约和影响最为突出、强大和深远。

1. 政治力量对新闻传播的制约和影响

政治力量包括了政府、政党、政治团体等政治组织，其中政府对新闻传播的制约和影响最为重要，它运用自己的权力，通过法律、政策及管理制度，确保新闻传播活动不损害社会或政府的利益，有利于强化自己的力量，稳固自己的统治，为此，在特定情况下，政府甚至不惜代价地对新闻传播进行控制。政党和政治团体对新闻传播的制约和影响，其目标和方式与政府力量大致相同，力量相对薄弱。但是，当政党和政治团体与政府高度一致，联合起来对新闻传播进行控制的时候，其力量之大不言而喻。政治力量对新闻传播的制约和影响主要表现在以下几个方面。

政府通过新闻传播方面的法规对新闻传播活动进行约束、管理和监督，以防止其危及国家、人民和统治阶级的利益，它包括新闻法及其他相关法规。值得注意的是：“在所有国家，新闻出版法都不是采取单一的法律文件的形式，都表现为一种‘领域法’。至今没有一个国家制定过一部规范新闻出版活动中一切社会关系的法律。这是因为，新闻传播活动涉及社会的政治、经济、文化等各个领域，需要调整的社会关系错综复杂，要由一部法律来囊括新闻传播活动的所有规范可能是难以做到的，也是没有必要的。”[1]从法律形式来看，现在世界上存在四种类型的新闻法。第一种是统一的新闻法，现在只有俄罗斯制定了这样的法

〔1〕 魏永征. 新闻传播法教程. 北京：中国人民大学出版社，2002：7.

律,这就是俄罗斯1991年制定的《俄罗斯联邦关于新闻媒体的法律》。第二种是特殊领域的新闻媒体法,如美国的《美国通讯法》(1934年)、澳大利亚的《广播法》(1942年)、瑞典的《关于出版自由的法律》(1991年)、法国的《出版自由法》(1981年)、《报纸法》(1981年)、《广播电视法》(1986年)。第三种是宪法、刑法、民法以及其他法律中包含的有关新闻媒体的规定,如英国于1952年通过的《诽谤法》(修订)、美国宪法修正第1条、日本国宪法第21条等。第四种是最广义上的新闻法,即一切涉及信息媒体的法律。[1]许多国家的政府和执政党都有针对本国新闻传播活动制定的新闻法规,这些新闻法规根据统治阶级的利益和意志,明确规定不准刊登哪些内容,如果违反规定,就根据法律处以罚款、停刊、查封甚至逮捕法办负责人、当事人等处罚。

旧中国历史上曾经有5部新闻出版法:1906年清政府颁布的《大清印刷物专律》和1908年的《大清报律》(1910年曾加以修订);1914年袁世凯当权时颁布的《报纸条例》和《出版法》;1937年国民党颁布的《修正出版法》。除此之外各个时期都有一系列的法规、条例等。[2]这些新闻出版法及法规、条例在新中国成立后均已废除。中华人民共和国成立以后,没有颁布新闻法,而是以党纪国法来约束新闻机构,最根本的依据是《中华人民共和国宪法》。我国党和政府一直重视新闻法规政策的制定。中共中央宣传部和新闻出版署有关部门合编的《新闻法规政策须知》《期刊出版法规政策须知》《图书出版法规政策须知》三本书,均由学习出版社于1994年12月出版。其中,《新闻法规政策须知》一书,收录了由中共中央、全国人民代表大会常务委员会、国务院和中共中央宣传部、新闻出版署及其他部委制定、颁布的有关新闻工作的法律、法规、规章、规范性文件及有关条文,全书共分16类并附专业标准,涉及新闻工作的基本方针和原则、新闻发布与新闻发布会、新闻报道、保密、报纸管理、广播电视管理、广告管理等方面的法规和在不同时期的政策规定,是我国当前的新闻工作在新闻法规和有关政策方面的基本依据。近年来,随着大众传播在我国的飞速发展,随着互联网的日益普及,随着新闻传播活动在公共生活中发挥越来越重要的影响,我国政府不断出台了一系列的法规,对包括新闻传播在内的信息流通领域进行规范管理。如:1990年颁布的《卫星地面接收设施接收外国卫星传送电视节目管理办法》,2001年12月12日颁布的《出版管理条例》,2005年1月10日颁布的《报社记者站管理办法》和《新闻记者证管理办法》,2005年2月7日颁布的《新闻出版统计

[1] 刘迪.现代西方新闻法制概述.北京:中国法制出版社,1998:3.
[2] 刘哲民.近现代出版新闻法规汇编.上海:学林出版社,1992.

管理办法》，2005年9月25日颁布的《互联网新闻信息服务管理规定》，等等。可以说，新闻法制建设随着社会政治生活的变化变得日益迫切起来，许多有识之士呼吁制定专门的新闻法。早在20世纪80年代，经中央批准，新闻立法筹备工作1984年正式开始，全国人大教科文委员会与中国社会科学院新闻研究所共同组建成立了新闻法研究室，并在到全国各地征求意见和建议的基础上起草了《新闻法》草案。但是由于种种原因，新闻法在我国迟迟没有出台。1997年4月，国家新闻出版署公布了《新闻出版业2000年及2010年发展规划》，其中提出"到2010年新闻出版法制建设要建立以《出版法》《新闻法》和《著作权法》为主体及与其配套的新闻出版法规体系"。

在各国的法律对新闻的约束和控制中，最常见的是从下述三个方面对滥用新闻自由的限制。

一是禁止新闻传播危害国家安全，包括禁止泄露国家秘密，禁止发表危害国家安全的煽动性言论。我国于1951年就颁布了《保守国家机密暂行条例》，1988年全国人大常委会通过了《保守国家秘密法》，其中第8条规定了涉及国家重大决策、国防和武装力量、外交和外事活动、经济和社会发展、科学技术、维护国家安全活动和追查刑事犯罪等活动中的保密事项以及经国家保密工作部门确定为应当保守的国家秘密事项。1992年，国家保密局、中央对外宣传小组、新闻出版署、广播电影电视部联合颁布了《新闻出版保密规定》，对新闻传播中涉及保密的问题与工作程序作了详细的规定。[1]我国自20世纪80年代以来的各种有关新闻出版（包括广播电视和互联网的传播）的行政法规和部门法规，都对危害国家安全的言论作了禁止规定，如2001年国务院对1997年的《出版管理条例》进行修改后重新公布，其中第26条，对反对宪法确定的基本原则，危害国家统一、主权和领土完整，泄露国家秘密、危害国家安全或损害国家荣誉和利益，煽动民族仇恨和仇视、破坏民族团结或侵害民族风俗习惯等内容，都作了禁止规定。

二是禁止新闻传播侵害人格权，这涉及新闻传播中的诽谤问题和隐私权问题。早在18世纪，英国就开始以煽动、诽谤罪钳制报业，1792年通过了《福克斯诽谤法案》。当时的目的主要是保护政府、国会及皇室名誉。美国50个州均有自己的诽谤法。在日本称之为"名誉毁损"。我国宪法（2004）第38条规定："中华人民共和国公民的人格尊严不受侵犯。禁止用任何方法对公民进行侮辱、诽谤和诬告陷害。"在刑法、民法中都有相应的条款规定。出于对他人隐私权的保护，新闻传播的相关内容也受到限制和禁止。一般认为，个人的档案、私生活、肖

〔1〕具体内容见本书附录一。

像、过去犯罪记录等,均属隐私权范围。20世纪50年代大众传播媒介以“报道自由”为盾牌,大量触及人们的私生活问题,引起社会的不满。到20世纪60年代,西方发达国家电子计算机开始普及之后,收集、储存和利用个人情报资料成为轻而易举的事情,同时,西方某种程度的“情报公开”,也使这一问题变得更为突出。与此同时,保卫私生活不受侵犯的呼声也日益强烈。正是在这种情况下,从20世纪60年代后期开始,欧美各国对侵犯私生活问题开始调查研究,着手制定隐私权或个人资料保护法。至1982年底,有10多个国家制定了该项专门性法律。[1]未经准许而进入产权属于私人的场所进行采访、拍照,为了写报道而偷拿他人信件、不正当地获取他人材料、揭人隐私等,都构成对隐私权的侵犯。

三是传播淫秽内容问题。法院审理案件中最早涉及淫秽问题的是英国18世纪末发生的柯尔斯案。柯尔斯因出版一本名为《修道院中的色情或穿罩衫的修女》的书而被指控。法院认为该书为淫秽出版物,禁止出版。在西方资本主义国家,虽然政府通过法律干涉淫秽出版物,但一直很难禁止,第二次世界大战后的立法工作趋向于保护青少年,不使其接触,对成人则睁一只眼闭一只眼。我国在改革开放后,也出现淫秽内容传播问题,党和政府十分重视,多次开展“扫黄、打非”活动,制定了一系列政府法规和部门法规条例,确保包括新闻传播在内的大众传播媒介为建设社会主义精神文明服务。

除了上述方面,对新闻与信息的传播还有这样一些禁止性的规定:禁止扰乱、破坏经济秩序,禁止非法获取、披露商业秘密,禁止编造虚假商业信息,误导受众,等等。[2]

政治力量对新闻传播的制约和影响还通过政策和制度控制以及新闻消息源控制来实行。[3]政策控制指政府制定有关的政策条例,明确规定新闻传播所必须遵循的基本原则,如有违反,就加以行政干预或给予相应处罚。新闻政策与新闻法律相比,其对新闻事业的控制更为灵活,政府可以根据当前的形势,对新闻传播活动的内容作出规定。例如,重大的会议召开时,政府就要求传播机构集中予以报道、宣传;典型事迹、典型人物一旦出现也必须予以报道;政府可以规定一段时间内各新闻媒介的主要任务,在紧急情况下,政府又可以直接对一些大的媒介准备传播的内容进行撤换;等等。通过新闻政策控制新闻传播活动,最为典型的是苏联对新闻事业的管理,新闻媒介的主要方针、内容和基本形式都是由党的

〔1〕 刘明华. 西方新闻采访与写作. 北京:中国人民大学出版社,1993:250-251.
〔2〕 陈建云. 中国当代新闻法制史论. 济南:山东人民出版社,2005.
〔3〕 黄旦. 新闻传播学. 修订版. 杭州:杭州大学出版社,1997.

重要文件决定的；苏共中央和各级党委都对新闻媒介作过大量的决议和指示，方方面面，无所不包。[1]

制度控制是指政府建立相关的制度和机构，以加强对新闻事业的管理、检查与指导。这方面的管理制度有追惩制、事先检查制、批准制。所谓追惩制，是一种事后处罚的管理制度。报刊或其他媒介的传播内容传播前不必送审，但如在传播之后发现有违法现象，将依照有关法律加以惩治。所谓事先检查制，是指有关内容在传播之前就要送政府有关部门审查，经同意后方能出版或播放。所谓批准制，是指报刊、广播、电视的创办，须经政府有关部门批准。像美国1934年成立的联邦电信委员会就是这样的一个机构，它负责检查监督广播电视的经营者是否按照“公共利益，方便和需要”的原则经营，还负责颁发、延长、吊销经营者的许可证。

新闻信息源的控制指政府机关有意封锁、淡化一些新闻，或故意公开、突出一些新闻，或者对一些重大新闻规定报道的方针和原则，使新闻报道尽可能有利于自己。这方面最常见的做法就是提供资料、设立政府新闻发言人和建立新闻发布会制度。梅尔文·L.德弗勒等著的《大众传播通论》中，谈到美国白宫对情报流通施加的影响时举例说：“这里的传统是总统的新闻秘书从被派来采访白宫的记者中挑选少数人出席和报道重要的政治吹风会和社会事件。其他记者只有从被选中的人那里打听消息。如果白宫发现这群记者中某人是个朋友或不受欢迎，这个事实就会对他或她能否写出第一手新闻的前景有着重要的影响。尼克松执政时的白宫，不仅对公众和新闻界，而且也对国防部官员一度封锁了轰炸柬埔寨的消息。”作者还列举了阿格纽副总统对新闻传播的影响，在他的压力下，电视网改变了它们的政策。“1971年当大约50万人涌进首都华盛顿抗议对越南的战争时，电视新闻网对这一事件只做了最低限度的报道。在此后不久，它们对鲍勃·厚普的‘荣誉美国日’活动（观点保守）却进行了详尽的报道。”[2]

2. 经济力量对新闻传播的制约和影响

现代新闻传播的发展有赖于经济的普遍发展水平。新闻传播技术和设备的不断更新换代、精细而庞大的新闻机构的运行，都需要经济力量的支撑，经济的发展推动了新闻传播的发展，为它提供了雄厚的物质力量，也因此，经济活动对新闻传播功能的发挥，对新闻传播的运作方式都会产生影响，在此过程中，经济力量对新闻传播的制约也就势所难免且相当有力，其影响甚至不亚于政治力量。

---

〔1〕 中国社会科学院新闻研究所．七国新闻传播事业．重庆：重庆出版社，1988：316.
〔2〕 梅尔文·德弗勒，埃弗雷特·丹尼斯．大众传播通论．颜建军，等，译．北京：华夏出版社，1989：103.

尤其是在资本主义国家,垄断资本家、大财团、大企业和大公司、跨国公司,都竭力利用经济实力来获取并支配新闻传播的时间和内容。

经济力量对新闻传播的制约和影响,首先表现为通过资本对传媒运作的介入影响新闻传播。在现代新闻传播中,广告是维系大部分新闻媒介运作的血液,因而通过广告控制,依靠大笔广告费用,获取对一定的传播时空和内容的支配权,甚至可以诱使或迫使新闻媒介的传播方针发生变化,就成为经济力量影响甚至控制新闻传播的主要方式。在资本主义国家尤其如此。美国新闻学者本·巴格迪坎在《传播媒介的垄断》一书中对此有大量生动的描述。20世纪50年代前期,美国全国广播公司的新闻节目,被称为"骆驼牌新闻大篷车",这个新闻节目是由生产骆驼牌香烟的厂家出钱制作的,凡是背景里有"不准吸烟"字样的新闻片,都禁止播放。1965年,美国联邦通讯委员会举行听证会,测定广告客户对广播、电视中非广告部分的节目究竟有多大影响。普罗克特与甘布尔公司的广告部总经理艾尔特伯·霍夫沃斯塔特作证时说,公司对要安排广告的节目,提出原则性要求,例如,在这些节目中,"将没有这样的题材:它有可能使人们造成商业是冷酷无情的、缺乏思想感情和精神动力的活动的印象"……假如一部戏剧或纪录片里的人物抨击了被备忘录(公司客户向其广告代营机构提出的指令性备忘录)称作"美国生活方式的某些概念",那么"在同一个广播里就应对此作出彻底而令人信服的反驳……这样,大公司的思想意识被融进了娱乐和新闻节目"。[1]梅尔文·L.德弗勒也指出:"每年花在报纸广告上90亿美元决定了报纸的内容和服务,这种内容和服务也只有这么一笔大得惊人的款项才能产生。"[2]如果说广告是在直接的金钱交易之中(广告主向新闻媒体购买报纸的版面和广播的时段)对新闻传播进行制约和影响的话,那么赞助的形式则是一种更富弹性、更为含蓄和隐蔽的制约。

在媒介属于私人企业的新闻与传播体制中,经济力量除了通过广告和赞助来对新闻传播施加影响外,还可以在新闻机构按照公司的方式进行产业化运作时,通过对新闻传播媒介经营的资本投入而成为新闻传播机构的股东,其控制权的大小视资本投入的多少而定,而在资本上的控股权会转化为媒体运作中的控制权。还可以通过兼并某些经营不善或势力较弱的新闻媒介,使之成为自己下属的一个企业。还可以通过连锁董事制,即其他企业的董事兼任新闻媒介的董

〔1〕本·巴格迪坎.传播媒介的垄断:一个触目惊心的报告:五十家公司怎样控制美国的所见所闻.林珊,等,译.北京:新华出版社,1986:168-170.

〔2〕梅尔文·德弗勒,埃弗雷特·丹尼斯.大众传播通论.颜建军,等,译.北京:华夏出版社,1989:74.

事，大的新闻媒介的董事也可以到其他企业兼职，促成人事上的联姻，使企业利益与新闻媒介利益紧紧联系在一起。[1]在西方，随着资本主义垄断的加剧和资本主义竞争的日趋激烈，这种对新闻传播事业的组织控制的倾向越发突出，尤其是当一些混合型大企业和集团所有者作为新闻媒介的业主取代单一企业主和家族公司的时候，这些业主对新闻媒介报道内容的关注和限制，不仅仅是为了营利或者树立自己的社会形象，而且是以此形成对政治的影响力，因为他们更需要政府的支持，或者说他们更需要合乎他们心意的政府。因此，当重大的社会事件发生的时候，如总统竞选、战争、外交政策变动等，这些新闻媒介的“付钱主子”往往通过对新闻媒介的组织控制达到影响政府决策的目的。在总统的人选、政策的出台背后，总有经济集团的利益驱动，而它们所付钱的新闻媒介为此奔走、宣传正是理所当然的事。正是在这个意义上，施拉姆指出：“经济控制远比政府的控制对美国大众媒介施加的影响更为有力。”[2]

本章推荐阅读书目

陈力丹. 马克思主义新闻思想概论. 上海：复旦大学出版社，2003.

甄树青. 论表达自由. 北京：社会科学文献出版社，2000.

魏永征，等. 西方传媒的法制、管理和自律. 北京：中国人民大学出版社，2003.

约翰·密尔顿. 论出版自由. 吴之椿，译. 北京：商务印书馆，1958.

约翰·密尔. 论自由. 程崇华，译. 北京：商务印书馆，1959.

约翰·基恩. 媒体与民主. 郤继红，刘士军，译. 北京：社会科学文献出版社，2003.

克利福德·G. 克里斯蒂安，等. 媒体伦理学. 北京：华夏出版社，2000.

〔1〕 黄旦. 新闻传播学. 修订版. 杭州：杭州大学出版社，1997.

〔2〕 威尔伯·施拉姆，威廉·波特. 传播学概论. 陈亮，周立方，李启，译. 北京：新华出版社，1984：189.

附　录

附录一　新闻出版保密规定

1992年6月13日由国家保密局、中央对外宣传小组、
新闻出版署、广播电影电视部制定

第一章　总　则

第一条　为在新闻出版工作中保守国家秘密,根据《中华人民共和国保守国家秘密法》第二十条,制定本规定。

第二条　本规定适用于报刊、新闻电讯、书籍、地图、图文资料、声像制品的出版和发行以及广播节目、电视节目、电影的制作和播放。

第三条　新闻出版的保密工作,坚持贯彻既保守国家秘密又有利于新闻出版工作正常进行的方针。

第四条　新闻出版单位及其采编人员和提供信息单位及其有关人员应当加强联系,协调配合,执行保密法规,遵守保密制度,共同做好新闻出版的保密工作。

第二章　保密制度

第五条　新闻出版单位和提供信息的单位,应当根据国家保密法规,建立健全新闻出版保密审查制度。

第六条　新闻出版保密审查实行自审与送审相结合的制度。

第七条　新闻出版单位和提供信息的单位,对拟公开出版、报道的信息,应当按照有关的保密规定进行自审;对是否涉及国家秘密界限不清的信息,应当送交有关主管部门或其上级机关、单位审定。

第八条　新闻出版单位及其采编人员需向有关部门反映或通报的涉及国家秘密的信息,应当通过内部途径进行,并对反映或通报的信息按照有关规定作出国家秘密的标志。

第九条　被采访单位、被采访人向新闻出版单位的采编人员提供有关信息时,对其中确因工作需要而又涉及国家秘密的事项,应当事先按照有关规定的程序批准,并向采编人员申明;新闻出版单位及其采编人员对被采访单位、被采访人申明属于国家秘密的事项,不得公开报道、出版。对涉及国家秘密但确需公开

报道、出版的信息，新闻出版单位应当向有关主管部门建议解密或者采取删节、改编、隐去等保密措施，并经有关主管部门审定。

第十条 新闻出版单位采访涉及国家秘密的会议或其他活动，应当经主办单位批准。主办单位应当验明采访人员的工作身份，指明哪些内容不得公开报道、出版，并对拟公开报道、出版的内容进行审定。

第十一条 为了防止泄露国家秘密又利于新闻出版工作的正常进行，中央国家机关各部门和其他有关单位，应当根据各自业务工作的性质，加强与新闻出版单位的联系。建立提供信息的正常渠道，健全新闻发布制度，适时通报宣传口径。

第十二条 有关机关、单位应当指定有权代表本机关、单位的审稿机构和审稿人，负责对新闻出版单位送审的稿件是否涉及国家秘密进行审定。对是否涉及国家秘密界限不清的内容，应当报请上级机关、单位审定；涉及其他单位工作中国家秘密的，应当负责征求有关单位的意见。

第十三条 有关机关、单位审定送审的稿件时，应当满足新闻出版单位提出的审定时限的要求，遇有特殊情况不能在所要求的时限内完成审定的，应当及时向送审稿件的新闻出版单位说明，并共同商量解决办法。

第十四条 个人拟向新闻出版单位提供公开报道、出版的信息，凡涉及本系统、本单位业务工作的或对是否涉及国家秘密界限不清的，应当事先经本单位或其上级机关、单位审定。

第十五条 个人拟向境外新闻出版机构提供报道、出版涉及国家政治、经济、外交、科技、军事方面内容的，应当事先经过本单位或其上级机关、单位审定。向境外投寄稿件，应当按照国家有关规定办理。

第三章 泄密的查处

第十六条 国家工作人员或其他公民发现国家秘密被非法报道、出版时，应当及时报告有关机关、单位或保密工作部门。泄密事件所涉及的新闻出版单位和有关单位，应当主动联系，共同采取补救措施。

第十七条 新闻出版活动中发生的泄密事件，由有关责任单位负责及时调查；责任暂时不清的，由有关保密工作部门决定自行调查或者指定有关单位调查。

第十八条 对泄露国家秘密的责任单位、责任人，应当按照有关法律和规定严肃处理。

第十九条 新闻出版工作中因泄密问题需要对出版物停发、停办或者收缴以及由此造成的经济损失，应当按照有关主管部门的规定处理。新闻出版单位及其采编人员和提供信息的单位及其有关人员因泄露国家秘密所获得的非法收入，应当依法没收并上缴国家财政。

第四章　附　则

第二十条　新闻出版工作中，各有关单位因有关信息是否属于国家秘密问题发生争执的，由保密工作部门会同有关主管部门依据保密法规确定。

第二十一条　本规定所称的“信息”可以语言、文字、符号、图表、图像等形式表现。

第二十二条　本规定由国家保密局负责解释。

第二十三条　本规定自1992年10月1日起施行。

附录二　中国新闻工作者职业道德准则

中华全国新闻工作者协会第七届理事会
第二次全体会议2009年11月9日修订

中国新闻事业是中国特色社会主义事业的重要组成部分。新闻工作者要坚持以马克思列宁主义、毛泽东思想、邓小平理论和“三个代表”重要思想为指导，深入贯彻落实科学发展观，高举旗帜、围绕大局、服务人民、改革创新，贴近实际、贴近生活、贴近群众，用马克思主义新闻观指导新闻实践，学习宣传贯彻党的理论、路线、方针、政策，继承和发扬党的新闻工作优良传统，积极传播社会主义核心价值体系，努力践行社会主义荣辱观，恪守新闻职业道德，自觉承担社会责任，敬业奉献、诚实公正、清正廉洁、团结协作、严守法纪，做到政治强、业务精、纪律严、作风正。

第一条　全心全意为人民服务。要忠于党、忠于祖国、忠于人民，把体现党的主张与反映人民心声统一起来，把坚持正确导向与通达社情民意统一起来，把坚持正面宣传为主与加强和改进舆论监督统一起来，发挥党和政府联系人民群众的桥梁纽带作用。

1. 积极宣传党和政府的重大决策部署，及时传播国内外各领域的信息，满足人民群众日益增长的新闻信息需求，保证人民群众的知情权、参与权、表达权、监督权；

2. 牢固树立群众观点，把人民群众作为报道主体和服务对象，多宣传基层群众的先进典型,多挖掘群众身边的具体事例,多反映平凡人物的工作生活,多运用群众的生动语言,使新闻报道为人民群众喜闻乐见;

3. 积极反映人民群众的正确意见和呼声,批评侵害人民利益的现象和行为,依法保护人民群众的正当权益。

第二条 坚持正确舆论导向。要坚持团结稳定鼓劲、正面宣传为主,唱响主旋律,不断巩固和壮大积极健康向上的舆论。

1. 始终坚持以经济建设为中心,服从服务于改革发展稳定大局不动摇,着力推动科学发展、促进社会和谐;

2. 宣传科学理论、传播先进文化、塑造美好心灵、弘扬社会正气,增强社会责任感,坚决抵制格调低俗、有害人们身心健康的内容;

3. 加强和改进舆论监督,着眼于解决问题、推动工作,坚持准确监督、科学监督、依法监督、建设性监督;

4. 采访报道突发事件要坚持导向正确、及时准确、公开透明,全面客观报道事件动态及处置进程,推动事件的妥善处理,维护社会稳定和人心安定。

第三条 坚持新闻真实性原则。要把真实作为新闻的生命,坚持深入调查研究,报道做到真实、准确、全面、客观。

1. 要通过合法途径和方式获取新闻素材,新闻采访要出示有效的新闻记者证,认真核实新闻信息来源,确保新闻要素及情节准确;

2. 报道新闻不夸大不缩小不歪曲事实,不摆布采访报道对象,禁止虚构或制造新闻,刊播新闻报道要署作者的真名;

3. 摘转其他媒体的报道要把好事实关,不刊播违反科学和生活常识的内容;

4. 刊播了失实报道要勇于承担责任,及时更正致歉,消除不良影响。

第四条 发扬优良作风。要树立正确的世界观、人生观、价值观,加强品德修养,提高综合素质,抵制不良风气,接受社会监督。

1. 强化学习意识,养成学习习惯,不断提高政治和业务素质,增强政治意识、大局意识、责任意识,努力成为专家型新闻工作者;

2. 深入基层、贴近群众、体验生活,在深入中了解社情民意,增进与群众的感情;

3. 坚决反对和抵制各种有偿新闻和有偿不闻行为,不利用职业之便谋取不正当利益,不利用新闻报道发泄私愤,不以任何名义索取、接受采访报道对象或利害关系人的财物或其他利益,不向采访报道对象提出工作以外的要求;

4. 尊重新闻同行,反对不正当竞争,尊重他人的著作权益,引用他人的作品

要注明出处,反对抄袭和剽窃行为;

5. 严格执行新闻报道与经营活动分开的规定,不以新闻报道形式做任何广告性质的宣传,编辑记者不得从事创收等经营性活动。

第五条 坚持改革创新。要遵循新闻传播规律,提高舆论引导能力,创新观念、创新内容、创新形式、创新方法、创新手段,做到体现时代性、把握规律性、富于创造性。

1. 深入研究不同传播对象的接受习惯和信息需求,主动设置议题,善于因势利导,不断提高舆论引导能力和传播能力;

2. 认真研究传播艺术,利用现代传播手段,采用受众听得懂、易接受的方式,增强新闻报道的亲和力、吸引力、感染力;

3. 善于利用新载体、新技术收集信息、发布新闻,提高时效性,扩大覆盖面。

第六条 遵纪守法。要增强法治观念,遵守宪法和法律法规,遵守党的新闻工作纪律,维护国家利益和安全,保守国家秘密。

1. 严格遵守和正确宣传国家的民族区域自治制度、各民族平等团结和宗教信仰自由政策,维护国家主权和社会稳定;

2. 维护采访报道对象的合法权益,尊重采访报道对象的正当要求,不揭个人隐私,不诽谤他人;

3. 维护未成年人、妇女、老年人和残疾人等特殊人群的合法权益,注意保护其身心健康;

4. 维护司法尊严,依法做好案件报道,不干预依法进行的司法审判活动,在法庭判决前不做定性、定罪的报道和评论;

5. 涉外报道要遵守我国涉外法律、对外政策和我国加入的国际条约。

第七条 促进国际新闻同行的交流与合作。要努力培养世界眼光和国际视野,积极搭建中国与世界交流沟通的桥梁。

1. 在国际交往中维护祖国尊严和国家利益,维护中国新闻工作者的形象;

2. 积极传播中华民族的优秀文化,增进世界各国人民对中华文化的了解;

3. 尊重各国主权、民族传统、宗教信仰和文化多样性,报道各国经济社会发展变化和优秀民族文化;

4. 积极参加有组织开展的与各国媒体和国际(区域)新闻组织的交流合作,增进了解、加深友谊,为推动建设持久和平、共同繁荣的和谐世界多做工作。

附则:对本准则,中国记协各级会员单位要结合实际制定相应实施细则,认真组织落实;全国新闻工作者要自觉执行;各级各专业记协要积极宣传和推动,欢迎社会各界监督。

附录三 互联网新闻信息服务管理规定

国务院新闻办公室、信息产业部2005年9月25日联合发布

第一章 总 则

第一条 为了规范互联网新闻信息服务，满足公众对互联网新闻信息的需求，维护国家安全和公共利益，保护互联网新闻信息服务单位的合法权益，促进互联网新闻信息服务健康、有序发展，制定本规定。

第二条 在中华人民共和国境内从事互联网新闻信息服务，应当遵守本规定。

本规定所称新闻信息，是指时政类新闻信息，包括有关政治、经济、军事、外交等社会公共事务的报道、评论，以及有关社会突发事件的报道、评论。

本规定所称互联网新闻信息服务，包括通过互联网登载新闻信息、提供时政类电子公告服务和向公众发送时政类通讯信息。

第三条 互联网新闻信息服务单位从事互联网新闻信息服务，应当遵守宪法、法律和法规，坚持为人民服务、为社会主义服务的方向，坚持正确的舆论导向，维护国家利益和公共利益。

国家鼓励互联网新闻信息服务单位传播有益于提高民族素质、推动经济发展、促进社会进步的健康、文明的新闻信息。

第四条 国务院新闻办公室主管全国的互联网新闻信息服务监督管理工作。省、自治区、直辖市人民政府新闻办公室负责本行政区域内的互联网新闻信息服务监督管理工作。

第二章 互联网新闻信息服务单位的设立

第五条 互联网新闻信息服务单位分为以下三类：

（一）新闻单位设立的登载超出本单位已刊登播发的新闻信息、提供时政类电子公告服务、向公众发送时政类通讯信息的互联网新闻信息服务单位；

（二）非新闻单位设立的转载新闻信息、提供时政类电子公告服务、向公众发送时政类通讯信息的互联网新闻信息服务单位；

（三）新闻单位设立的登载本单位已刊登播发的新闻信息的互联网新闻信

息服务单位。

根据《国务院对确需保留的行政审批项目设定行政许可的决定》和有关行政法规,设立前款第(一)项、第(二)项规定的互联网新闻信息服务单位,应当经国务院新闻办公室审批。

设立本条第一款第(三)项规定的互联网新闻信息服务单位,应当向国务院新闻办公室或者省、自治区、直辖市人民政府新闻办公室备案。

第六条 新闻单位与非新闻单位合作设立互联网新闻信息服务单位,新闻单位拥有的股权不低于51%的,视为新闻单位设立互联网新闻信息服务单位;新闻单位拥有的股权低于51%的,视为非新闻单位设立互联网新闻信息服务单位。

第七条 设立本规定第五条第一款第(一)项规定的互联网新闻信息服务单位,应当具备下列条件:

(一) 有健全的互联网新闻信息服务管理规章制度;

(二) 有5名以上在新闻单位从事新闻工作3年以上的专职新闻编辑人员;

(三) 有必要的场所、设备和资金,资金来源应当合法。

可以申请设立前款规定的互联网新闻信息服务单位的机构,应当是中央新闻单位,省、自治区、直辖市直属新闻单位,以及省、自治区人民政府所在地的市直属新闻单位。

审批设立本条第一款规定的互联网新闻信息服务单位,除应当依照本条规定条件外,还应当符合国务院新闻办公室关于互联网新闻信息服务行业发展的总量、结构、布局的要求。

第八条 设立本规定第五条第一款第(二)项规定的互联网新闻信息服务单位,除应当具备本规定第七条第一款第(一)项、第(三)项规定条件外,还应当有10名以上专职新闻编辑人员;其中,在新闻单位从事新闻工作3年以上的新闻编辑人员不少于5名。

可以申请设立前款规定的互联网新闻信息服务单位的组织,应当是依法设立2年以上的从事互联网信息服务的法人,并在最近2年内没有因违反有关互联网信息服务管理的法律、法规、规章的规定受到行政处罚;申请组织为企业法人的,注册资本应当不低于1000万元人民币。

审批设立本条第一款规定的互联网新闻信息服务单位,除应当依照本条规定条件外,还应当符合国务院新闻办公室关于互联网新闻信息服务行业发展的总量、结构、布局的要求。

第九条 任何组织不得设立中外合资经营、中外合作经营和外资经营的互联网新闻信息服务单位。

互联网新闻信息服务单位与境内外中外合资经营、中外合作经营和外资经营的企业进行涉及互联网新闻信息服务业务的合作，应当报经国务院新闻办公室进行安全评估。

第十条 申请设立本规定第五条第一款第(一)项、第(二)项规定的互联网新闻信息服务单位，应当填写申请登记表，并提交下列材料：

(一) 互联网新闻信息服务管理规章制度；

(二) 场所的产权证明或者使用权证明和资金的来源、数额证明；

(三) 新闻编辑人员的从业资格证明。

申请设立本规定第五条第一款第(一)项规定的互联网新闻信息服务单位的机构，还应当提交新闻单位资质证明；申请设立本规定第五条第一款第(二)项规定的互联网新闻信息服务单位的组织，还应当提交法人资格证明。

第十一条 申请设立本规定第五条第一款第(一)项、第(二)项规定的互联网新闻信息服务单位，中央新闻单位应当向国务院新闻办公室提出申请；省、自治区、直辖市直属新闻单位和省、自治区人民政府所在地的市直属新闻单位以及非新闻单位应当通过所在地省、自治区、直辖市人民政府新闻办公室向国务院新闻办公室提出申请。

通过省、自治区、直辖市人民政府新闻办公室提出申请的，省、自治区、直辖市人民政府新闻办公室应当自收到申请之日起20日内进行实地检查，提出初审意见报国务院新闻办公室；国务院新闻办公室应当自收到初审意见之日起40日内作出决定。向国务院新闻办公室提出申请的，国务院新闻办公室应当自收到申请之日起40日内进行实地检查，作出决定。批准的，发给互联网新闻信息服务许可证；不批准的，应当书面通知申请人并说明理由。

第十二条 本规定第五条第一款第(三)项规定的互联网新闻信息服务单位，属于中央新闻单位设立的，应当自从事互联网新闻信息服务之日起1个月内向国务院新闻办公室备案；属于其他新闻单位设立的，应当自从事互联网新闻信息服务之日起1个月内向所在地省、自治区、直辖市人民政府新闻办公室备案。

办理备案时，应当填写备案登记表，并提交互联网新闻信息服务管理规章制度和新闻单位资质证明。

第十三条 互联网新闻信息服务单位依照本规定设立后，应当依照有关互联网信息服务管理的行政法规向电信主管部门办理有关手续。

第十四条 本规定第五条第一款第(一)项、第(二)项规定的互联网新闻信息服务单位变更名称、住所、法定代表人或者主要负责人、股权构成、服务项目、网站网址等事项的,应当向国务院新闻办公室申请换发互联网新闻信息服务许可证。根据电信管理的有关规定,需报电信主管部门批准或者需要电信主管部门办理许可证或者备案变更手续的,依照有关规定办理。

本规定第五条第一款第(三)项规定的互联网新闻信息服务单位变更名称、住所、法定代表人或者主要负责人、股权构成、网站网址等事项的,应当向原备案机关重新备案;但是,股权构成变更后,新闻单位拥有的股权低于51%的,应当依照本规定办理许可手续。根据电信管理的有关规定,需报电信主管部门批准或者需要电信主管部门办理许可证或者备案变更手续的,依照有关规定办理。

第三章　互联网新闻信息服务规范

第十五条　互联网新闻信息服务单位应当按照核定的服务项目提供互联网新闻信息服务。

第十六条　本规定第五条第一款第(一)项、第(二)项规定的互联网新闻信息服务单位,转载新闻信息或者向公众发送时政类通讯信息,应当转载、发送中央新闻单位或者省、自治区、直辖市直属新闻单位发布的新闻信息,并应当注明新闻信息来源,不得歪曲原新闻信息的内容。

本规定第五条第一款第(二)项规定的互联网新闻信息服务单位,不得登载自行采编的新闻信息。

第十七条　本规定第五条第一款第(一)项、第(二)项规定的互联网新闻信息服务单位转载新闻信息,应当与中央新闻单位或者省、自治区、直辖市直属新闻单位签订书面协议。中央新闻单位设立的互联网新闻信息服务单位,应当将协议副本报国务院新闻办公室备案;其他互联网新闻信息服务单位,应当将协议副本报所在地省、自治区、直辖市人民政府新闻办公室备案。

中央新闻单位或者省、自治区、直辖市直属新闻单位签订前款规定的协议,应当核验对方的互联网新闻信息服务许可证,不得向没有互联网新闻信息服务许可证的单位提供新闻信息。

第十八条　中央新闻单位与本规定第五条第一款第(二)项规定的互联网新闻信息服务单位开展除供稿之外的互联网新闻业务合作,应当在开展合作业务10日前向国务院新闻办公室报告;其他新闻单位与本规定第五条第一款第(二)项规定的互联网新闻信息服务单位开展除供稿之外的互联网新闻业务合作,应当在开展合作业务10日前向所在地省、自治区、直辖市人民政府新闻办公室报告。

第十九条　互联网新闻信息服务单位登载、发送的新闻信息或者提供的时政类电子公告服务,不得含有下列内容:

（一）违反宪法确定的基本原则的；
（二）危害国家安全，泄露国家秘密，颠覆国家政权，破坏国家统一的；
（三）损害国家荣誉和利益的；
（四）煽动民族仇恨、民族歧视，破坏民族团结的；
（五）破坏国家宗教政策，宣扬邪教和封建迷信的；
（六）散布谣言，扰乱社会秩序，破坏社会稳定的；
（七）散布淫秽、色情、赌博、暴力、恐怖或者教唆犯罪的；
（八）侮辱或者诽谤他人，侵害他人合法权益的；
（九）煽动非法集会、结社、游行、示威、聚众扰乱社会秩序的；
（十）以非法民间组织名义活动的；
（十一）含有法律、行政法规禁止的其他内容的。

第二十条 互联网新闻信息服务单位应当建立新闻信息内容管理责任制度。不得登载、发送含有违反本规定第三条第一款、第十九条规定内容的新闻信息；发现提供的时政类电子公告服务中含有违反本规定第三条第一款、第十九条规定内容的，应当立即删除，保存有关记录，并在有关部门依法查询时予以提供。

第二十一条 互联网新闻信息服务单位应当记录所登载、发送的新闻信息内容及其时间、互联网地址，记录备份应当至少保存60日，并在有关部门依法查询时予以提供。

第四章 监督管理

第二十二条 国务院新闻办公室和省、自治区、直辖市人民政府新闻办公室，依法对互联网新闻信息服务单位进行监督检查，有关单位、个人应当予以配合。

国务院新闻办公室和省、自治区、直辖市人民政府新闻办公室的工作人员依法进行实地检查时，应当出示执法证件。

第二十三条 国务院新闻办公室和省、自治区、直辖市人民政府新闻办公室，应当对互联网新闻信息服务进行监督；发现互联网新闻信息服务单位登载、发送的新闻信息或者提供的时政类电子公告服务中含有违反本规定第三条第一款、第十九条规定内容的，应当通知其删除。互联网新闻信息服务单位应当立即删除，保存有关记录，并在有关部门依法查询时予以提供。

第二十四条 本规定第五条第一款第（一）项、第（二）项规定的互联网新闻信息服务单位，属于中央新闻单位设立的，应当每年在规定期限内向国务院新闻办公室提交年度业务报告；属于其他新闻单位或者非新闻单位设立的，应当每年在规定期限内通过所在地省、自治区、直辖市人民政府新闻办公室向国务院新闻办公室提交年度业务报告。

国务院新闻办公室根据报告情况,可以对互联网新闻信息服务单位的管理制度、人员资质、服务内容等进行检查。

第二十五条 互联网新闻信息服务单位应当接受公众监督。

国务院新闻办公室应当公布举报网站网址、电话,接受公众举报并依法处理;属于其他部门职责范围的举报,应当移交有关部门处理。

第五章 法律责任

第二十六条 违反本规定第五条第二款规定,擅自从事互联网新闻信息服务,或者违反本规定第十五条规定,超出核定的服务项目从事互联网新闻信息服务的,由国务院新闻办公室或者省、自治区、直辖市人民政府新闻办公室依据各自职权责令停止违法活动,并处1万元以上3万元以下的罚款;情节严重的,由电信主管部门根据国务院新闻办公室或者省、自治区、直辖市人民政府新闻办公室的书面认定意见,按照有关互联网信息服务管理的行政法规的规定停止其互联网信息服务或者责令互联网接入服务者停止接入服务。

第二十七条 互联网新闻信息服务单位登载、发送的新闻信息含有本规定第十九条禁止内容,或者拒不履行删除义务的,由国务院新闻办公室或者省、自治区、直辖市人民政府新闻办公室给予警告,可以并处1万元以上3万元以下的罚款;情节严重的,由电信主管部门根据有关主管部门的书面认定意见,按照有关互联网信息服务管理的行政法规的规定停止其互联网信息服务或者责令互联网接入服务者停止接入服务。

互联网新闻信息服务单位登载、发送的新闻信息含有违反本规定第三条第一款规定内容的,由国务院新闻办公室或者省、自治区、直辖市人民政府新闻办公室依据各自职权依照前款规定的处罚种类、幅度予以处罚。

第二十八条 违反本规定第十六条规定,转载来源不合法的新闻信息、登载自行采编的新闻信息或者歪曲原新闻信息内容的,由国务院新闻办公室或者省、自治区、直辖市人民政府新闻办公室依据各自职权责令改正,给予警告,并处5000元以上3万元以下的罚款。

违反本规定第十六条规定,未注明新闻信息来源的,由国务院新闻办公室或者省、自治区、直辖市人民政府新闻办公室依据各自职权责令改正,给予警告,可以并处5000元以上2万元以下的罚款。

第二十九条 违反本规定有下列行为之一的,由国务院新闻办公室或者省、自治区、直辖市人民政府新闻办公室依据各自职权责令改正,给予警告,可以并处3万元以下的罚款:

（一）未履行备案义务的；

（二）未履行报告义务的；

（三）未履行记录、记录备份保存或者提供义务的。

第三十条 违反本规定第十七条第二款规定，向没有互联网新闻信息服务许可证的单位提供新闻信息的，对负有责任的主管人员和其他直接责任人员依法给予行政处分。

第三十一条 国务院新闻办公室和省、自治区、直辖市人民政府新闻办公室以及电信主管部门的工作人员，玩忽职守、滥用职权、徇私舞弊，造成严重后果，构成犯罪的，依法追究刑事责任；尚不构成犯罪的，对负有责任的主管人员和其他直接责任人员依法给予行政处分。

第六章 附 则

第三十二条 本规定所称新闻单位是指依法设立的报社、广播电台、电视台和通讯社；其中，中央新闻单位包括中央国家机关各部门设立的新闻单位。

第三十三条 本规定自公布之日起施行。

主要参考文献

中文著述

中国社会科学院新闻研究所.中国共产党新闻工作文件汇编:上、中、下.北京:新华出版社,1980.

蓝鸿文,展亮,等.中外记者经验谈.北京:中国人民大学出版社,1983.

徐铸成.新闻丛谈.杭州:浙江人民出版社,1983.

《申报》影印组.《申报》介绍.上海:上海书局,1983.

蓝鸿文.外国新闻通讯选评.北京:长征出版社,1984.

北京新闻学会调查组.北京读者听众观众调查.北京:工人出版社,1985.

中共中央宣传部新闻局,中国社会科学院新闻研究所.真实:新闻的生命.北京:中国新闻出版社,1986.

施天权.广播电视概论.上海:复旦大学出版社,1987.

李德顺.价值论:一种主体性的研究.北京:中国人民大学出版社,1987.

松本君平,等.新闻文存.余家宏,等,编注.北京:中国新闻出版社,1987.

郑兴东,陈仁风.中外报纸编辑参考资料.北京:中国人民大学出版社,1987.

孙世恺.怎样写新闻报道.北京:北京出版社,1987.

夏鼎铭.马克思、恩格斯、列宁的报刊理论与实践.上海:复旦大学出版社,1988.

刘志筠.电子新闻媒介:广播与电视.北京:中国人民大学出版社,1988.

艾丰.新闻采访方法论.北京:人民日报出版社,1989.

中国大百科全书编辑部.中国大百科全书:新闻出版.北京:中国大百科全书出版社,1990.

施天权,等.当代世界广播电视.上海:复旦大学出版社,1991.

现代传播学精品教材

毕波. 美国之音透视. 青岛:青岛出版社,1991.

王景堂. 瞬间:普利策摄影奖获奖作品:1942—1982. 北京:中国摄影出版社,1991.

方汉奇. 中国新闻事业通史. 北京:中国人民大学出版社,1992.

甘惜分. 新闻学大辞典. 郑州:河南人民出版社,1993.

吴高福. 新闻学基本原理. 武汉:武汉大学出版社,1993.

刘明华. 西方新闻采访与写作. 北京:中国人民大学出版社,1993.

徐宝璜. 新闻学. 北京:中国人民大学出版社,1994.

蔡雯. 现代新闻编辑学. 成都:四川人民出版社,1995.

钟义信. 信息学原理. 北京:北京邮电大学出版社,1996.

叶春华,连金禾. 新闻采写编评. 上海:复旦大学出版社,1996.

黄旦. 新闻传播学:修订版. 杭州:杭州大学出版社,1997.

李良荣. 西方新闻事业概论. 上海:复旦大学出版社,1997.

陈桂兰. 新闻职业道德教程. 上海:复旦大学出版社,1997.

邵培仁. 传播学导论. 杭州:浙江大学出版社,1997.

冯根良. 新闻标题艺术. 海口:海南国际新闻出版中心,1997.

曹璐,吴缦. 广播新闻业务. 北京:北京广播学院出版社,1997.

徐耀魁. 西方新闻理论评析. 北京:新华出版社,1998.

张国良. 现代大众传播学. 成都:四川人民出版社,1998.

张咏华. 大众传播社会学. 上海:上海外语教育出版社,1998.

闵大洪. 传播科技纵横. 北京:警官教育出版社,1998.

孙国平. 实用新闻语言. 北京:民族出版社,1998.

刘建明. 天理民心:当代中国的社会舆论问题. 北京:今日中国出版社,1998.

李良荣. 新闻学导论. 北京:高等教育出版社,1999.

郭庆光. 传播学教程. 北京:中国人民大学出版社,1999.

吴文虎. 新闻事业经营管理. 北京:高等教育出版社,1999.

童兵. 中西新闻比较论纲. 北京:新华出版社,1999.

郑敬畴. 实用新闻写作教程. 北京:地震出版社,1999.

蓝鸿文. 新闻采访学. 北京:中国人民大学出版社,1999.

臧国仁. 新闻媒体与消息来源:媒介框架与真实建构之论述. 台北:三民书局,1999.

孙伟平. 事实与价值. 北京:中国社会科学出版社,2000.

江沛,纪亚光. 毁灭的种子:国民政府时期意识形态管理研究. 西安:陕西人民教育出版社,2000.

喻国明. 解构民意:一个舆论学者的实证研究. 北京:华夏出版社,2001.

刘保全,彭朝丞. 消息范文评析. 北京:新华出版社,2001.

杜骏飞. 网络新闻学. 北京:中国广播电视出版社,2001.

魏永征.新闻传播法教程.北京:中国人民大学出版社,2002.

卓南生.中国近代报业发展史.增订本.北京:中国社会科学出版社,2002.

辜晓进.走进美国大报.广州:南方日报出版社,2002.

吴锦才.怎样当新闻记者.北京:新华出版社,2002.

李大卫,石维康.百年好文章:法新社新闻佳作.西安:陕西师范大学出版社,2002.

张威.比较新闻学:方法与考证.广州:南方日报出版社,2003.

周克冰.中外经典采访个案解读.北京:北京广播学院出版社,2003.

李希光.畸变的媒体.上海:复旦大学出版社,2003.

杨保军.新闻价值论.北京:中国人民大学出版社,2003.

徐向明.中外新闻名家名言集.南京:南京大学出版社,2004.

王林.西学与变法:《万国公报》研究.济南:齐鲁书社,2004.

陈建云.中国当代新闻法制史论.济南:山东人民出版社,2005.

黄旦.传者图像:新闻专业主义的建构与消解.上海:复旦大学出版社,2005.

刘桂林,陈万利,刘斌.电视新闻栏目定位与运作实录.北京:中国广播电视出版社,2005.

刘杰.知情权与信息公开法.北京:清华大学出版社,2005.

仇东方.英国媒体的新闻价值观:以“9·11”报道为例.北京:中国国际广播出版社,2006.

李天道.普利策新闻奖图语.成都:四川文艺出版社,2006.

译著和英文原著

约翰·密尔顿.论出版自由.吴之椿,译.北京:商务印书馆,1958.

孟德斯鸠.论法的精神.张雁深,译.上海:商务印书馆,1961.

杰克·海敦.怎样当好新闻记者.伍任,译.北京:新华出版社,1980.

国际交流问题研究委员会.多种声音,一个世界:交流与社会·现状和展望.中国对外翻译出版公司第二编译室,译.北京:中国对外翻译出版公司,1981.

查尔斯·格拉米奇.美国名记者谈采访工作经验.魏国强,译.北京:新华出版社,1981.

格·萨加尔.苏联名记者写作经验谈.徐耀魁,段心强,于宁,译.北京:新华出版社,1983.

威尔伯·施拉姆,威廉·波特.传播学概论.陈亮,周立方,李启,译.北京:新华出版社,1984.

和田洋一.新闻学概论.吴文莉,译.北京:中国新闻出版社,1985.

稻叶三千男,新井直之.日本的报业理论与实践.张国成,等,译.北京:新华出版社,1985.

贝尔纳·瓦耶纳.当代新闻学.丁雪英,连燕堂,译.北京:新华出版社,1986.

本・巴格迪坎. 传播媒介的垄断. 林珊,等,译. 北京:新华出版社,1986.

布莱恩・布鲁克斯,等. 新闻写作教程. 褚高德,译. 北京:新华出版社,1986.

J. 赫伯特・阿特休尔. 权力的媒介. 黄煜,裘志康,译. 北京:华夏出版社,1987.

马丁・沃克. 报纸的力量:世界十二家大报. 苏潼君,诠申,译. 北京:新华出版社,1987.

威廉・大卫・斯隆,等. 普利策新闻奖最佳作品集. 丁利国,等,译. 北京:中国新闻出版社,1987.

林赛・雷维尔,等. 新闻实践指南. 王非,等,译. 北京:中国新闻出版社,1987.

朱利安・哈瑞斯,等. 全能记者必备. 陆小华,等,译. 北京:中国新闻出版社,1988.

梅尔文・德弗勒,埃弗雷特・丹尼斯. 大众传播通论. 颜建军,等,译. 北京:华夏出版社,1989.

沃尔特・李普曼. 舆论学. 林珊,译. 北京:华夏出版社,1989.

哈里森・索尔兹伯里. 天下风云一报人:索尔兹伯里采访回忆录. 粟旺,译. 北京:中国对外翻译出版公司,1990.

罗西・纳尔金. 科技新闻的报道艺术. 曾晓明,孙耀楣,译. 北京:中国科学技术出版社,1991.

西奥多・罗斯扎克. 信息崇拜:计算机神话与真正的思维艺术. 苗华健,陈体仁,译. 北京:中国对外翻译出版公司,1994.

尼葛洛庞帝. 数字化生存. 胡泳,范海燕,译. 海口:海南出版社,1996.

丹尼斯・麦奎尔,斯文・温德尔. 大众传播模式论. 祝建华,武伟,译. 上海:上海译文出版社,1997.

沃尔特・李普曼,詹姆斯・赖斯顿,等. 新闻与正义:普利策新闻奖获奖作品集. 展江,主译评. 海口:海南出版社,1998.

杰克・富勒. 信息时代的新闻价值观. 展江,译. 新华出版社,1999.

沃尔特・克朗凯特. 记者生涯:目击世界 60 年. 胡凝,刘昕,译. 南京:江苏人民出版社,1999.

斯蒂文・小约翰. 传播理论. 陈德民,叶晓辉,译. 北京:中国社会科学出版社,1999.

洛特非・马赫兹. 世界传播概览:媒体与新技术的挑战. 师淑云,程小林,译. 北京:中国对外翻译出版公司,1999.

沃尔特・福克斯. 新闻写作:报刊记者指南. 李彬,译. 北京:新华出版社,1999.

沃纳・赛佛林,小詹姆斯・坦卡德. 传播理论:起源、方法与运用. 郭镇之,徐培喜,等,译. 北京:华夏出版社,2000.

克利福德・G. 克里斯蒂安,等. 媒体伦理学:案例与道德论据. 张晓辉,等,译. 北京:华夏出版社,2000.

彼得・菲利普斯. 美国禁发新闻. 张晓,译. 北京:光明日报出版社,2000.

文森特・莫斯可. 传播政治经济学. 胡正荣,等,译. 北京:华夏出版社,2000.

罗杰·菲德勒.媒介形态变化:认识新媒介.明安香,译.北京:华夏出版社,2000.

迈克尔·埃默里,埃德温·埃默里.美国新闻史:大众传播媒介解释史.展江,殷文,主译.北京:新华出版社,2001.

罗恩·史密斯.新闻道德评价.李青藜,译.北京:新华出版社,2001.

安德鲁·古德温,加里·惠内尔.电视的真相.魏礼庆,王丽丽,译.北京:中央编译出版社,2001.

乔伊斯·霍夫曼.新闻与幻象:白修德传.胡友珍,马碧英,译.北京:新华出版社,2001.

托伊恩·A.梵·迪克.作为话语的新闻.曾庆香,译.北京:华夏出版社,2003.

约翰·麦克里兰.西方政治思想史.彭淮栋,译.海口:海南出版社,2003.

安东尼·吉登斯.社会学.赵旭东,等,译.北京:北京大学出版社,2003.

海曼,韦斯廷.最佳方案:公平报道的美国经验.郭虹,李阳,译.汕头:汕头大学出版社,2003.

杰里·施瓦茨.如何成为顶级记者:美联社新闻报导手册.曹俊,王蕊,译.北京:中央编译出版社,2003.

梅尔文·门彻.新闻报道与写作.展江,主译.北京:华夏出版社,2003.

凯瑟琳·霍尔·贾米森,卡林·科洛斯·坎贝尔.影响力的互动:新闻、广告、政治与大众媒介.洪丽,等,译.北京:北京广播学院出版社,2004.

萨利·亚当斯,文弗·希克斯.第一线采访手边书.郭琼俐,曾慧琦,译.上海:上海三联书店,2004.

埃弗利特·E.丹尼斯,约翰·C.梅里尔.媒介论争:19个重大问题的正反方辩论.王纬,等,译.北京:北京广播学院出版社,2004.

詹姆斯·G.韦伯斯特,等.视听率分析:受众研究的理论与实践.王兰柱,苑京燕,译.北京:华夏出版社,2004.

罗伯特·哈克特,赵月枝.维系民主?:西方政治与新闻客观性.沈荟,周雨,译.北京:清华大学出版社,2005.

约翰·V.帕夫利克.新闻业与新媒介.张军芳,译.北京:新华出版社,2005.

The Commission on Freedom of the Press. *A Free and Responsible Press.* Chicago: The University of Chicago Press, 1947.

Fred S. Siebert, Theodore Peterson, Wilbur Schramm. *Four Theories of the Press.* Urbana: University of Illinois Press ,1956.

Arthur Asa Berger. *Media Research Techniques.* 2nd ed. Thousand Oaks: Sage Publications,1998.

Lisa Taylor, Andrew Willis. *Media Studies: Texts, Institutions and Audiences.* Oxford: Blackwell Publishers, 1999.

后记

新闻传播专业堪称当今社会发展与变化最快的领域,六年前的《新闻学概论》,今天看来,有许多东西已经显得陈旧和过时。同时,许多新的东西业已进入新闻传播业界的实践,并被纳入新闻传播学界的理论视域之中。因此,苏州大学出版社决定对包括本书在内的《21 世纪新闻传播学丛书》进行修订,真是极为明智之举。

本书是在苏州大学出版社 2007 年版的《新闻学概论》的基础上修订完成的。本次修订在全书结构上做了简化,由原来的 10 章压缩成现在的 7 章,而其中第三章"新闻的采访、写作与编辑"是新增添的内容。在每一章的后面增加了为指导学生进一步阅读而开的推荐书目。如此构架,主要目的在于突出新闻传播最基本的方面,为新闻传播学和相关专业的初学者提供一个简明的理论框架,也为相关课程的进一步学习提供稳固的基础和明晰的线索。笔者认为,新闻学固然不能被传播学代替而有其专门的或独立的问题,但是,今天对新闻学的合理阐释已经离不开传播学所提供的知识体系和理论支持,本书的构架基本按照新闻在传播中的构成状况而设定,因此本次修订中将原《新闻学概论》这一书名改为《新闻传播学概论》。

内容方面,本次修订努力删减了明显不符合新闻传播现实状况的内容,增添了对近年来新的新闻传播现象的分析和问题的探讨,如新媒介问题、传受关系问题、媒介观念问题、新闻传播者的角色定位问题等,对一些比较陈旧而又缺乏典型性的案例进行了替换,还参照了笔者所著的 2007 年上海三联书店出版的《当代新闻传播原理》,尤其是关于新闻自由、自律和他律部分。考虑到教材的性质,本书尽可能吸收本专业领域新的公认的理论成果,而严格限制笔者个人见解的表达。显然,没有对他人研究成果的采纳和参照,这本书便无法完成,因此,我愿意以这本书向所有这个领域和相关领域的研究者们致敬,对本书所引述的文献的作者们表示由衷感谢,也欢迎对引述中可能发生的误解进行批评指正。

本书的修订得到了我的同仁曾一果教授、杜志红副教授、谷鹏副教授、陈一副教授的大力支持,还得到《苏州日报》总编辑张建雄、凤凰网副总裁陈志华、《21世纪经济报道》副主编王云帆、《东方早报》要闻部主任夏正玉等人的很多帮助,我的研究生朱文毓、姚璐、张佳一、杜鹏伟也做出了许多贡献,在此一并感谢。

陈　霖

2013年1月8日